하나님의
사랑
더 위대한 것도 더 좋은 것도 없다

Nothing Greater, Nothing Better
Theological Essays on the Love of God

Copyright ⓒ 2001 by Wm. B. Eerdmans Publishing Co.
Originally published in English under the title
Nothing Greater, Nothing Better edited by Kevin J. Vanhoozer
Published by Wm. B. Eerdmans Publishing Co.
2140 Oak Industrial Drive NE, Grand Rapids, Michigan 49505, U. S. A.
All rights reserved.

This Korean edition is translated and used by permission of Wm. B. Eerdmans
Publishing Co. through arrangement rMaeng2, Seoul, Republic of Korea.

This Korean Edition Copyright ⓒ 2012 by Jireh Publishing Company, Seoul, Republic
of Korea.

하나님의 사랑: 더 위대한 것도 더 좋은 것도 없다
케빈 J. 밴후저 편저 | 김광남 옮김

초판 1쇄 인쇄	2014년 2월 5일
초판 1쇄 발행	2014년 2월 10일
발행처	도서출판 이레서원
발행인	김기섭
등록번호	제1-1147호
등록일자	1990년 12월 20일
편집이사	최창숙
편집기획실장	박남균
영업부장	박생화
총무	김애자

서울시 금천구 가산디지털 1로 83 파트너스타워 1차 9층
전화 402-3238, 406-3273 팩스 701-9386
E-mail: jireh@changjisa.com
Website: jireh.kr Facebook: facebook.com/jireh79

값은 표지에 있습니다.
ISBN 978-89-7435-455-8 03230

신 저작권법에 의하여 한국 내에서 보호받는 저작물이므로 저작권자의 서면 허락 없이
이 책의 어떠한 부분이라도 전자적인 혹은 기계적인 형태나 방법을 포함하여
그 어떤 형태로든 무단전재와 무단복제 하는 것을 금합니다.

이 도서의 국립중앙도서관 출판시도서목록(CIP)은 서지정보유통지원시스템 홈페이지
(http://seoji.nl.go.kr)와 국가자료공동목록시스템(http://www.nl.go.kr/kolisnet)에서 이
용하실 수 있습니다. (CIP제어번호: CIP2014003433)

더 위대한 것도 더 좋은 것도 없다

하나님의 사랑

케빈 J. 밴후저 편저 | 김광남 옮김

하나님의 사랑에 관한 신학적 에세이

이래서원

| 목차

제1장 | 서론: 하나님의 사랑 – 조직신학에서의 위치, 의미 그리고 역할 _7
케빈 J. 밴후저(트리니티복음주의신학대학원)

제2장 | 사랑의 개념: 신적인 그리고 인간적인 _49
개리 D. 배드콕(후론대학교)

제3장 | 하나님의 사랑에 관한 성경신학 _79
제프리 그로간(글라스고우성경학교)

제4장 | 어거스틴, 기독론 그리고 사랑으로서의 하나님: 요한일서에 관한 설교의 서론 _111
루이스 아이리스(에모리대학교)

제5장 | 하나님의 사랑의 본질을 어떻게 정의할 것인가? _149
트레버 하트(세인트앤드루스대학교)

Nothing Greater Nothing Better

제6장 | 사랑은 하나님의 본질인가? _181
　　　　앨런 J. 토랜스(세인트앤드루스대학교)

제7장 | 하나님의 사랑의 한 측면으로서의 하나님의 진노 _217
　　　　토니 레인(런던바이블대학교)

제8장 | 하나님은 세상을 사랑하실 수 있는가? _259
　　　　폴 헬름(런던킹스대학교)

제9장 | 하나님의 사랑은 마침내 승리할 것인가? _291
　　　　데이빗 퍼거슨(에딘버러대학교)

제10장 | 하나님의 사랑: 호세아 11장에 관한 설교 _315
　　　　로이 클레멘츠(전 에덴침례교회 목사)

미주 _342

Theological Essays on the Love of God

제1장

서론: 하나님의 사랑
- 조직신학에서의 위치, 의미 그리고 역할 -

케빈 J. 밴후저
트리니티복음주의신학대학원

하나님은 "그보다 더 위대한 것이 없을 만큼 위대하고,
그보다 더 좋은 것이 있을 수도 없는" 사랑으로 사랑하신다.

Introduction: The Love of God
Its Place, Meaning, and Function
in Systematic Theology

신론: 패러다임 혁명?

흔히 말하듯이 사랑의 반대는 미움이 아니라 무관심이다. 기독교 복음이 말하는 하나님은 인간에 대해 무관심한 분이 아니다. 물론 인간이 늘 하나님께 찬사를 바쳐왔던 것은 아니다. 그럼에도 기독교 신학자들마저 '하나님의 사랑'이라는 개념에 대해 무관심했던 것은, 즉 그것에 대해 부주의하거나 중립적 태도를 보였던 것은 아주 이상한 일이다. 그동안 그들은 이 주제에 대해 모호한 태도를 보이거나 거리를 두거나 혹은 서툴게 취급해 왔을 뿐이다.

과장없이 말하는데, 한편으로 하나님의 사랑이라는 개념을 정의하고 자리매김하는 것이야말로 기독교교의학의 지속적인 과제이다. 다른 한편으로 현재 '하나님의 사랑'이라는 주제가 어디에 속하는지는 거의 아무런 합의도 이루어져 있지 않다. 하나님의 사랑은 하나님 존재의 한 측면인가? 그것은 삼위일체, 섭리 혹은 속죄 같은 다른 표제들 아래에서 다루어져야 하는가? 하나님의 사랑을 다루는 다양한 표제들은 그것의 의미나 역할과 관련해 우리에게 무엇을 말해주는가?

하나님의 '사랑'을 서술하는 것이 무엇을 의미하는지는 여전히 신비로운 일로 남아 있다. 그럼에도 그것이 우리가 인간사와 관련해 그 용어를 사용하는 것을 가로막지는 않는다. '사랑'은 오랜 세월 동안 시와 발라드와 철학적 논문들의 주제가 되었다. 또한 윤리학과 하나님의 은혜로운 주도적 행위에 대한 인간의 적절한 반응과 관련된 신학적 논의들에서 중요한 주제였다.

하지만 '사랑'의 빈번한 사용은 그것의 유의미성과 반비례한다. 찰리 채플린(Charlie Chaplin)은 1936년에 개봉한, 산업사회에 관한 신랄한 풍자 영화 "모던 타임즈"(Modern Times)에서 '그것은 사랑'이라는 노래를 부른다. 그는 목이 부러질 듯 빠른 속도로 '사랑'이라는 말을 반복한다. "그것은 사랑, 사랑, 사랑, 사랑, 사랑, 사랑, 사랑, 사랑, 사랑, 사랑, 사랑,……사랑이라네." '사랑'이라는 말의 단순한 반복은 불가피하게 그 말에 대한 평가절하로 이어진다. 그래서 현대 혹은 포스트모던 사회에서 '사랑'이 무엇이고, 그것이 하나님과 관련해 어떻게 긍정될 수 있는지를 말하는 것은 몹시 어려운 일이 되고 말았다.[1]

그럼에도 오늘날 많은 기독교 신학자들은 지금까지 하나님의 사랑에 관한 이해와 관련해 중요한 진척이 이루어졌으며, 그것은 기독교 신학의 모든 분야에서 패러다임 혁명을 일으킬 만큼 의미심장한 것이라고 주장한다. 여기에서 내가 언급하고자 하는 것은 우리가 하나님의 사랑을 그분의 '실체적 속성들'(substantival attributes)의 맥락이 아니라 그분의 '인간에 관한 관계'(interpersonal relations)라는 맥락에서 보아야 한다는 주장들이다.[2] 1962년에 존 맥킨타이어(John McIntyre)는 "부당하게도 그분의 속성 중 하나와 협소하게 동일시되는" 하나님의 사랑이라는 개념에 온전한 가치를 부여하는 일의 어려움을 토로한 적이 있다.[3] 보다 최근에 빈센트 브뤼머(Vincent Brümmer)는 기독교 전통 안에서 "사랑은 일반적으로 사람들 사이의 관계가 아니라, 어떤 이가 다른 이에 대해 가지는 하나의 태도로 취급됐다."라고 주장했다.[4]

샐리 맥페이그(Sallie McFague)에 따르면, 기독교의 핵심은 나사렛 예수의 삶과 죽음에 기초한 새로운 삶이라는 변혁적인 사건, 곧 "하나님의 변화시키는 사랑의 사건"이다.[5] 하나님의 사랑을 설명하는 이 새로운 패러다임은 하나님과 세상의 관계 자체에 대한 수정, 즉 신학 전체에 대한 수정을 수반한다. 더 정확하게 말하자면, 맥페이그가 염두에 둔 혁명은 하나님과 세상의 관계를 일방적인 주권의 맥락에서 바라보는 견해에서 쌍방의 사귐을 강조하는 견해로의 변화를 포함한다. 예컨대, 맥페이그는 세계를 하나님의 '몸'으로 그리고 세계의 역사를 '만유에 대한 포괄적 사랑'의 과정으로 여긴다.[6]

더 대중적인 차원에서 『하나님의 개방성: 하나님에 관한 전통적 이해에 대한 성경의 도전』(The Openness of God: A Biblical Challenge to the Traditional Understanding of God)의 저자들 역시 하나님의 사랑에 관한 한 새로운 이해가 전통적 유신론의 토대를 뒤흔든다고 주장한다. "신론에 대한 비판적 재평가와 유능한 재구성이라는 새로운 방식은 지적 풍토 전반을 휩쓸고 있다."[7]

역사적 개관: 지금 우리는 어디에 있는가?

패러다임의 혁명은 오직 '표준적 학문' 혹은 신학은 '기독교 전통'에 비추어서만 분명하게 드러난다.[8] 그렇다면 이전의 신학자들은 하나님의 사랑을 어떻게 이해했을까?

속성과 행위로서의 하나님의 사랑

하나님과 세계의 관계에 관한 이해의 전통적인 모델이라고 할 수 있는 고전적 유신론(classical theism)은 이중의 기원이 있다. 하나는 성경이고, 다른 하나는 고대 철학이다. 여기에서 신학은 주로 이스라엘의 역사와 예수 그리스도의 역사를 통해 드러나는 하나님의 행위에 관한 이야기(본질적으로 그것은 자신의 피조물, 자신의 공동체 그리고 자신의 자녀에 관한 창조주의 사랑의 이야기다.)를 완전한 존재에 관한 고대 그리스의 개념과 조화시키려는 시도이다.

플라톤(Plato)에 따르면, 사랑은 내가 갖지 않은 무언가에 관한 갈망(eros)이거나 지금 내가 가진 것을 앞으로도 잃지 않으려는 갈망이다. 사랑은 "늘 가난하고, 늘 곤궁하다." 어거스틴(Augustine)은 사랑이 본질적으로 궁극적 행복에 대한 갈망이라는 플라톤의 주장에 동의한다. 그러나 어거스틴은 오직 하나님에 관한 사랑만이 우리를 실망시키지 않는다고 여긴다. 그러므로 오직 하나님만이 다른 무언가를 위해서가 아니라 그분 자신을 위해 사랑받으실 수 있다. 그렇다면 도대체 하나님은 어떻게 우리를 사랑하실 수 있는가? 플라톤에 따르면, 신들은 부족한 것이 아무것도 없기에 사랑할 수 없다.[9] 이것은 하나님이 인간이라는 피조물이 필요하시다는 의미가 아니다. 왜냐하면 완전한 존재라는 개념으로부터 자연스럽게 발생하는 개념은 하나님이 자신을 즐기시는 일에 더할 수 있는 것은 아무것도 없다는 것이기 때문이다. 그럼에도 우리는 성경을 통해 하나님이 우리를 사랑하신다는 사실을 분명히 알고 있다.

하나님의 사랑의 이런 모순에 대한 어거스틴의 해결책은 철저하게 신적인 종류의 사랑인 "선물로서의 사랑"(a gift love)인, '아가페'(agape)를 단정하는 것이었다.

니콜라스 월터스토프(Nicholas Wolterstoff)는 어거스틴의 주장에는 성경적 요소보다는 스토아 철학적 요소가 더 많지 않은가 하고 의심한다. 스토아 철학자들에게, 그리고 고대의 모든 행복주의자 전통에서 행복은 늘 방해받지 않는 지복(至福)의 문제였다. 지혜로운 자는 이 세상의 변화 때문에 혼란을 겪지 않는 법을 배우는 사람이다. 그러기에 지혜로운 자는 파토스(pathos)를 갖지 않는다. 그는 정념에 휘둘리지 않으며, 이성의 법칙과 어긋나는 변화에 영향을 받지도 않는다. 월터스토프는 말한다. "어거스틴은 행복이 에로스의 만족에 있다고 여기는 플라톤적 전통 안에 서 있다. 반면에 스토아주의자들은 행복이 에로스를 제거하는 데 있다고 여긴다."[10]

하나님의 사랑이라는 개념의 의미는 분명하다. 하나님의 삶은 지복과 시혜(施惠, 은혜를 베풂)의 삶이다. 혹은 월터스토프가 풀어서 말한 것처럼 "고통을 겪지 않는 무감정"의 삶이다.[11] 어거스틴의 하나님은 "정념도 없고, 갈망에 익숙하지 않으며, 고통에 관해서는 아무것도 모르는 스토아학파의 현자와 놀랄 만큼 닮은 모습으로 나타난다."[12] 기독교 전통에서 하나님은 대개 '무감각한' 존재로, 즉 고통을 겪을 수 없는 존재로 알려졌다. 고전적인 신학적 패러다임 안에서 성경과 고전 철학은 서로 일치하는 듯 보인다. 그 둘 다 그 자신 안에 생명을 가진 완전한 존재는 고통을 겪을 수 없다고 여긴다는 점에서 그러하다. 성경은 감정이나 고통을 하나님이 만드신 것으로 여기는 것처럼 보이지만, 전통은 아주 신속하게 그런 언어는 은유적임이 틀림없다고 결론을 내린다. 그렇게 해서 고전적 유신론은 성경이 하나님의 사랑에 관해 말하는 것을 설명하는 신학적 해석학의 역할을 감당한다.

그렇다면 하나님은 무고한 자의 고통 혹은 자신의 아들의 고통을 어떻게 '처리하시는가?' 분명히 하나님은 모든 것을 알고 계신다. 그러나 우리는 하나님이 상실(가령, 슬픔, 상처, 고통, 죽음)을 포함하는 사건들을 알고 계신다는 사실을 어떻게 간주해야 하는가? 월터스토프에 따르면, 하나님의 무감각(impassibility)이라는 개념의 배후에는 하나님은 자신 이외의 그 어떤 것에 의해서도 영향을 받지 않으신다는 근본적인 억측이 있다. 다마스쿠스의 요한(John of Damascus)의 말대로, 만약 정념(passion)이 "다른 것이 원인이 되어 어떤 것 안에서 일어나는 움직임"이라면, 하나님은(만약 그분이 제약을 받지 않으신다면) 그 어떤 정념도 갖고 계시지 말아야 한다. 월터스토프가 제기하는 질문은 바로 이것이다. 만약 하나님이 그 자신 외에 그 어떤 것에 의해서도 영향을 받지 않으신다면, 우리가 어떻게 하나님이 인간의 고통과 상실을 아신다고 여길 수 있는가? 그것들은 하나님이 아실 수 있는 것인가, 아니면 아실 수 없는 것인가? 도대체 우리는 어떤 의미에서 고통을 경험하실 수 없는 하나님이 우리 세계의 특별한 고통을 '아신다'라고 말할 수 있는 것인가? 좀 더 분명하게 말하자면, 우리는 공감하실 수 없는 하나님이 사랑하실 수 있다고 말할 수 있는 것인가?

어거스틴의 사상의 특징을 이루는 동일한 고전적 강조점 중 많은 것이 그로부터 거의 1천여 년 후에 토마스 아퀴나스(Thomas Aquinas)에게서 다시 나타났다. 하나님의 존재와 의지는 그 어떤 것에 의해서도 제약되지 않는다. 하나님은 변하실 수 없다. 왜냐하면 그분은 완전하시기 때문이다('하나님의 불변성'에 관한 교리). 하나님의 뜻은 발생하는 모든 일에 대한 최종적인 설명이다('하나님의 주권'에 관한 교리). 그러나 우리가 이런 상수들로부터, 새로운 패러다임의 주창자들이 종종 그렇게 하듯이, "(고전적 패러다임 안에서) 하나님과 세상의 관계는 지배와 통제의 관계다."라고 추론하는 것이 과연 옳은 것인가?[13]

아퀴나스에게 하나님의 사랑이란 정확하게 무엇인가? 그의 『신학대전』(Summa Theologiae)의 제20문은 "신의 사랑"(de amore Dei)에 대해 다루는데, 의미심장하게도 그것은 "하나님 안에 있는 의지"에 관한 제19문의 뒤를 잇는다. 아퀴나스에게 하나님의 사랑은 선을 향한 하나님의 의지다. "하나님은 자비로우시다(benevolent, 이것은 '선을 원하다.'를 의미하는 라틴어 bene volere에서 나온 말이다)". 누군가를 사랑하는 것은 그 사람을 위해 선한 일을 도모하는 것이다. 하나님이 온 세상을 사랑하시는가? 그렇다! 왜냐하면 그분은 존재하는 모든 것에게 얼마간 선한 일이 일어나기를 바라시기 때문이다. 그러나 하나님은 어떤 것들을 다른 것들보다 더 사랑하신다. "왜냐하면 그분의 사랑은 사물들의 원인이기 때문이다.……어떤 것이 다른 것보다 더 나은 것은 오직 하나님이 그것을 위해 더 많은 선을 원하시기 때문이다."[14] 주목할 것은, 아퀴나스가 어떤 것 안에 있는 선을 사랑하심으로써 그것에 반응하시는 것이 아니라 오히려 무언가에 관한 하나님의 사랑이 그것의 선함의 원인이라고 믿는다는 점이다.

전통적인 견해에 따르면, 하나님은 선을 나누어 주시지만 자신이 초래하신 선을 통해 기쁨이나 즐거움을 취하지 않으신다(왜냐하면 그것은 하나님의 기쁨을 이 세상에 존재하는 무언가에 종속되게 할 것이기 때문이다). 하나님이 그 안에서 기쁨을 취하시는 대상은 '시혜(施惠)'라는 그분 자신의 행위다. 고전적 유신론은 하나님을 결과를 기뻐하는 공리주의자나 실용주의자가 아니라 오히려 자신의 선한 의지 자체를 기뻐하는 칸트주의자 혹은 현대적 스토아주의자로 묘사한다. 월터스토프는 하나님에 관한 그런 묘사가 논리적임을 인정한다. 하지만 그는 그것이 성경적이라고는 여기지 않는다.[15]

아퀴나스에게(그리고 이 점에서 그는 아리스토텔레스를 따른다.) 하나님은 세상을 움직이시지만, 세상에 의해 움직여지시지 않는 분이다. 이것은 하나님이 불변하시고 무감각하시다고 말하는 또 다른 방식에 지나지 않는다. 아퀴나스에 따르면, 하나님은 인간이 그것과 관계하며 서 있는 돌기둥과 같다. 그 돌기둥은 우리의 좌우 혹은 앞뒤 어디에든 있을 수 있다. 그러나 그 돌기둥과 우리의 관계는 우리에게 달린 것이지 그 돌기둥에 달린 것이 아니다. 비슷하게 우리는 하나님의 자비나 그분의 진노를 경험할 수 있다. 그러나 변하는 것은 하나님이 아니라 그분에 관한 우리의 관계뿐이다. "변하는 것은 우리가 하나님의 뜻을 경험하는 방식이다."[16] 하나님의 뜻과 관련해 말하자면, 그것을 움직일 수 있는 것은 오직 그분의 선하심뿐이다. 바로 여기에서 불변성과 무감각이라는 개념이 하나로 통합된다. 하나님의 뜻은 그분 밖에 있는 그 어떤 것에 의해서도 영향을 받거나 변화될 수 없다. 하나님은, 리처드 크릴(Richard Creel)의 훌륭한 표현을 사용하자면, "인과 관계에 종속되지 않으신다."[17] 이것은 아주 중요한 분석적 요점이다. 불변성이 움직이지 못함을 의미하지 않는 것만큼이나 무감각은 냉담함을 의미하지 않는다. 하나님은 움직이지 않으실 수 있다(예컨대, 그분은 초월적이시고, 따라서 세상의 원인에 종속되지 않으신다). 하지만 그럼에도 그분은 움직이는 분이시다(예컨대, 그분은 내주하시며, 따라서 이 세상 안에 계시며 활동하신다). 반대로, 그 두 개념의 원래 의도는 그 어떤 피조물도 그 자신의 의지로 하나

님을 움직이거나 그분께 영향을 주거나 그분을 변화시킬 수 없음을 주장하는 것이다.[18]

20세기의 발전: 반응성과 관계

20세기의 수많은 발전은 하나님의 사랑을 하나님의 주권이라는 관점, 즉 일방적으로 선한 것을 의지하고 행하실 수 있는 하나님의 능력이라는 관점에서 바라보는 고전적 패러다임의 쇠퇴로 이어졌다. 문제는 하나님이 사랑하신다는 사실이 아니라, 그분의 사랑이 무엇을 의미하느냐이다. 그렇다면 랭든 길키(Langdon Gilkey)가 현대 신학이 하나님의 사랑이라는 개념과 관련해 벌이는 "헬라인들과의 싸움"(war with the Greeks)[19]이라고 부르는 것의 결과는 무엇인가?

형이상학적 발전: 과정철학

20세기 과정철학(process philosophy)은 형이상학적 프로젝트(아메바로부터 절대자에까지 이르는 모든 실재를 이해하기 위한 범주들을 포괄적으로 설명하는 일)에 대한 단호한 헌신, 그리고 하나님과 세계의 관계를 이해하기 위한 고전적 유신론의 모델에 대한 비판으로 말미암아 두드러진다. 과정철학이 관점에서 볼 때, 다양한 종류의 개별적 실체들로 가득 차 있는 우주라는 고전적인 그림은, 실재에 대한 다른 그리고 비물질적인 질서는 말할 것도 없고, 물질계의 역동적이고 상호관련적인 특성을 포착하는 데 실패한다. 과정철학자들은 고전적 유신론이 하나님을 세계의 질서 위에 존재하는 지극히 완전한 영적이고 인격적인 실체로 묘사한다고 주장한다.

조지 뉴랜즈(George Newlands)는 다음과 같이 말한다. "믿음은 루터와 현대의 실존주의 사상 전통에서 핵심적인 신학적 모티브였다. 소망은 미래 지향적인 신학의 새로운 약속으로 등장했다.……사랑은 특히 미국의 과정 사상에서 전면에 등장했다."[20] 알프레드 노스 화이트헤드(Alfred North Whitehead)의 과정철학에 크게 의지하는 신학자 찰스 하트숀(Charles Hartshorne)은 하나님의 완전의 본질에 관해 다시 생각하려 했다. 하트숀에 따르면, 하나님은 '만유 위에 있는' 존재가 아니라 '만유와 접촉하는' 존재로 간주하여야 한다. 우주는 각각 그 자체로 완전히 분리된 개체들의 집합이 아니라 각 개체가 다른 개체들과의 관계 덕분에 현재와 같은 존재가 되는 거대한 유기적 네트워크다. 하트숀에 따르면, 하나님은 이런 사회적 네트워크 너머에 있기 때문이 아니라, 그것의 한가운데 있기 때문에 하나님이시다. 즉, 하나님은 발생하는 모든 일과 관계하시기 때문에 하나님이시다. 우리가 "하나님은 사랑이시다."(요일 4:8)라고 확언할 수 있는 것은 바로 이런 의미에서다. "사랑한다는 것은 다른 이들의 기쁨과 더불어 기뻐하고, 다른 이들의 슬픔과 더불어 슬퍼하는 것이다. 그러므로 사랑은 사랑받는 자들에 의해 영향을 받을 수밖에 없다."[21]

과정신학자들은 하나님을 그들의 새로운 형이상학적 범주들-일시성, 발전, 변화, 관계성 그리고 상호의존성 같은-의 관점에서 생각한다. 그들은 이에 대해 사과해야 할 아무런 이유도 발견하지 못한다(결국, 고전적 유신론자들 역시 그들 나름의 형이상학적 범주들을 갖고 있었다). 그들의 주장을 따르면, 이런 특성 중 많은 것이, 만약 우리가 하나님의 사랑을 이해하고자 한다면, 핵심적인 것들이기 때문이다. 과정적 세계 속에서 사랑은 더는 일방적인 시혜가 아니다.[22] 오히려 사랑은 우리가 기꺼이 변화를 경험하고 그로 말미암아 고통을 겪는 관계 안으로 들어가는 것을 의미한다. 폴 피데스(Paul Fiddes)의 말처럼, "사랑한다는 것은 사랑받는 자가 행하는 일이 사랑하는 자의 경험을 변화시키는 관계에 종속되는 것이다."[23]

신학적 발전들

고전적 유신론은 신학자들에 의해서도 적절하게 비판을 받았다. 20세기는 삼위일체 신학에서 일종의 르네상스를 경험했다. 이것은 '하나님의 사랑'이라는 주제에 이중으로 영향을 주었다. 첫째로, 삼위일체 신학은 신관과 관련해 구원의 경륜보다 '완전한 존재'(단일자)라는 개념으로 시작하는 접근방식에 도전했다. 둘째로, 삼위일체에 관한 동방정교회의 접근방식들에 관한 새로운 관심은 어떤 이들로 하여금 하나님의 존재 자체를 삼위일체적 관계라는 관점에서 재정의하도록 이끌었다. 존 지조울라스(John Zizoulas)가 주장했듯이, 갑바도기아의 교부들은 실체(substance)보다 위격(person)을 우선적인 존재론적 범주로 삼았다.[24] 그러므로 서로에 대한 사랑이 자기 충족보다 더 기본적이다. 즉, 실재에 대해 훨씬 더 근본적이다. 그렇게 과정적 사고에서는 동일한 주제가 전면에 나서는데, 그 이유는 전적으로 기독교 신학의 내부에 있다.

칼 바르트(Karl Barth)의 신학은 완전한 존재의 본성에 관한 추상적 성찰보다 하나님의 구체적인 행위로부터 시작하는 유사한 경향을 드러낸다. 바르트에게 하나님은 오직 그분이 자신을 통해, 즉 예수 그리스도 안에서 자신을 계시하시기 때문에 알려진다. 참으로 우리가 하나님에 관해 알 수 있는 모든 것은 오직 예수 그리스도를 통한 그분의 계시를 기초해서만 알려진다. 그러므로 우리는 하나님의 존재에 대해 오직 예수 그리스도 안에 있는 그분의 '행위'(계시와 화해 모두를 포괄하는 행위)의 토대 위에서만 논할 수 있다. 바르트는 예수의 삶과 죽음과 부활이라는 기초 위에서가 아니면 하나님에 관해 생각하는 것을 철저히 거부하면서 하나님은 본질적으로 다른 이를 위해 자기 자신 밖으로 나가시는 분이라는 결론에 도달한다. 하나님은 "자유롭게 사랑하시는 분"이다. 그리고 바르트에게는 '자유'와 '사랑'이라는 이 두 가지 특성이 하나님의 속성의 전 범위를 규정한다.[25]

뉴랜즈는 칼 바르트의 『교회 교의학』(Church Dogmatics)은 그리스도를 통해 이루어진 인간을 위한 하나님의 행위에 관심을 두고 있기 때문에 "하나님의 사랑에 관한 신학"으로 불릴 수도 있다고 주장한다.[26] 그러나 아마도 예수 그리스도를 통한 하나님의 행위에 관한 관심으로부터 출현한 가장 놀랄 만한 주장은 하나님 자신이 고통을 당하고 "죽으셨다"는 위르겐 몰트만(Jürgen Moltmann)의 주장일 것이다. 만약 그리스도의 십자가가 하나님에 관한 올바른 담화를 위한 우선적인 기준이라면, 우리는 하나님은 세상을 사랑하셨기에 고통을 당하신다고 단언해야 한다. 몰트만에 따르면, 고통당할 수 없는 하나님은 "인간보다 부족하다.…… 또한 그는 사랑이 없는 존재다."[27]

세 가지의 서로 다른 20세기의 신학적 발전들이 하나님의 불변성과 무감각에 관한 몰트만의 비판을 뒷받침해준다. 알리스터 맥그래스(Alister McGrath)는 '항의 무신론'(protest atheism, 아우슈비츠 기간에 하나님은 어디에 계셨는가?), 루터의 십자가 신학의 재발견, 그리고 복음을 헬라적 사고의 맥락에서 공식화하지 않고 그것과 분리해서 존중하고자 하는 '교리사' 운동의 점증(漸增, 점점 늘어나 많아짐) 등에 대해 언급한다.[28] 이런 연합 공격에 비추어 볼 때, 고전적 유신론자들이 하나님의 사랑을 냉담하고 일방적인 시혜로 이해하고자 하는 것을 옹호하기에는 더욱더 어려워지고 있다.

사회-정치적 발전들

우리는 오늘날 신학에서 발생하는 패러다임 혁명의 기원을 추적하는 과정에서 우리의 주변 문화 안에서 나타난 사회-정치적 발전들의 의미를 간과해서는 안 된다. 다음의 운동들은 신학적일 뿐 아니라 사회-정치적이기도 하다.

해방신학: 억눌린 자들과의 연대. 마르크시즘과 기타 사회이론들은 억눌린 자들의 곤경과 관련해 우리의 집단적인 의식을 일깨워 왔다. 정의나 연대 같은 개념들이 가진 힘은 그것들의 영향을 받아 발생한 사회적 봉기들을 통해 발견될 수 있다. 해방신학자들은 죄와 화해의 사회적 차원에 주목하면서 고전적 신학의 패러다임이 어떤 형태의 제도적인 억압들과 공모하는 것이 아니냐는 날 선 의구심을 제기해 왔다. 신론의 결론은 하나님의 가난하고 억눌린 자들과의 연대 및 동일시에 관한 새로운 강조였다. 고전적 유신론의 하나님과 달리, 해방신학의 하나님은 멀리 떨어져 계시지 않고, 오히려 해방하는 행위가 발생하는 모든 곳에 현존하신다.

여성신학: '남성적 사랑'에 대한 반박. 다양한 여성신학은 여성의 관심사가 전통적인 조직신학 안에서 조직적으로 억압당해 왔다는 공통적인 믿음으로 단합한다. 하나님의 사랑에 관한 고전적인 견해 역시 왜곡되고, 남성에 의해 만들어지고, 남성 중심적인 것이 될 수 있지 않았을까? 고전적 유신론의 하나님은 '왕의 사랑'(royal love)-자비롭기는 하나 실제로는 통제적 행위인 일종의 군주적 제공과 보호로서의 사랑-을 하

시는 하나님이시다. 그러나 사비로운 독재자 역시 독재자일 뿐이다. 많은 여성신학자에게 고전적 유신론의 하나님은 사랑하시되 멀리 떨어져서 아무런 영향도 받지 않는 하나님이다. 즉 남성적 투영(投影)으로서의 하나님이다.

캐서린 라큐나(Catherine LaCugna)는 삼위일체론을 여성신학의 입장에서 수정하고, "교제로서의 하나님의 존재"가 위격들이 서로에게 종속될 수 있다는 그 어떤 생각도 배제한다고 주장한다. 그녀의 관점에서 서구의 삼위일체 신학이 가진 근본적인 문제는 그것이 '위격'이나 '관계'보다 민지 '존재'에 관해 생각하는 "실체 중심적 존재론"으로부터 시작한다는 데 있다. 라큐나는 실체 중심의 형이상학과 가부장적 성치가 서로 강화한다고 믿는다. "남성에 대한 여성의 종속은 가부장제의 심연에서 작동하는 인성에 대한 개념-완전한 인간은 자기 충족적이라는 개념-의 징후일 뿐이다."[29] 그러나 삼위일체 신학의 요점은 하나님의 본질이 다른 위격들과의 관계 안에 있다는 것이다.

위격들만이 문제가 아니다. 샐리 맥페이그는 영이 육체와 관계하듯, 하나님은 세상과 관계하신다고 주장한다. 맥페이그는 세속의 과학자들이 신학적 관점에서 진화론적 발전이라고 부르는 것을, 하나님의 만유를 위한 포괄적이고 비 위계적인 사랑의 이야기라고 여긴다. 맥페이그는 하나님과 세상의 관계를 상상하기 위한 여러 가지 모델들을 제시하는데, 그중에는 '사랑하는 자'(lover)로서의 하나님도 있다. 그러나 그녀가 염두에 두는 사랑은 아가페(agape)가 아니다. 많은 여성신학자는 여성이 남성들보다 자기희생으로서의 사랑이라는 이상 쪽으로 훨씬 더 많이 기울어져 있다고 주장하는 것은 상황을 크게 오도하는 것이라고 여긴다. 실제로 어떤 여성신학자들은 여성이 그들 자신을 너무 많이 내줌으로써 궁극적으로 아무것도 아닌 것이 될 지경에 이를 수도 있다고 믿는다.[30] 여성신학자들과 윤리학자들은 사랑을 자기를 내어주는 측면을 지니면서 그와 동시에 "사랑의 참으로 인격적이고 관계적인 차원을 가능케 하고 또한 완성하는 상호성 혹은 호혜성을 새롭게 강조하는" 식으로 정의하는 새로운 방식들을 찾아왔다.[31]

맥페이그에 따르면, 사랑은 어떤 이가 단지 그 사람이라는 이유만으로 가치가 있음을 발견하는 것-그리고 가치 있는 존재로 발견되는 것-이다. 그것은 또한 사랑받는 자와 연합하고자 하는 갈망이다. 그런 의미에서 단순히 다른 이를 위해 선을 바라시는 하나님은 아직 '사랑하는 자'가 아니다.[32] 맥페이그에게 하나님이 세상을 사랑하신다는 것은, 하나님이 세상을 가치 있는 것으로 여기시고 그것과 재결합하기를 바라신다는 것을 의미한다. 그러므로 하나님의 사랑은 하나님 편에서 분명하게 세상이 필요하신다는 것을 의미한다. 즉 그분은 세상의 사랑의 반응과 세상의 온전함이 필요하시는데, 그것은 그 두 가지 모두가 하나님을 온전하게 하는 데 필요하기 때문이다.[33] 특히, 사랑받는 자이신 하나님이 그의 사랑을 받는 세상으로부터 필요로 하시는 반응은 '협력'이다. "사랑하는 자로서의 하나님이라는 모델은 하나님이 우리가 세상을 구원하는 일을 돕는 것을 필요로 하신다는 것을 의미한다!"[34]

포스트모더니티 안에서의 하나님의 사랑

지금까지 우리는 신학적 패러다임 안에서 이제 막 꿈틀거리는 혁명의 윤곽을 추적했다. 우리가 보았듯이, 유신론에 대한 비판 과정에서 하나님의 사랑이라는 개념에 대한 비판은 보다 최근에 나온 것이다. 그동안 과정신학, 삼위일체신학, 해방신학 그리고 여성신학 안에서 아주 개별적으로 관계성, 상호성 그리고 포괄성 같은 주제들이 등장했다. 21세기 신학자들은 하나님의 사랑을 현대 문화에 익숙한 용어들(공감, 연민, 상호성, 연대 그리고 포괄성 같은)로 주해한다. 그러나 개념들의 역사와 더불어 문화 역시 전진한다. 그리고 하나님의 사랑 이야기 역시 마찬가지다.

『기독교 신학: 그것의 전통과 과제에 대한 서론』(Christian Theology: An Introduction to Its Traditions and Tasks)의 저자들은 계몽주의가 패러다임 전환을 위한 분수령이었다고 여긴다. 그것은 현대 신학의 경우에 입증되었다. 그러나 하나님의 사랑에 관한 기독교적 견해 안에서의 패러다임 전환은 또 다른 패러다임 전환과 복잡한 방식으로 교차한다. 그 또 다른 전환이란 포더니즘으로부터 포스트모더니즘으로의 전환이다. 포스트모더니즘의 저작들 안에서 사랑의 의미는 치환(置換, 어떤 일정한 대상을 향하여 있던 것이 다른 것으로 바뀌어 나타나는 것)을 겪으면서 '과잉'과 '자기 포기'라는 의미를 얻어 왔다. 예컨대, 장 뤽 마리온(Jean-Luc Marion)은 사랑이신 하나님은 자신을 내어주시기 때문에, 신학은 하나님에 대해 생각하려는 모든 형이상학적 시도를 포기해야 한다고 주장한다. 왜냐하면 사랑은 반드시 '존재'해야 할 필요가 없기 때문이다. 하나님의 자기 소통은 순전한 선물과 과잉이며 존재 자체와는 연관될 수 없다.[35] 데이빗 트레이시(David Tracy)는 마리온의 책에 붙인 서문에서 현대 신학의 과제는 "존재를 넘어서는 아가페"[36]의 과도한 실재에 관해 생각하는 것이라고 결론짓는다. 트레이시는 이런 '과잉'으로서의 사랑이라는 포스트모던적 주제를 '범람'으로서의 하나님의 사랑이라는 신플라톤주의적 은유의 복귀로 해석한다.[37] "사랑은 포스트모더니티 안으로, 처음에는 위반으로, 다음에는 과잉으로 그리고 마지막으로는 순전한 선물이라는 위반적 과잉으로 들어온다."[38] 그러나 포스트모더니티 안에서 하나님의 사랑이 무엇이 될는지는 아직 분명하지 않다. 다만, 한 가지는 확실한데 그것은 포스트모던 신학 안에서 하나님의 사랑은, 그것이 '존재 너머에' 그리고 '관계성 너머에' 있는 한, 그것의 중세적 그리고 현대적 개념들을 넘어서리라는 것이다.[39]

핵심 쟁점들

하나님의 사랑이라는 개념은 신론에 대해, 그리고 이상하게도 그것의 붕괴에 대해서도 근본적이다. 하나님의 사랑이라는 개념이 산뜻하게 들어맞을 만한 자리가 조직신학 안에는 없는 것처럼 보인다. 그렇다면 조직신학에서의 하나님의 사랑이 차지하는 자리가 그것의 의미와 역할과 관련해 갖는 중요성은 무엇인가?

구조

조직신학의 구조와 관련해, 하나님의 사랑은 하나의 개별적인 "교리적 주제"의 역할을 하기도 하고 개별적인 교리들의 통합점이나 주제직 일치를 제공하는 "구성적 원리"의 역할을 하기도 한다. 약간 놀라운 것은, 그동안 후자를 택한 신학자들이 거의 없었다는 사실이다. 실제로 중세와 종교개혁 이후의 대부분의 조직신학은 하나님의 사랑을 논할 때, 그것을 하나님의 속성 중 하나로 간주했다.

고전적 패러다임 안에서 하나님의 사랑에 관한 대부분의 논의는 "하나님의 존재"라는 표제 아래에서 이루어진다. 아마도 이런 위치는 그런 조직신학의 저변에 깔린, 서로 다른 존재들은 서로 다른 본질과 속성들을 갖는다는 실체론적 형이상학을 반영할 것이다. 그럴 때 주된 쟁점은 우리가 하나님의 존재를 주제로 논의할 때 '완전한 존재'의 개념을 출발점으로 삼을 것인지, 아니면 성경의 구원 이야기를 출발점으로 삼을 것인지가 된다. 물론 논의 과정에서 무한히 완전하신 하나님이 단순히 아브라함과 이삭과 야곱의 하나님이라는 사실이 밝혀질 수도 있다. 그리고 고전적 패러다임은 처음부터 그렇게 가정하고 있다. 그러나 우리가 보았듯이, '완전한 존재'라는 개념은 절대적이지 않고 다문화주의의 변딕스러운 생각들에 종속되어 있다(예컨대, 고대의 아리스토텔레스와 현대의 하트숀이 가진 완전에 관한 서로 다른 견해들을 살펴보라).

아퀴나스의 『신학 대전』이 가진 구조는 하나님을 먼저 스스로 존재하는 분으로, 그리고 오직 그 후에야 자신의 피조물들과 관계하는 분으로 여기고 있음을 보여 준다. 아퀴나스는 제2문에서 제26문까지를 하나님의 단일한 존재(유일하신 하나님)의 속성들을 검토하는 데 할애한다. 그리고 그는 하나님의 사랑을 '의지'라는 측면에서 정의한다. 즉, 하나님의 사랑은 그분의 '시혜(은혜를 베풂)'인 것이다. 삼위일체는 제27문에 이르기 전에는 진지한 주목을 받지 못하며, 신적 존재론이 상세하게 기술된 후에야 비로소 주목을 받는다. 하나님의 사랑은 유일하신 하나님의 의지라는 표제하에서 논의될 뿐 아니라, 삼위일체는 세상과는 무관한 자기충족적인 신적 공동체로 제시된다.

존 맥킨타이어(John McIntyre)에 따르면, 하나님의 사랑은 기독교 신학을 지배하는 범주가 되어야 할 뿐 아니라, 그런 것으로 간주하여야 한다.[40] 고전적 패러다임을 위한 질문은, 과연 하나님의 사랑이 설령 그것이 어떤 무한하고 인격적인(비록 혼자이기는 하나) 존재의 몇 가지 신적 속성 중 하나에 불과할지라도, 신학을 이런 식으로 구성할 수 있느냐 하는 것이다. 바르트의 『교회 교의학』은 그렇게 하는 것처럼 보인다. 왜냐하면 바르트는 하나님의 존재를 실체론적 형이상학의 맥락이 아니라 그리스도 안에서 나타난 하나님의 계시라는 맥락에서 규정하고 있기 때문이다. 하나님의 행위 안의 존재(성육신)라는 기초 위에서 바르트는 하나님은 본질적으로 다른 이와의 교제를 위해 "자신 밖으로 나가시는 분" 혹은 "자유롭게 사랑하시는 분"이다. 바르트의 『교회 교의학』에서 사랑은 다른 신적 완전들을 규정하는 일종의 "통제적 속성"의 역할을 한다. 그리고 그의 신학의 구조와 관련해, 바르트는 하나님의 속성에 관한 논의를 제2권으로 넘긴다. 다시 말해, 하나님의 존재와 속성에 관한 논의는 하나님의 자기 계시 및 삼위일체론에 관한 논의 이후에 등장한다.[41]

의미: 속성, 태도, 행위, 계시

지금까지 우리는 하나님의 사랑이 현대 신학의 패러다임 혁명과 어떻게 관련되어 됐는지를 살폈다. 지금 덧붙여 말해 둘 필요가 있는 것은, 이 패러다임 혁명이 사실은 사랑을 이해하기 위한 모델들에서의 혁명이라는 사실이다.

모델로서의 사랑과 사랑의 모델들

맥페이그에 따르면, 모든 신학적 언어는 은유적이다. 그리고 그것의 목적은 하나님과 세계의 관계의 본질을 밝히는 것이다.[42] 하나님의 사랑은 두 가지 차원에서 모델들과 그리고 은유들과 교차한다. 첫째, 하나님과 세상에 대해 생각하는 방식에 관한 일반적인 성격 묘사의 차원이다. 하나님의 사랑은 하나님과 세상의 관계에 관한 은유다. 어느 정도까지는, 사랑의 모델이 하나님에 관한 우리의 교리 안에 들어 있는 다른 많은 것들을 결정하는 지배적인 은유로서의 역할을 한다. 하지만 그것이 이야기의 끝이 아니다. 하나님의 사랑의 의미는 무엇인가? 이런 질문과 관련해서도 현대 신학자들은 은유들을 사용하는 것이 적합하다고 간주해 왔다. 하나님의 사랑을 이해하는 것은 우리가 기본적인 은유(사랑)의 다양한 이미지들(시혜, 상호성 등)을 형성해 내는 우리의 능력에 달렸다.[43] 참으로 은유의 발톱들은 기독교의 교리의 깊숙한 곳까지 파고든다.

맥킨타이어는 그 어떤 은유도 하나님의 사랑이라는 개념을 온전하게 평가할 수 없다고 주장한다. 따라서 그는 하나님의 사랑을 조명하기 위해 다음과 같은 6개의 서로 다른 모델들을 검토한다. 관심(concern), 헌신(commitment), 소통(communication), 공동체(community), 개입(involvement) 그리고 동일시(identification). 맥페이그는 하나님과 세계의 관계를 묘사하는 데 비교적 적절한 은유들의 수는 헤아릴 수 없을 만큼 많다고 믿는다. 그 많은 것 중에서 그녀는 특히 하나님이 우리의 시대와 같은 "핵 시대와 생태학적 위기의 시대"와 맺으시는 관계의 본질을 가장 잘 묘사하는 세 가지의 은유를 취한다. 그것은 바로 어머니(mother), 사랑하는 자(lover) 그리고 친구(friend)다.[44] 브뤼머는 인간의 사랑의 여러 가지 모델들(낭만적, 신비로운, 정중한, 이웃과 같은)을 살피지만, 결국 다음과 같은 문자적 정의를 택한다. "사랑은 그 본질상 상호 간의 자유로운 주고받기의 관계가 되어야 한다. 그렇지 않으면 그것은 전혀 사랑일 수 없다."[45] 그러나 브뤼머는 그렇게 하면서 자신이 사랑에 관한 한 가지 정의를 다른 것보다 선호한다고 말할 뿐이다. 더구나 그는 이 정의를 더 이상의 논증 없이 취하기 때문에, 하나님의 사랑에 대한 그의 견해는 논쟁의 여지가 있는 핵심적인 질문, 즉 "하나님의 사랑을 서술한다는 것은 무엇을 의미하는가?"라는 질문을 불러일으킨다.

주권적 의지로서의 사랑

전통적 유신론의 고전적 모델은 하나님의 사랑을 주권적 의지의 측면에서, 즉 시혜 그리고 누군가의 선을 바라고 그것을 위해 행동하려는 의도와 능력의 측면에서 이해한다. 브뤼머는 전통이 하나님의 사랑을 "관계적이기보다 태도와 상관있는" 그 무엇으로 여기는 것에 대해 불만을 토로한다. 그는 서구의 기독교 사상이 "관계에 대한 조직신학의 맹점으로 말미암아 고통을 당해 왔다."라고 주장한다.[46] 시혜에 관한 전통적 묘사에 대한 그의 기본적인 비판은 그런 사랑이 '비인격적'이라는 것이다. 그는 누군가를 위해 선을 바라는 것은 참된 인격적 관계의 예로서 자격을 갖추지 못한다고 주장한다. 참으로 그것은 '상호적'(mutual)이기보다 '조작적'(manipulative)이라고 묘사하는 편이 더 적절할 것이다.[47]

그러나 전통적인 신학자들은 주권적 의지로서의 하나님의 사랑이라는 개념이 '비인격적'이라는 주장에 그다지 동의하지 않는다. 예를 들어, 오거스투스 스트롱(Augustus Strong)은 다음과 같이 주장한다. "우리가 말하는 사랑은 하나님이 그것으로 말미암아 영원히 자기 소통을 향해 움직이시는 거룩한 본질의 속성을 의미한다."[48] 이런 자기 소통은 하나님으로부터 유래하며(성육신), 설령 그 소통의 상대방이 그것에 응답하는 데 실패할지라도("자기 땅에 오매 자기 백성이 영접하지 아니하였으나"[요 1:11]), 선제적 사랑으로 간주한다. 그러나 요한일서는 또한 우리에게 "하나님은 빛이시라."(1:5)라고 말씀한다. 스트롱은 "빛"(하나님의 거룩하심)을 광의적 의미의 속성으로 여긴다. 왜냐하면 사랑은 하나님의 거룩하심을 포함하지 않으나, 거룩하심은 하나님의 사랑을 포함하기 때문이다.[49] 하나님의 사랑이라는 개념이 하나님의 관계성을 강조하는 경향을 보이기는 하나, 거룩의 악센트는 인간의 세상으로부터의 하나님의 분리(관계가 아니다.)에 놓인다. 거룩에 대한 이와 같은 강조가 하나님의 초월성(그분의 타자성과 분리성)을 그분의 내재보다 그분 자신에게 더 근본적인 것으로 만드는지는 아직도 답을 얻지 못한 질문으로 남아 있다.[50]

하나님이 '사랑'이기도 하도 '빛'이기도 하다는 사실은 맥킨타이어로 하여금 사랑에 관한 어느 한 정의가 다른 모든 정의를 배제하지 않도록 조심하게 했다. 그러나 사랑에 관한 그런 독백식의 접근은 환원주의에 빠질 수밖에 없다. 하나님의 사랑에 관한 고전적 모델은 하나님의 내재성을 희생시키면서까지 하나님의 초월성을 강조함으로써 환원주의에 빠지게 되는가? 맥킨타이어의 6가지 모델 중 두 가지, 관심과 개입은 그 둘이 서로 합할 때 고전적 견해에 가장 적절하게 대응한다. 세상에 대한 하나님의 사랑은 그분의 관심이 행위로, 그분의 연민이 수난으로 이행하는 것을 의미한다. 그 둘은 성육신과 십자가에서 절정에 이르는 자기 소통과 동일시다. 하나님의 사랑의 이런 측면들에 대한 맥킨타이어의 논의는 고전적 모델에 관한 몇 가지 풍자들을 일축하는 데 유용하다. 예컨대, 불변성은 움직일 수 없음을 의미하지 않는다. 오히려 그것은 하나님은 철저히 일관성이 있고 의지할 만한 분이심을 의미한다. 더 나아가, 그런 철저한 일관성은 "서로 다른 상황에 대한 온갖 다양한 반응들과 병립할 수 있다."[51]

상호적 관계로서의 사랑

빈센트 브뤼머는 "시혜" 혹은 "선물로서의 사랑"이라는 하나님의 사랑에 관한 고전적 모델의 이해성에 관해 의문을 제기함으로써 오늘날 많은 이들을 대변한다. 만약 하나님 안에 갈망이 없다면, 아마도 하나님은 우리가 자신의 사랑에 관해 보답하는 것을 필요로 하거나 갈망하지 않으실 것이다. 그러나 만약 사랑이 소통일 뿐 아니라 교제이기도 하다면, 하나님의 사랑이 '일방적' 현상, 즉 받는 것 없이 주기만 하는 것이라고 주장하는 것은 완전히 부적절하게 보인다.[52] 앞에서 살펴보았듯이, 브뤼머 자신은 사랑을 교통이 양쪽으로 이루어지는 관계로 정의한다.

물론 '관계'라는 용어 자체는 그다지 많은 것을 조명해 주지 않는다. 세상에는 여러 종류의 관계가 있다. 예컨대, 인과관계는 모든 종류의 관계를 포괄한다.[53] 그러나 비인격적인 인과관계는 사랑의 관계와는 아무 상관이 없다. 왜냐하면 후자는 대인관계이기 때문이다. 그러나 여기에서도 우리는 아주 큰 정확성이 필요하다. 왜냐하면 대인관계에도 여러 가지 형태가 있기 때문이다(부모와 자식, 친구와 친구, 친구와 적 등). 그리고 이런 관계 중 어떤 것들은 그와 비슷한 관계들을 닮아 있다(주인과 종 등). 그렇다면 우리는 이런 대인관계 중 어느 것이 참으로 사랑의 관계이며 따라서 하나님의 사랑에 대한 적절한 은유가 되는지를 어떻게 알 수 있는가?

관계적 견해의 지지자들은 대개 그런 사랑을 '상호적,' '호혜적' 혹은 '포괄적' 같은 형용사들을 사용해 정의한다. 비록 그런 범주들이 정의의 개념을 넘어서는지 논란의 여지가 있지만 말이다. 우리가 보았듯이, 브뤼머는 다음과 같은 규정적인 정의를 제공한다. "사랑은 그 본질상 상호 간의 자유로운 주고받기의 관계가 되어야 한다. 그렇지 않을 때 그것은 전혀 사랑일 수 없다."[54] 나로서는 이 정의가 다소 혼란스럽게 느껴진다는 점을 고백하고자 한다. 첫째로, 브뤼머는 우리에게 은유나 모델 대신 사랑의 '본질'에 대해 알려줌으로써 그 자신의 방법론적 경계를 넘어서는 것처럼 보인다. 더 심각한 것은, 그의 정의가 일관성을 가졌는지가 분명하지 않다는 점이다. 만약 사랑이 관계라면, 보답 없는 사랑이라는 개념은 애당초 불가능하다. 만약 사랑의 제안이 보답을 얻지 못한다면 거기에는 그 어떤 상호관계도 없으며, 상호 관계가 없는 곳에는 상호 간의 자유로운 주고받음도 없기에 그 어떤 관계, 즉 그 어떤 사랑도 없기 때문이다. 만약 브뤼머가 옳다면, 적을 사랑하는 법을 아는 것은 지극히 어려워질 수밖에 없다. 만약 사랑이 상호적 관계라면, 우리는 그런 상호관계 안으로 들어오기를 거부하는 이들을 어떻게 사랑할 수 있는가? 분명히 브뤼머의 모델 자체는 그렇게 하지 못할 것이다. 만약 보답 없는 사랑 같은 것이 존재한다면, 그때 사랑은 단순히 관계와 동일시될 수 없다. 유일한 대안은 하나님의 사랑은 항상 사랑받는 자 편의 참된 반응을 이끌어내는 관계를 일방적으로 창조하는 성격을 갖고 있다고 주장하는 것이다. 하지만 그것은 또 다른 신학적 논쟁거리다.[55]

이런 개념상의 문제들은 우리를 참으로 사랑하는 모든 인격적 관계는 반드시 상호성과 호혜성이라는 특징을 지녀야 한다는 브뤼머의 기본적인 가정으로 되돌아가게 한다. 그런데 참으로 사랑하는 모든 인격적 관계는 정말로 대칭적인가? 그것은 정확하게 대칭적이어야 하는가? 또 우리는 그것을 어떻게 판단할 수 있는가? 어느 어머니는 그녀의 젖먹이 아이 편의 반응을 갈망할 수 있다. 그러나 그 젖먹이의 반응의 질은 '상호성' 혹은 '호혜성'과 같은 말로 묘사될 수 있는 것이 아닐 수 있다. 더 나아가 과연 우리가 하나님과 세상의 관계, 즉 창조주와 피조물의 관계를 특징짓는 특별한 관계를 상호성과 호혜성의 맥락에서 생각해야 하는지도 그다지 분명하지 않다. 다시 말하지만, 설령 우리가 이런 자격들을 수용한다고 할지라도, 우리가 상호성과 호혜성만으로 정의를 넘어서 사랑으로 넘어갈 수 있을까?

역할: 비판적 vs 건설적

우리가 성경을 하나님의 사랑을 극내화하는 방식으로 해석해야 한다는 것은 그동안 대부분의 현대 신학에서 기정사실로 되어 왔다. 그러나 이것은 어거스틴의 유명한 해석학적 원리와는 아주 다르다. 어거스틴은 "하나님의 사랑을 가장 잘 드러내는 해석을 택하라."라고 말했지만, 그것에 상응하는 현대의 격언은 "사랑으로서의 하나님에 관한 이해를 가장 잘 드러내는 해석을 택하라."가 될 것이다. 그러나 우리가 보았듯이, 첫째, '사랑'은 하나님이 세상과 관계하시는 방식을 보여 주는 유일한 모델이 아니다. 둘째, 우리가 하나님의 사랑을 이해하는 방식에 관한 최소한 두 가지의 중요한 제안이 존재한다. 이 책에 실린 에세이들을 소개하기 전에, 신학자들이 다른 교리적 주제들에 관한 논쟁에서 하나님의 사랑이라는 개념을 사용하는 방식을 보여 주는 두 가지 구체적인 예를 살펴보는 것이 도움될 것이다. 현대 신학에서 하나님의 사랑은 '비판적 원리'로서 그리고 그와 동시에 '건설적 원리'로서의 역할을 한다.

성경의 원리: 하나님의 통제 혹은 하나님의 사랑?

에드워드 팔리(Edward Farley)는 그의 책 『교회의 반성』(*Ecclesial*

Reflection)에서 탁월한 솜씨로 성경의 원리들을 해체한다. 그 책에서 팔리는 그가 "인용에 의한 논증"이라고 헐뜯는 고전적 정통주의의 신학적 방법론에 맞서 자신의 주장을 펴던 중 어느 중요한 지점에서 하나님의 사랑에 호소한다.[56] 팔리는 성경의 원리가 의존하는 구원사의 전제, 즉 하나님이 인간사 속에 주권적으로 개입하신다는 개념에 도전함으로써 성경의 원리의 논리를 허문다.

하나님이 정경의 작성을 포함해 구원사를 지휘하신다는 개념은 하나님이 역사 전체 혹은 그것 일부를 통제하신다는 것을 의미한다. 만약 우리가 하나님의 주권이 역사 일부에만 적용된다고 말한다면, 우리는 그분이 역사의 나머지에 대해서는 선한 것을 원하시 않으신다고, 즉 그 나머지는 사랑하거나 구원하지 않으신다고 결론을 내려야 한다. 반면에, 우리가 하나님의 주권적 의지가 우주적이라고 말한다면, 그때는 역사의 두려운 일들이 구원 사건들과 마찬가지로 하나님과 동일한 관계를 맺는 셈이다. 팔리는 고전적 유신론은 악의 문제에서 실패한다고 주장한다. 즉, 하나님은 사랑하는 방식으로 세상 일부에만 관여하시거나, 아니면 발생하는 모든 것이 하나님의 의지의 결과이거나 하다는 것이다. 그리고 우리는 후자의 경우에는 "하나님이 사랑이시다."라고 말할 수 없다.

다시 말해, 팔리는 우리에게 다음의 딜레마를 제시하는 셈이다. 하나님은 주권적이시거나 아니면 사랑이시거나 둘 중의 하나다. 만약 하나님이 사랑이시라면, 그것은 하나님이 역사와 성경의 작성 과정을 통제하고 계시지 않는다는 것을 의미한다. 팔리는 자신의 독자들이 다음과 같은 사실과 관련해 자기에게 동의하기를 기대한다. 그것은 우리가 하나님의 통제와 하나님의 사랑 사이에서 선택해야 할 때, "실제로는 그 어떤 선택의 여지도 없다."⁵⁷라는 것이다. 지금 세상이 요구하는 것은 사랑이다. 그러나 도대체 팔리가 하나님의 사랑이라는 말로 의미하고자 하는 것은 무엇일까? 하나님의 사랑과 주권 사이에는 정말로 모순이 존재하는 것일까? 토마스 아퀴나스에 따르면, 그렇지 않다. 우리가 보았듯이, 전통적 의미에서 하나님의 사랑은 선을 원하시고 그것을 이루고자 하시는 하나님의 확고한 결의를 의미한다. 이것은 팔리의 하나님이 할 수 없는 것이다. 팔리의 하나님은 선을 원할(want) 수는 있으나 그것을 의욕할(will) 수는 없다. 팔리의 하나님(본질적으로는 과정신학의 하나님)은 협조를 요청할 수는 있으나, 선을 위해서든 혹은 악을 위해서든 인간의 역사에 일방적으로 개입할 수 없다. 팔리에게 문제가 되는 것은, 만약 하나님이 인류의 선을 위해 일방적으로 행동할 수 없다면, 우리가 하나님은 사랑이시라고 확언할 때 그것이 무엇을 의미하느냐 하는 것이다. 왜냐하면 만약 전통적 모델이 어떤 타당한 통찰을 간직하고 있다면, 하나님은 자신이 주님이실 경우에만(즉, 주권적이실 경우에만) 사랑이실 수 있기 때문이다.

하나님의 무감각: 하나님의 사랑과 하나님의 고통

이미 우리는 하나님의 사랑이 기독교 전통을 수정하기 위한 중요한 지렛대로 적용되어 온 두 번째 방식에 대해 언급한 바 있다. 언뜻 보기에 하나님의 감수성(possibility)은 우리에게 신론의 주변적 주제(신학의 패러다임 혁명을 위한 그럴듯하지 않은 교두보)라는 인상을 줄 수 있다. 그러나 우리가 보았듯이, 기본적인 쟁점은 이것이다. 과연 하나님이 그의 존재, 의지, 본성 혹은 감정의 측면에서 자신의 밖에 있는 무언가에 의해 영향을 받으실 수 있는가? 하나님이 아닌 것이 하나님을 조정할 수 있는가? 만약 하나님이 사랑이시라면, 그리고 만약 사랑이 연민(함께 고통 당하는 것)을 의미한다면, 하나님은 이 세상에서 일어나는 일들에 의해 영향을 받는 것처럼, 다시 말해서 '변화를 겪는 것처럼' 보일 수 있다. 폴 피데스는 하트숀의 주장에 동의하면서 사랑은 '경험의 공유'이므로 고통당하는 자에 대한 하나님의 사랑은 반드시 그 고통에 대한 하나님의 실제적 참여를 포함한다고 주장한다. 그러나 하나님은 자기 백성의 불신과 불순종으로 말미암아 슬퍼하고 고통을 당하실 수는 있으나, 그럼에도 여전히 하나님으로 남아 계시다. 그러나 고통이 변화를 수반한다는 점에 주목하라. "사랑한다는 것은 사랑받는 자가 행하는 일이 사랑하는 자의 경험을 변화시키는 관계에 종속되는 것이다."[58]

피데스가 과정신학의 방향으로 다리들을 세우는 것이 적합하다고 보는 것은 주목할 만하다. 사랑은 "본질적으로 상호적이다."[59] 사랑에 관한 이런 관점에서 보자면, 하나님과 세계는 파트너 관계에 있다. 의심할 바 없이 이것은 대부분의 고전적 유신론자들을 두려움에 빠뜨릴 것이다. 관계적 유신론의 의미를 진술하는 이런 방식은 또한 분명한 도전을 제기한다. 만약 우리가 하나님의 사랑을 하나님이 아닌 것에 의해 하나님이 변화를 겪는다는 측면에서 보아야 한다면, 그때 하나님은 그런 의미에서 사랑하시면서도 여전히 하나님이실 수 있는가?

유신론과 범재신론 사이

그러나 이 두 가지 예는 더욱 큰 패러다임 혁명, 즉 유신론(theism)에서 범재신론(panentheism)으로의 이행과 비교한다면 그 빛을 잃는다. 대개 그동안 하나님의 사랑이라는 주제는 하나님과 세계의 관계에 대한 유신론적 모델을 버리고 점차 범재신론적 모델로 옮겨가는 경향을 위한 자극제의 역할을 해왔다. 다시 말해, 논쟁의 기본적인 쟁점은 하나님이 그분의 피조물이 원하고 행하는 일들로 말미암아 변화를 겪으실 수 있는지, 그리고 만약 실제로 그렇다면 어떤 측면에서 그런 것인지 하는 것이다.

『하나님의 개방성』의 저자들은 하나님과 그분의 피조물인 인간 사이에는 "참된 상호작용"과 "참된 대화"가 존재한다고 주장한다. 하나님은 피조물들에 의해 영향을 받으실 만큼 자신을 "열어 놓고" 계신다. 역사의 과정은 하나님의 행위의 결과물만이 아니라 하나님에 관한 인간의 협력(혹은 비협력)의 결과물이다. 하나님은 단지 행위만 하시는 것이 아니라, 또한 반응하신다.

클라크 피녹(Clark Pinnock)은 자신의 목표가 "삼위의 하나님과 하나님-인간관계 모두에서 상호성과 관계성에 대해 보다 공정해지는 것"이라고 선언함으로써 유사한 주제들을 다룬다.[60] 피녹에게 하나님은 그분이 자신의 삶에 차이를 만들어낼 수 있는 자유의지를 지닌 존재들을 자유롭게 창조하실 수 있다는 의미에서 주권적이시다. 만약 하나님이 더는 자기 밖에 있는 그 어떤 것에 의해서도 아무런 제약이나 영향을 받지 않으신다면, 그것은 오직 그분이 그렇게 되기로 작정하시기 때문일 뿐이다. 다시 말해, 하나님은 인간의 역사의 결과들에 관해 자신을 "열어 놓기로" 작정하신다.[61]

그런데 이런 범주들은 '실체'와 '불변성'이 고대의 해석적 틀이었던 것만큼이나 모든 면에서 문화적 해석학의 일부가 아닌가? 하나님의 사랑에 관해 생각하는 범재신론적 방식(열린 견해)은 철학적 개념들을 성경의 증언에 비추어 수정하는 것인가, 아니면 성경의 증언을 현대의 사유 형식에 비추어 해석하는 것인가? 열린 견해는 성경적 근원으로 돌아가는 것인가, 아니면 단순히 사랑에 대한 하나의 개념을 다른 것으로 대체하는 것인가? 고전적 유신론과 관련해, 그 배를 포기하는 것이 정말로 필요한 것인가?

맥킨타이어는 하나님의 사랑에 관한 지나치게 배타적인 이해에 대응하기 위해 『하나님의 사랑에 관하여』(On the Love of God)라는 책을 써야 했다(그 책은 오직 "가치 있는 자"-회중의 일부-만이 참여할 수 있는 하일랜드 지역의 성찬식에 관한 이야기로 시작된다). 그러나 30여 년이 지난 지금은 상황이 극적으로 바뀌었다. 왜냐하면 오늘날 하나님의 사랑은 완전히 포괄적인(열려 있는) 그 무엇으로 보이기 때문이다. 성찬 테이블 주위에는 그 어떤 울타리도 없고, 하나님의 사랑 주변에는 그 어떤 문화적, 인종적 혹은 계급적(혹은 도덕적) 장벽도 존재하지 않는다. 맥킨타이어의 말을 풀어쓰자면, 새로운 패러다임 안에서 하나님의 사랑이라는 개념에 온전한 가치를 부여하는 일에서 가장 큰 어려움은 그것이 '하나님의 사랑'이라는 말을 '관계'라는 말과 부적절할 정도로 가깝게 동일시하는 것이다.

위의 견해는 우리로 하여금 하나님의 사랑이라는 개념을 단의적으로 규정하는 것이 바람직하지 않다는 결론에 이르게 할 수 있다. 다른 여러 교리의 경우처럼, 그 개념은 그것을 낳은 이야기에 미치지 못한다. 사정이 그러하다면, 아마도 6가지 모델을 결합시키는 맥킨타이어의 방식이 브뤼머의 모든 것을 포괄하는 관계적 모델보다 선호되어야 할 것이다. 우리는 적어도 세 가지 사항에 대해 말해야 할 것으로 보인다. 하나님의 사랑은 하나님이 갖고 계신 그 무엇, 하나님이 행하시는 그 무엇 그리고 하나님 자신인 그 무엇이라는 것이다. 그리고 아마도 하나님의 사랑은 우리가 아직 이해할 수 없는 어떤 방식으로 현재 유신론과 범재신론 모두가 제시하는 범주들을 초월한다.

이 책의 개요

이 서론적인 에세이의 목표는 이 책의 나머지 부분에서 다뤄질 교리적인 문제들을 위한 더욱 큰 정황과 그것들의 중요성을 개괄하는 것이다. 특히 지금까지 나는 하나님의 사랑이라는 개념에 관한 검토에 수반하는 패러다임 전환을 위한 잠재성에 초점을 맞춰왔다. 이어지는 에세이들은, 비록 신학에서의 패러다임 전환이라는 문제에 관해 완전히 무관심한 것은 아니지만, 대부분은 그 문제를 직접적으로 다루지는 않는다. 그것들은 앞에서 인급한 문제들에 대해 - 그것이 조직신학 내에서 하나님의 사랑의 위치이든, 아니면 더욱 넓은 의미의 신론에 대해 그것이 갖는 의미이든 간에 - 어떤 최종적인 답, 즉 유신론과 범재신론 사이의 선택적 결론을 제공하지 않는다. 하지만 그것들은 하나님의 사랑의 다양한 측면들을 살피는 과정에서 간접적으로 이런 패러다임 혁명의 우선적 기준과 건설적 원리가 될 만한 것을 다룬다. 만약 우리가 이 에세이들에서 찾을 수 있는 어떤 단일한 주제가 있다면, 아마도 그것은 하나님의 사랑에 관해 생각하기 위한 궁극적 기준이 '인간의 사랑'이 아니라 하나님과 참된 인간 모두의 대표자인 '인간 예수의 사랑'이라는 것이 될 것이다.

개리 배드콕(Gary Badcock)은 사랑의 개념에 관한 그의 광범위한 글을 통해 앤더스 니그렌(Anders Nygren)의 아가페와 에로스에 관한 유명한 구분을 다시 살펴보고, 그의 부수적인 주장 - 아가페 혹은 "선물로서의 사랑"이라는 기독교적 개념은 그것에 상응하는 플라톤적 개념인 에로스 혹은 "필요로서의 사랑"과 대척점에 서 있다는 - 을 날카롭게 비판한다. 배드콕은 에로스를 단지 이기심의 측면에서 정의하는 것은 옳지 않다고 주장한다. 플라톤의 관심은 이기심이 아니라 온전함에 있었다. 배드콕은 그리스도 안에서의 하나님의 행위에 기초해 하나님이 주도하시는 사랑에 관한 사랑의 반응은 하나님이 타당하게 '필요로 하시는' 그 무엇이라고 주장함으로써 니그렌과 플라톤 사이의 진부한 논쟁을 넘어서는 대안을 제시한다.

분명히 성경은 기독교 신학을 위한 필수적인 자료다. 그러나 하나님의 사랑에 관한 '성경 신학'에 대해 말하는 것은 수많은 방법론적 문제들을 야기한다. 예컨대, 브뤼머는 단순히 '사랑'에 해당하는 단어들이 성경에서 사용되는 방식을 살피는 것에 대해 경고한다. 그렇게 하는 것은 성경이 하나님의 사랑에 관해 말하는 다른 방식들을 간과하는 것이다. 또한 그는 성경에는 사랑에 관한 하나의 명백한 개념이 있다는 주장에 도전한다.[62] 제프리 그로간(Geoffrey Grogan)은 성경의 다양한 증거들을 살피면서 이런 위험들을 잘 설명해낸다. 특히 그는 하나님의 사랑의 다양한 대상들에 주목한다 - 이스라엘, 가난한 자, 압제당하는 자, 피조물 자체 그리고 무엇보다도 그의 독생자 예수 그리스도. 배드콕이 개념상의 문제들을 제기하는 것에 반해, 그로간은 만약 그것을 무시한 채 하나님의 사랑에 관해 교리적 성찰을 하면 위험해질 수도 있는 주석학적 문제들을 제기한다.

루이스 아이리스(Lewis Ayres)는 신학적 성찰을 위한 세 번째 요소로 역사적 요소에 관심을 보인다. 그는 어거스틴이 요한일서에 대한 그의 주석과 삼위일체에 관한 그의 대작을 통해 드러내 보인 하나님의 사랑에 관한 이해에 관해 검토한다. 아이리스는 어거스틴의 성찰의 핵심을 성육신적 삼위일체론 안에 위치시킨다. 하나님은 우리가 그분의 본성을 공유하게 하시기 위해 우리의 본성을 공유하신다. 성육신 - 인간을 향한 하나님의 사랑의 행위-은 가져오기 위해 내보내는 삼위일체적 사명의 완성이다. 하나님의 사랑은 성령을 통해 인간의 마음속으로 부어진다. 그로 말미암아 성령을 받은 인간은 성부와 성자의 관계 역시 공유하게 된다. 아이리스는 앎(knowing)과 사랑함(loving) 사이의 긴밀한 관계라는 어거스틴의 사상을 효과적으로 끌어온다. 우리는 하나님의 사랑에 참여할 때만 그것을 알 수 있다.

언젠가 에밀 브루너(Emil Brunner)는 "하나님은 사랑이시다."라는 주장을 "인간의 언어로 이루어진 가장 대담한 진술"이라고 말했다. 아마도 그 말의 참된 의미가 무엇인지에 대해 말하고자 하는 것은 무척 위험한 일이 될 것이다. 그러나 이 책에서 트레버 하트(Trevor Hart)는 바로 그 과업을 수행한다. 그러나 그는 하나님의 사랑이라는 개념을 살피기에 앞서 보다 근본적인 질문을 제기한다. "우리는 어떻게 하나님에 대해 무언가를 말할 수 있는가?" 하나님에 대해 언급하는 것과 관련된 심각한 문제는 어떤 용어들을 단의적으로 사용하는 것이 결국 하나님의 초월성을 부정하는 것으로 이어진다는 점이다. 하트는 바르트와 더불어, 하나님에 관한 인간의 발언의 가능성이 전적으로 성육신에 달렸다고 주장한다. 하나님은 육으로, 말씀으로 자신을 알리신다. 그러나 이런 계시조차 베일에 가려져 있다. 신앙의 유비조차 하나님의 사랑에 관해 설명할 때는 유사함과 유사하지 않음을 모두 의미한다. 엄격하게 말해서, 하나님에 관해 정의하는 것은 인간의 특권이 아니다. 우리가 성육신을 통해 갖고 있는 것은 하나님의 사랑의 실제에 대한 하나님이 주신 유비, 곧 그것에 대한 육적 표현이다.

앨런 토랜스(Alan Torrance)는 "하나님은 사랑이시다."(요일 4:8)라는 요한의 위대한 언명을 설명하는 과정에서 위에서 언급한 여러 가지 주제들-유비적 언어, 성육신, 삼위일체 등-을 다룬다. 그는 우리가 하나님을 정의하는 방법에 관한 질문들(언어)을 그분의 존재의 본성(로고스)과 적절하게 분리할 수 없다고 주장한다. 하나님의 자기 계시와 분리해서 하나님에 관해 무언가를 단정하는 것은 늘 신인동형론적 투사(anthropomorphic projection)라는 위험에 빠지게 된다. 우리는 인간과 하나님이 각각 자신들의 '존재'에 맞추어 사랑한다고 억측해서는 안 된다. 이것은 자연신학의 방법으로서 그리스도의 십자가로부터 시작하지 않으며 그리로 이어지지도 않는다. 토랜스는 우리에게 필요한 것은 유비를 내려놓게 하는 존재론이라고 말한다. 그는 그것을 "동일 본질"(homoousios)이라는 아타나시우스(Athanasius)의 개념 안에서 발견한다. 하나님의 존재는-그리고 사랑이라는 개념 자체도-그리스도에 의해 정의된다. 물론 오직 그리스도와 교제하는 자들만이 그들의 마음과 말이 그분에 의해 변화되는 것을 기꺼이 허락할 것이다. 그러므로 오직 하나님의 삼위일체적 삶에 참여하는 자들만이 참으로 의미 있는 방식으로 하나님의 사랑에 관해 말할 수 있다. 토랜스는, 아마도 꽤 놀라운 일이겠지만, 하나님에 관한 대부분의 담화를 위한 조건은 궁극적으로 하나님의 사랑이라고 결론짓는다.

이런 인식론적인 그리고 존재론적인 논의들에 이어서, 토니 레인(Tony Lane)은 하나님의 사랑에 관한 세 가지 특별한 질문 중 첫 번째 것에 관해 논한다. "우리는 동시에 하나님의 진노와 하나님의 사랑에 대해 생각할 수 있는가? 그럴 수 있다면, 어떻게 그럴 수 있는가?" 그는 현대의 문화적 지평에 대한 비판으로 시작한다. 그가 보기에 그것은 무차별적 포괄성으로서의 하나님의 사랑이라는 감상적인 견해를 수용하는 쪽으로 지나치게 경도되어 있다. 이런 인기 있는 입장과 맞서서 레인은 하나님의 진노가 그것과 경쟁하는 다른 속성과 멀리 떨어져 있는 것이 아니라, 실제로는 하나님의 사랑의 한 차원이라고 주장한다. 하나님의 사랑은, 정확하게 말하자면 악에 대한 증오를 "포함하고 있다." 참으로 악을 미워하는 데 실패하는 것은 곧 사랑의 결핍을 의미한다. 레인은 죄를 금하는 "보다 친절하고 부드러운" 신약의 하나님을 상정하는 마르시온적(Marcionite) 실수를 피하고자 한다. 하지만 오직 글로써만 그렇게 할 뿐이다. 그와 동시에 우리는 진노가 사랑만큼이나 하나님의 본질이라고 확언해서는 안 된다. 왜냐하면 진노는 오직 불의에 대한 하나님의 반응일 뿐이고 삼위일체적 하나님의 삶 자체와는 아무 상관이 없기 때문이다.

폴 헬름(Paul Helm)은 앞서 말한 세 가지 질문 중 두 번째 것을 다룬다. "하나님은 세상을 사랑하실 수 있는가?" 흥미롭게도 헬름은 그의 탐구를 그리스도의 십자가에 대한 성찰로서가 아니라 자연신학을 통해서 시작한다. 그의 글은 고전적 유신론이 "분석적 정화작업"(analytic cleansing)을 통해 어떻게 유익을 얻을 수 있는지를 보여 주는 훌륭한 예다. 가장 먼저, 질문을 명확하게 하는 것이 중요하다. 우리가 하나님이 세상을 사랑하신다고 말할 때, 그 세상은 어거스틴이 생각했던 것처럼 집합적인가, 아니면 그저 각 개인을 포함하는 것인가? 헬름의 궁극적 목표는 하나님의 사랑이 동등하게 분배될 수 있다는 말이 무엇을 의미하는지, 그리고 경험적 증거들이 그와 반대되는 것처럼 보일 때 과연 그런 일이 논리적으로 가능한 것인지를 살피는 것이다. 그는 하나님은 모든 사람을 동등하게 대하신다는 주장을 면밀하게 검토한 후, 그분은 모든 사람에게 동등하게 친절하실 수 없다고 결론짓는다. 자연신학의 입장에서 나온 이런 결론은 계시신학을 위한 하나의 해석학을 제공한다. 또 그것은 헬름으로 하여금 하나님이 세상을 사랑하시는 것과 관련된 성경 구절들을 세상을 세상 안에 있는 각각의 요소들이나 실체들이 아니라 하나의 유기적 단일체로서의 세상에 대한 언급으로 해석하도록 이끈다. 그와 동시에 그는 우리가 하나님이 모든 남자와 여자를 불평등하게 사랑하신다는 결론을 내리지 못하도록 가로막는 것은 아무것도 없음을 인정한다.

데이빗 퍼거슨(David Fergusson)의 글은 마지막 질문을 다룬다. "하나님의 사랑은 궁극적으로 승리할 것인가?" 종말론은 하나님의 사랑을 "열린 관계"의 측면에서 설명하는 이들에게 특별한 문제를 제기한다. 왜냐하면 만약 하나님의 미래가 참으로 열려 있다면, 하나님의 승리는 어떤 의미로도 확정된 결론이 될 수 없기 때문이다. 그러나 또한 종말론은 그것이 하나님의 사랑의 승리를 그것의 범위를 선택된 자들에게만 제한시킴으로써 확보할 수 있다는 점에서 전통적인 신학에 대해 도전을 제기한다. 21세기 신학의 경향은 종말론적 포괄주의(eschatological inclusivism), 즉 보편주의(universalism) 쪽으로 기울어져 왔다. 이 견해에 따르면, 하나님의 사랑의 제공은 결국 모든 사람으로부터 긍정적인 반응을 이끌어낼 것이다. 왜냐하면 하나님은 무한히 인내하시며 또한 무한히 설득하시기 때문이다. 그러나 그분의 피조물들이 자신들의 창조주에게 영향을 미치는 것을 허락받았다는 사실은 하나님의 사랑이 결국 승리해야 한다고 주장하는 그 어떤 형태의 보편주의도 배제한다. 존 버나비(John Burnaby)의 말을 빌리자면, 교리적 보편주의는 "그것을 위해 그것이 거부하는 전능함을 주장함으로써 사랑의 본성에 어긋난다."[63] 퍼거슨은 이중예정론을 주장하는 이들과 보편주의를 주장하는 이들 모두가 하나님의 사랑을 인간의 선택을 억압하는 무언가로 설명함으로써 궁극적으로 인간의 자유를 제거한다고 주장한다. 대조라는 방법을 통해 그는 하나님의 사랑은 무엇보다도 인간에게 자유를 허용함으로써 승리한다고 결론짓는다. 그럼에도 용납과 거부 사이에는 그 어떤 조화도 존재하지 않는다. 왜냐하면 오직 은혜만이 우리의 구속을 설명할 수 있기 때문이다.

마지막 에세이는 로이 클레멘츠(Roy Clements)가 쓴 호세아 11장에 관한 설교인데, 그것은 교리적 논증을 넘어서 송영(doxology)으로 나아간다. 그러나 그렇게 하면서도 앞 장들에서 논의된 신학적 쟁점들을 무시하지 않는다. 그것은 신학이 어떻게 말씀 선포를 낳는지에 관한 하나의 모범적인 예를 보여준다. 클레멘츠는 그의 설교를 서구 문화에 대한 분석으로, 즉 하나님에 관해 말하기 위해 유비적 언어를 사용하는 문제에 초점을 맞출 뿐 아니라, 더 나아가 이제 더는 사랑을 이해하지 못하는 사회는 하나님을 믿거나 이해하는 일에서 어려움을 겪을 것이라고 지적하는 문화적 해석으로 시작한다. 이어서 그는 호세아 11장으로 돌아가 거기에서 나타나는 특별한 형태의 사랑, 즉 창녀 아내에 대한 한 남편의 지극한 사랑과 관련해 심오한 묵상을 전개한다. 요컨대, 호세아 11장은 고전적 유신론자들과 현대의 범재신론자들 모두가 그것에 호소할 수 있는 놀라운 증거를 포함해 하나님의 사랑에 관한 모든 신학적 쟁점들을 담고 있다. 한편으로 우리는 "내가 하나님이요 사람이 아니니라."(9절)라는 말씀을 읽는다. 그러나 다른 한편으로 또한 우리는 "내 마음이 내 속에서 돌이키었다."(8절)라는 말씀을 읽는다. 호세아 11장은 하나님의 사랑의 언어를 한계점까지 잡아당기고, 클레멘츠의 말에 따르면, 그것을 넘어서 언어적이거나 개념적인 해결책이 아니라 역사적인 해결책 곧 예수 그리스도의 십자가를 지적해 보인다. 궁극적으로 하나님의 사랑에 관해 말하거나 그것에 관한 컨퍼런스를 여는 것만으로는 충분하지 않다. 만약 세상이 사랑의 의미와 하나님의 신뢰를 회복하고자 한다면, 교회가 자신의 증언을 통해 그것을 현실로 만들어야 한다. 이것은 값비싼 사랑의 실천을 의미한다. 만약 우리가 사랑을 알지 못하는 세상을 향해 하나님의 사랑을 분명하게 알리고자 한다면, 우리는 끝까지 사랑할 준비를 해야 한다.

결론: 은유와 형이상학 사이

브뤼머와 맥페이그는 은유가 하나님 자신의 본성이 아니라 우리가 하나님과 관계하는 방식을 묘사한다는 데 동의한다. 사랑의 모델 역시 예외가 아니다. 그런 접근법은 필연적으로 우리가 하나님을 사랑하는 방식과 하나님이 우리를 사랑하시는 방식 간의 차이를 숨기는 것은 아닐까? 하나님을 '사랑하는 자' 혹은 '어머니'(혹은 '아버지')로 여기는 것은 우리가 서로 사랑하는 방식과 하나님이 우리를 사랑하시는 방식을 혼동케 하지 않을까? 신인동형론은 새로운 패러다임을 따르는 신학에서조차 계속해서 남아 있는 위험이다.

그러나 만약 하나님의 말씀이 하나님에 관한 담화를 위한 최종적 기준과 통제장치라면, 기독교 신학은 마땅히 성경의 증언에 주의해야 한다. 성경은 계속해서 우리의 관심을 그런 것을 얻을 만한 자격이 없는 자들을 위해 자신을 쏟아 부으시는-피조물 안에서, 예수 그리스도 안에서, 십자가 위에서 그리고 성령을 통해서-하나님께로 이끌어간다. 만약 이 복음, 즉 이런 구원 이야기-피조물을 위한 그리고 무엇보다도 언약 백성을 위한 하나님의 값진 사랑에 관한 이야기—가 기독교적 삶과 사유를 위한 기준이 되는 이야기라면, 우리는 하나님의 현실이 무엇과 같은지에 관한 값진 시금석을 가진 셈이다. 그러므로 기독교 신학자들은 완전한 존재에 대한 그들의 선입견—그것이 고대로부터 온 것이든, 현대로부터 온 것이든, 아니면 포스트모던 시대로부터 온 것이든 간에—을 성경 본문에 비추어 엄격하게 검증해야 한다. 이것은 그 어떤 모델이나 은유에 비추어 할 수 있는 일이 아니다.

과연 우리는 은유를 넘어서 형이상학으로, 언어를 넘어서 실재로 나아갈 수 있을까? 사랑은 단순히 하나님과 세계의 관계뿐 아니라 하나님의 존재 자체를 설명할 수 있을까? 나는 그럴 수 있으며 이미 그렇게 하고 있다고 믿는다. 자넷 마틴 소스키스(Janet Martin Soskice)가 지적하듯이, 참으로 과학적 모델과 은유들은 실재를 망라하기까지는 못할지라도 적어도 그것을 가리킬 수는 있다. 종교적 은유들 역시 "실재를 묘사한다."[64] 사랑의 은유들은 하나님의 존재를 적절하게 묘사한다. 그러나 오직 성경의 이야기, 즉 이야기화된 예수 그리스도의 역사가 "사랑"이라는 용어의 사용을 규정하도록 허락받을 때만 그러하다. 예수 그리스도의 복음에 관한 이야기가 신학적 사유를 단련시킬 때, 우리는 우리 자신이 하나님을 하나님에 대한 안셀름(Anselm)의 유명한 정의—"아무도 그보다 더 크다고 생각될 수 없을 만큼 큰 존재"라는—에 관한 성 빅토르의 리처드(Richard of St. Victor)의 수정을 즐거워하고 있음을 발견하게 될 것이다. 리처드는 상호인격적이고 삼위일체의 내재적 관계에 초점을 맞추면서 그런 하나님은 "그보다 더 위대한 것이 없을 만큼 위대하고……그보다 더 좋은 것이 있을 수도 없는" 사랑으로 사랑하신다고 주장했다.[65]

그렇다면, 조직신학 안에서 하나님의 사랑의 자리는 어디일까? 그것은 현상을 유지하기 위한 쐐기로서 이바지할까? 아니면 패러다임 혁명을 위한 비판적인 지렛대를 제공할까? 아직은 답하기에 너무 이르다. 아마도 이 서론적 에세이의 교훈은 하나님의 사랑이 어떤 신학체계 안에서 어느 한 자리가 아니라 모든 자리를 차지해야 한다는 점일 것이다. 신학자의 과제는 하나님의 사랑을 어느 한 교리적 주제 아래 자리매김하기 위해 애쓰기보다 하나님의 사랑이라는 주제 자체의 무진장함에 대해 증언하는 것이다. 하나님의 사랑에 관해 쓴다는 것은 기독교 신학자가 누릴 수 있는 최고의 특권이자 또한 책임이다. 마지막으로, 하나님의 사랑은 조직신학에만 속한 것이 아니라 하나님의 사랑을 알고 자신들의 삶과 사랑으로 그것에 대해 증언하려는 모든 이들의 찬양에 속한 것임을 밝혀 두어야 할 것 같다. ♡

제2장

사랑의 개념: 신적인 그리고 인간적인

개리 D. 배드콕
후론대학교

Nothing Greater Nothing Better

예수 그리스도를 통해 나타나는 하나님의 자기를 내어주시는
사랑 안에서 일으켜 세워지고, 의롭게 되고, 긍정하게 되는 것은
바로 우리이다.

The Concept of Love
Divine and Human

사랑: 기독교 메시지의 핵심

서기관 중 한 사람이 그들이 변론하는 것을 듣고 예수께서 잘 대답하신 줄을 알고 나아와 묻되 모든 계명 중에 첫째가 무엇이니이까 예수께서 대답하시되 첫째는 이것이니 이스라엘아 들으라 주 곧 우리 하나님은 유일한 주시라 네 마음을 다하고 목숨을 다하고 뜻을 다하고 힘을 다하여 주 너의 하나님을 사랑하라 하신 것이요 둘째는 이것이니 네 이웃을 네 자신과 같이 사랑하라 하신 것이라 이보다 더 큰 계명이 없느니라. (막 12:28-31)

그렇게 해서 우리는 사랑을 예수의 모든 가르침의 핵심으로 여기게 된다. 무엇보다도 우리는 구약과 신약의 일치라는 진리, 그리고 예수가 율법과 선지자를 폐하기 위해서가 아니라 완성하기 위해서 왔다는 개념을 강조하게 된다. 이런 본문을 "하나님은 사랑이시다." 또는 "하나님이 세상을 이처럼 사랑하사……."라는 요한의 진술들과 함께 취할 경우, 우리는 자연스럽게 사랑이라는 개념이 기독교의 메시지 전체-하나님의 존재와 행위의 기초 및 영적 삶에서 그것을 적용하는 문제 모두와 관련해-를 위한 일종의 상징이라는 결론에 이르게 된다. 신학적으로 모든 것은 바로 여기에 있어야 하고 여기에서 발견되어야 한다. 또한 모든 것은 이 견고한 개념과 관련해 유기적으로 발전하여야 한다.

그러나 도대체 사랑이란 무엇인가? 보다 구체적으로, 하나님의 사랑-하나님에 대한 온전한 헌신을 요구하는 사랑, 예수가 요구하는 이웃사랑, 어느 의미에서 하나님 자신인 사랑 그리고 하나님이 세상을 위해 갖고 계신 사랑-은 무엇으로 이루어지는가? 비록 우리가 삶 속에서 접하는 기본적인 신학적 문제가 단순히 사랑에 관해 생각하는 것이 아니라 실제로 사랑을 하는 것의 문제라고 말하는 것이 백번 옳을지라도, 사실 우리로서는 그런 탐색을 시작해야 할 몇 가지 이유가 있다. 첫째, 아주 분명하게도 우리 시대에 사랑이라는 개념은 그 가치가 너무 크게 저하되어 있기 때문이다. 그러므로 우리는 하나님의 사랑 혹은 인간의 응답하는 사랑이라는 개념이 우리의 문화 안에서 어떤 자명한 의미가 있다고 억측해서는 안 된다. 둘째, 사랑은 아주 많은 것(그 중 어떤 것은 고상하고 어떤 것은 고상하지 않다.)을 의미할 수 있기 때문이다. 북극 지방에서 살아가는 이누잇족(Inuit) 사람들은 그들의 세상에서 만날 수 있는 다양한 종류의 눈을 묘사하는 다양한 말들을 갖고 있다. 영어에서 '사랑'이라는 단어 역시 애완동물에 대한 애정, 특정한 음식에 대한 선호, 특정한 취미나 여가에 대한 관심, 우정, 자식에 대한 부모의 사랑, 배우자에 대한 헌신, 그리고 이타적 희생 등 다양한 것들을 표현하는 말이 될 수 있다. 그렇다면 하나님의 사랑은 이 중 어느 것에 상응하는가? 셋째, 우리가 곧 살피게 되겠지만, 사랑이라는 개념의 내용에 대한 탐색은 하나님의 존재와 관련해 그리고 하나님과 관계하는 인간의 본질과 관련해 광범위한 신학적 질문들을 제기하기 때문이다. 그리고 분명히 그것들은 특성상 협소하게 지적이기보다 기독교 신학의 핵심과 관련되어 있다.

플라톤: 필요로서의 사랑

그동안 수많은 문헌을 통해 전형적인 것으로 간주해 온 사랑에 관한 두 가지 정의를 인용하는 것으로 시작하자. 첫 번째 것은 철학자 플라톤(Plato)의 것이고, 두 번째 것은 루터교 신학자 앤더스 니그렌(Anders Nygren)의 것이다. 플라톤은 여러 곳에서 사랑의 본질에 관해 논하는데, 그 중 가장 중요한 것은 『뤼시스』(*Lysis*)에 등장하는 '필리아'(philia)에 관한 논의와 『심포지움』(*Symposium*)에 등장하는 '에로스'(eros)에 관한 논의다. 두 경우 모두에서 플라톤은 필리아와 에로스라는 서로 다른 형태의 사랑은 모두 "필요"(need)로부터 나온다고 주장한다. 즉 어떤 남자나 여자로 하여금 더 많은 무언가를 혹은 자신의 완전함을 바라게 하는 것은-그것이 음식이나 음료와 같은 자연적인 선을 통해서든, 다른 사람을 통해서든, 아니면 지혜나 정의와 같은 도덕적 선을 통해서든 간에-다름 아니라 그 사람 안에 있는 "선의 결핍"이라는 것이다. 우리는 우리의 필요 때문에 그런 것들을 사랑한다. 더욱 정확히 말하자면, 우리는 그런 것들을 추구하고 발견함으로써만 온전한 의미에서 인간이 될 수 있다. 그로 말미암아 『뤼시스』에서 플라톤은 완벽하게 선한 인간은, 정의상 결코 선을 사랑하는 자가 될 수 없다는 역설적인 주장을 하기에 이른다. 왜냐하면 선에 대한 사랑은 그것에 대한 필요로부터 나오기 때문이다. 그러므로 플라톤은 그 자신의 가장 기본적인 사랑, 즉 그의 삶의 과제와 방식을 지배하는 지혜에 대한 사랑(philosophia, 철학)과 관련해 다음과 같은 결론에 이른다. "신이든 인간이든 이미 지혜로운 자들은 지혜의 친구가 아니다"(Lysis, 218a). 왜냐하면 오직 어리석은 자들만이 지혜를 필요로 하기 때문이다.

『심포지움』에서 플라톤은 『뤼시스』에서 이미 제기된 주장을 확대해 나간다. 플라톤에 따르면, 지혜를 갈망하는 자들은 결코 완전하게 지혜로워질 수 없다. 왜냐하면 그럴 경우 그들은 더는 아무런 필요도 갖지 않을 것이기 때문이다. 또한 그들은 결코 완전하게 바보가 될 수도 없다. 왜냐하면 그럴 경우 그들은 더는 자신들의 필요에 대해 알지 못할 것이기 때문이다. 따라서 지혜를 갈망하는 자들은 그 사이의 어디쯤인가 서 있는 셈이다. 다시 말해, 그들은 결핍으로부터 완성에 이르는 길 위에 서 있다. 플라톤의 정의에 따르면, 사랑은 그 두 극단 사이에 있는 그 무엇이다. "그러므로 사랑은 필요의 상태도, 필요를 벗어난 상태도 아니며, 지혜와 어리석음의 중간쯤에 있다"(Symp. 203e). 대화편의 그 철학적이고 심리학적인 탁월한 분석을 통해 플라톤은, 사랑은 분열된 상태에서 통합을 바라는 인간의 한 측면이라고 주장한다. 인간의 분열이라는 개념이 플라톤 철학의 기본이라는 사실은 잘 알려졌다. 그러나 그의 철학에서 통합을 가능케 하는 것이 사랑이라는 사실은 그다지 잘 알려지지 않았다. 플라톤에게 사랑은 우리의 분열된 자아와 우리 자신의 실존을 우리의 가족과 사회에 속한 다른 이들의 그것과 하나가 되게 하고, 또한 신학적 의미에서 궁극적인 선(Good)과 궁극적인 미(Beautiful) - 인간의 정신과 영혼이 갈망하는 것이 결국 그런 것이다. - 를 추구하게 하는 그 무엇이다.

이것은 이 세상에서의 인간의 운명에 대한 조악한 비전도 아니고, 우리가 가볍게 무시할 만한 것도 아니다. 플라톤은 그 핵심에 자아가 있는, 즉 모든 사랑은 이기심의 한 형태일 뿐이라는 식의 사랑의 교리를 주창하는 것이 아니다. 그의 견해는 그 이상으로 훨씬 더 섬세하며 매우 설득력이 있다. 현대의 철학적 혹은 신학적 어휘를 사용해 그것에 관해 공정을 기하자면, 우리는 그의 입장을 아래와 같이 설명해야 할 것이다. 인간은 본질적으로 부분적이며 파편적이다. 그러나 또한 인간은 본질적으로 타자를 향하게 되어 있기에 타자성(otherness)은 - 그것이 다른 사람의 형태를 취하든 인간의 자아의 궁극적 근거와 목표인 신적 타자의 형태를 취하든 간에 - 역설적으로 자아의 영속적인 측면이다. 다시 말해, 인간은 본래 외연분열적(ekstatic)이고 관계적이다. 이것은 인간이 자기결정적이거나 자기충족적 존재가 아니라는 의미다. 인간은 관계 안에서 존재하며 관계 안에 있을 때만 인간이 된다. 그러므로 개인은 세상적이든 초월적이든 관계의 공동체 안에 있을 때만 한 개인일 수 있다. 플라톤이 이렇게 주저하며 묘사하고자 하는 기본적인 형이상학적 실재는 - 우리는 임시적일 수밖에 없는 어떤 제안을 할 때 마치 그것이 아주 견고한 것인 양 떠버리지 않도록 늘 조심해야 한다. - 그의 사랑이 이기적인 자기 섬김의 형태를 갖고 있는 어떤 고립된 자아의 실재가 아니라 거대한 우주적 조직 안에 존재하는 그 무엇으로서의 인간의 실재다.

앤더스 니그렌: 선물로서의 사랑

그러나 우리는 이런 플라톤적 견해에 맞서 앤더스 니그렌의 견해를 살펴보아야 한다. 니그렌은 고전이 된 그의 책 『아가페와 에로스』(*Agape and Eros*)에서 사랑에 관한 플라톤의 주장과 정반대되는 견해를 펼친다.¹ 니그렌의 논시는, 아가페에 관한 기독교의 가르침은 플라톤의 사랑의 개념과는 "전적으로 다른 그 무엇"(totaliter aliter)이어서 그 둘 사이에는 그보다 더 큰 것을 상상할 수 없을 만큼 큰 차이가 있다는 것이다. 아가페라는 신약의 개념은 플라톤의 사랑의 개념에 관한 직접적인, 니그렌의 견해에 따르면, 완전히 '의식적인' 역전을 대표한다. 특히 바울은 아가페의 방식을 고대 세계의 종교적 에로스와 반대되는 것으로 제시한다. 그 구별은 다음과 같은 일련의 반명제를 통해 요약된다. "에로스는 자신을 위한 선에 대한 갈망이다." vs. "아가페는 자기를 내어준다." "에로스는 하나님에게 이르는 인간의 길이다." vs. "아가페는 인간에게 이르는 하나님의 길이다." "에로스는 그것의 대상의 질, 그것의 아름다움과 가치 등에 의해 결정되며 그것들에 의존한다." vs. "아가페는 주권적이며, 그것의 대상과 관련해 독립적이며 악인과 선인에게 다 같이 부어진다."² 그 둘은 그런 식으로 삶과 신성에 대한 서로 대립하는 두 가지 태도를 대표한다.

아가페 자체에 관한 니그렌의 보다 긍정적인 묘사 역시 중요하며 교훈적이다. 그는 그 개념을 네 가지 표제하에 요약한다.³ 첫째, 아가페는 "자발적이며 유발적이지 않다." 즉, 아가페는 그 자체 외에 다른 아무것으로부터도 나오지 않는다. "하나님이 인간을 사랑하신다고 말할 때, 그것은 인간이 어떤 존재인지에 관한 판단이 아니라 하나님이 어떤 존재이신지에 관한 판단이다." 이로 말미암은 직접적인 추론은 두 번째 표제에서 발견된다. 둘째, 아가페는 "인간의 공로와 무관하다." 예수가 의인들을 죄인들과 함께 하나님 나라로 부르실 때, 공로라는 개념은 종교적 무대로부터 사라진다. 하나님은 의인들의 의 때문에 그들을 사랑하시는 것만큼이나 죄인들의 죄 때문에 그들을 사랑하신다. 그러므로 우리가 하나님의 사랑에 관해 생각할 때 인간의 가치는 완전히 무시되어야 한다. 셋째, 아가페는 "창조적이다." 아가페는 사랑의 대상의 고유한 가치에 관한 인식에 의존하지 않고 오히려 그 가치를 창조한다. "하나님이 사랑하시는 인간은 그 자신 안에 그 어떤 가치도 갖고 있지 않다. 그의 가치는 단지 하나님이 그를 사랑하신다는 사실에 있을 뿐이다." 이외에 그 어떤 다른 주장도 하나님의 사랑이 유발적이지 않으며 인간의 공로가 어느 정도 하나님께 영향을 미친다는 것을 의미한다. 넷째, 아가페는 "하나님과의 교제라는 길을 연다." 즉, 의인에게 가치를 부여하는 하나님 자신의 행위가 없다면, 인간은 그 어떤 의나 노력을 통해서도 하나님께 이르지 못한다. 아가페의 길 외에 그 어떤 다른 길도 하나님께 이르지 않으며 이를 수도 없는 잘못된 길이다.

요약하자면, 우리는 지금까지 두 종류의 사랑이 확인되었다고 말할 수 있다. 첫 번째는 그것이 자기 안에 있는 얼마간의 육체적, 정신적 혹은 영적 갈망에 맞도록 조정되어 있다는 점에서 "필요로서의 사랑"(need love)이라고 일컬어질 수 있다. 나는 그것이 맛이 있고 허기를 채워주기 때문에 콘 프레이크를 사랑한다. 나는 내 친구가 재미있는 이야기를 해주기 때문에 그를 사랑한다. 나는 그렇게 하는 것이 나를 위한 최고의 선이기 때문에 하나님을 사랑한다. 두 번째는 우리가 "선물로서의 사랑"(gift love)이라고 부를 수 있는 것이 있는데, 그것의 관심은 자기 안에 있는 어떤 필요의 충족이 아니라 다른 것에 맞춰져 있다. 곤경에 처한 어린아이들을 구해내기 위해 그 아이들과 아무 상관이 없음에도 개인적인 위험을 무릅쓰고 불타는 건물 속으로 뛰어드는 이들이 그런 사랑을 보여 준다. 비록 우리가 그들이 그런 용감한 행동을 한 후에 타블로이드판 신문이나 저녁 뉴스 시간에 영웅이 될 수 있다고 말할지라도,

사람들이 그 어떤 개인적 이득도 고려하지 않은 채 순간적으로 그런 결정을 내리는 것은 인간의 삶 속에 그런 실제적인 이타심이 존재한다는 사실에 관한 증거다. 비록 니그렌 이후의 작품들이 인간의 사랑과 하나님의 사랑이라는 개념을 대립시키고자 하는 그의 성향에 대해 비판적이었음에도, 이기심과 이타심 모두가 그런 식으로 널리 알려진 사랑의 개념을 통해 드러날 수 있으며 "필요로서의 사랑"과 "선물로서의 사랑"이라는 기본적인 구분이 유지될 수 있다는 것은 의심할 여지가 없다.[4]

니그렌에 대한 이의

그럼에도 나는 몇 가지 이유로 니그렌의 이런 입장에 대해 이의를 세기할 수밖에 없다. 첫째로, 우리가 살펴보았듯이 사랑에 관한 플라톤의 개념이 기본적으로 이기적이라는 주장은 플라톤의 입장에 관한 오해에서 나온 것이다. 사랑에 관한 플라톤의 이해가 사랑하는 자들은 자아를 완성시켜 줄 무언가를 바란다는 전제를 갖고 있음은 분명하다. 하지만 우리는 플라톤의 그런 개념이 문제가 되는 자아보다 훨씬 더 큰 온전한 형이상학적 틀의 일부라는 사실도 이해해야 한다. 사실, 니그렌의 모든 신학의 표면 아래에도 유사한 이해의 틀이 존재한다. 왜냐하면 결국에는 니그렌도 하나님의 사랑의 대상이 되기를 원하기 때문이다. 오직 그것만이 자신을 정당화할 수 있기 때문이다. 그가 그의 책을 쓰는 이유 역시 그것 때문이다. 사정이 그렇지 않다고 주장하는 것은 무책임한 난센스다.

둘째로, 그러나 이것의 중요성은 첫 번째 것보다 훨씬 더하다. 하나님이 특정한 인간을 사랑하시는 것이 그들 안에 있는 어떤 선 때문이 아니라 순전히 그분이 그렇게 하기로 작정하셨기 때문이라는 니그렌의 견해는, 비록 창조 교리에 관한 부정은 아니지만, 적어도 창조 교리와 구속 교리 사이의 무익한 분열을 보여준다. 예컨대, 교부신학에서는 피조된 인간이 하나님의 형상을 갖고 있다는 개념이 아주 중요했기에 구속의 교리조차 그것을 향해 맞춰지고 그것의 맥락에서 이해될 정도였다. 구원의 경륜 전체의 목적은 그 형상을 회복하고, 인간의 본성에 다시 그것을 새기고, 인간의 본성 안에 있는 생명의 샘을 깨끗이 함으로써 하나님의 삶의 생수가 그곳으로 자유롭게 흘러들어 가게 하는 것이라고 할 수 있다. 물론 니그렌 자신은 이런 교부신학의 주장들에 동의하지 않는다. 그는 그것들을 아가페에 관한 원래의 복음주의적 개념을 왜곡하고 그 개념을 이방인들의 에로스 개념과 뒤섞는 것이라고 여긴다. 그러나 그렇게 주장하기 위해서 그는 원래의 창조의 선함이 역사를 통해 세상에 전해지는 하나님의 재창조 의도와 어떻게든 연관되어 있음을 부정할 수밖에 없다.

동일한 요점이 죄의 교리와 관련해 다른 방식으로 표현될 수도 있다. 니그렌은 그의 거의 모든 관심을 죄에 관한 문제에 빼앗기고 있기 때문에 우리는 그가 타락 이후의 인간의 본성 안에서 그 어떤 선도 보지 못한다고 말할 수 있을 정도다. 그러나 이것은 인간의 본성에 관한 부당하게 비관적인 견해와 죄에 관한 적설하지 못한 가르침을 대표한다. 예컨대, 목회적 차원에서 니그렌의 견해는 재앙 그 자체다. 낙심의 경우를 예로 들어보자. 자신에 관한 진리가 무가치함이나 사랑스럽지 않음에 관한 것이 아님을 인식해야 할 가장 대표적인 사람이 바로 낙심한 자들이다. 그런 이들은 하나님이 그들에 관해 내리신 단 하나의 절대적인 평가가 그들 안에 본래적 가치와 선함이 존재한다는 것임을 알아야 한다. 나는 이 문제를 사소한 것으로 만들고 싶지 않기에 우리가 "하나님은 사랑이시다."라는 확언을 이런 의미에서 이해할 때, 그것이 어떤 이들의 삶 속에 치유를 가져올 수 있다고 말하고자 한다. 그러나 니그렌의 신학에 따르면, 낙심한 자들 그리고 그들과 함께 일하는 자들은 그들과 그들의 삶 속에는 선한 것이 아무것도 없다고, 즉 그들 안에는 하나님의 창조의 영광과 선함을 다시 비추거나, 그들의 위엄과 매력에 관한 절대적 확언을 불러낼 만큼 가치 있는 것이 아무것도 없다고 동의해야 할 것처럼 보인다. 결국 하나님이 그들을 사랑하시는 것은 그들 자신 때문이 아니며, 그분은 그렇게 하실 수도 없다. 왜냐하면 하나님의 사랑은 유발적이지 않으며 인간의 가치는 그분에게는 아무런 흥미도 없기 때문이다. 니그렌의 견해에 의하면, 하나님조차 낙심한 자의 병적인 자기 이미지에 동의하시는 것처럼 보인다. 니그렌의 방식을 좇아서 낙심한 자들을 향해 하나님이 그들의 현재의 모습에도 불구하고, 다시 말해, 문제가 되는 그들의 실제적 현존, 즉 그들의 과거와 경험을 간과함으로써 그들을 사랑하신다고 말하는 것은 실제로는 자살을 부추기는 것이나 다름없다. 왜냐하면 그것은 단지 그 고통당하는 사람 안에 있는 본래적 무가치성이라는 개념을 확증해 주는 것에 불과하기 때문이다. 오히려 그런 상황에서 가장 중요한 것은 그 사람에 대한 하나님의 사랑, 즉 "지각된 사랑스럽지 않음"(perceived unloveliness)이라는 흙무더기 아래 깊은 곳에 묻혀 있는 "선 혹은 선을 위한 가능성"을 인식해 내는 하나님의 사랑이다. 바로 이것이 부각되어야 할 필요가 있다. 그리고 그것을 인식하지 못하는 것은 그 고통당하는 사람을 더 깊은 곳으로 밀어 넣음으로써 빛과 건강을 향한 그의 여행을 훨씬 더 어렵고 위험한 것으로 만드는 것에 불과하다.

그러므로 아가페 혹은 선물로서의 사랑-그것이 하나님의 순전한 형태의 사랑이든 그것에 대한 인간의 부분적인 표현이든 간에-이 그것의 대상의 선함에 무관심하다는 주장은 매우 의심스럽다. 우리는 생명과 신체의 위험을 무릅쓰고 불타는 집안으로 뛰어드는 영웅이 그 불꽃 속에 갇힌 아이들에 관한 그 어떤 사랑도 갖고 있지 않다고 말할 수 없다. 왜냐하면 그는 그 아이들을 인간으로, 즉 가족과 친구와 미래를 가진, 그리고 그것들이 의미하는 모든 것을 가진 인간으로 인식하고 있기 때문이다. 비슷하게, 부모들이 행하는 선물로서의 사랑이라는 이타적 행위-가령, 병든 아이의 침상을 밤새워 지키는 것, 아이가 한바탕 울고 난 후 잠들 때까지 그를 토닥이며 재우는 것, 어머니나 아버지가 반항하는 십 대 자녀에게 지속적으로 헌신하는 것 혹은 주정뱅이 자녀에게 계속해서 부모로서의 사랑을 보이는 것 등-은 근본적으로 이타적이지만, 그렇다고 해서 그런 행위들이 그 사랑의 대상의 본래적 가치에 대해 무관심한 것은 결코 아니다. 사실, 때로는 곤경에 처한 이들이 가치 있는 자들이기에 그들을 돌보라는 도덕적 명령이 실제로 우리에게 그런 일을 할 수 있는 힘을 제공하기도 한다. 그러므로 인간적 차원에서 아가페는 결코 사랑의 대상에 대해 무관심하지 않다. 그리고 나는 이것이 하나님께도 해당한다고 주장한다.

   내가 니그렌의 입장과 그것에 맞는 인기 있는 기독교적인, 특히 개신교 전통에 속한 믿음의 많은 부분을 받아들이기 어려워하는 세 번째 이유는 성경 자체가 니그렌이 기독교적 사랑인 아가페와 다른 형태의 인간적 사랑 사이에 존재한다고 가정하는 엄격한 구분을 실제로는 하지 않고 있기 때문이다. 역사적 사실을 말하자면, 아가페(agape)라는 그리스어가 신약에 나타나는 이유는 그것이 그보다 앞서 칠십인역(LXX)에서 하나님의 사랑을 가리키는 데 사용되었기 때문이다. 그리고 그 단어가 칠십인역에 사용된 이유는 그것이 이미 세속적인 그리스어의 용법에서 비이성적인 충동이나 외적 필요에 의해 억지로 사랑하는 상태를 함의하기보다 사랑의 근본적 이유, 윤리적 헌신 혹은 서로를 위해 단호하게 선을 택하는 것 등을 의미하는 단어로서 사용되었기 때문이다. 그것은 때로는 황홀하리만큼 흥미로운 경험보다는 지루하고 고통스러운 의무들과 더 많이 연관된 단어였다. 그러나 그것은 바로 그런 이유 때문에 "언약적 사랑"이라는 구약의 개념 – 그것은 자기 백성에게 호의를 보이고, 그들을 돌보고, 그들의 상황에도 불구하고 그들을 사랑하고자 하시는 하나님 편의 단호한 결의를 포함한다. – 을 그리스어로 표현하는 데 다른 무엇보다도 더 적합했다. 그것이 칠십인역에서 사용됨으로써, 키텔(Kittel)이 그의 책 『신약성경 신학사전』(*Theologische Wörterbuch zum Neuen Testament*)에서 옳게 주장하듯이, 그 단어에 하나님의 사랑에 관한 구약의 풍성한 개념들로부터 나온 더욱 깊은 의미가 첨가되었다.

아가페라는 단어가 신약에서 사용된 것은 바로 이와 같은 구약적 배경과 언어적 선례가 있었기 때문이다. 그러나 비록 아가페라는 단어가 신약에서 그리고 무엇보다도 고린도전서 13장에 나오는 소위 사랑에 관한 찬가를 통해서 높이 칭송되고 있을지라도, 그것이 곧 우리가 아가페를 "필요로서의 사랑"에 맞서는 것으로서의 "선물로서의 사랑"이라는 완전히 구별된 개념으로 규정해야 할 이유가 되지는 않는다. 예컨대, 비록 요한의 증언을 따르면 "하나님은 사랑(agape)"(요일 4:8)이시지만, 동일한 자료는 아주 분명하게 다음과 같이 말씀하고 있다. "이 세상이나 세상에 있는 것들을 사랑하지 말라 누구든지 세상을 사랑하면 아버지의 사랑이 그 안에 있지 아니하니 이는 세상에 있는 모든 것이 육신의 정욕과 안목의 정욕과 이생의 자랑이니 다 아버지께로부터 온 것이 아니요 세상으로부터 온 것이라"(요일 2:15-16, 이 구절의 그리스 원어에서 "사랑"과 관련해 사용된 단어들은 모두 아가페의 동사형이다. - 역주).[5] 이 구절에서 동일하게 사용되고 있는 아가페의 동사형은 아가페가 늘 특별한 형태의 선물로서의 사랑 - 그것이 대상의 가치에 무관심한 사랑의 형태이든, 아니면 그 자신의 가치를 추구하지 않는 사랑의 형태이든 간에 - 을 가리킨다는 개념이 잘못임을 증명해 준다. 사실 여기에서는 그와 정반대되는 것이 보인다. 우리는 아가페 사랑으로 세상을 사랑하고도 하나님의 호의를 얻지 못할 수 있다. 왜냐하면 그렇게 사랑하는 자는 욕망으로 가득 차고, 오만하고, 이기적인 사람이기 때문이다.

요약하자면, 하나님의 사랑과 기독교적 사랑으로서의 아가페가 다른 형태의 인간적 사랑과 완전히 구분되어야 한다는 개념을 유지하기는 어렵다. 비록 사랑에 관한 기독교의 가르침이 단순히 이웃에 대한 사랑이 아니라 분명히 적에 대한 사랑에 대해 말할지라도, 그리고 비록 그 가르침이(특히 공관복음에 나오는 예수의 가르침을 따라) 용서라는 지극히 중요한 의무를 포함하고 있을지라도, 그것이 인간의 사랑이라는 평범한 영역과 아무런 상관이 없다고 말하는 것은 지나치다.

새로운 개념

플라톤과 니그렌 사이

지금까지 나 자신이 그 위에서 성장한 경건이라는 건물의 많은 부분을 허물었으니, 이제는 사랑의 개념과 관련해 보다 긍정적인 것에 관해 말하고자 한다. 나는 여기에서 많은 것에 관해 말할 수 있기를 바란다. 몇 해 전에 나의 아버지가 돌아가셨을 때 아버지의 장례식에서 그분의 성품에 대해 몇 마디 말을 한 적이 있다. 며칠 후 아버지의 오랜 친구 한 분이 우리 가족을 찾아왔다. 장례식 때 나는 아버지를 사랑의 사람으로, 자신이 사랑하는 사람과 일을 위해 자기를 희생하고 헌신할 수 있었던 분으로 묘사했는데, 아버지의 친구 분은 내가 아버지를 옳게 보았다고 말했다. 그분은 나의 아버지와 20년 넘게 함께 일했는데 그 오랜 세월 동안 단 한 번도 아버지가 누군가에 대해 나쁜 말을 하는 소리를 듣지 못했다고 했다. 나의 아버지는 공공연하게 종교를 내세우는 사람이 아니었고 굉장한 종교적 주장을 하는 사람들과는 그다지 어울리지도 않으셨다. 그러나 나는 그 친구 분의 말을 들은 후 "하나님은 사랑이시라 사랑 안에 거하는 자는 하나님 안에 거하고 하나님도 그의 안에 거하시느니라."(요일 4:16b)라는 성경 본문이 나의 아버지에게 무엇을 의미하는지가 궁금해졌다. 이웃에 대한 사랑과 하나님에 대한 사랑은 인간의 용서와 온화함이 단순히 하나님의 호의에 대한 비유일 뿐 아니라 그것에 대한 증거이자 그 안으로 들어가는 입구라고 주장할 수 있을 만큼 서로 밀접하게 연결된 것인가? 우리가 '인간관계의 생태학'이라고 부를 수 있는 것 안에서 사랑을 보이는 것은 단지 개인적인 현상 이상의 그 무엇인가?

그런데 한편으로 나는 내가 탐색하고자 하는 또 다른 문제에 매료되어 있다. 그것은 사랑을 참으로 신학적인 모든 것의 핵심으로 보는 것이 신학을 위해 어떤 함의를 갖느냐 하는 것이다. 신학(theology)은, 우리가 늘 들어왔고 또한 이제 우리 자신이 다시 말하고 있듯이,

"신"(theos)에 대한 "말"(logos)이다. 그런데 정말로 그런 것인가? 만약 올바르게 인식된 하나님에 대한 지식이 그것의 토대 및 의미와 관련해 사랑이라는 개념에 초점을 맞춘다면, 실제로 그것이 하나님에 관한 "지식"으로 인식되는 것이 올바른 것인가? 오히려 그것은 하나님에 대한 '사랑'으로 간주하고 규정되는 것이 훨씬 더 적절한 것 아닐까? 그래서 인습적으로 교회와 학교 안에서 수행되어 온 신학을 기껏해야 은혜 아래 있는 인간의 삶이라는 영역(신학의 주제를 이루는 실제적 사건들이 그 안에서 발생한다.)의 가장자리에 있는 관객 정도로 인식하는 것이 적절한 것 아닐까? 그렇다면 지식의 역할은 무엇이며, 그것은 어떻게 우리의 신학 안에서 사랑과 연결될 수 있을까?

그러나 나는 이런 문제들을 지금은 제쳐놓으려 한다. 대신에 다른 종류의 그러나 결국은 신학적으로 그것들 못지않게 중요한 문제를 살피려 한다. 그것은 플라톤과 니그렌 모두가 사랑을 설명할 때 당연한 것으로 받아들였으나 실제로 검토되지는 않았던 어떤 전제와 관련되어 있다. 플라톤에 따르면, 사랑은 오직 '필요'의 기초 위에서만 가능하다. 따라서 완전하게 선하고 지혜로우신 하나님은 사랑하실 수가 없다. 왜냐하면 사랑한다는 것은 불완전에 대한 증거이기 때문이다. 그러나 우리가 이런 주장을 통해 얻게 되는 것은 하나님의 무감각에 관한 교리의 흥미로운 변종일 뿐이다. 사랑한다는 것은 과정 안에, 즉 선을 향한 경과 안에 존재한다는 것을 의미하기에, 엄밀한 의미에서 하나님은 사랑하신다고 말해질 수 없다. 비록 하나님이 자명하게 선하시고 참으로 절대적 의미에서 지고선이시라 하실지라도 그러하다. 그 어떤 것도 하나님의 완전에 맞설 수 없으므로 하나님은 이 세상의 존재나 적들로 말미암아 괴롭힘을 당하실 수 없다는 이런 확신은 실제로 모든 그리스적 사유 안에 들어 있는 의식의 근거가 된다.

물론 가장 초기부터 기독교의 신론은 그것의 히브리적 전제들에 의존하면서 항상 하나님을 특성상 인격적인 분으로, 따라서 그분 스스로 그리고 그분이 아닌 것을 향한 그분의 행위에 있어서 사랑할 능력을 갖추고 계신 분으로 이해하고자 애써 왔다. 이런 확신이 신학적 언어의 한계에 관한 아포파시스적(apophatic, 겉으로는 어떤 사실을 부정하면서 실제로는 그것을 말하는 것-역주) 과묵에 의해 제한되는 곳에서조차 우리는 구약의 그리고 특히 신약의 권위에 따라 사랑이 신적 완전이라는 것을 알 수 있다.

그러나 지금은 우선 니그렌의 입장이 무엇인지에 주목해 보자. 니그렌에 따르면, 하나님의 사랑은 본질상 무조건적이고 자발적이다. 오직 하나님 자신의 존재와 결단으로부터만 나오는 당신과 나와 세상을 향한 하나님의 사랑은 인간의 가치나 필요와 아무런 상관이 없으며 우리의 실존 안에 있는 그 어떤 것에 의해서도 제약되지 않는다. 예컨대, 그것은 변경될 수 없다. 그리고 그렇게 인식되는바 그것의 지속성은 니그렌에게 아주 매력적으로 보였다. 하나님의 사랑은 실패하지 않는다. 왜냐하면 그것은 인간의 순종이나 죄에 의해, 믿음이나 불신에 의해 제약되지 않기 때문이다. 믿음과 순종이 발견되는 곳에서조차 그것들 자체는 역사를 통해 세상 속에서 그리고 남자와 여자들의 개인적 삶 속에서 작동하는 하나님의 사랑의 산물일 뿐이다.

우리는 이런 식으로 인식된 세상을 향한 하나님의 사랑이 가능하다고 여길 수도 있다. 하지만 그런 사랑은 실제로는 우리가 방금 인용했던 하나님의 사랑에 대한 플라톤적 입장과 다르지 않다. 니그렌에 따르면, 오직 하나님 자신만이 사랑하실 수 있다. 왜냐하면 그렇게 하는 과정에서 그분은 사랑의 행위나 그것의 대상에 의해 사실상 아무런 영향도 받지 않으시기 때문이다. 이런 견해에 의하면, 하나님의 질투나 분노 그리고, 예컨대 호세아서에 나오는 것처럼, 심지어 거부당함으로 인한 고통과 관련된 성경의 모든 표현은 단지 조악한 의인화에 불과하다. 하나님이 세상을 사랑하시는 것은 전적으로 불변하시는 하나님 자신에게서 유래한다. 그러므로 세상을 향한 그분의 사랑은 그분의 불변하는 존재와 삶이 가진 하나의 역할이다. 사실, 기독교 초기에 융성했던 플라톤주의-그것에 따르면, 하나님은 지고선인 자신의 내적 필요 때문에 아가페를 통해 세상을 향해 손을 펼친다(신플라톤주의자인 플로티누스[Plotinus]는 그렇게 가르친다.)-와 마찬가지로, 기독교의 하나님 역시 무감각하게 신적 사랑의 에너지를 발산하는데, 때로 그것은 사람들 사이에서 그것에 응답하는 사랑의 반응을 만들어 낸다. 그리고 니그렌은 그것을 "믿음"이라고 칭하기를 좋아한다. 그러나 그 모든 것에도 불구하고, 하나님에게는 아무 일도 일어나지 않는다. 왜냐하면 그분의 사랑은 정의상 그것 자체 이외의 그 무엇에 의해서도 영향을 받지 않기 때문이다. 니그렌에 따르면, 그것은 오직 이런 식으로만 하나님의 사랑이다.

　내가 이 모든 것이 거부되어야 한다고 주장하는 것은 아니다. 그러나 내가 니그렌의 입장에 그리고 그것에 상응하는 일반적인 신학적 견해들에 절대 동의하지 않는다는 점은 분명히 밝혀두어야 할 것 같다. 첫째로, 나는 사랑의 대상 안에 있는 선이나 잠재적 선을 향해 정의된 것으로서의 사랑이라는 개념을 신적 혹은 인간적 아가페와 조화되지 않는 것으로 여기지 않는다. 둘째로, 그러나 오늘날 이에 대한 보다 극단적인 의미가 제기되고 있는데, 그것은 하나님의 사랑의 본질에 대한 대안적 입장이다. 나는 이 에세이의 나머지를 통해 사랑에 대한 또 다른 개념-플라톤과 니그렌의 입장 사이의 어디쯤인가 위치하고 어느 중요한

점에서 그 둘 모두를 무시하는 개념 – 이 가능한지를 알아보기 위해 일종의 사유의 실험을 수행하고자 한다. 지금까지 나는 세상을 향한 하나님의 사랑이 어느 의미에서는 그분의 피조물들의 행위에 의해 영향을 받는 종류의 사랑일 가능성을 탐색해 왔다. 인간은 하나님이 보시기에 소중한 존재다. 이제 추가적인 발걸음이 필요하다. 만약 실제로 하나님이 있는 그대로의 세상에 대해 마음을 쓰신다면, 만약 나에 대한 그분의 사랑이 나의 불순종에 의해 모욕을 당하거나 나의 순종과 신실함에 의해 굳어지거나 심지어 깊어질 수 있다면, 그때 우리는 하나님의 사랑이 – 플라톤적 개념 안에서 우리의 그것처럼 – 일종의 필요에 기초를 두고 있다고 말할 필요가 있게 된다. 만약 이것이 옳다면, 하나님의 무감각성에 관한 오래된 교리(결국 그것은 그리스적 기원을 갖고 있다.)는 사랑을 행하시는 하나님에 관한 구약과 신약의 개념과 양립할 수 없다.

바르트의 입장

그동안 나는 오늘날 대부분의 신학의 특징을 이루는 하나님의 무감각성에 관한 교리를 거부하고자 하는 느낌을 이런 식의 추론을 마친 지금처럼 강하게 받아본 적이 없었다. 나는 늘 우리가 신학적 전통의 짐을 가볍게 거부해서는 안 된다고 여겼다. 또한 지금도 여전히 그 전통이 오늘날의 어떤 철학적 입장에 협소하게 집착함으로써 나타나는 몇 가지 전제들로 말미암아 거부되어서는 안 된다고 주장하는 편이다. 대개 현대의 철학적 입장들은 기본적으로 반신학적이다. 따라서 현대의 신학자들에 의해 채택된 것은, 설령 그것이 아주 독특하고 그릇된 것은 아닐지라도, 늘 위험을 내포한 그 무엇이 될 수밖에 없다. 그러므로 나는 독

일인 친구 중 많은 이들이 그리고 영국과 북미의 친구 중 적지 않은 이들이 강력하게 옹호하는 "하나님에 관한 무신론적 가르침" 같은 최신의 주제가 권할 만한 것인지 혹은 적용할 만한 것인지에 대해 장황한 보충 설명을 할 생각이 없다. 개인적으로 나는 이것이 결국에는 쓸데없는 주장이며 현재로서는 시간 낭비일 뿐이라고 믿는다. 왜냐하면 오직 하나님에 대한 믿음과 실제로 양립할 수 있는 형이상학을 포함하는 철학만이 우리의 신학에서 고려의 대상이 되어야 하기 때문이다. 그렇지 않을 경우, 우리는 반신학적 유사신학(anti-theological pseudo-theology) – 내가 보기에 그것은 현재의 "하나님에 관한 무신론적 가르침"과 그리고 우리에게 너무 쉽게 다가오는 수많은 다른 현대의 신학적인 그리고 심지어 교회론적인 입장들과 크게 다르지 않다. –으로 끝나버리고 마는 위험을 무릅쓰는 셈이다.

다른 한편, 만약 하나님의 무감각성에 관한 교리가 실제로 성경의 증언에 관한, 그리고 이 경우에는 세상에 관한 하나님의 사랑 같은 핵심적 개념에 대한 이해를 어렵게 하거나 혹은 불가능하게 한다면, 그 문제를 더 깊이 살펴보는 것은 분명히 이해할 만한 일이 될 것이다. 여기에서 나는 자료들을 사용함에 과도하게 선택적이 되지 않으면서 칼 바르트(Karl Barth)의 신학의 기본 원리 중 하나에 호소할 것이다. 바르트 신학의 가장 특징적인 그리고 영향력이 큰 주제 중 하나는 하나님이 오직 그분의 행위를 통해서만 알려지고 알려질 수 있다는 것이다. 더욱 정확히 말해, 우리가 처음부터 끝까지 하나님이 그분의 계시를 통해 자신이 누구이며 어떤 존재인지를 보여주시는 것 이상으로 하나님의 이름의 내용에 대해 알 수 있는 다른 기준은 없다는 것이다. 바르트에 따르면, 우리가 하나님이 무한히 사랑하신다는 사실을 아는 것은 최고의 본질로서의 하나님, 그리고 자기 안에 모든 가능한 완전함을 하고 있기에 가능한 최고의 완전한 사랑도 가진 존재로서의 하나님이라는 철학적 개념들에 근거한 것이 아니다. 오히려 우리는 오직 하나님이 그렇게 계시가 되신다는 사실로 말미암아 그분이 무한히 사랑하신다는 것을 알 수 있다.

내가 바르트의 신학을 이런 식으로 인용하는 것을 망설이는 것은 그에게 있어 계시를 통한 하나님의 행위가 '예수 그리스도'라는 이름과 동의어라는 사실 때문이다. 반면에 나는 하나님의 행위에 관한 보다 폭넓은 정의, 즉 창조, 이스라엘의 역사 그리고 어느 정도는 우리 자신의 하나님 경험까지 포함하는 정의를 선호한다. 나는 그것이 가능하며 심지어 규범적이라고 여긴다. 그럼에도 바르트의 기본적인 주장은 매우 적절하다. 하나님 자신의 활동이 없다면, 우리는 그분에 관해 그 어떤 개념도 얻을 수 없다. 왜냐하면 그것이 없다면 우리는 그분에게 접근할 방법은커녕 그분에 관한 최소한의 암시도 얻지 못할 뿐 아니라, 우리 자신이 존재하는 것조차 불가능할 것이기 때문이다. 그러나 사실 하나님의 피조물로서의 세계와 역사(개인적인 삶의 역사와 이스라엘의 집단적인 역사)속에서의 그리고 성육신과 그것으로부터 흘러나오는 모든 것 속에서의 그분의 활동은, 그분의 선하심에 의해 그분을 명시적이든 암시적이든 인간의 삶과 실존의 실제적 주체로, 그리고 그분의 뜻을 피조물들의 실제적 목표로 만드는 방식으로 조직되어 있다. 본질상 세상은 의존적이고 파생적이며 그런 의미에서 그것의 근원을 바라보며 가리킨다. 그 근원을 떠나면 세상은 결코 지금과 같은 모습이 될 수 없다.

일단 이것이 인정된다면, 바르트의 원리는-그것이 얼마나 많이 변형되었든 간에-논쟁의 여지가 없는 요새와도 같은 특성을 지니게 된다.

지금 우리가 하나님의 사랑과 관련해 물어야 할 질문은 과연 하나님의 사랑이 니그렌이 주장하는 종류의 것, 즉 순전한 자기 제공, 헌신과 용납의 제공과 같은 것이어서, 실제로 그 사랑의 대상에 대해 무관심하며, 또한 그것이 무조건적인 사랑이기에 그저 베풀어질 뿐이라는 주장을 위한 실제적인 근거가 있느냐 하는 것이다. 내가 이미 주장했듯이, 나는 사랑에 관한 그런 식의 개념이 논리적이거나 설득력이 있다고 여기지 않는다. 그러나 만약 하나님의 행위 안에서 지적될 수 있는 그런 개념을 위한 근거가 있다면, 나는 바르트의 원리가 널리 공표되었음을 전제하고 그것을 사실로 받아들이고 그것에 따라 내 생각을 수정해야 할 것이다.

루이스의 입장

우리가 순전한 자기 제공과 이타성으로서의 하나님의 무조건적인 사랑에 대한 증거를 찾을 수 있을 만한 가장 확실한 곳은 물론 예수의 십자가다. C. S. 루이스(Lewis)의 『네 가지 사랑』(*The Four Loves*)에 나오는 주목할 만한 구절 하나가 정확히 그런 식으로 말하고 있다. 따라서 우리는 그것 전체를 인용해 볼 필요가 있다.

아무것도 필요하지 않으신 하나님은 자신이 그들을 사랑하고 완전케 하시기 위해 전혀 불필요한 피조물들을 존재케 하고자 하신다. 그분은 이미 다음과 같은 것들을 내다보시면서 우주를 창조하신다.……십자가 위에서 윙윙거리는 파리 떼, 고르지 못한 막대기에 쓸려서 벗겨진 등, 중추 신경을 통과해 박힌 못들, 신체가 늘어질 때 반복해서 발생하는 초기의 질식, 때때로 숨을 들이마시려고 번쩍 들어 올릴 때마다 거듭 되는 등과 팔의 고통. 만약 내가 감히 생물학적 이미지를 만들어내고자 한다면, 하나님은 자신에게 기생하는 것들을 정교하게 창조하시는 "숙주"다. 그분은 우리로 하여금 자신을 착취하고 "이용하도록" 만드신다. 바로 여기에 사랑이 있다. 바로 이것이 사랑이신 그분 자신, 즉 모든 사랑의 창조자의 모습이다.[6]

루이스의 입장은 여러 가지 전제들에 의존하는 것처럼 보인다. 우선 "무로부터의 창조"(creatio ex nihilo)라는 교리가 있다. 인간의 죄악에 관한 예견과 하나님이 십자가에 달리신 그리스도 안에서 인간이 그분에게 가한 고통을 감당한다는 개념도 나타난다. 이런 견해 속에는 부정할 수 없는 경건이 들어 있다. 그것은 기독교 세계의 그리고 특히 중세 말기의 경건과 많은 점에서 상통한다. 그러나 루이스의 견해에는 무언가가 빠져 있다. 그것은 아주 중요한 것이기에 만약 그것의 지원이 없다면 다른 모든 것이 실패할 만한 것이다. 빠져 있는 것은 바로 사랑이다. 왜냐하면 비록 루이스가 자신에게 기생하는 것들을 관용하시는 하나님이야말로 모든 실제적 사랑의 표준과 기준이며 그런 희생의 행위야말로 "사랑이신 그분 자신의 모습"이라고 주장할지라도, 그 안에서 간접적으로나마 사랑과 상관이 있는 무언가를 발견하는 것은 지극히 어렵기 때문이다. 만약 우리가 자신을 그런 운명에 내맡기는 하나님의 행위 속에서 보다 고상한 목표, 즉 이 모든 것이 그것을 위해 행해지는 어떤 목적을 발견할 수 없다면, 우리가 십자가에서 발견하는 것은 사랑의 전형이라기보다는 그저 감동적일 뿐이기만 한 그 무엇, 전혀 동의할 수 없는 그 무엇의 전형에 불과하며, 그로 말미암아 하나님은 사랑하시는 분이라기보다 그저 바보 혹은 더 나쁘게 말하자면 피학성 음란증 환자

(masochist)에 불과하다. 도대체 온 우주에서 그 누가 혹은 그 무엇이 아무것도 아닌 것을 위해 그처럼 자신을 내어줄 수 있는가?

루이스는 우리에게 하나님의 사랑에 관해 지지할 만한 혹은 참된 그림을 제공해 주지 않는다. 우리가 아는 한, 십자가는 우리에게 자신의 피조물의 적대적 행위로 말마암아 기꺼이 고통당하고자 하시는 하나님-마치 그분이 고통 자체를 위해 고통을 즐기시기라도 하는 것처럼-을 보여 주지 않는다. 오히려 십자가는 세상에 구원을 가져다주시기 위해 그것을 짊어지시는 하나님을 보여 준다. 그리고 내가 루이스의 말에 놀라고 동의하지 못하는 것은 그의 진술 안에 바로 이 후자에 관한 그 어떤 언급도 나오지 않기 때문이다. 이 점과 관련해 우리가 종종 대속에 대한 '주관적인' 견해라고 불리는 입장을 취하는지, 아니면 '객관적인' 견해라고 불리는 입장을 취하는지는 아무런 문제가 되지 않는다. 왜냐하면 하나님이 세상을 향해 그분의 깊은 사랑을 보이시는 이유가 그것을 자신에게 되돌리기 위함이든 아니면 죽음과 악을 지닌 인간의 죄와 부패라는 곤경을 처리하기 위함이든 간에 기본적인 사실은 동일하기 때문이다. 즉, 하나님은 세상이 구원을 받게 하시기 위해 그렇게 하시는 것이다. 하나님은 세상을 향한 성취될 수 있는 목적을 갖고 계신 것처럼 보인다. 또 그분은 그것이 오직 이런 방식으로만 성취되도록 작정하고 계신 것처럼 보인다. 그동안 하나님은 이 세상을 마치 그것이 자신에게 기생하는 것인 양 혹은 쓸모없는 것인 양 다루시지 않았다. 그리고 그분이 그런 의도를 갖고 계시지도 않고 그렇게 하시지도 않는다는 사실에 관한 가장 큰 증거는 그리스도의 십자가다. 참으로 십자가는 루이스가 말하는 하나님을 '숙주'로 보여 준다는 의미에서가 아니라, 오히려 그것이 세상이 하나님께 어떤 존재이냐를 드러낸다는 의미에서 사랑의 다이어그램이다. "하나님이 [그런 방식으로] 세상을 이처럼 사랑하신다."라는 사실은 우리의 신학에서-필연적으로 그리고 정의상 그것의 대상에 의해 영향을 받지 않는 것으로서의 아가페 사랑에 대한 우리의 모든 이차적인 정의와 상관없이-아주 진지하게 다뤄져야 할 필요가 있다.

세상과 인간이 하나님에 관해 갖고 있는 중요성은 우리가 우리의 수중에 있는 모든 증거-그것이 성경이든, 전통이든, 경험이든 간에-에 기초해 다음과 같은 결론을 내려야 한다는 사실에 의해 확증된다. 그 결론은, 세상에 대한 하나님의 사랑의 표식이자 인증이라고 할 수 있는 역사에 관한 하나님의 개입은 지속적으로 인간의 실질적인 반응을 요구하는 방식의 개입이라는 것이다. 인간의 반응은 인간의 실존의 일부인 것만큼이나 하나님의 구속 사역의 일부다. 비록 우리가 하나님이 즐겨 받으셨던 유일하게 적절한 반응이 예수의 삶 속에 들어 있었다고 말해야 할지라도, 또한 우리가 그것이 하나님의 인격적인 주권과 임재의 직접적인 결과였다고 말해야 할지라도, 이 세상에서 하나님의 목적을 이루기 위해서는 여전히 인간의 반응이 필요했다. 그리고 실제 인간의 반응이 제공되었다. 오래된 신조는 예수를 가리켜 "참 하나님, 참 인간"(vere deus, vere homo)이라고 부르기 때문이다. 이런 인간의 반응이 없었다면, 우리가 온갖 신학적 의미를 부여하며 말하는 그리스도 사건도, 복음도, 심지어 십자가도 없었을 것이다.

결국 나는 루이스 자신도 자신이 하나님의 사랑을 자기에게 기생하는 것들을 위해 기꺼이 숙주 노릇을 하고자 하는 것에 비유한 것이 옹호될 수 없다는 데 동의하리라고 여긴다. 무엇보다도 그것은 인간의 실존 안에 있는 모든 선한 것들 역시 단지 기생하는 것에 불과하다는 것을 의미한다. 어린아이의 출생과 그로 말미암은 부모의 기쁨, 커플 사이의 첫 키스 그리고 심지어 순교자들의 희생이라는 위대한 행위조차 하나같이 가치 있는 사랑의 행위가 아니라 다른 모든 것들처럼 하나님의 관심을 끌지 못하는 쓸모없는 것이 될 것이다. 실제 상황이 그러하다면, 하나님은 도대체 무엇 때문에 천지를 창조하시고 "좋다"라고 말씀하셨던 것일까? 또 무엇 때문에 죄인 하나가 회개할 때 하늘에 기쁨이 넘치는 것일까? 루이스의 다른 저작의 너무나 많은 부분이 세상의 것과 하늘의 것 사이의 자연적 유비에 의존하고 있기에, 나는 앞에서 인용한 구절을 그 주제에 관한 그의 최종적인 결론으로 받아들이는 것은 불가능하다고 여긴다.

하나님의 필요

비록 하나님이 사랑이실지라도, 그분은 실제로는 아무것도 필요로 하지 않으시는가? 물론 나는 엄격하게 말해서 '필요'라는 말을 하나님에 대해 사용하는 것이 부적절하다고 여긴다. 그러나 우리는 여기에서 혹은 우리의 신학 내의 다른 어떤 곳에서도 우리 자신의 언어 외에 다른 단어들을 갖고 있지 않다. 플라톤과 니그렌 모두 하나님이 무언가를 필요로 하신다는, 그리고 하나님의 사랑의 핵심에 어떤 종류의 것이든 필요가 있을 수 있다는 개념을 거부했다. 그러나 이런 개념에 관한 그들의 저항은 그 두 사람의 사상 체계 모두 안에서 하나님의 사랑에 대한 왜곡으로 이어졌다. 플라톤에 따르면, 하나님은 사랑하실 수 없다. 니그렌에 따르면, 하나님은 사랑하시되 우리를 사랑하시지는 않는다. 그러나 그 두 가지 모두 잘못이고, 실제로는 하나님이 세상을 "필요로 하고 계실" 가능성은 없는가?

기독교가 계시하는 하나님은 세상이 존재하기를 바라시고, 또한 자신이 만드신 것이 방황할 때 그것을 구속하기 위해 그것을 돌보신다. 세상이 죄를 지을 가능성을 갖고 있다는 분명한 사실은 하나님이 자신의 피조물을 단순히 잉여의 것으로 여기는 분이 아니라는 사실에 대한 증거다. 그 증거는 하나님이 사랑의 반응을 원하신다는 것을, 그리고 바로 그런 의미에서(아마도 그분이 사랑이시기에) 사랑의 응답은 하나님이 필요로 하시기에 적합한 그 무엇이라는 것을 암시한다. 우리가 하나님이 어떤 존재이신지에 대해 말하려고 하늘을 꿰뚫는 것은 영원히 불가능하다. 그러나 하나님이 손을 펼치시고 인간이 그것에 응답하는 세상에서는 하나님이 세상을 "필요로 하신다."라고 말하는 것이 지극히 적절해 보인다. 인간의 순종과 믿음과 사랑의 응답이 없다면, 하나님 자신의 목적은 이루어지지 않는다. 그리고 만약 시간 속에서 일어나는 일이 어떤 식으로든 영원에 해당하는 일에 대한 지침이 된다면, 우리는 하나님을 어떤 식으로든 우리를 필요로 하시는 분으로서만 말할 수 있다. 왜냐하면 우리는 우리의 실존이 그분에게 잉여에 불과한, 그리고 우리를 기생하는 것으로밖에 여기시지 않는 하나님에 대해 알지 못하기 때문이다.

세상을 "필요로 하시는" 혹은 자신의 목적을 이루려고 남자와 여자들의 반응을 "필요로 하시는" 하나님에 대해 말하는 것은 분명히 몹시 어려운 일이다. 그러나 그런 말은, 앞에서 내가 주장했듯이, 우리가 적절하게 그리고 지속적으로 생각할 수 있는 사랑과 모든 관계성을 표현할 수 있는 언어이며, 또한 하나님의 사랑에 관한 그 어떤 언어라도 표현할 수 있는 언어이다. 나는 우리가 하나님이 세상을 필요로 하신다는 의미를 근본적으로 창조의 행위-하나님이 무로부터 그분 자신이 아닌 무언가를 불러내시는 사건-의 맥락에서 이해해야 한다고 주장한다. 다시 말해, 하나님은 이 세상에서 참된 '타자'이시다. 이 세상 안에서 발생하는 각 개인의 개별적인 행위가, 비록 그것의 기원이 창조주 하나님 안에 있을지라도, 그것에 선하거나 악해질 잠재성을 부여하는 피조물의 상대적 자유와 하나님으로부터의 상대적 독립성을 가진 그 무엇이라는 점에서 그러하다. 인간의 실존 안에서 하나님은 원칙적으로 사랑하실 수 있는 '타자'를 갖고 계시다. 그런 식으로 하나님은 사랑하실 수 있고, 다른 이의 선을 위한 행동의 과정을 선택하실 수 있고, 그로 말미암아 결국 그 다른 이와 관계하는 자신의 능력을 닮은 타자를 갖고 계신 셈이다. 그러나 이것은 또한 창조의 행위가 굉장한 신비이며, 종종 그렇게 간주하는 것보다 훨씬 더 신학적으로 심오한 의미가 있음을 의미한다. 왜냐하면 하나님은 타자에게 생명을 부여하심으로써 분명히 자신을 상처받기 쉬운 존재로 만드셨기 때문이다. 그분은 다른 방식으로는 하실 수 없는 방식으로, 즉 절대적으로 우주적인 방식으로 자신의 사랑의 마음을 드러내 보이셨다. 그것은 우리가 예수 그리스도의 십자가를 통해서 알 수 있는 위대하고 특별한 연민의 행위와만 비교될 수 있을 뿐이다.

이 에세이의 도입부에서 나는 내가 발전시키고자 하는 하나님의 사랑과 인간의 사랑의 개념에 대한 이해가 우리가 이 글을 시작하면서 살폈던 플라톤의 입장과 니그렌의 입장 사이의 어느 쯤인가에 맞춰지게 될 것이라고 말한 바 있다. 이제 그 목표가 어떻게 이루어졌는지를 밝히는 일이 남아 있다. 첫째로, 그 두 가지 입장 모두는 세상의 현존이-그것이 하나님에게 중요한 타자를 불러낸다는 점에서-하나님의 경험에 무언가를 덧붙인다는 사실을 인식하는 데서 실패한다. 세상과 관련된 하나님의 행위―그것이 세상에 대한 최초의 창조 안에 있는 것이든, 아니면 하나님의 인격적 개입이 분명하게 드러나는 예수의 역사 속에 있는 것이든 간에―와 그분과 관련된 세상의 행위는 모두 하나님 자신에게조차 새로운 무언가를 포함하고 있다. 우리의 신관은 그런 역설적 통찰을 수용할 수 있을 만큼 확장되어야 한다. 그러나 둘째로, 나는 세상을 향한 하나님의 사랑이 신학적으로 의미 있는 것이 되려면 아가페에 관한 니그렌의 가르침이 필요에 근거한 사랑이라는 플라톤적 이해로 말미암아 완화되어야 한다고 주장하고자 한다. 하나님은 세상에 의해 영향을 받으신다. 혹은 적어도 그분은 그렇게 되기로 작정하신다. 이것은 이 세상이 그분에게 중요하며 그분은 이 세상을 사랑하신다고 말하는 것과 같다. 만약 하나님이 세상의 선함이나 반역에 관심이 없으시고, 세상과 관련된 그분의 시혜는 세상에서 발생하는 사건들을 고려하지 않는다고 말하는 것이 옳다면, 그분이 세상을 사랑하신다고 말하는 것은 불가능할 것이다. 하나님의 사랑은 그 사랑의 대상의 실제 상황을 간과하지 않으며 간과할 수도 없다. 예수 그리스도를 통해 나타나는 하나님의 자기를 내어주시는 사랑 안에서 일으켜 세워지고, 의롭게 되고, 긍정되는 것은 바로 우리이기 때문이다. ♡

제3장

하나님의 사랑에 관한 성경신학

제프리 그로간
글라스고우성경학교

-->>>>>--

자기 백성을 향한 하나님의 사랑은 아주 다양한 형태와 표현을 통해 알 수 있다.
이스라엘, 가난한 자, 압제당하는 자, 피조물 그리고 그의 독생자 예수 그리스도.

방법론적 고찰

성경신학이 연구될 수 있는 범위가 아주 넓다는 사실은 어떤 주제와 관련된 다양한 용어, 수많은 구절, 때때로 어떤 책 전체(호세아 혹은 요한일서 같은) 그리고 무엇보다도 성경적 사유의 그토록 다양한 요소들을 한데 묶는 이 주제 자체가 가진 핵심적 중요성 등을 통해 잘 드러난다. 하나의 학문분야로서 성경신학의 적합성이 지속적인 논쟁의 주제가 되고 있기에, 또한 성경신학자들 사이에서조차 성경신학이 무엇을 의미하는지에 관한 다양한 의견이 존재하기에,[1] 먼저 우리는 간략하게나마 성경신학과 관련된 그 어떤 연구를 진행한다고 할 때 반드시 유념해야 할 다양한 요소들을 살펴볼 필요가 있다.

통일성

단수로 쓰이는 '성경신학'(biblical theology)이라는 용어는 성경의 모든 가르침 안에 어떤 기본적인 통일성이 있다는 것을 의미한다. 물론 이것은 즉각 그런 통일성의 원인으로서 하나님의 마음에 관한 질문을 불러일으킨다. C. H. 도드(Dood)는 그의 책 『성경에 따르면』(According to Scriptures)에서 신약성경 기자들은 구약성경을 다루는 방식에서 통일성으로부터 시작하여 그리스도께서 사도들에게 제공하신 해석적 가르침 안에 들어 있는 그 원인에 이르기까지 논한다.[2] 물론 성경신학은 그 이상으로 나아가며 단순히 신약의 통일성뿐만 아니라 성경의 통일성을 가정하고 있다.

다양성

성경 안에 복수의 저자들이 존재한다는 사실은 그 안에 경험과 표현 방식의 차이가 있으리라는 것 그리고 진리가 아주 다양한 문학적 양태로 드러나리라는 것을 예견케 한다. 분명히 우리는 자기모순의 가능성이 쉽게 해결되지 않는다는 것을 고려해야 한다. 우리는 성경의 자료에 관해 주석학적 논거 없이 일치를 강요해서는 안 된다. 주어진 자료에 특정한 뜻을 강요하기보다는 차라리 결말을 열어두는 편이 낫다.

용어

우리가 고려해야 할 중요한 용어들이 있다. 그리고 노만 스나이스(Norman Snaith)의 『구약성경의 특유한 개념들』(Distinctive Ideas of Old Testament)[3]과 레온 모리스(Leon Morris)의 『십자가에 관한 사도적 설교』(The Apostolic Preaching of the Cross)[4] 같은 작품들 - 그 둘 다 우리의 주제에 아주 적합한 자료들을 포함하고 있다. - 이 취하는 접근법은 대개 중요한 성경 용어들에 관한 연구와 관련되어 있다.

순전히 용어들에 대해서만 논하는 자료들도 아주 많다. 확실히 대개 '사랑'으로 번역되는 히브리어와 그리스어의 단어들만 다루는 연구는 매우 부적절한 것이 될 것이다. 그럼에도 단지 그런 차원의 연구에 조차 놀랄 만한 것들이 있다. 예컨대 우리는, 하나님의 사랑이 '아가판'(agapan)으로 표현된다는 전체적인 인상에도 불구하고, 요한복음 11:3, 36; 16:27; 20:2에서 사람들에 대한 하나님 혹은 예수님의 사랑이 "필리아/필레인"(philia/philein)으로 표현되고, 요한복음 5:20에서는 "필레인"이 성자에 대한 성부의 사랑을 표현하는 데 사용되기도 한다는 사실을 발견하게 된다.

개념

제임스 바(James Barr)는 그의 책 『성경 언어의 의미론』(*The Semantics of Biblical Language*)에서 단어 연구 중심적 접근법을 부적절한 것으로 비판하면서 대신 우리가 우리의 관심을 개념들 – 종종 그것들과 자주 연관되는 단어들이 사용되지 않는 구절에서 나타난다. – 에 집중시켜야 한다고 주장했다.[5] 예컨대, 공관복음은 어느 곳에서도 하나님이 인간을 사랑하신다는 사실을 분명하게 진술하지 않으나 그 개념은 공관복음 어느 곳에서나 드러난다.

D. H. 팔머(Palmer)는 다음과 같이 말한다.

공관복음에서 예수는 인간에 대한 하나님의 사랑을 표현하기 위해 '아가파오'(agapao)나 '필레오'(phileo) 같은 단어들을 사용하지 않는다. 대신에 그는 자신의 수많은 연민 어린 치유 행위를 통해(막 1:41; 눅 7:13), 죄인들에 대한 하나님의 용납에 관한 가르침을 통해(눅 15:1 이하; 18:10 이하), 인간의 불순종에 관한 그의 슬픔 어린 태도를 통해(마 23:37; 눅 19:41 이하) 그리고 세리와 버림받은 자들의 친구(philos)가 되는 것을 통해(눅 7:34) 그것을 드러낸다. 요한에게서 이 구원의 행위는 인간에게 영원한 생명을 부여하시는 하나님의 사랑에 관한 실례로서 선포된다(요 3:16; 요일 4:9 이하).[6]

단순히 단어 연구가 아닌 개념과 관련된 한 가지 어려움은 어느 특정한 구절에 들어 있는 개념을 잘못 식별할 위험성이다. 예컨대, 우리는 어떤 이들에게 이로운 결과를 가져다준 행위가 실제로 그들을 사랑하는 이의 안에 들어 있는 사랑에 의해 유발된다고 여겨야 하는가? 만약 우리가 '인간의' 행위의 문제를 다루고 있다면, 그렇게 생각할 수 없다. 그러나 하나님에 관한 성경의 가르침은 특별한 경우이다. 그분 안에서 행위와 동기는 분명히 서로 연결되어 있다. 그리고 행위를 하는 이에게 있어 예견할 수 없는 결과는 있을 수 없다.

역사

성경신학은 그 뿌리를 역사에 두고 있다. 영원한 진리는 역사적 사건들로부터의 추상을 통해서가 아니라 역사적 사건들 자체 안에서 그리고 그것들을 통해서 드러난다. 더 나아가 신학의 자료 자체가 역사적 근거를 갖고 있기에 거기에는 연대기적 요소가 들어 있다. 성경신학은 진리의 역사적 발전과 드러남을 결코 무시할 수 없다. 자료 중 어떤 부분들은 실제로 이 요소를 신학적으로 중요한 것으로 부각시키기도 한다.[7] 그러므로 그런 것들이 적합한 것으로 간주할 때, 우리는 이것들을 연대

기적으로 고찰하는 것에 관해 고려할 필요가 있다.

규범과 교리

여기에서 우리는 성경신학의 문제의 핵심에 이른다. 성경신학은 단순히 역사적인가 혹은 규범적이기도 한가? '역사적 형태'는 모두가 알 수 있을 만큼 분명하다. 그것을 '규범적인 것'으로 인식하는 것은 전통적인 것으로 간주할 수 있다. 어쩌면 그것은 자료 자체에 들어 있는 확언들에 기초를 두거나 성경의 내적 증거에 의한 것일 수 있다. 복음주의 기독교인들에게 있어 성경 본문 자체와 성령의 인도 하심은 서로에게 보완적이며 또한 서로 확증하는 의미에서 매우 중요하다. 또 그것들은 전통이 이런 증언들의 중요성을 반영하는 한 그 전통을 중시한다.

만약 우리가 자료를 규범적인 것으로 여긴다면, 그것이 우리로 하여금 모든 것을 단순히 상징적인 것으로 취급하는 불트만(Bultmann)의 비신화화 방식이나 성경에 쓰인 언어에 관해 존재론적 지위를 부정하는 틸리히(Tillich)의 방식을 받아들이지 않게 만든다는 것을 알게 된다. 이것은 우리에게 성경의 진리가 궁극적임을 의미한다. 아직 드러나지 않은 진리들이 있을 수 있다. 그러나 그것들의 존재는 아직 우리에게 알려지지 않은 것의 궁극성을 문제 삼게 하지는 않는다.

성경신학이 '역사적'이라는 사실은 우리로 하여금 단순히 그것을 우리를 위해 교리적 체계를 제공하는 것 정도로 여기는 것에 머물게 하지 않는다. 왜냐하면 우리를 위한 신학적 진리는 분명히 그것의 형성과 관련해 얼마간 우리가 그 자료에 관해 제기하는 질문들에, 또한 우리가 오늘날 그리스도의 교회로서 우리의 소명을 수행할 때 마주하는 논쟁들은 물론이고 우리가 물려받은 신학적 논쟁들에도 빚을 지고 있기 때문이다. 성경신학은 교의학과 긴밀하게 관련되어 있으나 그것과 동일하지는 않다.

그러므로 우리는 성경신학을 수행할 때 우리의 교리적 입장이 어떻게 형성되었는지를 인식하고 또한 자료 자체로부터 제기되는 자료에 대한 해석과 형성의 문제를 상세하게 살피는 것이 중요하다. 이런 작업들이 쉽지 않다는 사실이 이런 시도를 하지 않는 이유가 되어서는 안 된다. 오히려 그것은 성경신학자들이 계속해서 자기를 비판하고 다른 이들의 비판을 기꺼이 받아들여야 할 이유가 된다.

이 에세이의 구조

이제 우리는 이 에세이의 주제, 즉 "하나님의 사랑에 관한 성경신학"에 대해 살필 것이다. 우리는 먼저 자기 백성에 대한, 그다음에는 온 세상에 대한, 그다음에는 성자에 대한 하나님의 사랑에 관해 살필 것이다. 그리고 마지막으로 요한일서의 중요한 자료들을 주해함으로써 하나님의 본성과 관련된 사랑에 관해 살필 것이다.

자기 백성을 향한 하나님의 사랑

구약이든 신약이든 성경의 내용 대부분은 그 초점이 하나님의 백성에게 맞춰진다. 그러므로 우리로서는 그것으로부터 시작하는 것이 최선이다. 자기 백성을 향한 하나님의 사랑은 아주 다양한 형태를 띠고 있다. 우리는 그것을 풍부한 용어를 통해 알 수 있다. 그리고 그 풍부한 용어 중 많은 것들이(비록 전부는 아니지만) 특별히 그분이 더불어 언약을 맺으신 자기 백성과의 관계를 가리킨다. 자기 백성을 향한 하나님의 사랑의 여러 가지 형태와 표현들은 특히 중요하다.

하나님의 사랑은 자신의 피조물에게 제공하시는 그분의 선하심을 통해 드러난다

이것은 자신의 피조물인 자기 백성에 대한 그분의 사랑의 표현이다. 하지만 종종 이것은 시 136편을 통해 잘 드러나듯이 그분의 견고한 사랑, 즉 그분의 '인자하심'(chesed)과 연결된다. 또한 이것은 자연 안에서 그리고 하나님의 백성의 역사 안에서 이루어지는 그분의 일을 포함한다. 모든 것이 그들을 위한 것이고 또한 모든 것이 그분의 선하심으로부터 나온다. '인자하심'이 '선하심'(tob)을 넘어선다. 그러나 그 둘은 서로 너무 긴밀하게 연결되어 있기에, 하나님의 백성은 그분의 선하심에 관해 생각할 때 특별히 그분이 언약을 지키시는 것에 초점을 맞춘다.

하나님의 사랑은 도움이 필요한 사람들에 관한 그분의 연민 혹은 동정을 통해 드러난다

세상에는 필요가 존재한다. 그리고 하나님은 그분의 사랑 안에서 그 필요를 채워주신다. 필요의 성격은 다양하다. 하나님은 애굽에서 자기 백성이 고통을 당하는 것에 농정적으로 관심을 보이셨고, 세상으로 내려와 모세를 통해 그들을 구해내셨다(출 3:7-10). 에스겔은 하나님이 아무도 그녀에게 연민을 보이지 않았던 유아 시절의 예루살렘을 불쌍히 여기시고 그녀를 향해 "살아 있으라."라고 말씀하셨다고 전한다(겔 16:4-6).

연민이나 동정에는 부드러움이 있다. 그리고 분명히 부드러움이라는 요소는 은혜와 더불어 이스라엘을 향한 하나님의 태도에 관한 호세아의 설명 속에, 특히 호세아 11:1-4에 나타나는 아버지와 아들에 관한 설명 속에서 잘 드러난다. 거기에서 하나님은 이스라엘을 사랑하시고, 사랑의 줄로 그들을 이끄시고, 그들을 먹이시기 위해 허리를 숙이시는 분으로 묘사된다.

그리스도는 연민을 지니고 행동하셨고 곤경에 처한 이들에게-그들이 굶주린 자이든, 병자이든 혹은 사별한 자이든 간에(마 15:32; 20:34; 막 1:41; 눅 7:13)-혹은 가르침을 받아야 할 필요가 있는 목자 없는 양떼 같은 자들에게 실제로 연민을 보이셨다(마 9:36-37).

하나님의 사랑은 가난한 자와 억눌린 자들을 해방하고자 하시는 그분의 관심을 통해 드러난다

분명히 이것은 하나님의 연민과 상관이 있다. 그러나 또한 여기에서는 그분의 구원하시는 의(義) 역시 작동한다. 가난한 자들은 부자들에 의해 억눌린다. 그리고 이것은 근본적으로 불의하다. 그래서 하나님은 가난한 자를 해방하심으로써 자신의 사랑뿐 아니라 자신의 공의도 드러내신다(시 35:10; 140:12).

이사야 40-55장에서 하나님의 백성은 바벨론에 있다. 사실 그들이 그곳에 있는 이유는 그들에 대한 심판 때문이다. 그러나 인간적 차원에서 그들의 적들은 그들을 그렇게 대해야 할 아무런 권리도 갖고 있지 않다. 이것은 하나님이 그들을 해방하실 때 연민과 은혜를 지니고 행동하실 뿐 아니라 불의를 처리하신다는 것을 의미한다(사 46:11-13). 바로 이것이 하나님께서 우리를 구원하시는 의다.

이와 관련해, 그리고 구원의 다른 행위들에서-그것이 집단적이든 개인적이든 간에-하나님은 자기 백성을 구원하시고 구속하시는 분으로 간주한다. 구원과 구속의 행위들은 자기 백성을 향한 하나님의 사랑의 기능으로 간주한다. 물론 이런 개념들은, 특히 신약성경에서 구출이라는 순전히 물리적인 행위에 대한 적용 너머로까지 발전하며, 결국에는 은혜와 대속이라는 부대적 의미를 갖는 데에까지 이른다.

하나님의 사랑은 자기 백성을 향한
그분의 분에 넘치는 호의를 통해 드러난다

이스라엘에 대한 하나님의 태도는 결코 이스라엘의 공로라는 측면에서 묘사되지 않는다. 축복의 약속을 위한 조건들이 있고 이스라엘이 그런 조건들을 충족시킬 때조차 용납과 축복의 제공은 이스라엘이 아니라 하나님의 특성에 관한 표현임이 밝혀진다. 시내산에서 있었던 하나님의 선언이 이것을 분명하게 드러낸다. "여호와라 여호와라 자비롭고 은혜롭고 노하기를 더디하고 인자와 진실이 많은 하나님이라 인자를 천대까지 베풀며 악과 과실과 죄를 용서하리라."(출 34:6-7). 또한 이것은 느헤미야 9:17에 기록된 기도를 통해 표현된 확신이기도 했다.

하나님의 사랑에 관한 이런 표현은 특히 신약에서 강조된다. 사도행전에서 누가는 그리스도에 관한 복음과 관련해(가령, 행 14:3; 20:24), 그리고 더 나아가 그 복음을 통해 자기에게 사람들을 이끌어 주시는 하나님의 역사와 관련해(행 11:23; 15:11; 18:27) '은혜'(charis)라는 단어를 사용한다. 물론 바울은 그 단어를 그 두 가지 방향 모두로 확대해서 사용하지만, 의인(義認)과 관련해 가장 특별하게 사용한다(롬 3:24; 4:16; 5:12-21). 에베소서 2:4-5에서 은혜는 하나님의 '긍휼'과 '큰 사랑'에 대한 표현이다.[8]

하나님의 사랑은 자기 백성에 대한
은혜로운 선택을 통해 드러난다

하나님의 사랑이 특히 족장들과 그들 이후의 이스라엘 백성에게 맞춰져 있음을 구약성경은 보여 준다.

신명기는 이스라엘에 대한 하나님의 특별한 사랑이라는 주제를 취한다. 하나님은 이스라엘의 조상을 기뻐하셨고 그들을 사랑하셨다(신 10:15; 참고 4:37). 또한 그분은 그들에 이어서, 그들을 위해서 이스라엘 백성을 사랑하셨다(신 7:8; 23:5; 33:3). 하나님이 그의 백성을 사랑하는 이유를 그 백성 자체 안에서 찾을 수 없다는 것은 분명하다(물론 이것은 그들이 이런 사랑을 받을 만한 자격이 전혀 없기 때문이다.). 오히려 그분의 사랑은 그들이 아니라 그분 자신 때문이다(신 7:8 이하).

또한 이스라엘에 대한 하나님의 특별한 사랑은 이사야 43:3-4에서도 분명하게 드러난다. 거기에서 하나님은 자신이 이스라엘에 대한 사랑 때문에 그들을 대신해 여러 민족과 나라들을 내어주실 것이라고 말씀하신다. 스바의 여왕은 이 특별한 사랑을 인식했다(왕상 10:9; 참조. 대하 2:11).[9]

말라기가 언약 가족 안에서조차 선택하는 사랑이 작동했음을 강조하는 것은 주목할 만하다. 그는 다음과 같이 선언한다. "나 여호와가 말하노라 에서는 야곱의 형이 아니냐 그러나 내가 야곱을 사랑하였고 에서는 미워하였으며……"(말 1:2-3; 참조. 시 47:4). 야곱의 후손들 가운데서도 추가적인 선택이 있었다. 특히 다른 족속들보다도 유다 지파가, 그리고 그중에서도 예루살렘이 선택되었다(시 78:67, 68). 하나님은 "야곱의 모든 거처보다 시온의 문들을 사랑하셨다"(시 87:2). 또한 특별한 사람들에 대한 하나님의 특별한 사랑에 대한 언급들도 있다. 그분은 자신이 택한 종(사 42:1), 왕(시 89:24-29) 그리고 솔로몬(삼하 12:24; 느 13:26)을 특별히 사랑하신다.

그러므로 바울이 로마서 9-11장에서 '선택 안에서의 선택'이라는 주제를 다루는 것은 놀랄 일이 아니다. 왜냐하면 그 주제를 위한 근거가 구약성경 안에 이미 있었기 때문이다.

요한복음은 제자들을 향한 하나님의 사랑 그리고 그리스도의 사랑에 관해 여러 가지 말을 한다(요 14:21; 15:9; 16:27; 17:23, 26). 그리고 이제는 제자들의 증언의 산물인 교회가 하나님의 사랑의 초점이 된다(갈 6:16; 엡 5:25).

성경의 어떤 표현들은 선택이라는 함의를 갖고 있기도 하고, 갖고 있지 않기도 하다. 가령, 그리스도께서는 교회를 사랑하시고 그 교회를 위하여 자신을 주셨다(엡 5:25). 그러나 그리스도의 교회에 속한 구성원들의 선택 혹은 예정은 에베소서 1:4, 5, 11과 데살로니가후서 2:13, 14, 16 같은 구절들에서 분명하게 드러난다.

또한 우리는 바울이 차용했던 양자 입양이라는 개념이 당시 사회적 배경과 어느 정도 연관되어 있는지에 따라서 선택의 의미가 있을 수도 있음에 주목해야 한다. 왜냐하면 사회적 차원에서 양자 입양은 입양하는 부모 쪽에서 시행한 선택을 의미하기 때문이다.

복음서들은 군중만이 아니라 특별한 개인들-가령, 부자 청년(막 10:21)과 "그가 사랑하시는 자"(요 13:23; 19:26) 같은 이들-에 관한 그리스도의 연민에 대해서도 언급한다. 이와 관련된 B. F. 웨스트코트(Westcott)의 발언은 아주 적절해 보인다. "이것이 나타내는 것은 사랑의 시인이지 사랑의 포괄적인 향유가 아니다."[10] 바울도 갈라디아서 2:20에서 자신에 대한 그리스도의 개인적이며 희생적인 사랑에 대해 쓰고 있다.

**하나님의 사랑은 자기 백성과의 언약 관계에서
그분이 발휘하시는 주도권을 통해 드러난다**

아브라함에게서 우리는 하나님이 주도적으로 어느 한 가족을 택하여 언약을 맺으시는 것을 보게 된다. 그로 말미암아 하나님의 은혜는 구체적인 맹세의 형태로 나타나며, 또한 그로 말미암아 하나님의 사랑은 자기 백성에 대한 그분의 헌신으로 보이게 된다. 구약성경에서 언약은 처음에는 조약(條約)을 그것의 모델로 삼는 것처럼 보인다. 그러나 호세아 이후에 그것은 결혼서약을 모델로 삼는데, 물론 이것은 사랑이라는 특별한 부대적인 의미가 있다.[11] 또한 아브라함/모세 언약 구조 안에 있는 언약들이 있다. 그것은 하나님이 왕권과 관련해 나윗과 맺은 언약(시 89) 그리고 제사장직과 관련해 레위 지파와 맺은 언약(말 2:4-6) 등이다.

예레미야는 새 언약에 관해 말한다(렘 31:31-34). 그리고 이 언약의 언어는 그리스도와 그의 제자들 사이의 관계에 적용되는데 최후의 만찬 석상에서 있었던 그리스도의 가르침에서 나타난다(막 14:24). 그런 언어는 또한 고린도후서 3:6-18; 갈라디아서 3:15-25; 4:24-27 그리고 히브리서 7:11-10:39 같은 구절들에서 교회에 적용된다. 이런 구절들에서는 다양한 언약들 사이의 관계에 관한 질문들이 제기된다. 그러나 그 문제를 고찰하는 것은 우리의 주제의 범위를 넘어가는 것이 될 것이다.

**하나님의 사랑은 일단 언약이 체결되기만 하면
그것을 유지하시는 그분의 신실함을 통해 드러난다**

야곱은 자신의 무가치함에 관해 알고 있었다. 하지만 동시에 하나님이 자기를 계속해서 용납해 주시는 것에 대해서도 알고 있었다(창 32:10). 예레미야는 자기 백성의 죄를 깊이 의식하고 있었다. 그럼에도 그는 하나님이 다음과 같이 말씀하신다고 기록하고 있다. "옛적에 여호와께서 나에게 나타나사 내가 영원한 사랑으로 너를 사랑하기에 인자함으로 너를 이끌었다 하였노라"(렘 31:3). 물론 이와 관련해 사용되는 가장 중요한 단어는 구약성경에서 그토록 특징적으로 나타나는 '헤세드'(chesed), 즉 '언약적 사랑' 혹은 '견고한 사랑'이다. 이 단어는 특히 시편에서 자주 사용된다. 하나님의 사랑은 그분의 신실하심과 그분이 자신의 약속을 지키신다는 사실과 연관되어 있다. 예컨대, 우리는 시편 89편과 132편에서 하나님의 신실한 사랑이 다윗의 왕권에 대한 언약과 관련하여 어떻게 표현되고 있는지 알고 있다.

이스라엘의 사랑과 달리[12] 하나님의 언약적 사랑은 일시적이지 않다. 그분은 이스라엘의 죄와 언약에 대한 명백한 위반에도 불구하고 그 사랑을 유지하신다. 호세아 11:8-9은-비록 이 구절이 헤세드라는 단어를 사용하고 있지는 않으나-하나님의 언약적 사랑에 대한 특별히 감동적인 구절이다. 그것은 이스라엘에 대한 하나님의 지속적인 사랑의 이유에 대해 다음과 같은 놀라운 확언을 한다. "내가 하나님이요 사람이 아님이라."

하나님의 사랑에 관한 이런 구절들은 분명히 그분의 본성과 관련된 의미를 내포하고 있다. 이스라엘과 그분의 관계를 통해 드러나는 하나님의 사랑은 그분의 본성에 대한 우연한 표현이 아니다. 오히려 그것은 그분의 성품 전체의 핵심을 이룬다. 어쩌면 이것이 "하나님은 사랑이시다."(요일 4:8)라는 신약의 위대한 진술에 대한 구약적 배경의 중요한 일부가 될 수 있지 않을까?

어떤 구절들은 하나님이 이스라엘의 죄 때문에 더는 그들을 사랑하시지 않는다고 주장한다. 그러나 어떤 경우에는 이런 주장은 동일한 문맥 안에서 하나님이 다시 이스라엘을 사랑하실 것이라는 확언에 의해 균형을 이룬다. 그러므로 아마도 그런 구절들은 하나님의 사랑에 관한 이스라엘의 의식적인 경험에 관해 말하는 것으로 이해되어야 할 것이다. 객관적으로 말해서, 만약 하나님의 사랑이 이스라엘의 반역 기간에조차 계속되지 않는다면, 그분은 이스라엘을 자신에게 되돌리기 위한 발걸음을 – 가령, 예언자들의 사역을 통해서 – 내디딜 수 없으실 것이다.

크리스토프 바르트(Christoph Barth)는 다음과 같이 말한다. "구약이 히나님을 '자신이 세운 법적 계약에 굴복하시는 분'으로 묘사할 때, 그것은 비유적으로 말하는 것이다. 결국, 하나님이 아브라함에게 축복을 약속하실 때, 그 언약은 아브라함에게 단지 하나님의 말씀일 뿐이다. ……언약은 판례가 아니다. 그것은 하나님 자신과 무관한 권위를 가진 어떤 문서가 아니다."[13] 그러나 물론, 하나님의 말씀은 확신을 위한 가장 믿을 만한 기초이다. 왜냐하면 그것은 분명히 하나님 자신을 반영하기 때문이다. 신약에서 로마서 8:31 – 39은 그리스도 안에서 자기 백성을 향해 포기하지 않으시는 하나님의 사랑의 지속성에 대해 특별히 강력하게 표현한다.

하나님의 사랑은 하나님이 아버지로서
자기 백성과 맺으신 관계 안에서 드러난다

구약성경에서 하나님이 '아버지'로 묘사되는 경우는 아주 드물다(출 4:22; 신 14:1; 사 63:16). 자기 아들 이스라엘에 대한 하나님의 사랑은 호세아 11장에서 분명하게 드러난다.

물론 신약성경에서 '아버지'라는 용어는 종종 하나님의 자기 백성과의 관계를 가리키는 데 사용된다. 만약 구약성경에서 그 관계가 조약이나 결혼 관계라면, 신약성경에서 그 관계는 아버지와 아들의 관계라고 할 수 있다. 그리고 우리는 그 관계 안에서 용서, 보호, 인도 그리고 물질적이고 영적인 축복을 통해 모습을 드러내는 사랑을 발견할 수 있을 것이다.

공관복음에서 예수께서는 제자들에게 말씀하실 때 종종 하나님을 '너희의 하늘 아버지'라고 칭하신다. 요한은 하나님의 자녀를 가리키는 데 '파이스'(pais)와 '테크논'(teknon) 같은 용어들을 사용하는 반면, 바울은 훨씬 더 포괄적인 '후이오스'(huios)라는 용어를 사용한다. 그리스도의 교회의 구성원들에 대한 모든 축복을 아버지 됨과 아들 됨의 항목 아래 놓는 것은 아주 매력적이다. 그리고 이것은 에베소서 1:3-14와 베드로전서 1장에서 아주 쉽게 이루어질 수 있었다. 그러나 그것만으로 하나님이 기독교 신자들에게 제공해 오신 축복과 관련된 신약의 모든 자료를 설명하는 것은 지나치다.

하나님의 사랑은
대속적 희생이라는 선물을 통해 드러난다

구약성경에서 희생 제사-레위인들이 시스템 안에 들어 있는 것들을 포함해-는 하나님에 의해 정해진 것이다. 이런 신적 기원에 관한 한 가지 놀라운 표현은 여호와께서 이스라엘 백성이 제단 위에서 그들의 생명을 대속할 수 있도록 그들에게 희생제물을 제공하셨다는 단언이다(레 17:11). 그 백성은 하나님께 희생제물을 바쳤으나, 실제로는 하나님이 먼저 그들에게 그 제물을 제공하셨던 것이다.

하나님의 사랑은 그리스도의 대속 사역을 통해 두드러지게 표현된다. 신약성경이 십자가와 관련해 사랑과 관련된 아주 풍부한 어휘들-은혜, 연민, 의인, 양자 그리고 축복과 관련된 많은 말-을 사용하고 있다는 것은 새삼 증명이 필요하지 않을 정도다. 그리고 그것과 관련된 자료들의 양은 너무나 많아서 여기에서 충분히 제시하기가 어려울 정도이다. 십자가는 하나님의 사랑(롬 5:8; 요일 4:10)과 그리스도의 사랑(엡 5:2, 25; 계 1:5)에 관한 표현이다. 사실 십자가는, 요한계시록 1:5과 특히 요한일서 4:10이 암시하듯이, 하나님의 사랑에 대한 최고의 표현이다. 거듭 반복되는 "하나님은 사랑이시다."(요일 4:8, 16)라는 위대한 주장은 대속을 하나님의 사랑의 표현으로서뿐 아니라 궁극적으로 그것의 한정어로 여기는 문맥 안에서 나타난다. 또한 우리는 그리스도의 부활-그것은 성자에 대한 성부의 신원을 의미한다-이 십자가를 영원히 유효하게 하며 그로 말미암아 그것이 하나님의 사랑의 진정한 표현임을 입증한다는 사실 역시 주목해야 한다.

하나님의 사랑은 자신의 사랑의 대상을 거룩하게 하고자 하시는 그분의 결단을 통해 드러난다

하나님이 공의와 정의를 사랑하신다고 시편은 선포한다(시 11:7; 33:5; 99:4). 그러므로 시편에서 하나님이 의인을 사랑하신다고 주장한다고 하는 사실을 발견한 것은 그리 놀랄 일이 아니다(시 37:28; 146:8). 비슷하게, 바울 역시 하나님이 즐겨 내는 자를 사랑하신다고 말한다(고후 9:7).

하나님이 누군가에게 애정 어린 용납을 했다고 해서 반드시 하나님께서 그 사랑의 대상에 대해 만족했다는 것을 의미하는 것은 아니다. 하나님은 자기 백성을 성화 시키기 위해 그들을 책망하신다(잠 3:12; 계

3:19). 히브리서 12:6에서 하나님의 징계는 분명하게 그분의 사랑과 연결되어 있다. 사랑받는 자에게 부어지는 축복은 하나님의 목적, 즉 사랑 받는 자의 거룩함과 하나님 자신의 이름의 영광을 위해 의도된 것이다(엡 1:3-6). 교회를 향한 그리스도의 사랑은 그분의 죽으심을 통해 표현되었는데, 그것의 목적은 자신의 신부인 교회를 거룩하게 하는 것이었다(엡 5:25-27).

하나님의 사랑은 자기 백성을 향한 그분의 목적의 성취를 통해 드러난다

이것 역시 특별한 설명이 필요하지 않다. 왜냐하면 신약성경에서 구원의 종말론적 성격은 분명히 은혜의 주도권을 쥐고 그 관계를 지속시키는 사랑이 그리스도의 재림을 통해 완성되리라는 것을 의미하기 때문이다. 에베소서 2:7은 오는 세대에 하나님이 그리스도 예수 안에서 우리를 향해 그분의 자비로운 은혜의 지극히 풍성함을 보여 주실 것이라고 상세하게 설명한다.

하나님의 사랑은 그분에 의해 지음 받은 그분의 백성의 사랑을 통해 드러난다

그리스도인의 사랑은 응답하는 사랑이다. "우리가 사랑함은 그가 먼저 우리를 사랑하셨음이라"(요일 4:19). 요한의 첫 번째 서신은 신자들에게 고백의 진정성에 대한 증거로서 사랑을 실천할 것을 주장한다(요일 4:20-21). 거듭남과 타인에 대한 사랑 사이에는 긴밀한 관계가 있다(벧전 1:22-25). 왜냐하면 그리스도인의 사랑은, 평안이나 믿음과 같이, 하나님의 선물이기 때문이다(엡 6:23). 물론 그것은 우리 안에 있는 그분의 사랑이다. 그리고 고린도전서 13장에 실려 있는 사랑에 대한 위대한 묘사는 그리스도 안에 있는 성육신하신 하나님의 성품에 대한 묘사와 아주 많이 닮아 있다.

**하나님의 사랑은 그분의 사랑 받는 자와의
관계 안에서조차 심판의 행위와 모순되지 않는다**

이스라엘에 대한 하나님의 심판은 매우 자주 그리고 구약성경의 여러 책에서 선포된다. 그로 말미암아 동일한 백성을 향한 하나님의 사랑과 진노가 공존할 수 있는 것처럼 보인다.

존 골딩게이(John Goldingay)는 다음과 같이 말한다.

> 심판과 긍휼 사이의 긴장은 특별히 호세아의 예언들을 통해 분명하게 드러난다. 호세아는 하나님의 사랑에 대해 설명할 수 없는 그리고 역설적인 성격을 강조한다. 그 사랑은 부정한 여인에 대한 구애라는 측면에서 묘사되고, 또한 분노와도 공존할 수 있다. "다시는 사랑하지 아니하리라"(9:15). 그리고 "내가 그들의 반역을 고치고 기쁘게 그들을 사랑하리니……."(14:4)와 같은 말씀들이 그 어떤 화해를 위한 시도도 없이 병존하는데, 이것은 그 예언자의 믿음의 기초 위에서는 어떤 식으로도 그 둘을 화해시킬 방법이 없음을 의미한다. 유일한 답은 진노하시는 하나님으로부터 사랑하시는 하나님에게로 달아나는 것뿐이다.[14]

우리는 하나님의 심판과 관련하여 다음 몇 가지 사항에 주목할 필요가 있다.

첫째, 이런 심판의 행위는 종종 하나님의 진노나 격노 혹은 심지어 증오의 산물이라고 말해진다. 물론 때로 이런 증오는 단순히 그분의 편애에 대한 강력한 표현일 수 있다. 이것은 신명기 21:15에서 분명히 드러난다(눅 14:26 참고). 또한 사실상 매우 자주 하나님은 특정한 행위나 성품의 어떤 측면을 증오하시는 것으로 나타난다(잠 8:13; 암 5:21; 슥 8:17; 계 2:6). 때로 그분은 자신의 백성조차 미워하시는 것으로 언급된다(호 9:15; 렘 12:8). 그들은 그분 자신의 백성이고, 우리가 이미 보았듯이, 다른 곳에서 그리고 아주 놀랍게도 구약성경의 동일한 책들 속에서 그분은 사람이 아닌 하나님이시기에(호 11:9) 그들을 영원한 사랑으로 사랑하시는 것으로 표현된다. 그러므로 자기 백성에 대한 그분의 이런 증오는, 비록 실제적이기는 하나, 그 백성이 자기에게 돌아오기 전까지만 나타나는 일시적인 것으로 보인다.

둘째, 때로 이런 심판의 행위는 특별히 그분의 백성의 특별한 지위와 관련되어 있다. 아모스 3:2에 이것에 관한 놀라운 표현이 등장한다. "내가 땅의 모든 족속 가운데 너희만을 알았나니 그러므로 내가 너희 모든 죄악을 너희에게 보응하리라."

셋째, 이런 심판의 행위는 그 사랑하는 집단 전체는 아니지만, 그 중 일부의 파괴로 이어질 수 있다. 출애굽기 32-34장과 민수기 13-14장에서 골딩게이가 지적하듯이, "여호와께서는 자신이 이스라엘의 죄 때문에 그들을 철저히 파멸시킬 것이라고 말씀하신다. 하지만 그분은 곧 자신의 결정을 현 세대에 대한 징벌로 완화시키신다."[15] 마찬가지로, 교회 전체의 실존에 대한 위협 없이 어느 한 지역 교회의 촛대가 옮겨지는 것도 가능하다(계 2:5).

넷째, 이런 심판의 행위는 "하나님의 기이한 일"이라고 불린다. 이스라엘에 대한 하나님의 사랑은 영원한 사랑이다(렘 31:3). 이사야 28:21에서 이스라엘에 대한 하나님의 심판은 그분의 비상하고 기이한 일로 묘사된다. 그것은 마치 그분의 가장 깊은 갈망과 무관한 것처럼 보인다. 이 경우에, 그 문맥이 보여 주듯이, 그 일은 제아무리 불쾌하게 보일지라도 선언되고 결국 수행될 것이다. 그러나 이스라엘에 대한 하나님의 심판에 관해 많은 말을 하는 예언서인 호세아 11장에는 긍휼이 심판에 대해 승리를 거두는 것처럼 보이는 신탁이 나타난다. 이것은 우리에게 하나님이 마음을 누그러뜨리시고 결국 자기 백성에게 이미 작정했던 심판을 행하지 않기로 하시는 것을 묘사하는 구절들을 상기시켜 준다(출 32:14; 참조. 삼하 24:16). 물론 하나님의 긍휼이 때로는 아주 분명하게 이스라엘 자신의 회개와 관련되는 것은 사실이다(렘 18:8). 그러나 우리가 주목해야 할 것은 분명히 하나님이 자기 백성을 심판하는 일을 크게 주저하신다는 사실이다.

다섯째, 하나님의 참되고도 기이한 역사는 그리스도의 십자가에서 화해를 발견한다. 십자가는 하나님의 사랑과 심판 모두에 대한 표현이다. 이미 우리는 하나님의 사랑의 표현으로서의 십자가에 대해 살펴보았다. 그러나 또한 분명한 것은 그것이 심판의 행위라는 사실이다. 신약에서는 십자가와 관련해 종종 희생제사의 언어가 사용된다. 그리고 피의 제사 및 속죄와 관련된 말들 – 레온 모리스(Leon Morris)는 그것들이 로마서 3:25와 요한일서 2:2 그리고 4:10 같은 구절에서 적절하게 번역되었음을 탁월하게 입증했다. – 은 죄에 대한 자신의 진노를 뒤집기 위해 하나님 자신이 희생제물을 제공하신다는 구약성경의 본문들을 배경으로 나타난다.[16]

세상을 향한 하나님의 사랑

세상을 향한 하나님의 사랑은 창조, 언약 그리고 십자가에 이르기까지 다양한 방식으로 나타난다. 다시 우리는 다음 몇 가지 사항들에 유의할 필요가 있다.

첫째, 만약 하나님의 사랑이 자신을 나누어 주는 것을 의미한다면, 이것은 우주의 창조에서 가장 웅장한 스케일로 드러난다. 이 에세이는 조직신학적인 글이 아니므로 여기에서 우리는 하나님의 '비공유적 속성'과 '공유적 속성'에 관해 논할 수 없다. 그러나 우리는 성경의 가르침을 통해 후자를 인식하기 위한 몇 가지 기초를 발견할 수 있다.

하나님은 매우 다양한 창조 사역을 통해 자신을 주신다. 그 사역을 통해 감각을 지닌 수많은 피조물이 나타나고 그들의 물질적 필요를 위한 공급이 이루어진다(창 1; 시 104). 그분이 인간에게 자신을 주시는 것은 훨씬 더 위대한 일로 보인다. 왜냐하면 그분은 그들을 자신의 형상을 따라 지으시기 때문이다. 그리고 아마도 창세기 3:8은 타락 이전에 하나님과 인간의 교제 관계가 어떠했는지를 암시하는 것이리라.

둘째, 성경은 하나님의 사랑이 이스라엘의 범위를 넘어선다는 사실을 분명하게 지적하고 암시한다. 구약성경은 그 안에 특수주의와 보편주의를 함께 갖고 있다. 시 145편에서 자기 백성과 세상을 향한 하나님의 사랑은 뒤섞여 있는 듯 보인다. 그러나 시편 기자는 하나님의 긍휼이 그분이 지으신 모든 것 위에 있을 것이라고 선포한다(시 145:9, 13).

우리는 시편 87; 이사야 15:5; 16:9, 11; 19:19-25; 42:6-7; 49:6; 요나, 아모스 9:7 등에 나타나는 다른 민족들에 대한 하나님의 사랑에 관한 놀라운 증거들에 주목한다. 또한 하나님은 어떤 나라가 다른 나라에 행하는 죄에 대해서도 관심을 두고 계신다. 설령 그 나라 중 어느 한 쪽이 이스라엘이 아닐지라도 그러하다(암 2:1-3).

사도행전에서 이방인들에게 행한 바울의 설교는 창조와 역사에 관한 그의 간명한 견해를 드러낸다. 사도행전 14:17에서 바울은 하나님이 모든 계절에 사람들에게 좋은 선물을 제공하시고, 음식을 공급하시고, 그들의 마음을 기쁨으로 채우심으로써 자신의 선하심을 보이셨다고 말한다. 또한 사도행전 17:25-26에서는 하나님이 만민에게 생명과 호흡과 만물을 주신다고 말한다(참고. 딤전 6:17).

셋째, 이런 선하심에는 은혜, 즉 교의론자들이 '일반 은총'이라고 부르는 요소가 포함되어 있음이 분명하다. 왜냐하면 그것은 그들의 사악한 본성에도 불구하고 모든 인간에게 주어지기 때문이다. 우리가 보았듯이, 하나님의 이런 보편적인 선하심은 시편 145:9, 13에서 잘 드러난다.

넷째, 세상을 향한 하나님의 사랑은 언약의 형태를 취해 왔다. 홍수 사건 직후에 하나님은 온 인류의 대표자인 노아와 언약을 맺으셨다. 이 언약에는 정기적인 계절과 식량의 제공은 물론 다시는 물로 세상을 멸하지 않겠노라는 하나님의 맹세가 포함되어 있다(창 8:20-9:17).

다섯째, 비록 신약성경에서 대속의 교리와 관련된 표현들에 대한 해석은 분명코 그것들이 속한 문맥 안에서 이루어져야 할지라도 그것들은 형식상 보편적이다. 그런 표현들은 요한복음 3:16과 특히 요한일서 2:2 같은 요한의 전승 안에서 나타난다. 그러나 그런 표현들은 또한 로마서 5:18과 디모데전서 2:6 같은 구절들에서도 나타난다. 베드로후서 2:1은 이단들에 대해 말하는데, 그들은 자기들을 사신 주를 부인하고 자기들에게 임박한 멸망을 스스로 취한다. 그러나 설령 교의론자들이 그런 구절들을 선택이라는 특수주의와 그리고 그 형태상 더 특수주의적인 대속에 대한 언급들과 연결할지라도(가령, 엡 5:2, 25), 성경신학자들은 그런 구절들을 진지하게 다뤄야 할 필요를 부각시켜야 한다.

특별한 구속에 대해 부정적인 대부분의 신학적 논증들은 또한 성경이 아주 분명하게 가르치는 것처럼 보이는 무조건적 선택에 대해서도 부정적이다. 중요한 예외는 주석학적 주장이다. 그리고 이런 주장과 마주하는 것은 아주 중요할 뿐 아니라 그 문제를 정당하게 성경신학의 영역 안으로 가져오기도 한다. 이 문제에 대한 상세한 고찰은 이 글의 범위 안에서는 불가능하다. 그러나 우리는 종종 특별한 구속이라는 교리와 조화를 이루기가 가장 어렵다고 간주하는 두 구절을 간략하게 살필 것이다.

첫 번째 구절은 요한일서 2:2이다("그는 우리 죄를 위한 화목 제물이니 우리만 위할 뿐 아니요 온 세상의 죄를 위하심이라"). 요한일서의 문체는 아주 개괄적이다. 그러므로 만약 요한일서 2:2이 엄격하게 숫자적인 의미보다 민족적이고 지리적인 의미가 있는 것으로 이해되어야 한다면, 그래서 이 경우에 '온 세상'이 '모든 나라의 백성' 혹은 '세상 모든 곳에 있는 사람들'을 의미하는 것으로 이해되어야 한다면, 그것은 이 문제와 조화를 이루는 것이 될 것이다.

두 번째 구절은 베드로후서 2:1이다("그러나 백성 가운데 또한 거짓 선지자들이 일어났었나니 이와 같이 너희 중에도 거짓 선생들이 있으리라 그들은 멸망하게 할 이단을 가만히 끌어들여 자기들을 사신 주를 부인하고 임박한 멸망을 스스로 취하는 자들이라."). 그러나 이 구절조차 – 나는 오랫동안 이것을 특별한 구속에 맞서는 가장 강력한 주장으로 간주해 왔다. – 일단 우리가 이 구절이 언급하는 '이단'이 기독론이 아니라 윤리적인 맥락에서 나타나는 것으로 여긴다면, 그것이 가진 어려움의 상당 부분이 상쇄된다. "자기들을 사신 주를 부인하고"라는 말은 아마도 문제가 되는 사람들의 헛된 고백을 가리키는 것이리라. 그리고 아마도 거기에는 참된 복음과 일치하는 그리스도의 인격과 사역에 관한 가르침에 대한 고백적 승인과 진정한 개인적 신앙-그것도 순종적인 신앙-에 대한 그들의 고백까지 포함되어 있을 것이다. 그 중 마지막 사항은 신약성경의 기독론적 본문에서-유다서 4장에서 나오는 병행하는 언급을 제외하고-유일하게 나타나는 "주"(despotes)라는 단어의 사용을 통해 강력하게 암시된다.

지금 나는 이런 구절들이 특수주의적 방식으로 해석되어야 한다고 주장하는 게 아니다. 오히려 나는 그런 해석들이 그런 구절들이 나타나는 문맥 안에서 가진 의미에 해를 입히지 않는다는 말을 하는 것이다.

여섯째, 신약성경에서 하나님의 사랑과 그리스도 안에 있는 은혜에 관한 복음은 온 세상에 선포되어야 한다. 이 주장은 그리스도의 '지상명령'(the Great Commission)의 여러 가지 버전을 통해 들려온다(마 28:18-20; 막 16:15; 눅 24:46-49; 행 1:8). 또한 그것은 사도행전에서 나타나는 교회의 선교적 확장 이야기 속에 전제되어 있다.

그리스도를 향한 하나님의 사랑

이 개념은 주로 요한에게서 나오는 것처럼 보인다. 그러나 공관복음에서 예수는 분명히 굉장한 중요성을 지닌 어떤 사건들-그의 세례(침례) 사건(마 3:17; 막 1:11; 눅 3:22)과 변화산 사건(마 17:5; 막 9:7; 눅 9:35; 참고. 벧후 1:17)-의 경우에 하나님의 음성을 통해 "사랑하는 자"(ho agapetos)로 선포된다.

이런 진술들은 이스라엘(호 11:1)과 이스라엘의 왕(시 89:24-28)에 대한 하나님의 부성적 사랑의 표현이라는 점에서 얼마간 구약적 기초가 있다. 그리고 특별히 마태복음에서(2:6, 15) 예수 그리스도는 이스라엘이자 이스라엘이 기대하는 왕이며, 또한 하나님의 사랑 받는 종이다(12:17, 18; 참조. 사 42:1).

공관복음에서 예수는 하나님을 "나의 하늘 아버지"라고 부른다. 그러나 반면에 제자들에게 하나님은 "너희의 하늘 아버지"이시다. 하나님은 결코 "우리의 하늘 아버지"라고 불리지 않는다. 그리고 부활 후에 등장하는 "내 아버지 곧 너희의 아버지"(요 20:17)라는 표현은 특히 중요하다. 하나님은 제자들의 아버지이시다. 그러나 그분은 어떤 특별한 의미에서 예수의 아버지이시다.

요한복음에서 예수는 자신에 대한 아버지의 사랑에 대해 가르치고, 또한 하나님이 자기의 손에 모든 것을 넘겨주셨다고 주장한다(요 3:35; 5:20; 15:9). 또한 그는 이 사랑에는 상호성이 있다고 주장한다(요 17:26). 그런데 이런 주장은, 만약 아들에 대한 아버지의 사랑이 창세 전부터 있었으므로 영원한 사실임을 전제하지 않는다면(요 17:24), 특별한 의미가 없었을 것이다. 만약 이것이 사실이라면, 그리스도가 아버지와 아들에 관해 사용하는 모든 말 속에는 사랑이라는 함의가 들어 있는 셈이다. 그러므로 이것은 우리의 주제와 관련된 자료의 범위를 크게 확장시킨다.

바울은 그리스도에 대해 '하나님의 아들'이라는 말을 드물게 사용한다. 그러나 그가 그 말을 사용하는 구절 중 몇은 우리의 주제에 아주 중요하다. 로마서 8:32은 창세기 22:16에서 아브라함과 이삭의 관계에 대해 사용된 "네 독자"라는 표현(거기에서는 자기 아들에 대한 아브라함의 사랑이 강조된다[참조. 창 22:2].)과 관련해 "사기 [자신의] 아들"(*tou idiou huiou*)이라는 표현을 사용한다. 에베소서 1:6은 "그[가] 사랑하시는 자"에 대해 언급한다.

사랑과 하나님의 본성

"하나님은 사랑이시다."라는 요한일서 4:8의 주장 - 그것은 16절에서 반복된다. - 은 성경에서 가장 자주 인용되는 확언일 것이다. 그리고 그 주장으로부터 아주 많은 것들이 추론된다. 그러므로 그 구절에 대한 주석이 정확해야 하는 것은 매우 중요하다.

요한일서는 간략한 책이다. 그러므로 우리는 그 주장을 그것의 전체적인 문맥에 비추어 해석하는 것이 현명하다.

하나님의 본성 안에 있는 빛과 사랑

요한일서의 목적은 5:13에서 분명하게 지적된다. "내가 하나님의 아들의 이름을 믿는 너희에게 이것을 쓰는 것은 너희로 하여금 너희에게 영생이 있음을 알게 하려 함이라." 이 서신의 서두는 영생이 하나의 인격, 즉 성육신한 하나님의 아들이라고 진술한다.

그리스도를 통한 역사적 계시로 전달된 메시지는 "하나님은 빛이시다."(1:5)라는 것이다. 이것은 문장의 구성상 "하나님은 사랑이시다."(4:8)와 동일한 형태의 진술이다. 이것은 적어도 표면적으로는 존재론적인 주장이다. 그리고 문맥을 잘 살펴보면, "하나님은 빛이시다."라는 진술에서는 계시와 성결이 - 특히 후자가 - 모두 나타난다.

그러나 이 메시지는 또한 사랑이라는 측면에서 요약될 수 있다. 왜냐하면 3:11에서 이 서신의 저자는 다음과 같이 말하기 때문이다. "우리는 서로 사랑할지니 이는 너희가 처음부터 들은 소식이라." 분명히 이것은 "처음부터 가진 옛 계명"(2:7-8)의 새로운 버전이다(참조. 요 13:34-35). 또한 이 구절들 바로 다음에 빛에 대한 언급이 나오는 것은 주목할 만하다. 사실 2:7-11에서 빛과 사랑은 계속해서 그리고 긴밀하게 서로 상관하고 있다.

여기에서 사랑이 그리스도인들이 보여야 할 사랑임은 분명하다. 그러나 우리가 곧 살펴볼 것이지만, 다른 곳에서 요한은 그리스도인의 사랑이 하나님의 사랑의 전달로부터 나온다고 여긴다.

하나님의 사랑 그리고 그분에 대한 보다 앞선 계시

물론 이 진술 안에 들어 있는 '하나님'이라는 단어는 이 서신이 신약성경 전체와 마찬가지로 의존하는 더욱 앞선 계시로부터 나온다. 여기에서 구약성경은 분명하게 인용되지 않는다. 그러나 많은 구절이 우리에게 그것을 상기시켜 준다. 가장 분명한 예들은, 속죄, 피, 창세기 3장에 대한 암시적 인급(2:16), 처음부터 범죄한 마귀에 대한 언급(3:8), 가인과 그의 형제에 대한 언급(3:12), 참된 예언과 거짓 예언을 구별하는 것에 대한 관심(4:1-6) 그리고 우상숭배에 대한 경고(5:21) 등이다.

우리는 이런 언급들 대부분이 우리에게 빛, 진리 그리고 심판을 상기시킨다는 점에 주목할 필요가 있다. 서신의 저자는 이 모든 것을 진지하게 다룬다. 그리고 그것은 "하나님은 사랑이시다."라는 그의 진술의 배경의 일부를 이룬다. 그러나 그는 "하나님은 사랑이시다."라는 자신의 진술을 구약성경의 그 어떤 구절과도, 심지어 그 진술과 가장 비슷한 호세아 11장과도 분명하게 연결하지 않는다. 물론 우리는 후자의 간결함을 잊지 말아야 한다.

그리스도를 통한 계시, 특히 요한의 전통을 통해 전달된 계시는 계속해서 이 서신의 가르침에 영향을 준다. 우리가 보았듯이, 이 서신은 성육신과 그것이 요한의 메시지에 대해 갖는 근본적인 특성에 관한 중요한 진술로 시작된다. 이 서신에서 사용되는 어휘의 대부분은 요한복음에서 발견된다. 그리고 이것은 특히 하나님에 대한 언급과 관련된 경우에 아주 중요한 의미가 있는 '아버지'라는 단어를 사용하는 데서 특별히 두드러진다.

하나님의 사랑과 십자가

빛과 사랑 사이의 긴밀한 연결은 또한 하나님의 사랑이 십자가를 통해 계시가 된다는 사실에서 드러난다. 그리고 분명한 것은 십자가에서 그리스도가 행한 대속 사역이 속죄의 의미가 있다는 것이다. 사실 두 번에 걸쳐 사용되는 '화목제물'(hilasmos)이라는 용어는 각각 빛으로서의 하나님과 사랑으로서의 하나님이라는 문맥에서 나타난다(2:2; 4:10). 분명히 이것은 아주 중요하며 우리에게 그 둘 사이의 중요한 관계에 대해 알려 준다. 그 둘은 십자가에서 서로 만난다.

또한 우리는 우리의 두 가지 기본적인 진술 모두가 하나님의 행위, 특히 갈보리에서의 행위가 부각 되는 문맥들 안에서 혹은 하나의 복합적인 문맥 안에서 발견된다는 사실에 주목할 필요가 있다.

그런데 이것은 "하나님은 사랑이시다."라는 진술이 단순히 "하나님은 사랑을 갖고 행동하신다."라는 진술의 대용임을 의미하는가? 확실히 그 것은 적어도 그런 의미가 있다. 하지만 그것은 그 이상을 의미한다. 왜 냐하면 하나님의 행위는 그분이 사랑을 보이시는 것으로 간주하기 때문 이다. 드러나는 것은 실제로는 그것이 드러나기 이전에 존재한다. 그러 므로 사랑은 하나님의 성품과 본성 안에 있는 하나의 자질이다. 그리고 그것은 하나님의 행위를 통해, 특히 그리스도의 대속 사역을 통해 드러 난다.

하나님과의 관계에서 '사랑'의 지위

그렇다면 요한일서에서는 사랑이 철저하게 하나님을 정의하는가? 때로 그렇게 주장되기도 한다. 그러나 그런 주장은 미심쩍다. 하나님에 대한 그 서신의 가르침은 사실은 빛에 대한 언급으로 시작된다. 그리고 사랑이라는 말이 처음으로 나타나는 것은 바로 그 빛에 관한 진술의 맥 락 속에서다. 더 나아가 이 서신의 저자는 기독교의 진리를 설명하면서 다양한 개념들—생명, 빛, 진리, 사랑 그리고 의 같은—을 뒤섞는 방식 을 사용하고 있다. 이에 대한 최상의 설명은 그 모든 것들이 실제로 하 나님의 속성들이라는 것, 그리고 그것들이 하나님 안에서 만나기 때문 에 또한 그것들은 하나님의 가족에 속하고 거듭남과 성령의 내주와 교 제를 통해 하나님의 본성을 공유하는 자들 안에서도 만나야 할 필요가 있다는 것이다. 그리고 바로 여기에서 그리스도인과 하나님의 관계에 적용되는 '가족'이라는 매력적인 개념이 등장한다.

이 모든 특성은 서로 밀접하게 관련될 수 있을 뿐 아니라, 만약 우리가 하나님의 가족의 구성원으로 알려지고자 한다면, 반드시 그렇게 되어야 한다. 그분의 성품 안에서 일치를 위한 자리를 발견하는 도덕적 속성들은 또한 우리 안에서도 그런 일치를 발견해야 한다. 이런 특성들은 서로 구별될 수는 있으나, 분명히 나누어질 수는 없다. 그리고 이것이야말로 요한이 그 두 방향 모두로 주장할 수 있는 이유이다. 우리는 우리가 그분의 자녀이기에 하나님을 사랑한다는 것을 안다. 또한 우리는 우리가 하나님을 사랑하기에 그분의 자녀들을 사랑한다는 것을 안다. 그리스도인의 삶은 수많은 도덕적 특성들로 이루어진 이음매가 없는 전체다. 그리고 이것은 바로 그것이 하나님의 여러 측면을 지닌, 그럼에도 이음매가 없는 특성을 반영하기 때문이다.

사랑이 하나님의 핵심적인 도덕적 특성이라는 사실은 요한일서를 통해 분명하게 드러난다. 그러나 그 사랑에 대한 정의는 그것과 다른 특성들(그 중 가장 중요한 것은 '빛'이다.)과의 관계에 달렸다. P. T. 포사이스(Forsyth)의 표현을 빌자면, 그것은 언제나 '거룩한 사랑'이다.[17]

제4장

어거스틴, 기독론 그리고 사랑으로서의 하나님:

요한일서에 관한 설교의 서론*

루이스 아이리스

에모리대학교

* 이 논문의 간략한 형태가 "Augustine on God as Love and Love as God," *Pro Ecclesia* 5 (1996): 470-87에 실려 있다. 어거스틴의 작품들에 대한 모든 약어는 C. P. Mayer, ed., *Augustinus Lexicon* (Stuttgart & Basle: Stuttgart & Co., 1986-)에서 온 것이다. 이 논문에서 사용되는 주요한 약어들은 다음과 같다: ep. (서신); *ep. Io. tr.* (요한일서에 관한 논고); *Io. ev. tr.* (요한복음에 관한 논고); *trin.* (삼위일체론); *div. qu.* (심플리키아누스게 보내는 다양한 질문들); *serm.* (설교).

어거스틴에게는 하나님을 사랑이라고 부르는 것은 오직 사랑이신 분이
자신을 드러내셨다는 것과 그분이 우리가 그것을 통해
사랑 자체의 삼위일체적 삶에 참여하는 형태를 갖춘 사랑과
고백의 실천을 시작하셨다는 것을 깨닫는
느린 과정 안에서만 의미가 있는 활동이다.

Augustine, Christology, and God as Love
An Introduction to the Homilies on 1 John

도입

　　어떤 의미에서 사랑으로서의 하나님에 대해 말하는 것은 매우 사변적인 것처럼 보일 수 있다. 사랑은 그 의미를 다른 이와의 인격적 관계를 통해서만 배울 수 있는 용어인데, 그리스도인들이 하나님께 적용하는 다른 어떤 용어들보다도 훨씬 더 그렇다. 보다 직접적으로 말해서, 사랑은 가장 일반적으로 다른 무언가에 관한 '어떤 이'(a person)의 사랑이라는 측면에서 이해된다. 그러므로 그리스도인들이 쉽게 '하나님이 사랑하신다.'라고 말하는 것은, 만약 그런 진술이 하나님의 삼위일체의 신비가 '사랑하신다'라는 것의 의미를 성찰하는 데까지 이르지 못한다면, 사실은 너무 쉽게 하는 말이다(여기에서 '삼위일체'와 '신비'라는 말 모두는 아주 중요하다). 그러나 이런 어려움이 곧 우리가 사랑으로서의 하나님에 관해 말하는 것을 그쳐야 한다는 것을 의미하지는 않는다. 그리고 사랑을 성경적이고 전통적인 정당한 근거에 비추어 볼 때, 사실 사랑은 그리스도인들이 하나님께 적용하는 가장 중요하고, 신학적으로 설득력이 있고, 시사하는 바가 많은 용어 중 하나다.

　　그러나 우리가 하나님을 '사랑'이라고 부르거나 하나님이 '사랑하신다.'라고 말하는 것이 복잡해지는 것은 틀림없이 다음과 같은 이유 때문이다. 즉, 우리가 하나님의 사랑에 관한 신학을 구성하려고 할 경우 그 일을 가장 잘하기 위해서는 우리가 그 사랑에 대해 배울 수 있는 수단들에 대한 논의가 필요한데, 무엇보다도 우리의 사랑이 하나님의 그것과 어떻게 그리고 어떤 기초 위에서 비교될 수 있는지 혹은 비교될 수 없는지에 관한 논의를 동시에 진행해야 하기 때문이다. 더 나아가 마지막 문장이 지적하는 방법론적 논의는 그 자체가 기독론, 신학적 유비, 교회론 그리고 무엇보다도 삼위일체 신학과 관련된 더욱 광범위한 연구의 일부로 이해되어야 한다. 내가 이 에세이를 통해 의도하는 것은 하나님의 사랑에 관해 논하는 신학적 과업을 위해 한 가지 중요한 그러나 종종 논쟁을 불러일으키는 자료인 힙포의 성 어거스틴(St. Augustine of Hippo, 356-430)의 작품에 대한 서론적 설명을 제공하는 것이다.

현대의 조직신학은 대부분 어거스틴으로부터 출발하는 서구 신학 - 특히 그 전통 안에서 그는 좋지 않게 인식되는 많은 것들의 창시자로 알려졌다. - 의 역사에 대해 아주 상세한 설명을 제공하는 경향이 있다. 지금 나는 특히 하나님의 사랑에 관한 신학과 특별한 상관을 가진 삼위일체론과 기독론에 대한 그의 견해를 염두에 두고 있다. 최근의 연구는 어거스틴에 관한 이런 설명들이 지나치게 단순화된 것임을 보여준다. 아마도 그에게서 유래한 것으로 간주하는 보다 후기의 입장들 가운데 많은 것은 그의 실제 사상과는 상관이 없을 수 있다. 그가 최초로 말한 것으로 간주하는 것들 가운데 상당 부분은 실제로 그가 살던 시대에는 일반적이었기에 그 동시대 및 그 전후 시대에 나타난 여러 작품에서 발견된다. 그리고 최근의 신학자들은 그런 것들을 아주 관대하게 다루고 있다.[1]

이 에세이에서 나는 그런 비판들에 대해 상세하게 다루지 않을 것이다. 대신 나는 어거스틴이 '사랑으로서의 하나님'에 관해 논했던 중요한 본문 하나를 상세하게 설명할 것이다. 그렇게 하면서 내가 의도하는 것은 어거스틴이 사랑으로서의 하나님에 관한 그의 신학을 분명히 기독론적이고 삼위일체적인 맥락에서 형성했음을 입증하는 것이다. 실제로 그 둘은 서로 너무나 밀접하게 얽혀 있기에 사랑으로서의 하나님에 관한 어거스틴의 신학을 위한 서론은 또한 어거스틴의 기독론의 몇 가지 측면들을 위한 서론의 역할을 한다.[2]

내가 이 글에서 관심을 둘 핵심적인 본문은 아마도 어거스틴이 407년에 행했을 요한일서에 관한 10개의 설교(homilies) 혹은 논고(tractates) 시리즈이다.[3] 나는 또한 몇 군데에서 어거스틴의 요한복음에 관한 논고들을 확증을 위한 자료로 사용할 것이다. 요한일서에 관한 어거스틴의 설교들은 요한복음에 관한 그의 연속 설교를 중간에 끊으면서 8일간의 부활절 축제기간에 행해졌다. 그리고 우리는 이 두 작품 속에서 여러 가지 유사한 주제들을 그리고 여러 지점에서 서로 반영하는 어법들을 발견한다. 어거스틴이 언급하는 본문들은 사랑으로서의 하나님에 관한 가장 유명한 성경구절들을 포함하고 있다. 그뿐만 아니라 우리는 요한일서의 설교 시리즈가 초심자에게 세례(침례)를 주고 부활절의 신비를 축하하는 때에 선포되었음을 알고 있다. 따라서 어거스틴이 이 작품의 초점을 신앙의 본질, 공동체 그리고 하나님이신 사랑에 맞추는 것은 놀랄 일이 아니다.

이 에세이에서 나는 요한일서에 관한 설교들 가운데 세 부분을 다룰 것이다. 특히 전반부에서는 그 설교 시리즈의 첫 번째 논고에 집중할 것이다. 그것은 사랑으로서의 하나님을 직접 다루지는 않으나 그 시리즈 전체의 축소판으로 읽힐 수 있다. 나의 목표는 이 설교의 논승을 따르면서 결과적으로 그 안에서 발견되는 주제들의 상호관계를 설명하는 것이다. 이 에세이의 후반부는 그 시리즈의 후반부 설교들을 설명하는 데 할애된다. 거기에서 어거스틴은 사랑으로서의 하나님이라는 문제를 직접 다룬다. 이 에세이의 첫 부분에서 나는 어거스틴의 주석을 단순하게 설명할 것인데, 그 각각의 부분들을 그가 다루는 성경 본문으로 시작할 것이다.

성육한 말씀에 대한 증인으로서의 교회

> 태초부터 있는 생명의 말씀에 관하여는 우리가 들은 바요 눈으로 본 바요 자세히 보고 우리의 손으로 만진 바라 이 생명이 나타내신 바 된지라. 우리는 이 영원한 생명을 보았고 그것의 증인인지라(요일 1:1-2)[4]

첫 번째 논고는 요한일서 1:1-2:11을 주석하며 성육신 신학을 그 사건을 증언하는 교회의 역할과 기능에 대한 이해와 연결한다. 설교는 그리스도가 하나님의 현현이라는 진술로 시작된다. 이것은 이 설교 시리즈 전체의 핵심적인 주제다. 그리고 그것은 즉각 전에는 오직 천사들에게만 나타났던 말씀이 이제 사람들에게 나타났다는 의미로 해석된다.

"이 생명이 나타내신 바 된지라."……그런데 그것은 어떤 방식으로 나타났는가? 그것은 '태초부터' 있었으나 사람에게는 나타나지 않았다. 하지만 그것은 천사들에게는 나타났었고, 천사들은 [그것을] 보고 [그것을] 그들의 양식으로 받아

먹었다. 그러나 성경은 무엇이라고 말씀하는가? "인간이 천사들의 떡을 먹었다." 그러므로 이 생명은 육을 통해 나타났다.……오직 마음으로만 볼 수 있는 실재를 눈을 통해서도 볼 수 있도록, 그래서 그것이 마음을 치유할 수 있도록.[5]

어거스틴은 본래 우리의 마음에 드러나야 하는 말씀이 이제 우리를 위해 육을 통해 눈에 드러났다고 말함으로써 그의 기독론의 핵심적 주제를 소개한다. 이 진술은 그리스도가 우리를 물질적이고 일시적인 세상을 통해 그리고 그 세상 안에서 하나님을 '보도록' 이끄실 수 있는 분이라는 어거스틴의 기독론의 핵심을 암시한다.[6] 이것은 나중에 그가 한 번 이상 되돌아갈 주제다. 또한 이 서론적인 구절은 어거스틴이 그리스도를 일반적으로 하나님의 추상적인 혹은 대략적인 현현이 아니라, 아주 견고하게 "이 생명"으로, 즉 "만물이 그에게서 나온 분" 곧 "말씀"으로 묘사한다는 것을 보여 준다.[7] "이 생명"의 중요성에 대한 이런 식의 읽기는 요한복음에 관한 어거스틴의 논고 중 두 번째에 등장하는 병행 구절(그것은 다시 창조 안에서의 말씀의 역할을 성육신한 아들의 하나님에 대한 계시와 병행시킨다.)에 의해 강력하게 지지가 된다.

"그가 세상에 계셨으며 세상은 그로 말미암아 지은 바 되었다." 그가 세상에 계셨던 것이 땅이 세상에 있는 것과 같은 방식이었다고……별이, 나무가, 소떼가 그리고 사람이 세상에 있는 것과 같은 방식이었다고 상상하지 마라. 그렇다면 그는 어떻게 세상에 계셨던 것일까? 자기가 지으신 것을 다스리시는 건축가로서……하나님은 세상에 주입되는(infusus) 동시에 세상을 세우신다. 그분은 모든 곳에 계시면서 모든 곳을 세우신다.……그분은 그분 자신의 임재로써 자기가 지으신 것을 다스리신다.……"세상은 그로 말미암아 지은 바 되었으되 세상이 그를 알지 못하였다." 하늘들은 그들의 창조자를 알지 못했던 것일까?……"자기 땅에 오매." 왜냐하면 모든 것이 그로 말미암아 지은 바 되었기 때문이다. "자기 백성이 영접하지 아니하였다." 그들은 누구인가? 그가 지으신 인간들이다.[8]

어거스틴은 그리스도의 현현에 관한 그의 최초의 설명에 뒤따라 나오는 문단들에서 요한일서에 관한 첫 번째 설교로 돌아가 계속해서 요한일서 1:1-2를 주석한다. 그리고 말씀의 출현의 물리적이고 물질적인 측면과 그 출현에 대한 그리스도인의 반응의 본질 모두를 강조한다. 그리고 어거스틴은 순교자들을 예로 든다. 그 설교의 §2에서 자신이 갖고 있는 요한일서 본문의 표현에 관한 말놀이를 통해 '증인들'과 '순교자들'을 동일시한다.[9] 순교자와 증인(즉 동시대 교회의 구성원들)은 모두 말씀의 출현에 대한 살아 있는 증거이다. 교회 안에서 그리스도에 대해 증언하는 자들은 자신들의 신앙을 위해 죽음으로써 증언하는 순교자들과 동등하다.[10] 문맥상 어거스틴의 요점은 증언의 행위가 그리스도의 물질적이고 '육적인' 현현을 증언하는 물질적이고 물리적이고 '육적인' 행위라는 것처럼 들린다. 그리고 이런 해석은 이 설교의 발전 과정을 통해 견지될 것이다.[11]

어거스틴은 §2을 다음과 같은 복잡하고 흥미로운 진술로 마무리한다. "순교자들은 하나님의 증인들이다. 하나님은 사람들도 하나님을 증인으로 갖게 하려고 증인으로서의 인간을 갖고자 하신다." 이 진술은 요한복음에 관한 두 번째 논고 중 §8에 나오는 진술과 병행한다. 거기에서 어거스틴은 악이 세상에 들어온 것은 하나님이 세상을 떠나셨기 때문이 아니라 사람들이 속아서 하나님과 맞서려는 마음을 먹었기 때문이라고 설명한다. 하나님에 대한 우리의 '증언'에는 우리에게 제시된 진리에 관해 말하고 그 진리에 대해 증언하는 것이 포함된다. 그러나 타락한 상태에 있는 우리에게는 그 진리에 대한 지식과 관심을 회복하고 유지하기 위한 몇 가지 수단들이 필요하다. 하나님은 그분이 우리에게 임재하기를 그치신다는 의미에서 우리로부터 돌아서신 것이 아니다. 오히려 우리의 우선적인 의지의 행위가 그분이 전에 그것을 통해 '보여지셨던' 기관인 "우리의 마음에 상처를 주었다." 그 결과 이제 우리는 더 이상은 아무런 도움을 받지 않은 채 하나님을 볼 수 없게 되었다.

이 상황은 마치 하나님이 인간에게 등을 돌리시고 우리가 그분에게 버림을 받은 것과 다름없었다. 그러나 그리스도께서 우리가 볼 수 있도록 육을 입고 오심으로써 우리로 하여금 늘 우리에게 임재해 있던 것에 대해 증언할 수 있게 해주셨다. 우리가 말씀의 임재로서의 그리스도에 대해 증언할 때(그렇게 할 수 있도록 은혜를 받음으로써 그렇게 할 때[12]) 우리는 다시 한 번 창조 안에 계신 하나님의 임재에 대한 인식에서 성장하기 시작한다. 그러므로 어거스틴은 기독교적 증언 곧 신앙의 고백의 지속적인 행위를 계시의 행위로 또한 부분적으로 인간의 사랑과 관심에 관한 재교육을 초래하는 행위로 이해한다. 올바른 신앙을 가지려고 은혜를 받는 것은 결과적으로 올바르게 형성된 사랑으로 이어진다. 어거스틴이 이 주제를 부각시키는 한 가지 중요한 방법은, 그가 '내적' 인간과 '외적' 인간의 통합을 기독교적 경험에 관한 그의 통찰의 핵심에 위치시키는 것이다. 하나님의 임재와 올바르게 형성된 믿음, 소망 그리고 행위에 대한 관심은 하나님의 임재에 관한 관심을 형성하며, 이어서 그것은 모든 차원에서 인간의 삶을 형성한다.[13]

어거스틴이 만약 우리가 하나님의 증인이라면 하나님이 우리의 증인이 되실 것이라고 말할 때, 그는 부분적으로 종말론적 진술을 하는 셈이다. 어거스틴은 법률 용어를 사용해(그가 받았던 수사학 훈련이 그에게 아주 많은 법률적 용어와 은유들을 제공했다.) 최후의 심판 때 하나님이 우리를 위해 '변호하실' 것이라고 말한다. 우리의 증언(그것 자체가 은혜의 선물을 통해 가능하다.)은 그것에 대한 하나님의 신실한 보답을 통해 반영되는데, 그 보답은 영생의 선물을 통해 드러난다(그것은 우리가 앞으로 살피겠지만, 성부와 성령과 하나이신 그리스도 안에서의 삶이다). 그러나 이런 비유적 묘사는 또한 인간의 재정향을 초래하는 것으로 은혜로 제공된 믿음이라는 주제와 상관이 있다. 여기에서 또한 우리는 어거스틴이 요한일서에 관한 그의 네 번째 설교의 §6에서 하나님에 의해 '잡아 늘여진'(stretched) 영혼을, 그 안에 들어 있는 것으로 말미암아 부풀어 오른 지갑의 모습을 사용해 묘사하는 것에 주목할 필요가 있다. 우리가 기독교적 삶을 통해 배우는 갈망과 훈련은 그 갈망이 끝날 때 하나님을 받을 수 있는 우리의 역량을 잡아 늘이는 것으로 묘사된다. 이런 잡아 늘임은 훈련이며, 적절한 소망은 적절하게 사랑하는 법을 배움으로써 형성된다.

어거스틴은 우리의 증언과 하나님의 응답적 증언을 긴밀하게 연결하면서 그리스도의 삶은 육을 통한 '생명 자체'의 참된 현현이기에 하나님의 현존을 보지 못하는 우리의 무능력이 그리스도에 대한 모방을 통해 서서히 극복될 수 있다고 확신한다. 그리스도는 인간이 온전한 통합과 일치를 이루게 하는 외적 행위와 내적 성향 사이의 새로운 일치의 가능성을 창조한다. 이에 비추어 우리는 어거스틴이 자주 기독교 신앙에 대한 참된 증언은 하나님에 의해 취해지고 완성될 무언가로서 우리가 의존할 만한 것이라고 주장하는 이유를 이해할 수 있다. 하나님은 그리스도를 통해서 우리의 자라나는 소망과 우리가 기다리는 실재 사이의 참되고 신뢰할 만한 연속성을 이루신다.[14]

지금까지 우리는 어거스틴의 증언의 신학이 생명 자체, 즉 말씀의 현현으로서의 그리스도에 관한 그의 설명과 밀접하게 관련되어 있음을 살펴보았다. 증언 행위가 어떻게 인간을 재건하는지 또 그렇게 함으로써 인간이 하나님의 현존에 관한 인식에서 성장하게 하는 과정의 시작이 될 수 있는지에 관한 그의 설명은 그리스도가 어떻게 내적 성향과 외적 행위 사이의 일치의 가능성을 창조하는지에 관한 그의 설명과 뒤섞인다. 그러나 어거스틴의 기독론이 구원과 인간의 회복에 관한 그의 설명과 뒤섞이는 방식을 보다 면밀하게 살피려면, 우리는 그 설교의 다음 부분으로 넘어가야 한다. 그 부분은 그리스도의 두 가지 본성 사이의 그리고 하나님의 임재와 그리스도의 '몸' 사이의 일치의 문제에 집중한다.

믿음과 그리스도의 드라마

> 이 영원한 생명을 우리가 보았고 증언하여 너희에게 전하노니 이는 아버지와 함께 계시다가 우리에게 나타내신 바 된 이시니라 우리가 보고 들은 바를 너희에게도 전함은……(요일 1:2-3)

이 설교의 첫 번째 문단에서 말씀에 대한 그리스도의 물리적 현현을 하나님에 대한 순교자들의 물리적 증언과 연결했던 것처럼, 여기에서 어거스틴은 그리스도의 위격의 두 가지 본성을 사용해 그리스도가 그분의 '몸'인 교회를 이끌고 가르치는 방식을 설명한다. 여기에서 어거스틴은 시 19편과 이사야 61장에 등장하는, 모든 사람이 볼 수 있도록 "해안에"(in the sun, 가장 자연스러운 표현으로는 '양지(陽地)에' 정도가 되겠으나,

여기에서는 어거스틴의 어법을 따라 그렇게 번역한다. 개역개정역에는 '해를 위하여'로 번역되어 있다[시 19:4]. – 역주) 장막을 펼치는 신랑과 장사로서의 그리스도 상을 사용한다.

> 그러나 해를 만드신 이가 "해 안에(in the sun) 장막을 베풀고" 또한 "신부의 방에서 나오는 신랑과 같고 그의 길을 달리기를 기뻐하는 장사 같은" 경우가 아니라면, 그가 어떻게 "해 안에서" 보이실 수 있었겠는가? 참된 창조자께서……해를 보는 육신의 눈들에 의해 발견되시기 위해, 해 안에 그분의 장막을 베푸셨다. 즉 그분은 자신의 육신을 이 자연의 한낮의 빛의 현현을 통해 보여 주셨다.[15]

시 19편에 대한 어거스틴의 언급은 특별히 그리스도가 어떤 특별한 시점에 이미 분명한 무언가를 드러낸다는 것을 강조한다. '신랑'과 '장사'이신 그리스도는 창조된 질서 안에서 한 자리를 취하심으로써 지금은 오직 그 질서의 물질적 일부를 따라서만 볼 수 있는 자들이 그분을 이해할 수 있게 하신다. 그분은 창조된 분이 아니기에 그 질서의 일부로서 그분의 자리를 취하시지 않는다. 그럼에도 그분이 그렇게 하시는 것은 우리가 그 질서 안에 분명하게 나타난 것을 보게 하시기 위함이다. 어거스틴은 즉각 두 본성에 관한 교리를 이 주제에 관한 그의 설명의 핵심에 위치시킨다. 그는 위에 인용한 구절에 이어서 다음과 같이 말한다.

> 그리고 그 신랑의 신방은 처녀의 자궁이었다. 그 처녀의 자궁에서 둘이 결합하였다.……성경은 다음과 같이 말씀한다. "둘이 한 몸을 이룰지로다"(창 2:24).……어떤 이가 말하는데, 그는 둘이 아니라 하나이기에 스스로 신랑도 되

고 신부도 되었다. 왜냐하면 "말씀이 육신이 되어 우리 가운데 거하셨기" 때문이다. 그 육신에 교회가 결합하였다. 그리고 바로 그곳에 온전한 그리스도, 즉 머리와 신체가 나타난다.[16]

결혼하기 위해 자기의 방에서 나오는 신랑은 어거스틴에게는 말씀이 육신을 취하는 것에 대한, 즉 두 본성이 하나가 되는 것에 대한 상징이다. 이런 동일시(어거스틴의 작품 속에서 여러 가지 다른 병행 구절을 갖고 있다.)의 의미는 이 인용문의 마지막 문장을 통해 강력하게 암시된다. 그리스도 안에서의 두 본성의 연합은 자신의 피조물 안에 지속적으로 존재하시는 하나님의 현현과 구속된 인간의 그리스도의 몸 안으로의 편입 모두를 가능하게 한다.

이 마지막 요점을 이해하기 위해 우리는 머리가 몸에 결합할 때, 그리고 성육신하신 말씀의 하나님에 대한 계시가 그리스도께서 자신의 몸인 교회를 자신의 것으로 취하시는 것으로 이해될 때 비로소 '온전한' 그리스도가 우리에게 나타난다는 사실을 알 필요가 있다. 첫 번째 주제가 성육신의 교훈적이고 교육적인 역할에 초점을 맞춘다면, 두 번째 주제는 성육신의 구원적이고 효과적인 역할에 초점을 맞춘다. 우리는 또한 후자가 전자의 문맥이라는 사실에 주목할 필요가 있다. 성육신은 우리가 그리스도의 몸에 참여하는 은혜를 얻을 수 있고 또한 그렇게 함으로써 그 교육에 대해 반응하고 그것으로부터 배울 수 있기에 교육적인 역할을 할 수 있다. 이 구절들에 대한 어거스틴의 주해는 신학적으로 매우 촘촘하다. 그러나 아주 분명한 것은, 초대 교회의 최고의 주해 중 많은 것들이 그러하듯, 성육신에 대한 어거스틴의 설명은 우리가 그리스도의 몸의 일부로서 어떻게 성육신에 참여하느냐에 대한 그의 설명과 분리될 수 없다는 것이다.

다른 곳에서 나는 어거스틴의 기독론이 가진 '드라마적인' 구조를 이해하는 것의 중요성에 주목한 바 있다.[17] 내가 이 말로써 의미하는 것은, 어거스틴이 성육신을 이스라엘의 역사를 통해 이루어진 성육신을 위한 준비로부터 시작해서 성육신 자체에서 절정에 이르는 구원의 드라마의 일부로 이해한다는 것이다. 다음 단계는 모든 그리스도인이 처해 있는 단계, 즉 승천과 심판 사이의 단계이다. 드라마의 이 단계에서 그리스도의 물리적 육체는 부재 상태이다. 그러나 그는 말씀으로 현존하신다. 그리스도의 물리적 몸은 심판 후에 구원받은 자들의 몸이 있게 될 곳으로 올라가셨다. 그 드라마의 이 시점에서 우리는 그리스도와의 그리고 그리스도 안에서의 점증하는 연합을 통해 하나님에 대한 지식과 사랑에서 성장하며 또한 그리스도의 몸의 최종적 일치를 향해 움직인다. 그 드라마의 마지막 단계는 우리가 하나님을 뵙게 될 최후의 심판이다. 이 마지막 단계 역시 최후의 심판 때 하나님의 모습이 인간인 동시에 신이며 성부와 동일본체이신 그리스도의 모습을 포함한다는 점에서 철저하게 기독론적이다. 하나님의 모습(그것은 삼위일체적 연합의 모습이다.)은 그리스도의 몸 안으로 편입되는 방식으로 드러난다.[18] 이 드라마가 기독교적 경험의 성격을 지배한다는 것은 어거스틴의 작품의 여러 본문을 통해 분명하게 드러난다. 예컨대, 아래의 것은 요한복음에 관한 26번째 논고에 등장하는 성찬에 관한 본문이다.

그렇게 해서 그분은 이 떡과 음료가 그분 자신의 몸과 지체들의 교제를 의미하는 것으로 이해되게 하신다. 그 교제는 예정되고, 부르심을 받고, 의롭게 되고, 영화롭게 된 성도와 신자들 안에 있는 거룩한 교회라고 불린다. 이들 중 첫 번째 것, 즉 예정은 이미 이루어졌다. 두 번째와 세 번째, 즉 소명과 의인은 발생했거나 발생하고 있다. 그러나 네 번째 것, 즉 영화롭게 되는 것은 현재로서는 소망 중에 있으나 미래에는 실현될 것이다.[19]

우리가 고찰하고 있는 설교로 되돌아가기 전에, 요한복음에 관한 어거스틴의 82번째 논고(그것은 자신의 아들에 대한 성부 하나님의 사랑과 인간을 향한 그리스도의 사랑의 관계에 관한 것이다.)의 한 측면에 주목하는 것이 도움될 것이다. 거기에서 어거스틴은 아주 촘촘한 논증을 통해 요한복음 15:9("아버지께서 나를 사랑하신 것 같이, 나도 너희를 사랑하였으니, 나의 사랑 안에 거하라.")에 대해 고찰한다. 어거스틴은 이 진술을 단순히 그리스도와 성부 하나님의 영원한 관계를 가리키는 것으로, 즉 우리에게 성부가 성자 곧 삼위의 두 번째 위격을 사랑하신다고 알려주는 것으로 이해하지 않는다. 그는 우리가 이것을 그리스도의 인성에 관한 진술, 즉 그리스도의 '위격' 안에 있는 신성과 연합된 인성에 관한 진술로 이해해야 한다고 여긴다.

그 본문은 우리에게 다음과 같은 것을 말해 주는 것으로 읽혀야 한다. 첫째, 인간의 본성이 그리스도 안에 있는 신성과 연결된 것은 인간의 본성의 어떤 가치 때문이 아니라 은혜를 통해서이다. 둘째, 그리스도의 인성이 은혜로 말미암아 말씀과 연결되었던 것처럼 우리 역시 우리 자신의 노력이 아니라 은혜를 통해 그리스도와 연합될 수 있다. 셋째, (이 간략한 본문에서는 어떤 식으로든 상세하게 논의되지는 않으나) 성부가 그리스도의 위격 안에서 하나님과 인간의 연합을 통해 은혜를 보이셨던 것처럼 그리스도 역시 어떤 의미에서 은혜를 통해 우리를 그분 자신과 연결하면서 하나님과 인간 사이의 중재자의 역할을 하신다. 그리스도에 관한 우리의 증언은 그리스도의 몸 안에서 일어난다. 그리스도의 위격은 우리가 은혜를 통해 구원을 얻는 것을 위한 모델이라기보다 오히려 우리가 그것을 통해 구원을 얻는 수단이요 또한 그 안에서 구원을 얻는 장소이다.[20]

그러므로 그리스도 안에 있는 본성들의 인격적 연합은 그리스도의 몸 안에서 구속된 인간의 새 창조를 가능케 한다. 본성들의 연합에 관한 이런 신학적 설명은 특별히 어거스틴이 성육신을 우리가 그것을 통해 하나님을 '보는' 그 무엇으로 여기지 않음을 보여 준다. 오히려 성육신은 신비(sacramentum)를 현존하게 하는 것이며, 그 신비에 대한 우리의 참여와 배움은 우리의 기독교적 실천과 우리의 성찰 사이의 복잡한 뒤섞임의 형태를 띤다.[21] 이 '복잡한 뒤섞임'은 구속되고 창조되고 변화된 육체적 실존을 향한 전진이다.[22] 앞에서 내가 우리의 육체적 실존과 하나님의 현존 사이의 새로운 일치와 관련해 제공했던 설명은 여기에서 어거스틴이 두 가지 본성을 지닌 그리스도의 위격과 우리가 구속된 인간 안으로 편입되는 것이 가진 성격을 서로 연결하는 것으로 말미암아 더 깊어지고 더 큰 신학적 일관성을 얻는다.

앞선 단락들은 어거스틴이 그리스도 안에서의 본성 간의 연합과 '그리스도의 몸' 안에서의 우리와 그분의 연합에 관해 논하는 요한일서에 관한 첫 번째 논고에서 주장한 내용을 위한 몇 가지 맥락을 제공하려는 것이었다. 그 설교의 이후의 단락들에서 어거스틴은 성육신과 교회에 관한 그의 설명을 보충하면서 증인의 의미에 대한 성찰로 되돌아간다. 그리고 증인이라는 주제에 관한 이 두 번째 언급에서 가장 중요한 것은 사도 도마에 관한 것이다.

그러므로 우리는 들었으나 보지는 못했다.……그런데 어떻게 그가 "너희로 우리와 사귐이 있게 하려 함이니"(요일 1:3)라고 덧붙이는 것인가? 그들은 보았고, 우리는 보지 못했다. 그럼에도 우리는 따르는 자들이다. 왜냐하면 우리는 확고한 믿음을 갖고 있기 때문이다. 어떤 이는 심지어 보면서도 믿지 못했고 만져본 후에야 믿고자 했다.……그리고 적당한 때에 그분은 사람들이 손으로 만져보도록 자신을 내어주셨다. 그분은 언제나 천사들이 눈으로 보도록 자신을 내어주신다. 그리고 그 제자는 그분을 만졌고 외쳤다. "나의 주님이시요 나의 하나님이시니이다." 그는 인자(the Man)를 만졌기에 그 하나님(the God)에 대해 고백했다. 그리고 주님-지금 그분은 하늘에 앉아 손으로 그분을 직접 만질 수 없는 우리를 위로하고 계시다.-은 그에게 말씀하셨다. "너는 나를 본고로 믿느냐 보지 못하고 믿는 자들은 복되도다."[23]

물리적 접촉이 그것 너머에 있는 것에 대한 고백으로 이어진다. "그가 인자를 만졌기에, 그는 하나님을 고백했다"(quia tetigit tominem, confessus est Deus). 우리는 이 설명이 그리스도의 역할에 관한 어거스틴의 앞선 설명 직후에 나오는 것에 주목할 필요가 있다. 도마는 그리스도 자신을 고백하지 않고 육신을 입은 말씀의 교육적 출현의 의미를 깨닫는다. 그리고 하나님이 그리스도 안에서 행동하셨던 것처럼 그리스도 안에 현존해 계시다고 즉각 고백한다. 어거스틴이 요한복음에 관한 79번째 논고의 §1에서 말하듯이, "그는 살아 있는 육체를 인식하고 만졌다. 그 육체는 그가 죽음의 행위 안에서 보았던 것이었다. 그리고 그는 그 육체에 둘러싸여 있는 하나님을 믿었다."[24]

어거스틴은 도마의 행위를 이렇게 설명하는 과정에서 또한 오늘날의 그리스도인에 관해서도 언급한다. "지금 하늘에 앉아 계신 그리스도는 손으로 직접 그분을 만질 수 없는, 그러나 믿음으로 (그분과) 접촉할 수 있는 우리를 위로하신다." 도마 이후의 그리스도인은 도마의 빛 안에서 있다. 그가 만지고 고백했던 것처럼, 우리 역시 믿음으로 '만지고' 고백한다. 도마의 경우에 그리스도의 인성은 하나님의 행위에 관한 계시자의 역할을 한다. 하나님은 도마에게 보여지는 것이 아니라, 그에 의해 고백 된다. 우리 역시 그리스도를 보지 못하나, 보는 것이 아니라 믿는 것을 통해서 도마와 동일한 신앙을 가질 수 있다.

그러나 이 구절에서 사실상 어거스틴은 우리가 비록 보지는 못할지리도 성부와 그리고 성자와 '교제'하는 것이 무엇을 의미하는지 알려 주려고 믿음을 갖는 것과 증언하는 것 사이의 관계에 대해 논한다. 어거스틴의 설명을 이해하기 위해 증언에 관한 그의 설명을 내가 이 글에서 소개했던 기독론적 주제에 비추어 살펴볼 필요가 있다. 가장 중요한 것은, 어거스틴이 분명히 기독교적 실존을 성부와의 그리고 성자와의 '교제'에 대한 참여로 이해하되 기독론적 드라마에 관한 그의 설명에 의해 제약을 받는 방식으로 그렇게 한다는 것이다. 이것은 우리가 지금 '믿음 안에서' 그분과 '교제'하고 있다는 그의 진술을 통해 아주 분명하게 드러난다. 우리는 그 교제를 은혜를 통해 심판 후의 완성에 이르는 방식으로 갖고 있다(그러므로 그것은 진정한 교제다). 그러나 우리는 그 교제를 그리스도와의 그리고 그리스도 안에서의 최종적 연합이 아직 성취되지 않은 드라마의 무대 위에서 갖고 있다(그러므로 그것은 믿음 안에 있는 것이지 보이는 것이 아니다). 이 경우에 믿음은 아직 있지 않은 무언가에 대한 믿음이 아니다. 어거스틴의 사유 안에서 믿음은 복잡한 개념이다. 그러나 그것의 용법의 한 가지 핵심적 측면은 현존하지만 보이지는 않는 것들에 대한 믿음을 묘사하는 것이다. 이에 비추어 볼 때, 아마도 우리를 궁극적으로 연합 상태에 있는 성부 하나님과 성자의 모습으로 이끌어 가는 믿음의 역할과 눈에 보이지 않는 삼위일체를 가시적으로 드러내는 그리스도의 역할 사이에 어떤 유사성이 있다는 사실이 분명해질 것이다.[25]

  이 에세이의 이 부분에서 우리는 (앞부분에서 논의되었던) 말씀의 그리스도로의 현현의 중요성을 다시 살폈다. 그리고 어거스틴이 교회를 증인들의 공동체로 여기는 것과 관련해 얼마간 살펴보았다. 이와 같은 증인의 교회론은 성육신하신 말씀이라는 두 본성을 지닌 분을 자신의 피조물을 유지하시는 하나님의 현존에 부합하는 실천의 회복을 가능케 하시는 분으로 여기는 기독론에 직접 의존하고 있다.

믿음, 사랑 그리고 겸손

> 우리가 그에게서 듣고 너희에게 전하는 소식은 이것이니 곧 하나님은 빛이시라. 그에게는 어둠이 조금도 없으시다는 것이니라. 만일 우리가 하나님과 사귐이 있다 하고 어둠에 행하면 거짓말을 하고 진리를 행하지 아니함이거니와 그가 빛 가운데 계신 것 같이 우리도 빛 가운데 행하면 우리가 서로 사귐이 있고 그 아들 예수의 피가 우리를 모든 죄에서 깨끗하게 하실 것이요. …… 만일 우리가 우리 죄를 자백하면 그는 미쁘시고 의로우사 우리 죄를 사하시며 우리를 모든 불의에서 깨끗하게 하실 것이요. …… 만일 누가 죄를 범하여도 아버지 앞에서 우리에게 대언자가 있으니 곧 의로우신 예수 그리스도시라. (요일 1:5-2:1)[26]

이 부분에서 나는 "사랑으로서의 하나님"에 관한 특별한 논의로 옮겨가기 시작할 것이다. 그러나 그 주제를 직접 다루기에 앞서 우리는 기독교적 실존에서 사랑의 역할에 관한 어거스틴의 설명 중 일부를 살펴볼 필요가 있다. §4의 시작 부분에서 어거스틴은 요한일서 1:5("우리가 그에게서 듣고 너희에게 전하는 소식은 이것이니 곧 하나님은 빛이시라 그에게는 어둠이 조금도 없으시다는 것이니라.")에 관해 논한다. 어거스틴에 따르면 이 구절의 후반부는 우리에게 우리가 그 구절의 전반부를 읽고 제기할 수도 있는 질문에 응답해 참된 신앙에 꼭 필요한 고백 혹은 가르침을 제공한다. 이런 식의 결론을 이끌어내는 논증은 또다시 매우 촘촘하다. 그러나 그것은 이 설교 전체와 관련해 아주 중요하다.

요한일서 1:5이 제공하는 '답'이 핵심에서 빛과 어둠이 대조되는 것은 새로운 방식의 삶에 관한 권면으로 이해되어야 한다. 성경의 은유를 해석하는 이런 방식은 그가 『기독교 교리에 관하여』(De doctrina christiana)에서 개괄했던 핵심적 원리를 따른다. 성경 본문에서 그 의미가 명확하지 않은 것은 무엇이든지 덕을 세우거나 악을 제거하는 것을 가리키는 것으로 간주하여야 한다. "그러므로 자기가 거룩한 성경을 혹은 그중 일부를 이해한다고 생각하면서도 자신의 이해로 하나님과 이웃에 대한 이런 이중의 사랑을 세우지 못하는 이들은 아직 성경을 이해하는 데 성공하지 못한 셈이다."[27] 그런 식으로 어거스틴은 우리가 "하나님은 빛이시라 그에게는 어둠이 조금도 없으시다."라는 인식과 관련해 어떻게 성장해야 하는지를 묘사함으로써 요한일서 1:5를 해석하고자 한다. 그리고 그 성장은 하나님과 이웃에 대한 우리의 사랑과 직접 관련되어 있다.

우리는 이 진술을 세 단계를 통해 이해한다. 첫째, 우리는 하나님의 빛이 우리가 아는 것을 훨씬 능가한다는 사실을 깨닫는다. 둘째, 죄에 물든 인간으로서 우리가 그 빛을 보고 그것에 의해 계몽되고자 하는 열망을 갖는다. 그리고 셋째, 그런 '봄'(seeing)이 오직 우리가 죄를 짓지 않는 방식으로 사는 법을 배울 때만 가능하리라는 것을 깨닫는다. 그러므로 하나님에 대한 참된 고백, 즉 하나님의 실재에 대한 참된 믿음은, 도마의 경우를 반영하면서, 하나님을 '보는 것'의 가능성에 관한 내성적인 갈망이 아니라 적절한 사랑의 표현으로 이어진다.[28] 여기에서 하나님에 대한 고백은 그분의 존재에 대한 고백을 포함하며 우리의 죄에 대한 고백과 나란히 나타난다. 이 과정에서 우리는 먼저 하나님의 본성을 발견하고 그분에 대한 우리의 갈망을 형성하지 않는다. 오히려 우리는 고백하는 데 필요한 은혜를 얻으며,(우리의 사악함에 대한 그리고 하나님과 그분이 역사에 개입하시는 것에 대한 믿음과 관련된) 그 고백이 하나님을 향한 우리의 갈망을 형성하기 시작한다. 세 번째 단계, 하나님을 보는 것은 오직 올바르게 사는 법을 배움으로써만 가능하다는 사실에 대한 깨달음은 이 설교의 다음 부분에서 다뤄진다.

이 설교의 §5은 하나님에 의해 '계몽되는' 길을 따르는 것에 수반되는 어려움에 초점을 맞춘다. 우리는 하나님이 빛이시라는 계시의 목적을 알아차리지도 못한 채 너무 쉽게 하나님께 가까이 다가가는 것에 대해 떠버릴 수도 있다. 앞에서 보았듯이, 요한일서 1:3에서 묘사되고 있는 이 계시의 목적 혹은 목표는 성부와의 그리고 성자와의 사귐(societas)이다. 어거스틴은 요한일서 1:6("만일 우리가 하나님과 사귐이 있다 하고 어둠에 행하면 거짓말을 하고 진리를 행하지 아니함이거니와.")을 주석하면서 요한이 사용했던 은유적인 빛과 어둠의 이미지가 가진 명령적 성격을 강화시킨다. 그 구절은 우리가 단순히 빛에 대해 말만 해서는 안 되며, 오히려 그 안에서 살아가야 한다고 강조한다. 사정이 이러하다는 사실을 깨닫고 나면, 우리는 겉으로 드러나는 빛과 어둠의 절대적 분리에 대해 절망하게 된다(§5.2). 그러나 우리는 여기에서 멈춰서는 안 된다. 왜냐하면 빛 안에서 살아가고자 하는 우리의 시도는 즉각 그리스도께서 우리의 죄를 제거해 주시는 것에 의해 점유되고, 추적되고, 촉진되기 때문이다(§5.3). "그러므로 인간은 자기가 할 수 있는 일을 해야 한다. 그는 자기가 누구인지 고백해야 한다. 그렇게 함으로써 그는 늘 자기 자신이신 분에 의해 치유를 얻을 것이다. 왜냐하면 그분은 늘 그분 자신이었고 그분 자신이기 때문이다. 그러나 우리는 그렇지 않았고 지금도 아니다."

여기에서 어거스틴에게 '빛'과 '진리'는 동의어다. 요한일서 1:8("만일 우리가 죄가 없다고 말하면 스스로 속이고 또 진리가 우리 속에 있지 아니할 것이요.")는 우리가 고백의 과정에 들어가지 않은 채 하나님의 '빛'으로 가까이 다가갈 수 없음을 지적한다. §6의 첫 번째 두 부분에서 어거스틴은 그리스도인의 삶의 과정 안에서 나타나는 고백, 겸손 그리고 사랑 사이에 균형을 맞춘다. 그러므로 §6.1에서 우리의 고백은 형성된 사랑의 삶을 시작하는 데 있어 가장 중요하다. "그러므로 무엇보다도 고백이 먼저요 그다음이 사랑이다"(ante omnia ergo confessio, deinde dilectio). §6.2에서 사랑과 겸손은 올바른 고백에서 그리고 죄를 넘어서려는 시도에서 가장 중요하다. "겸손은 사랑을 강화시킨다. 그리고 사랑은 죄를 소멸시킨다. 겸손은 우리가 자신이 죄인이라고 밝히는 고백에 공헌한다." 그래서 요한은 우리가 세례 이후에 삶의 긴장에 의해 제압당하는 일을 피하기 위한 최선의 방식으로 사랑을 제시하는 것이다.

겸손과 사랑과 고백의 이와 같은 역학은 다시 그 설교의 §7에서 기독론과 그리고 하나님께 대한 탄원과 연결된다. 어거스틴은 하나님께 대한 탄원의 본질을 강조하기 위해 다시 두 가지 방식으로 반(半)법률적 표현을 사용한다. 첫째로, 나쁘게 살면서 최종심의 재판관을 설득하려고 하는 것은 그 어떤 유익한 결과도 낳지 못할 것이다. 오직 우리의 유일한 대언자의 참된 탄원만이 그 재판에 대해 우리를 준비시켜 줄 것이다. 둘째로, §5에 나오는 그리스도께서 죄를 제거하시는 일의 중요성을 거론하면서, 어거스틴은 우리에게 필요한 지속적인 고백의 가능성을 우리의 대언자의 지속성에 대한 의존과 연결한다. 이 두 번째 의미로 그는 다음과 같이 말한다.

> 죄를 짓지 않으려고 노력하라. 그러나 만약 삶의 연약함 때문에 죄가 슬금슬금 당신에게 기어오른다면, 즉각 그것을 직시하라.······즉시 그것을 정죄하라. 당신이 그것을 정죄해 왔다면, 당신은 두려움 없이 심판관 앞으로 나아갈 것이다. 그곳에서 당신은 대언자를 만날 것이다. 그러니 당신이 한 고백 때문에 그 심판에서 패할지도 모른다고 두려워하지 마라.······당신은 자신을 말씀에 내맡기고······외쳐라. "아버지 앞에서 우리에게 대언자가 있도다."

우리는 참된 대언자에 대한 성찰을 통해 하나님에 대한 참된 의존을 이해하게 된다. 다시 말하지만, 성육신하신 가시적인 그리스도에 대한 주목, 곧 그를 우리의 대언자로 여기는 법을 배우는 것은 우리로 하여금 그리스도를 통해 계시 된 삼위일체 하나님의 대언을 받도록 이끌어 준다. 어거스틴은 또한 우리가 그리스도의 보편적 대언에 관한 성찰을 통해 기독교적 겸손의 완전한 본성을 깨닫게 된다고 강조한다. §8에서 어거스틴은 요한 자신이 신중하게 '너희에게'가 아니라 '우리에게' 대언자가 있다고 말한다고 주장한다. 어거스틴은 교회를 어떤 중요한 의미에서 동등한 자들의 공동체로 여긴다. 비록 주교들이 일반 신자들을 위해 기도하지만, 일반 신자들 역시 주교들을 위해 기도해야 한다. 그리고 그들 모두는 중재자이신 그리스도께 기도해야 한다. 하나님에 대한 고백과 사는 법을 배우는 것 사이의 연관성에 대한 어기스틴의 보다 앞선 강조에 유의한다면, 즉 하나님에 대한 인식과 하나님과 피조물 사이의 올바른 관계에 대한 인식을 연결한다면, 겸손은 그리스도에 의해 가르침을 받는 존재들이 그것을 통해 자신들의 창조주의 지속성을 인식하는 하나의 덕인 셈이다.

이 설교의 §9에서 어거스틴은 요한일서 2:3을 주석하면서 그리스도인들이 하나님에 대한 지식에 이르는 방식을 더 깊게 설명해 나간다. 다시 한 번 중요한 것은 사랑이다. "우리가 그의 계명을 지키면 이로써 우리가 그를 아는 줄로 알 것이요." 이어서 어거스틴은 '그의 계명'을 사랑의 계명으로 변화시킨다. 그리고 우리의 궁극적 사랑은 "원수를 사랑하는 것, 그들을 끝까지 사랑함으로써 그들이 우리의 형제가 되게 하는 것"이라고 말한다. 우리가 원수를 사랑하는 것은 그들을 사랑함으로써 그들이 우리의 형제가 되게 하기 위함이다. 우리가 누군가를 사랑하는 것은 그들을 사랑함으로써 그들이 우리와 하나가 되게, 그리고 그들 역시 우리를 사랑하게 하기 위함이다.[29] 우리가 그들을 사랑하는 것은 그들 역시 사랑하고 그로 말미암아 그들 역시 우리와 동등하게 하나님 앞에서 겸손해지게 하기 위함이다. 이 설교에서 "하나가 된다."라는 것은 언제나, 우리가 그리스도의 대언에 관한 논의에서 보았듯이, 그리스도 아래에서 하나가 되는 것을 의미한다. 원수를 사랑하는 것에 관한 어거스틴의 해석은 자기와 함께 십자가에 달렸던 강도들에 대한 그리스도의 태도에 대한 해석을 통해 기독론적 토대를 얻는다. 그리스도는 그들의 완전한 용서-그것은 자신과의 완전한 교제를 의미한다.-를 위해 기도한다.

나는 이 특별한 설교에 대한 설명을 여기에서 마치려 한다. 아마도 이 설교의 주장을 다음 네 가지로 요약해 두는 것이 이 글의 나머지를 이해하는 데 도움이 될 것이다. 첫째, 그리스도는 만물이 그에게서 나온 분임을 드러낸다. 둘째, 부활과 심판 사이에 있는 성육신 드라마의 무대—모든 그리스도인이 처해 있는 곳이다.—에서 도마는 기독교적 삶을 위한 모델이다. 그가 그리스도를 만지고 하나님의 행위를 고백했듯이, 우리 역시 은혜의 도움으로 육신을 입고 나타나신 말씀에 관한 참된 가르침에 대한 반응으로서 그런 고백을 되풀이할 수 있다. 셋째, 사랑과 고백의 역학을 통해 우리는 우리의 증언이 어떻게 우리에 대한 하나님의 지속적이고 신실한 그리고 더욱 앞선 증언을 드러내는지 알게 된다. 우리의 믿음의 행위는 하나님께 응답을 얻으며 또한 하나님의 현존의 결과였음이 밝혀진다. 성육신이라는 두 가지 본성을 지닌 한 위격의 신비를 통해 우리는 성부와의 그리고 성자와의 사귐으로 편입된다. 그 사귐은, 우리가 다음 부분에서 보게 되겠지만, 성부, 성자 그리고 성령의 교제 자체다. 넷째, 그런 통합은 우리의 삶 속에서 이런 움직임의 현존을 보고자 하는 분투, 즉 하나님이 우리가 서로 사랑함으로써 모두 안에 사랑이 나타나는 공동체를 형성하시는 것을 닮고자 하는 분투의 형태를 띤다. 그리고 이런 주장은 이 글의 나머지 부분의 주제가 될 한 가지 질문을 제기한다. 은혜를 통해 가능해지는 하나님에 대한 우리이 사랑과 사랑으로서이 하나님의 본성 사이에는 어떤 관계가 있는가?

하나님의 삼위일체적 사랑

이제 나는 요한일서에 관한 논고 중 뒷부분에 속한 몇 가지를 살펴려

한다. 거기에서 어거스틴은 요한일서 4:4-12을 주석하는 일곱 번째 설교로부터 시작해서 직접 사랑으로서의 하나님이라는 주제를 다룬다. 일곱 번째 설교의 §1에서 하나님은 사랑(caritas)이야말로 우리가 광야를 통과하도록 이끄는 토대와 기둥이라고 가르쳐 주신 분이다. 참으로 복음 전체가 사랑의 계명으로 설명될 수 있다. 그리고 어거스틴에 따르면 사랑은 성육신의 이유이다.

§2에서 어거스틴은 사랑에 대한 부정 곧 사랑을 실천하지 않는 것은 또한 성육신에 대한 부정이기도 하다고 주장한다. 왜냐하면 우리는 말보다는 행위를 통해 성령의 임재 여부를 판단하기 때문이다(여기에서 어거스틴은 6번째 설교의 핵심 주제를 취한다). 계속해서 어거스틴은 우리는 사랑을 가장 온전하게 구현하는 이를 바라봄으로써 사랑의 본성에 대해 배운다고 말한다. 요한복음 15:13("사람이 친구를 위하여 자기 목숨을 버리면 이보다 더 큰 사랑이 없나니.")은 그리스도의 모범을 지적하는 것으로 이해되어야 한다. 그리스도는 우리에게 최고의 사랑의 행위를 보여 주셨고 그분이 스스로 육신을 취하신 일의 일부로서 그렇게 하셨다. 믿음에 대한 시험으로서의 사랑과 믿음의 형성을 위한 중심으로서의 그리스도라는 두 가지 주제는 서로 연결된다. "만약 하나님의 아들이 육신을 입고 그로 말미암아 죽을 수 있게 되지 않는다면, 도대체 그분이 어떻게 우리를 위해 자신의 생명을 내려놓을 수 있었겠는가? 그렇다면, 사랑을 해치는 자는 누구나, 그가 입술로 무엇이라고 말하든 간에, 그의 삶으로써 그리스도가 육신을 입고 오셨음을 부정하는 것이다."

같은 설교 후반부에서, 즉 §7에서 어거스틴은 그리스도에 의한 이와 같은 사랑의 표현을 자기 아들을 보내는 것을 통해 드러나는 성부의 사랑의 표현과 연결한다. 하나님은 그리스도를 유다가 그분을 팔아넘겼던 방식으로 내어주시지 않는다. 하나님은 사랑 안에서 자기 자신을 내어주신다(왜냐하면 성부와 성자는 의지와 행위에서 하나이기 때문이다). 반면에 유다는 자기 주인을 배반한다. 그렇게 해서 우리는 그리스도가 자신의 생명을 내려놓는 것을 사랑 안에서 하나인 성부와 성자의 공통의 의지에 대한 표현으로, 즉 우리를 향한 삼위일체의 사랑에 대한 표현으로 이해한다(§7은 아래에서 다시 논의된다).[30]

§4로 되돌아가 보면, 우리는 거기에서 어거스틴이 그 편지에서도 가장 유명한 구절인 요한일서 4:6-9에 관해 주석하는 것을 발견하게 된다.

> 우리는 하나님께 속하였으니 하나님을 아는 자는 우리의 말을 듣고 하나님께 속하지 아니한 자는 우리의 말을 듣지 아니하나니 진리의 영과 미혹의 영을 이로써 아느니라 사랑하는 자들아 우리가 서로 사랑하자. 사랑은 하나님께 속한 것이니 사랑하는 자마다 하나님으로부터 나서 하나님을 알고 사랑하지 아니하는 자는 하나님을 알지 못하나니 이는 하나님은 사랑이심이라(quia Deus dilectio est). 하나님의 사랑이 우리에게 이렇게 나타난 바 되었으니 하나님이 자기의 독생자를 세상에 보내심은 그로 말미암아 우리를 살리려 하심이라.

이 본문에서 어거스틴은 그동안 수많은 신학자가 꺼렸던 발걸음을 기쁘게 내딛는다. 그는 하나님이 사랑이시라고 말할 뿐 아니라, 사랑이 곧 하나님이시라고 말한다.[31] 그는 여러 단계를 거쳐 이런 진술에 이른다. 첫째, 성경은 우리가 우리 안에 있는 사랑의 현존으로 말미암아 "하나님께 속하였다."라고 말씀한다. 둘째, 어거스틴은 사랑에 맞서는 행위는 곧 하나님께 맞서는 것이라고 덧붙인다. 셋째, 성령은 사랑하는 자 안에 거하시기에 참된 사랑은 곧 하나님(성령 하나님-역주)의 현존이다.

이 논증의 세 번째 단계는 부분적으로 삼위일체 신학의 몇 가지 원리들에 의존한다. §6에서 우리는 어거스틴이 다음과 같이 주장하는 것을 발견한다.

> 그때는 어떻게 "사랑이 하나님께 속해 있고" 지금은 어떻게 "사랑이 하나님이신가?" 성부는 하나님의 하나님이시다. 성령 역시 하나님의 하나님이시다. 그리고 이 셋은 삼신(三神)들이 아니라 하나의 하나님이시다. 왜냐하면 하나님은 성부이자 성자이자 성령이시기 때문이다.……만약 성부가 하나님이시고, 성령이 하나님이시고, 성령이 그 안에 거하시는 분이 사랑하신다면, 사랑은 곧 하나님이시다. 그러나 그것은 그분이 하나님께 속해 있기에 하나님이시다. 그로 말미암아 당신은 이 편지에서 "사랑은 하나님께 속해 있다."라는 말씀과 "사랑은 하나님이시다."라는 말씀 모두를 듣는다.[32]

이것은 아주 촘촘한 논증이며, 성부의 '우선적 지위'(principium)로 인해, 하나님 "이시다"(be)와 하나님께 "속해 있다"(of) 양쪽 모두로 일컬어지는 대상은 성자나 성령을 가리키는 것으로 가장 잘 이해된다는 주석적 원리 – 성부는 우선적 지위(principium)로 인해 성자나 성령처럼 삼위일체의 다른 위격들 중 어느 것에게도 "속해 있지" 않으시다. – 에 의존한다.[33] 이 원리를 따라서 어거스틴은 로마서 5:5("우리에게 주신 성령으로 말미암아 하나님의 사랑이 우리 마음에 부은 바 됨이니.")이 우리 안에 있는 사랑의 임재가 당연히 성령의 임재 임을 나타낸다고 여긴다. 그러므로 사랑을 드러내는 것은 성령의 선물을 받아들이는 것이고, 또한 그것은 성령 자체를 받아들이는 것이다. "악한 사람조차 이 모든 신비들(sacraments)을 가질 수 있다. 그러나 그가 사랑을 갖는 동시에 악할 수는 없다. 이것은 독특한 선물이다.……하나님의 성령은 당신에게 그것을 마시라고 격려한다. 하나님의 성령은 당신에게 그분 자신을 마시라고 격려한다." 구속된 사랑의 공동체와 하나님의 임재를 통해 사랑하는 것에 대한 비전을 완성하는 것은 성령에 관한 이와 같은 신학이다. 그것에 대해 나는 이 에세이의 첫 부분에서 개괄했다.

성령의 선물은 계속해서 제공된다. 그리고 §7에서 어거스틴은 사랑으로서의 하나님이라는 이 주제를 요한일서 4:9("하나님의 사랑이 우리에게 이렇게 나타난 바 되었으니 하나님이 자기의 독생자를 세상에 보내심은 그로 말미암아 우리를 살리려 하심이라.")을 사용해 설교의 전체적인 주제와 연결하면서 그 선물이 우리가 수용하기 전에 제공된다는 점을 또다시 강조한다. 선물의 선행(先行)은 성육신 행위를 통해 드러난다. 이 그림은 §9에서 강화된다. 거기에서 어거스틴은 하나님의 사랑의 형태와 목적 사이의 밀접한 관계를 강조한다. 하나님은 우리가 사랑하게 하시기 위해 우리를 사랑하셨고 자신을 희생제물로 바치셨다. 그분이 자신을 바치신 방식은 삼위일체 안에서의 사랑의 제공을 반영한다.

이제 우리는 어거스틴이 성부에게 부여하는 중요성에 주목해야 한다. 첫째, 성부는 "아들에게도 생명을 주어 그 속에 있게"(요 5:26) 하시며 그로써 아들이 일시적으로라도 아버지 '이후에' 있는 존재가 아니며 또한 아들에 대한 아버지의 자기를 내어주는 선물이 종속적인 삼위일체를 의미하지 않게 하신다. 둘째, 우리는 성자에 대한 성부의 선물에는 성령-그분 역시 성부와 성자 모두와 교제 상태에 있다.-을 수여하는 능력이 포함되어 있음에 주목해야 한다. 성부의 발생(generation)과 내출(spiration) 행위에는 사랑하는 그리고 계속해서 자기를 제공하는 교제로서 절대적으로 자기를 공유하는 행위가 포함된다. 성부는 삼위일체 안에서 우선적 지위를 갖고 계시다. 그러나 또한 그분은 권력의 위계질서가 아니라 참으로 자기를 제공하는 호혜적 교제의 창시자이시다. 그러므로 요한일서에 관한 일곱 번째 설교로 돌아가, 만약 우리가 사랑해야 한다면, 그 사랑은 이런 형식을 취해야 한다. "그분이 그분 자신을 제공하셨다. 그러므로 '사랑하는 자들아 하나님이 이같이 우리를 사랑하셨은즉 우리도 서로 사랑하는 것이 마땅하도다'(요일 4:11)."

지금까지 말한 사랑에 대한 이런 설명에서 두 가지 측면이 다시 강조될 필요가 있다. 첫째, 여기에서 어거스틴은 하나님이 그의 아들을 속제물로 제공하신다는 신학—하나의 주체가 어떤 물체를 제공하는 방식과 유사한 교환으로서의 신학—을 제공하지 않는다.[34] 오히려 어거스틴은 삼위일체 안에서 그들 삼위의 연합과 분리라는 방식을 사용해 성자의 '자기 제공'(self-offering)을 성부의 '자기 선물'(self-gift)이라는 개념과 결합시킨다. 비록 우리가 성부가 자기 아들을 보낸다는 말을 사용하기는 하나, 우리는 그 상황을 비록 성자가 적절한 희생 제사를 드리기 위해 올지라도 실제로 그는 자기 자신을 희생제물로 바친다는 사실을 인식할 때 제대로 이해할 수 있다. 하나님이자 인간인 성자는 우리를 향한 하나님의 사랑의 범위를 보이기위해 자신을 희생제물로 바친다. 덧붙여, 성부의 뜻과 성자의 뜻의 완전한 일치는 온전한 '보내심'이 삼위일체의 사랑의 교환을 보여 주는 행위임을 의미한다.

주목을 요하는 두 번째 측면은 "사랑의 선물로서의 성령"이라는 어거스틴의 개념과 관련되어 있다. 하나님이신 하나님의 선물로서의 성령은 계속해서 십자가 위에서 나타난 하나님의 자기 제공이라는 어거스틴의 신학의 핵심적 부분을 이룬다. 하나님의 구속의 섭리에는 그리스도의 삶, 죽음, 부활, 승천 그리고 성령의 보내심이 포함되어 있다. 성육신은 우리를 향한 하나님의 우선적 사랑을 보여준다. 그리고 성령은 우리로 하여금 교회가 그리스도의 몸 안으로의 편입을 통해 삼위일체의 사랑에 참여하는 공동체가 되게 함으로써 그 사랑을 공유하도록 이끈다. 성령의 사역에 대한 어거스틴의 이해에는 두 가지 측면이 있는 듯 보인다. 한편으로 성령은 언제나 우리 모두를 늘 우리를 앞서는 하나님의 사랑의 교환에 참여하는 형태의 사랑으로 이끌어가는 '통합시키는' 힘이다.[35] 다른 한편으로 성령은 다른 이들이 우리의 '형제'가 되도록 그들에게 사랑을 보임으로써 이 사랑에 참여하도록 부르시는 것을 통해 다양성을 허용한다.[36] 우리는 오직 이웃에 대한 사랑 안에서만 그리스도 안에서 나타난 하나님의 사랑의 우선성을 볼 수 있다.

이 에세이에서 우리는 '사랑으로서의 하나님'과 '하나님으로서의 사랑'에 관한 어거스틴의 주장을 살펴보았다. 우리가 사랑할 때 우리와 함께 하시는 성령의 임재로 말미암아 사랑은 하나님이시다. 이런 설명은 성육신과 성령의 선물로 인해 삼위일체의 삶에 편입된 공동체로서의 기독교 공동체라는 신학에 의존한다. 또한 여기에서 그것은 창조의 잠재력에 대한 표현으로 이해된다. 기독교적 실천은 그리스도의 몸 안에서 시작된 실천에 대한 참여를 통해 창조에 대한 하나님의 임재를 인식하고 분별하는 것으로 이해된다. 그리스도의 위격에 관한 어거스틴의 신학으로 말미암아, 이런 실천은 우리를 우리에게 하나님을 드러냈던 성육신에 참여하도록 이끌어간다. 이 에세이의 나머지 부분에서 나는 다시 하나님을 '보는 것'과 사랑의 실천 사이의 관계에 주목하고자 한다.

삼위일체를 '보는 것'

기독교적 사랑의 실천 속에서 하나님을 '보는 것'이 일곱 번째 논고 중 몇 부분의 주제다. §10에서 어거스틴은 요한일서 4:12("어느 때나 하나님을 본 사람이 없으되.")과 마태복음 5:8("마음이 청결한 자는 복이 있나니 그들이 하나님을 볼 것임이요.")을 화해시킬 방법을 찾는다.[37] 우리는 '안목의 정욕'(concupiscentia oculorum)을 따라 하나님을 상상하는 일을 피해야 한다. 왜냐하면 그럴 경우 우리는 하나님을 우리의 규모와 한계를 따라 상상하는 일을 피할 수 없기 때문이다. 오히려 우리는 그분을 '마음의 눈'으로 볼 필요가 있다. 이것은 어거스틴으로 하여금 우리가 사랑 안에서 그리고 사랑의 행위 안에서 하나님을 본다고 말하도록 이끈다.

> (이것이야말로) 만약 당신이 하나님을 보고자 한다면 당신이 상상해야 한다. "하나님은 사랑이시다." 사랑은 어떤 종류의 얼굴을 갖고 있는가? 사랑은 어떤 형태를 갖고 있는가?……아무도 답할 수 없다. 그러나 그것은 발을 갖고 있다. 그 발은 결국 교회에 이른다. 그것은 손을 갖고 있다. 그 손은 가난한 사람들을 향해 펼쳐진다.……그것은 귀를 갖고 있다. 귀와 관련해 주님은 다음과 같이 말씀하신다. "귀 있는 자는 들을지어다." 그것들은 각각의 장소에 분리 되어 있는 지체들이 아니다. 오히려 사랑을 가진 이는 이해라는 수단을 통해 그 모든 것을 단번에 알아본다. 거하라 그리하면 네가 거처가 될 것이다. 머물라 그리하면 네가 머물 곳이 될 것이다.

§10의 말미에서 어거스틴은 사랑을 모든 이에게 현존하는 그 무엇이라고 주장한다. 사랑에 대한 수용은 우리가 자신의 외부에 존재하는 무

언가를 취하는 것이 아니다. 오히려 그것은 우리가 그것을 수용하기도 전에 이미 우리와 함께 있다. 그럼에도 사랑의 보존 - 그것이 §11의 주제다. - 을 위해서는 사랑하는 습관의 형성 및 분별과 교정의 과정이 필요하다. 세례(침례)시에 그리스도의 머리 위로 내려왔던 비둘기는 성령을 표현하는 데 특별하게 적절하다. 비둘기는 자신의 자식들을 사랑하기도 하고 보호하기도 한다. 비둘기는 사랑과 사랑어린 분노를 표현한다. 하늘로부터 온 비둘기는 그리스도의 머리 위에 내려앉는다. 이것은 그리스도가 세례(침례)를 받은 것이 세례(침례)를 베풀기 위해서임을 상징한다(이것은 그가 사랑을 그리고 그의 모든 것을 아버지께로부터 받은 이유가 사랑을 보이기 위함인 것과 마찬가지다). 그리스도에게서 세례(침례)를 받은 우리는 우리가 행하는 모든 것을 그분 덕택에 하는 것으로 여겨야 한다. 그렇게 해서 그분의 세례(침례)는 우리가 그리로 이끌리는 삼위일체적 삶에 대한 표현이 된다.[38]

이 구절은 이 설교 시리즈 중 어거스틴이 신학적 '유비'의 문제를 직접 살피는 9번째 설교의 한 부분을 통해 유용하게 보완될 수 있다. 어거스틴은 요한일서 4:17("주께서 그러하심 같이 우리도 이 세상에서 그러하니라")에 대해 주석하는 §3에서 우리가 우리의 삶과 우리의 사랑 그리고 하나님 사이에서 얼마나 '유사성'(similitudo)을 뽑아낼 수 있는지를 묻는다.[39] 그리고 그 질문에 대한 답은 우리기 그 시리즈 중 '유비'에 대한 고찰에서 발견하는 것의 일반적인 요지를 따른다(그리고 어거스틴 자신은 4번째 설교의 §9을 다시 강조한다). 그러나 여기에서 어거스틴은 그런 설명에 우리가 하나님의 형상을 닮는 것에 대한 그 자신의 개념을 덧붙인다.

그 주장은 세 단계로 설명될 수 있다. 첫째, "주께서 그러하심 같이 우리도 이 세상에서 그러하니라."라는 구절의 '그러하심 같이'(as)는 어느 정도로든 동등함이 아니라 유사함을 가리키는 것으로 이해되어야 한다. 피조된 세상 안에는 우리를 위한 적절한 자리와 우리에게 적절한 '정도'가 있다. 그리고 우리는 이것을 이해함으로써만 우리가 얼마나 창조주를 닮았는지 그리고 얼마나 닮지 않았는지 알 수 있다. 둘째, 이 유사성은 이 설교들을 통해 제공된 사랑의 신학에 비추어 이해되어야 한다. 우리는 사랑에 관한 그분의 모범을 따름으로써, 또한 우리의 원수를 사랑하고자 노력함으로써 이 세상에서 그분을 닮을 수 있다. 우리의 사랑의 증진은 우리로 하여금 하나님을 더 가까이 그리고 더 적절하게 닮도록 해준다. 셋째, 우리는 결코 하나님과 동등하게 될 수 없는데, 그것은 그분의 사랑이 늘 우리보다 앞서기 때문이다. 우리는 그분이 우리를 사랑하셨기에 사랑할 뿐이다.

이 구절은 일곱 번째 설교의 구조를 취하고 따른다. 일곱 번째 설교는 우리가 그리스도를 통해 드러난 사랑에 참여하는 법을 배움으로써 사랑하는 법을 배운다고 가르쳤다. 아마도 여기에서 우리는 신학적 '유비'에 관한 어거스틴의 견해의 세 가지 핵심적 요소들을 확인할 수 있을 것이다. 첫째, 피조물과 하나님 사이에 '유사성'을 이끌어내는 것은 늘 하나님이 성육신을 통해 우리를 향해 먼저 행하신 일에 의존한다. 둘째, 우리가 그런 '유사성'을 이끌어내는 것은 우리가 어떻게 세속적인 것이 하나님의 계시로서 그리고 피조된 것이 피조되지 않은 것의 계시로서 기능하는지에 대해 배우면서 기독교적 사랑이라는 구속의 삶에 참여하는 것과 불가결하게 관련되어 있다(왜냐하면 그 사랑이야말로 우리 안에 임재하시는 하나님이시기 때문이다). 셋째, 그런 삶은 창조신학의 가정(supposition)이 아니라 창조신학 안으로의 지속적인 움직임(movement)을 포함한다. 우리는 오직 우리가 성육신과 성령의 보내심의 여세 아래에서 사랑으로서의 하나님을 보는 법을 배울 때만 성육신의 목적과 창조주와 피조물 사이의 참으로 적절한 관계에 대해 알게 된다. 그러므로 신학적 '유비'는 기독교적 삶과 불가결하게 관련된 하나의 과정이다.

하나님을 '사랑'이라고 부르기

어거스틴이 사랑 안에 계신 하나님을 보는 법을 배우는 것에 대해 말하는 것, 즉 보다 논쟁적으로 표현해서 사랑이 곧 하나님이시라고 거리낌 없이 말하는 것은 "참된 사랑은 성령의 임재"라는 그의 주장의 맥락에서 이해되어야 한다. 또한 우리는 어거스틴이 우리가 단순히, 그의 삼위일체 신학의 일부가 암시하는 것처럼, 우리의 인간적인 사랑 안에서 삼위일체의 형상을 보라는 명령을 받고 있지 않다고 여겼다는 것에 주목해야 한다. 어거스틴에 따르면, 오히려 우리는 믿음과 갈망의 과정을 통해 하나님이 어떻게 우리에게 임재하시는지 그리고 하나님의 구속의 섭리가 어떻게 우리를 삼위일체적 삶과 사랑 안으로 이끌어 가는지 보라는 명령을 받고 있다. 어거스틴에게 신학적 유비의 제조법은 우리가 물질적인 혹은 단순히 멀리 있는 하나님에 관한 우리의 설명 너머를 보는 것에, 그리고 그것에 대한 점차적인 참여를 통해 우리의 삶이 하나님이신 사랑의 교환과 얼마나 닮았는지 혹은 얼마나 닮지 않았는지를 깨닫는 것을 배우는 것에 달렸다. 어거스틴은 바로 이와 같은 인식 때문에 만약 우리가 하나님이 어떻게 사랑이라고 불릴 수 있는지 알고자 한다면 우리는 반드시 공동체 안에서 형성된 기독교적 사랑의 훈련을 받아야 한다고 주장한다.

지금까지 나는 이 에세이를 통해 어거스틴의 사랑의 신학이 과연 '플라톤적'인 것인지에 대해, 혹은 과연 그것이 '에로스'와 '아가페' 사이의 역학에 들어맞는 것인지에 대해 조금도 설명하지 않았다. 한편으로, 이런 범주들은 더는 우리의 과업에 적절하지 않다. 그리고 어거스틴 연구가들은 이미 꽤 오래전에 그런 범주들이 적절하다는 생각을 포기했다.[40] 다른 한편으로, 그리고 그런 범주들에 대한 언급 없이, 나는 우리가 다뤄온 신학적 주제들에 대한 서론을 제공할 수 있었고, 또한 계속해서 성육신과 삼위일체 신학의 문제들에 초점을 맞추면서 그 주제들에 대한 어거스틴의 설명을 위한 배경을 제공할 수 있었다. 우리는 바로 이런 가장 기본적인 신학적 주제들에 관심을 가짐으로써 어거스틴이 사랑으로서의 하나님에 관해 하는 말을 그리고 그가 어떻게 여러 가지 철학적 자료들을 자신의 것으로 전용하는지를 이해할 수 있을 것이다. 스토아 철학적 자료들과 신플라톤주의적 자료들 모두가 모든 덕은 동일하며 그 덕들은 바로 하나님의 존재 안에서 그것들에 대한 가장 온전한 예시를 얻는다는 어거스틴의 진술의 배경을 제공하는 데 있어 중요하다. 그러나 우리가 어거스틴의 사상 안에서 발견하는 이런 개념들에 대한 특별히 명확한 표현과 조합은, 만약 우리가 그가 그것들을 그 안에 위치시키는 교리적 기반에 면밀하게 주목하지 않는다면, 크게 오해될 소지가 있다. 어거스틴에게는 하나님을 사랑이라고 부르는 것은 오직 사랑이신 분이 자신을 드러내셨다는 것과 그분이 우리가 그것을 통해 사랑 자체의 삼위일체적 삶에 참여하는 형태를 갖춘 사랑과 고백의 실천을 시작하셨다는 것을 깨닫는 느린 과정 안에서만 의미가 있는 활동이다.

이 에세이에서 내가 의도했던 것은 사랑으로서의 하나님에 관해 생각하는 데 필요한 중요한 자료 하나와 참으로 정당한 핵심적 본문 하나에 대한 서론을 제공하는 것이었다. 그리고 나는 지금껏 그 서론을 제공했다. 그리고 이제 나는 마지막으로 한 걸음 더 나아가 어거스틴의 설명이 가진 신학적 구조가 오늘날 이 분야에서의 신학적 글쓰기를 위한 가장 중요하고도 기본적인 모델 중 하나를 제공할 수 있다고 주장하고자 한다. 한편으로, 어거스틴은 이 신학적 주제에 대한 그의 설명을 삼위일체 신학 안에 위치시키면서 하나님이 사랑이라고 불리는 것이 무엇을 의미하는지는 오직 우리가 하나님의 삼위일체적 삶 속에 있는 사랑의 구조들에 주목함으로써만 배울 수 있다고 주장한다. 다른 한편으로, 그는 우리가 어떻게 인간의 삶을 형성하고 이끄는 성육신의 역할에 관한 성찰을 통해 그런 구조들을 알 수 있는지 그리고 그 안에서 살 수 있는지 하는 문제들에 접근한다. 나는 이런 두 가지 움직임이야말로 사랑으로서의 하나님에 관한 모든 기독교 신학과 관련된 근본적인 문제라고 주장한다. 우리가 어거스틴의 작품과 함께 다루고 싶은 여러 가지 신학 및 존재론적인 질문들이 있을 수 있다. 그러나 하나님을 사랑이라고 부르는 것이 무엇을 의미하는지에 대해 생각할 때 어거스틴이 이미 행한 움직임에 대해 생각하는 것도 그리 나쁘지는 않다. ♡

제5장

하나님의 사랑의 본질을 어떻게 정의할 것인가?

트레버 하트
세인트앤드루스대학교

Nothing Greater Nothing Better

하나님이 우리를 사랑하시는 것은 그분의 존재 안에 있는
어떤 결핍이나 필요 때문이 아니라,
우리가 그분 자신과 마주 보면서 그분과의 교제에
참여하는 자가 되기를 원하시기 때문이다.

How Do We Define
the Nature of God's Love?

크게 두 가지 방식으로 읽힐 수 있다. 한편으로 그것은 적절한 신학적 방법에 관한 질문이 될 수 있다. "우리는 하나님의 사랑의 본질을 정의하는 과업을 어떻게 수행할 것인가?" 다른 한편으로 그것은 그런 정의의 결과를 알기 위한 질문이 될 수도 있다. 요컨대, "우리는 하나님의 사랑의 본질에 관해 무슨 말을 할 수 있는가?" 이 두 번째 질문과 관련해서는 이 책의 다른 에세이들을 통해 많은 답이 나올 것이다. 그러나 비록 내가 이 에세이에서 정의(定意)의 방법론과 관련된 문제들에 초점을 맞추기는 했으나, 독자들은 그 두 가지 질문이 실제로는 서로 분리될 수 없다는 것과 서로 다른 접근법들이 신학적 내용에 대해 갖는 함의가 상당히 크다는 것을 분명하게 인식하게 될 것이다(특히 이 에세이의 후반에서 그러할 것이다). 먼저 나는 하나님의 사랑에 대해 말하는 것에 포함된 몇 가지 정의와 관련된 문제들을 아주 일반적인 방식으로 제기할 것이다. 그러고서 그 작업에 접근하는 몇 가지 서로 다른 방법들에 대해 고찰할 것이다.

정의의 문제: 수평적 관점과 수직적 관점

우리에게 상기시켜 주는 사랑에 관한 노랫말들이 온갖 화려한 광채로 가득 차 있다. 물론 작곡가들이 우리에게 제공하는 것은 하나의 덕으로서의 사랑이다. 그러나 기독교 신학자의 입장에서 볼 때 사랑에 관한 인간의 경험의 다면적이고 다양한 성격은 그로 말미암은 분명한 결함을 갖고 있다. 요한일서 4:8과 4:16은 "하나님은 사랑이시다."라고 말씀한다. 얼핏 이 말씀은 깎아지른 듯하고 파악하기 어렵고 접근 불가능한 암벽면처럼 보이는, 하나님의 본성과 관련해 상쾌하리만큼 직접적이고 지적인 이해를 제공하는 듯 보인다. 그러나 면밀하게 살펴보면 사정은 전혀 달라진다. 하나님의 사랑과 우리를 그것에 대한 이해로 이끄는 인간의 사랑과의 유사성은 또한 우리에게 "우리가 그를 힘입어 살며 기동하며 존재하는"(행 17:28) 분에 대한 묘사를 시작하는 지점으로서 그것이 가진 잠재적 위기와 위험을 확신시켜 준다.

우리가 선택할 수 있는 서로 다른 수많은 인간의 사랑이 존재한다. 자신이 사랑하는 사람에 대한 연인의 사랑, 아내에 대한 남편의 사랑과 남편에 대한 아내의 사랑, 자녀에 대한 부모의 사랑과 부모에 대한 자녀의 사랑, 누이에 대한 오라비의 사랑과 오라비에 대한 누이의 사랑, 손자들에 대한 조부모의 사랑, 가까운 친구들 사이의 사랑, 애완동물에 대한 사랑, 자연에 대한 사랑, 예술에 대한 사랑, 음식이나 음료에 대한 사랑 등의 목록은 얼마든지 계속될 수 있다. 그리고 이런 것 중 어느 경우에도 우리는 정확하게 동일한 것에 대해 말하는 것이 아니다. 설령 우리가 '사랑하다'라는 동사를 보다 분명하게 은유적으로 그리고 긴장된 방식으로 사용하는 몇몇 경우들을 제거해도 그러하다. 게다가 어느 경우에든 우리가 말하는 사랑은 매우 복잡하고 뜻을 헤아리기 어려운 부분을 갖고 있다. 그러므로 단순하게 "하나님은 사랑이시다."라고 반복해서 말하는 것은 확실히 어떤 의미 있는 신학적 질문에 대한 답이 되지 못한다. 사실 그런 말은 신학이라는 어려운 작업을 끝내기보다는 시작한다. '사랑'이라는 단어가 불러일으키는 이미지들의 복잡함과 다양성을 고려한다면, 우리는 우리에게 자신들을 제시하며 생각을 요구하는 여러 가지 요소 중 도대체 어느 것이 - 만약 그런 것이 존재한다면 - 이런 진술에 대한 해석에 적합하거나 적절한지 물어야 한다. 또한 우리가 실제로 어떤 근거 위에서 적당한 선택을 할 수 있는지 물어야 한다. 나에게는 바로 이것이 우리가 해결해야 할 첫 번째 문제로 보인다.

그러나 그것이 유일한 혹은 참으로 중대한 문제는 아니다. 그것 외에도 우리는 하나님에 관해 말하는 것에 정확하게 무엇이 수반되는지 그리고 그런 앎의 결과로 나타나는 진술들의 의미가 무엇인지에 관한 보다 일반적인 문제를 해결해야 한다. 참으로 이것은 초월적인 하나님에 대한 신앙을 표명하는 그 어떤 종교적인 혹은 철학적인 전통이라도 필연적으로 마주해야 하는 문제다. 신학은 그것과 관련된 말과 개념들을 주된 도구로 갖는 하나의 기술이다. 그러나 이런 말과 개념들은 필연적으로 유한하다. 그것들은 통용되는 인간의 언어와 경험이라는 웅덩이로부터 퍼올려 지며, 또한 자기들이 어떤 의미로든 독자들 이상으로 자신들의 유한성과 죄악성을 초월했다고 주장할 수 없는 사상가들과 문장가들에 의해 다뤄진다. 그렇다면 이런 피조물의 언어적인 그리고 개념적인 도구들이 - 그것들은 유한한 실재들을 표현하기 위해 만들어졌다. - 어떻게 무한하신 만물의 창조주께 적용될 수 있을까? 그것들이 그렇게 적용된다는 것은 의심할 여지가 없다. 신학은 그 과업을 수행함에 있어 이 세상의 것들 외에는 의존할 수 있는 그 어떤 다른 언어나 개념이나 경험도 갖고 있지 않다. 대답 되어야 하는 것은 유한과 무한 그리고 피조물과 피조 되지 않은 것 사이를 가로지르는 용어들의 이러한 이중적 적용이 어떻게 혹은 어떤 기초 위에서 이루어지는지와 결정적으로 그와 같은 적용이 신학이 하늘과 땅을 언어적으로 연결하기 위해 사용하는 용어들 각각의 의미에 어떤 영향을 주는지 하는 문제다.

칼 바르트(Karl Barth)는 우리를 위해 이 문제의 정확한 윤곽을 다음과 같이 상술한다.

> 우리가 한편으로 피조물에게 그리고 다른 한편으로……하나님께 동일한 단어를 적용할 때 그 단어의 내용과 의미의 단순한 일치가 존재하는가? 우리는 존재, 영, 주권, 창조, 구속, 의, 지혜, 선 같은 용어들을 사용해 피조물을 묘사할 때 자신이 그것들이 의미하는 것을 인식하거나 혹은 인식한다고 여긴다. 또 우리는 피조 세계 안에서 눈, 귀, 입, 팔 혹은 손, 사랑, 분노, 자비, 인내 등에 관해 말할 때 자신이 하는 말의 의미를 인식하거나 혹은 인식한다고 여긴다. 그렇다면 이 모든 것은 우리가 그것을 하나님과 관련해 말할 때도 동일한 것을 의미하는가?[1]

계속해서 바르트는 우리에게 기독교 신학자들이 항상 알고 있었던 것을 상기시켜 준다. 만약 우리가 단일한 의미를 가진 용어들을 피조물과 하나님께 적용할 수 있다고 여긴다면, 결과적으로 우리는 하나님의 초월성을 부정하게 되거나 피조물을 신성화함으로써 하나님과 피조물을 동일한 묘사의 범주 아래 복속시키게 된다는 것이다. 다른 한편으로, 만약 우리가 인간의 용어들로 하나님에 관해 서술할 때 그것들이 전적으로 새롭거나 완전히 다른 의미가 있다고 가정한다면, 그때 신학은 급

속하게 무의미한 것이 될 것이고, 결과적으로 하나님에 관한 모든 일관성 있는 지식을 빼앗기게 된다는 것이다. 왜냐하면 유한한 존재인 우리는 이렇게 다른 의미들이 무엇을 의미하는시를 알만한 위치에 있지 않기 때문이다.

다음으로 우리는 특별한 신학적 해석의 문제로 돌아가 하나님은 사랑이시라는 주장에 관한 지적인 설명이 일반적인 담화에서 '사랑'이라는 말 자체가 가진 본래의 유동성을 다뤄야 할 뿐만 아니라, 그 말 앞에 '하나님은'이라는 말을 덧붙임으로써 나타나는 복잡성 역시 다뤄야 한다는 사실과 마주해야 한다. 그럴 경우 암벽타기 이미지를 발전시켜 말하자면 우리는 단순히 암벽을 오르기 위한 여러 가지 가능한 루트(그 중 몇은 쓸모가 없거나 심지어 우리를 위험에 빠뜨리기까지 할 것이다.) 중 하나를 선택하는 문제뿐 아니라, 그런 루트 중 최상의 것조차 결과적으로 우리를 극복될 수 없는 의미론의 크레바스(crevasse, 우리의 말들과 그것들이 하나님께 적용될 때 갖거나 갖지 않는 의미들 사이에 존재하는 깊이를 알 수 없는 갈라진 틈)의 가장자리로 이끌어갈 수 있다는 명백한 위험과 마주하게 된다. 하나님의 사랑(혹은 그분의 존재와 행위의 어떤 다른 측면이라도)을 정의하는 문제는 주로 여기에, 우리가 어떻게 이 갈라진 틈을 조금이라도 메울 수 있는지, 우리의 말들이 어떻게 우리를 영원히 이런저런 형태의 불가지론에 빠시세 하기보다 하나님의 현실을 명확하게 설명할 수 있는지를 식별하는 데 달렸다. 방금 나는 의도적으로 '조금이라도'라고 말했는데, 그것은 나로서는 우리의 문제를 드러내는 말들이 주제넘은 듯 보이기 때문이다. 아마도 우리는 "하나님의 사랑을 어떻게 정의할 것인가?"라고 묻는 동시에 스스로 어떤 부정적인 답의 가능성에 대해 준비를 해야 할 것이다. 그리고 나는 어떤 의미에서는 그런 답이 허용되어야 한다고 여긴다.

그러나 어떤 이는 바로 이 지점에서 그동안 내가 사용해 온 은유의 분명한 약점을 드러내고 싶어 할지도 모른다. 확실히, 신학적 과업을 암벽 오르기(알려지지 않은 고지를 기어오르는 것, 루트를 선택하는 것 그리고 넘을 수 없는 장애물들과 마주하는 것)에 비유하는 것은 서투른 착상에 불과하다는 반대에 직면할 수 있다. 그것은 우리의 과업이 하나님이 우리에게 내려오셔서 자신을 알리셨다는 주장(대부분의 기독교 신학은 이런저런 형태로 그렇게 주장하고 있다.)을 붙들고 진지하게 씨름하는 것이 아니라 오히려 하나님을 향해 기어오르는 것이라고 암시하기 때문이다. 이것은 아주 중요한 방법론적 요점이며 우리가 숙고해 보아야 할 내용이다. 또 그것은 아마도 내가 선택한 이미지가 가진 중요한 약점을 부각시킬 것이다. 그러나 계시에 관한 호소 및 '위로부터의' 신학에 관한 접근법과 '아래로부터의' 신학에 관한 접근법 사이의 깔끔하고 단정한 구분은 너무 서둘러서 도입될 수도 있고, 내가 지금까지 개괄해 온 문제들을 인식하는 데 실패하는 방식으로 도입될 수도 있다.

먼저, 계시라는 범주에 대한 직접적인 의존은 초월과 내재, 피조와 피조 되지 않음, 그리고 하나님과 세계 사이의 존재론 및 인식론적 틈이라는 '수직적' 문제를 해결해 주지 못한다. 혹자는 이 틈은 우리 쪽에서는 좁혀질 수 없으나 하나님 쪽에서는 그렇지 않을 수 있다고 주장할 수도 있을 것이다. 또한 실제로 그분은 이 틈의 우리 쪽에 자신을 드러내심으로써 그 틈을 좁히셨다고, 무엇보다도 성육신을 통해 혈과 육의 측면에서 그렇게 하셨다. 그리고 우리는 바로 그 말씀의 기초 위에서 그분이 자신에 관해 하신 말씀들을 되풀이하면서 그분에 관해 말할 수 있다.

그러나 하나님의 말씀이 육신을 취했다는 주장은 하나님과 세상의 관계의 언어적, 인식론적 그리고 존재론적 문제를 해결해주기보다는 기독론의 역사가 적절하게 증언하듯이 오히려 그 문제를 특별히 날카로운 방식으로 제기한다. 한편으로 하나님이 인간의 형식에 자신을 맞추신 것은 우리가 침묵에 잠겨 있을 가능성을 빼앗아 간다. 그것은 우리에게 순종의 반응을 요구한다. 하나님의 말씀을 들은 우리는 말해야 하며, 하는 말을 스스로 이해해야 한다. 그렇게 해서 다른 이들이 그 말을 듣고 이해할 수 있게 해야 한다. 그러나 다른 한편으로 하나님의 이러한 자기 계시가 인간의 형식을 취하기에(사실 그것은 우리가 그것을 듣고 받기 위해서는 반드시 그래야만 한다.) 의미의 위격적 결합(unio hypostatica)이라는 문제가 제기된다. 왜냐하면 창조되지 않은 것과 창조된 것 사이의 관계가 어떤 모습을 취하든 하나님은 인간의 육신 안에 완전히 수용되실 수 없을 뿐 아니라 인간의 언어에도 완전히 수용되실 수 없기 때문이다. 또한 바르트가 인정하듯이 계시가 인간의 방식을 따라 발생하는 한 그것은 늘 드러내는 것이 되는 것만큼이나 감추는 것이 될 것이기 때문이다.[2] 하나님이 자신의 목적을 위해 취하시고 택하시는 형식들조차 무한한 것을 유한한 것을 통해 표현하는 일에서 늘 어느 정도 실패한다. 한 마디로 그런 일은 불가능하다. 그것은 말러의 교향곡을 트라이앵글로 적절하게 연주하거나 생선과 감자튀김의 냄새를 말로 표현하기 훨씬 더 어렵다. 그 두 경우 모두에서 우리가 사용할 수 있는 도구들과 관련된 본질적으로 부적절한 무언가가 원래의 것을 희미하게나마 반영하고자 하는 우리의 최대의 노력을 불가능하게 만든다. 그러므로 우리는 모사품과의 단순한 유사성으로부터는 결코 원래의 것을 추론해 낼 수 없다. 마찬가지로 하나님이 인간이 되시고 우리와 소통하시기 위해 인간의 앎의 방식을 사용하신다는 사실은 그처럼 인간적인 것들이 어떻게 그것들 너머와 특별히 그것들을 신학적으로 적용하면 평범한 인간적 맥락 너머를 가리킬 수 있는지의 문제를 해결하기보다는 오히려 제기할 뿐이다.

성육신의 계시를 긍정하는 신학은 하나님이 자신을 인간에게 알리시면서 어지럽고 우발적인 역사와 육신 안으로 자신을 밀어 넣으신다고 주장한다. 그렇게 하시면서도 그분은 우리를 피조성으로부터 들어 올려 우리가 '하나님의 눈으로' 신적 실재를 직접 응시할 수 있는 거룩한 상태로 고양히시지 않는다. 물론 이것은 우리가 거룩한 계시를 위해 사용된 말들과 현실들이 우리에 대해 가진 익숙하고 평범한 연상들을 무시하거나 회피할 수 없다는 것을 의미한다. 신학을 할 때 우리는 인간의 범위 안에서 시작하고 계속해서 그 안에 남아 있다. 우리가 하나님을 아는 것은 그분이 우리와 동일한 장소에 있으려고 우리에게 오시기 때문이지, 그분이 우리를 우리가 있는 곳으로부터 들어 올리시기 때문이 아니다.

그러므로 하나님의 사랑에 관한 신학은 사랑에 대한 인간의 경험과 이해가 제공하는 것들을 피하거나 무시할 수 없다. 오히려 그것은 그런 것들을 충분히 고려해야 한다. 우리는 하나님의 사랑 혹은 예수의 사랑을 인간의 사랑에 관한 우리의 사고에 정보를 제공하고 그것을 변화시키는 것이라고 말하고 싶어 할 수 있다. 예컨대, H. R. 맥킨토쉬(Mackintosh)는 우리에게 예수님이 산상설교에서 인간의 사랑에 대한 반영으로서의 하나님의 사랑이 아니라 인간의 사랑을 위한 모범으로서의 하나님의 사랑을 전한다고 상기시킨다.[3] 그분은 우리처럼 사랑하시지 않는다. 오히려 우리가 그분처럼 사랑하도록 촉구된다. 그러나 그 상황에 대한 해석학적 현실은 하나님으로부터 시작해서 인간으로 넘어가는 것 이상으로 훨씬 더 복잡하다. 먼저 우리는 하나님의 사랑에 대한 이해를 얻어야 한다. 그리고 그런 이해는 인간의 경험과 관념이라는 다소 지저분한 자료로부터 형성된다. 그것은 성육신에 대한 긍정에 수반되는 것이다. 조지 뉴랜즈(George Newlands)가 주장하듯이, 분명히 그리스도인은 하나님의 사랑과 우리의 사랑 사이의 거대한 간격이 예수 안에서 메워졌다고(어떤 의미에서 하나님의 삶은 예수 안에서 인간의 삶을 덧입는다.) 주장하고 싶어 할 것이다. "우리는 예수 그리스도의 인성을 통해 계시된 하나님의 인성을 통해 인간의 참된 본질을 이해할 수도 있을 것이다. 그러나 바르트조차 때때로 우리의 인간적 경험 안에 우리로 하여금 예수 안에 있는 완전한 인간성을 인식할 수 있게 하는 무언가가 있어야만 하는 이유를 인정했다."[4] 그러므로 우리는 '위로부터' 오는 것이, 만약 그것이 위에 머물러 있지 않다면 어느 시점에 이 땅에 존재하는 것의 단조로운 현실 속에서 구체화할 수밖에 없다. 그러므로 그 현실이 신학적 성찰과 발전을 위한 자료를 형성할 수밖에 없다는 분명한 사실을 간과해서는 안 된다.

그러나 물론 하나님은 이 땅으로 내려와 육신을 취하실 때 그것을 자신이 발견하신 상태대로 내버려 두시지 않는다. 그리고 이것은 적어도 신학적 언어에 대한 우리의 접근과 관련해 동등하게 중요한 요점이다. 왜냐하면 그리스도인들의 주장에 따르면, 그분은 비록 이 세상으로 내려와 우리를 우리의 피조성으로부터 들어 올리지는 않으실지라도 우리의 죄악으로부터는 들어 올리시기 때문이다. 성육신의 과정은 '육신'의 익숙한 형태들은 있는 그대로 내버려 둔 채 단지 하나님 쪽의 변화만을 일으키지 않는다. 오히려 그 과정에서 그리스의 교부들이 주장하듯이,

그동안 당연한 것으로 가정되어 온 것들이 치유되고 구속되고 그것늘의 죄악된 상황으로부터 취해지면 이제 그것들 안에 거하는 것을 보다 적절하게 반영하는 상태로 화해된다. 그리고 이것은 인간의 육에 대해서 만큼이나 인간의 언어와 개념에 대해서도 마찬가지다. 거룩한 말씀에 의해 취해질 경우 그것들은 비록 그것들의 피조성으로부터 나오는 결과들은 어쩔 수 없을지라도 괄목할 만한 그리고 새로운 변화를 통해 그것들의 타락으로 말미암은 무능력을 극복하게 된다.

그러므로 신학이 육신의 범위 안에서 시작되어야 하고 그 안에 남아 있어야 한다고 말하는 것은 계시가 취하는 형태들을 이해하는 과정에서 보통 그런 형태들에 부속되는 공통의 의미와 의의를 확인하기 위해 우리 자신의 경험과 이해라는 단순한 저인망(底引網)에 만족해야 한다는 것을 의미하지 않는다. 기독론의 경우에서처럼 여기에서도 우리는 인간 예수의 상(像)을 단순히 우리 자신의 경험적 인성에 대한 인식에 기초해 구성해서는 안 된다. 오히려 우리는 늘 우리의 인성과 그분의 인성을 구별해 주는 요소들에 대해 생각해야 한다. 왜냐하면 그분의 계시적인 그리고 구원사적인 중요성이 바로 그런 요소들 안에 있기 때문이다. 또한 신학적 정의와 관련된 문제에서 우리의 출발점이 어쩔 수 없이 사랑, 부성(父性), 의 그리고 쉼 등에 대해 피조물로서 우리 자신이 가진 죄로 물든 개념과 경험들이 될 수밖에 없을지라도 우리는 그런 인식들의 한계가 타파되고 그것들의 내용이 변화되어 그것들이 우리를 평범하고 익숙한 것을 넘어서 하나님의 인성으로 그리고 그것조차 넘어서 마침내 하나님 자신의 생명과 존재로 이끌어 주기를 기대해야 하고 또한 그렇게 되도록 허락해야 한다.

다시 말해, 만약 우리가 하나님이 사랑이시라는 주장을 이해하고자 한다면(그리고 바로 그런 주장이 육신을 통해 나타난 하나님에 대한 계시에 의존하고 있기에) 우리는 지금 우리가 "사랑을 다루고 있되 우리가 아는 대로 다루고 있지 않다."라는 인식을 받아들여야 하고 또한 그런 인식의 결과를 알아내려고 애써야 한다! 유사성도 있고 차이점도 있다. 하나님의 사랑은 우리의 그것과 같기도 하고 같지 않기도 하다. 신학적 정의의 과제는 우리가 그것을 계시에 관한 호소에 두든지 안두든지 얼마간 그런 차이의 형태와 차원을 이해하기 위해 애쓰는 것이다. 그리고 이 과제는 우리를 인간의 지적 활동으로 이끌어 갈 것이고, 그로 말미암은 결과는 그것의 원재료의 질이 어떠하든 오직 임시적이고 불완전한 것이 될 수밖에 없을 것이다. 그러나 우리가 이것을 이유로 모든 결과가 동등하게 (부)적절하다는 결론을 내려서는 안 된다.

그렇게 해서 신학자는 어느 시점에는 유비의 교리의 어떤 형태를 그것의 언어 및 개념적 측면과 존재론적 측면 모두에서 받아들일 수밖에 없다는 결론에 도달하게 된다. 다시 말해, 우리는 피조물로서의 우리 자신의 언어에서 끌어온 '사랑'과 같은 단어들이 하나님께 적용될 때, 그것들이 명료하게 혹은 애매하게 적용되는 것이 아니라 우리가 일상에서 매일 사용하는 방식과 유사한 방식과 유사하지 않은 방식 모두를 포함하는 것으로 적용된다고 여겨야 한다. 그리고 만약 우리가 신학을 말의 문제 그리고 오직 말들 사이의 관계의 문제로 여기지 않는다면, 이런 가정 뒤에 또 다른 가정, 즉 하나님과 피조물의 현실 사이의 관계는 너무나 밀접하기에 인간의 언어가 그와 같은 유비의 방식으로 그분을 가리키는 것이 가능하다는 가정이 발생하게 될 것이다. 그러나 하나님과 인간 사이에 그와 같은 유비가 존재한다고 말하는 것이 반드시 인간이 그런 유비를 알 수 있거나 그것들의 본질과 윤곽을 분별할 수 있는 위치에 있다고 주장하는 것은 아니다. 이런 인식의 환경과 관련된 가정들과 그런 가정들의 기초를 이루는 신학적 방법론들은 실질적으로 서로 크게 다를 수 있다.

아래에서 나는 하나님의 사랑에 관해 말하는 문제와 관련된 질문들에 접근하는 두 가지 대조적인 방식들에 대해 고찰하고 또한 그것들이 우리를 어디로 이끌어 가는지를 살피고자 한다.

'연인으로서의 하나님이라는 은유'

샐리 맥페이그(Sallie McFague)는 그녀의 이른바 '은유신학'(metaphorical theology)의 뿌리를 아주 분명하게 인간의 경험 안에 둔다. 그러므로 그녀가 특별히 하나님의 사랑(혹은 더 특별하게 연인으로서의 하나님)에 관해 말하는 이유는 성경적인 주제들이나 그런 주제들이 오랜 세월에 걸쳐 기독교 신학 안에서 발전해 온 방식 중 그 어느 것과도 특별하게 연결되어 있지 않다. 오히려 그 이유는 그녀가 자신이 바로 거기에서 하나님과의 관련성이라는 현대적 경험을 반영하는 하나님과 세계의 관계에 대한 상상력 있는 해석을 제공하는 은유를 확인했다고 확신하기 때문이다. 그녀는 신학은 믿을 만한 것이 되어야 한다고 주장한다. 다시 말해, 신학은 현대 사회의 가정과 가치들을 수용하는 이들에게 진짜처럼 들려야 한다.[5] 그러나 맥페이그에게 신학자의 과제는 무언가를 정의하는 것이 아니다. 그러므로 엄밀한 의미에서 우리는 하나님의 사랑의 본질이나 하나님과 관련된 다른 무언가를 정의해서는 안 된다. 오히려 신학자는 일반적인 경험으로부터 끌어낸 새로운 은유와 모델들을 제시함으로써 오늘날 남자와 여자들이 경험하는 하나님과 세계의 관계의 이런저런 측면들을 표현하는 것을 과제로 삼는 철학자 겸 시인이다. 은유는 먼 거리를 가로지르는 상상력 있는 도약이며, 인간의 이미지와 개념들을 빌려와 우리가 하나님과 관계하는 경험의 특성을 표현하고 그것에 대해 다르게 생각하고자 하는 용기 있는 시도다. 그런 의미에서 은유신학은 새로운 사고방식과 말하기 방식을 실험하고 시험하는 '발견적 교수법'(heuristics, 경험에 기반을 두어 문제를 해결하거나 학습하거나 발견해 내는 방법 - 역주)이라 할 수 있다. 당연히 그것은 모든 가능성에 대해 열려 있다. 그 어떤 은유도 고려의 대상에서 제외될 수 없다. 비록 그 모든 것이 시험을 받아야 하고, 또한 "심연을 가로지르는 도약이 성공하지 못할" 위험이 남아있을지라도 말이다.[6] 선택의 기준은 그것이 전통적 권위에 얼마나 잘 의존하고 있느냐가 아니다(비록 맥페이그가 과거와의 확인할 수 있는 연속성의 차원이 중요하다고 주장할지라도 그러하다). 그러나 "우리는 언어가 - 그 어떤 언어라도 어떻게 하나님께 적용되는지 알지 못하기에 종교적이고 신학적인 언어의 본질에 대한 우리의 설명은 기껏해야 우리가 하나님과 관계하는 경험을 표현하기 위해 시도하는 은유적 습격에 불과하다."[7] 그리고 실제로 인기를 얻고 동시대의 상황 속으로 쉽게 동화되는 것처럼 보이는 어느 특별한 은유를 결과적으로 우리 시대를 위한 기독교 신앙의 적법한 표현으로 자리매김해 주는 것은 그 은유 자체가 가진 입증된 설득력과 적절성이다.

비록 맥페이그가 전통의 규범적 역할을 회피하고 경험을 자신의 신학을 위한 주된 자료로 삼을지라도, 그녀가 말하는 하나님과의 관계의 핵심에서는 구원과 "하나님의 변화시키는 사랑"이라는 주제가 크게 부각되어 나타난다. 비록 그녀가 이런 것들을 설명하는 특별한 방법이 기독교 신학의 주류와 크게 다르기는 하나, 우리는 그녀의 신학의 기본적인 범주들 자체가 궁극적으로 동일한 전통으로부터 빌려온 것이 아니라거나 선택적으로(그리고 아마도 무의식적으로) 빌려온 것이라고 여겨서는 안 된다. 그러므로 멕페이그에 따르면 오늘날 우리가 얻으려고 애써야 하는 것은 우리 세대를 향해 기본적인 현실의 차원에서의 돌봄, 상호성, 양육, 지원, 공감, 봉사 그리고 자기희생에 대해 말해 주는 은유와 모델들이다. 그녀가 특별하게 선호하는 은유들은 '어머니'(Mother), '연인'(Lover) 그리고 '친구'(Friend) 등이다. 이제 우리는 그 중 두 번째 것에 대해 논할 것이다.

기독교 전통이 그것의 가장 초기부터 하나님 안에 있는 사랑에 대해 말하고자 했던 것에 반해, 맥페이그는 그 전통이 "연인으로서의 하나님"(God as lover)이라는 특별한 은유를 사용하는 것을 꺼려 왔던 것에 주목한다. 하지만 그녀는 그런 사랑이야말로 '인간의 사랑 중 가장 친밀하고 중요한 것'이라고 주장한다.[8] 그러므로 확실히 그것은 사랑의 언어를 하나님께 적용하려는 시도에 부적절한 것이 될 수 없다. 때로 그 사랑을 표현하는 개념들이 가진 에로틱한 연상들이 기독교 신학의 설명을 위해 부적절하다는 주장이 제기되고 있으나, 맥페이그는 에로스(Eros)의 본질이 섹스가 아니라 누군가에게서 가치를 발견하고 바로 그 누군가에 의해 자신이 가치 있는 존재로 발견되는 것에 있다고 주장한다. 맥페이그는 하나님과 세상 사이에 존재하는 사랑에 대해 말하는 것은, 비록 그것이 기독교 신학의 형성기에 그것을 형성하고 그것에 영향을 주었던 고대 그리스 철학에서는 관용될 수 없었을지 모르나, 생태학적 핵 시대를 살아가는 이들에게는 굉장한 잠재성을 갖고 있다고 주장한다. 또한 그녀에 따르면 그런 시대에 우리는 우리 자신으로는 무가치하며 하나님은 우리를 필요로 하지 않으시며, 다만 그분이 순전한 은혜로 우리에게 사랑을 부어 주실 뿐이라는 말이 아니라, 우리의 삶이 그 자체로 가치 있고 경이로운 것이며, 하나님은 그것이 사랑스럽기에 그것을 사랑하시며, 우리의 호혜적인 사랑은 하나님이 취하거나 내버려 두실 수 있는 무언가가 아니라 "연인으로서의 하나님 안에 있는 어떤 필요를 채우는" 그 무엇이라는 말을 들을 필요가 있다. "만약 우리가 거룩한 연인과 더불어 모든 사랑 받는 자들을 가치 있는 사랑의 써클 안에 포함하려는 의지를 갖고자 한다면,……만약 우리가 생태학적으로 균형을 이루고 핵이 없는 세상을 만들 수 있다는 희망을 품고자 한다면 우리는 그 가치를 우리의 뼛속 깊이 느껴야 할 필요가 있다."[9]

전통적인 추상적 유신론에 관한 맥페이그의 저항 안에는 분명히 신학적 스펙트럼을 관통하는 음성을 반영하는 요소들이 들어 있다. 하지만 그녀가 연인이라는 은유를 사용하는 것은 분명히 그녀를 신학적 주류로부터 그리고 하나님의 사랑에 관한 그 주류의 논의로부터 아주 먼 곳으로 이끌어간다. 자신을 성경과 전통의 계류소로부터 단절시킴으로써 그리고 경험과 신뢰성을 자신의 안내자로 삼음으로써 결과적으로 그녀는 사랑에 대한 인간의 경험과 해석들로 하여금 하나님에 대해 혹은 하나님에 관한 인간의 경험에 대해 말해야 할 것을 결정하게 하다. 왜냐하면 맥페이그는 마치 슐라이에르마허(Schleiermacher)를 직접 떠올리게 하는 방식으로 우리가 하나님에 대해서는 그 무엇도 말할 수 없다고 고백하기 때문이다. 신학이 만들어내고 발전시키는 은유들은 그 너머에 하나님의 신비가 놓여 있는 거대한 크레바스를 가로지르는 상상력으로 가득 찬 도약이다. 우리는 그런 은유들이 부사적 형태를 보이고 있음을 기억해야 한다. 그것들은 하나님과 관계하는 혹은 하나님을 경험하는 방식들을 표현한다. 그것들은 하나님의 본질에 관해서는 아무것도 말하지 못하며 말하지도 않는다. 그것들은 '그럴 듯한 설명들'(likely accounts)을 전한다. 그리고 그 '그럴 듯함'의 기준은, 은유들 자체의 선택과 마찬가지로, 인간의 손안에 그리고 인간이 설득력 있고 믿을 만하다고 여기는 것 안에 들어 있다.

C. S. 루이스(Lewis)는 "인간의 사랑은 하나님의 사랑의 영광스러운 형상이 될 수 있다. 그것에 못지않다. 그러나 그 이상은 아니다."라고 쓴다.[10] 맥페이그의 신학이 마주하는 위험은 아마도 그것이 요한일서 4:8의 논법을 뒤집는 것이 될 것이다. 맥페이그는 직접 인간의 경험으로부터 취한 사랑의 개념들을 세우고 그것들의 가치를 판단하기 위한 객관적인 비교의 기준을 결여 시킴으로써 결과적으로 그런 개념들을 신격화한다. 결국 그런 식의 접근법은 우리에게 하나님에 관해서는 거의 아무것도(시적 형태로조차) 말해 주지 않고, 대신 그런 접근법을 유래시킨 인간의 상황의 구조와 색깔에 관해서 더 많은 것을 말하는 것처럼 보인다.

바르트와 계시를 통한 하나님의 자기 인식

바르트를 맥페이그보다 나중에 거론하는 것은 비록 역사적 맥락에서는 시대착오일지 모르나 여러 가지 다른 면에서는 전적으로 적절하며 유익하다. 바르트가 20세기 초 몇십 년간의 신학에 맞서 주창한 신학은 몇 가지 기본적인 방법론적 측면에서 맥페이그가 신봉하는 신학과 유사하다. 바르트가 주장했던 것은 인류학적 현상들의 가능성과 현실성(그것이 숨어 있는 합리적 진리이든, 절대 의존의 감정이든, 초자연적인 것에 대한 경험이든 혹은 다른 그 무엇이든 간에)을 지적함으로써 하나님에 관한 인간의 이야기를 발견하려는 모든 시도는 결국 신학적 진술을 인류학적 진술로 환원시키는 포이에르바하(Feuerbach)의 신학을 불러올 뿐이며 궁극적으로 신학을 인간의 가능성과 불가능성이라는 한계 안에 가두고 만다는 것이었다. 바르트에게 인간의 사악함과 비교되는 하나님의 완전한 초월성은 천국의 문들에 대한 모든 그리고 그 어떤 지적인 공격도 무익하게 만들 뿐이다. "하나님은 세상에 속해 있지 않다. 그러므로 그분은 우리가 그것들을 위한 범주와 말들을 가진 일련의 대상들(우리는 그런 범주와 말들을 사용해 다른 이들로 하여금 그것들에 대해 주목하게 하고 또한 그것들과 관계를 맺게 한다.)에 속해 있지 않다. 하나님에 대해 말하는 것은 불가능하다. 왜냐하면 그분은 자연적인 대상도 영적인 대상도 아니시기 때문이다."[11] 만약 하나님에 관해 말하는 것이 불가능하지 않다면, 만약 신학이 실제로 인간을 위한 가능성이라면, 바르트의 입장에서 그것은 전적으로 하나님 자신이 피조 세계가 만들어 내고 인간의 죄가 더 크게 벌려놓은 틈 사이에 다리를 놓으시기 때문이다. 바르트는 묻는다. "만약 하나님이 너무나 하나님이어서 그분이 하나님이 되기를 그치지 않으면서도 '하나님이 아닌 분'(not God)이 되실 수 있거나 그렇게 되려고 하신다면 어떻게 될까? 만약 그분이 우리가 찾아낼 수 없는 높은 곳으로부터 내려와 전혀 다른 무언가가 되신다면 어떻게 될까?"[12] 물론 이것은 기독교 전통이 하나님이 급진적인 자기 객관화(self objectification)를 통해 자신을 인식적이고 언어적이고 육적이며 역사적인 피조된 형태로 알리면서 행하셨다고 주장하는 바로 그것이다. 바르트에게는 하나님에 대한 인간의 말의 가능성은 전적으로 이런 우발적인 사실에 의존하고 있다. 그러므로 신학은 하나님의 영역에 대한 상당히 적극적인 인간의 탐구라는 의미에서 발견적 교수법(heuristics)의 문제가 아니라 주어진 계시에 대한 순종적인 응답의 문제다.

그러나 바르트는 계시에 대한 그의 강조에도 불구하고 신학적 정의의 문제를 다루는 데 있어 고지식하지 않다. 하나님의 자기 객관화는 하나님을 정확하게 '하나님이 아닌 존재'가 되게 한다. 이것은 계시의 매체들, 곧 언어적, 개념적, 육적 매체들이 그 매개의 과정에서 그들 자신과 하나님의 관계성의 문제를 제기한다는 것을 의미한다. 그 매체들이 성령을 통해 하나님의 말씀과 연합되고 그들 자체로는 갖고 있지 않은 투명성을 얻는 계시의 사건 속에서, 그것들은 그럼에도 불구하고 그들 자신이 아닌 다른 것이 되지 않는다. 거룩한 것을 직접 우리에게 건네주는 그 어떤 성스러운 변화나 하나님과 피조물의 가현설적 혼합도 일어나지 않는다. 그래서 바르트는 다음과 같이 말한다. "우리가 보고, 듣고, 느끼고, 만지고, 내적으로 그리고 외적으로 인식하는 것은 늘 다른 그 무엇, 비슷한 것, 이차적인 것이다."[13] 그것은 결코 하나님 자신이 아니다. 바르트는 신학적 언어의 문제는 계시를 통한 하나님의 은혜로운 자기 비하에 비추어 보더라도 반드시 어떤 형태의 유비의 교리를 통해서 다뤄지고 마침내 해결되어야 한다는 것을 인정했다. 오직 그럴 때만 즉 피조물에 대한 하나님의 절대적 초월성에도 불구하고 하나님의 존재와 우리의 언어 사이에 어떤 유비가 존재할 때만 하나님이 자기를 인간의 형태로 계시하신다는 진리가 그분의 초월성을 훼손하지 않으면서 보호될 수 있다. 인간이 하나님의 자기계시의 기초 위에서 그분을 '사랑하시는 분'이라고 말할 때, 그것은 그분이 우리와 똑같은 방식으로 사랑하시기 때문이거나(이것은 그분의 초월성에 대한 적절한 인식을 통해 배제된다.) 혹은 우리가 말하는 사랑이 인간의 사랑과 아무런 공통점을 갖고 있지 않기 때문이거나(이 경우에 우리의 말은 의미 없는 진술이 되며 결과적으로 비진리가 된다.) 혹은 하나님 안에 인간의 사랑이 어느 면에서 그것과 닮은(비록 어떤 면에서는 닮지 않았을지라도) 것이 있기 때문이다. 그러므로 비록 유비적인 그래서 간접적이고 베일에 가려진 방식이지만 하나님은 자기 계시의 경륜을 통해 인간의 언어에 적절하게 자신을 가리킬 능력을 부여하셨다.

물론 유비의 교리에 대한 바르트의 입장과 토마스 아퀴나스의 신학 안에서 나타나는 그것의 고전적인 발전 사이에는 중대한 차이가 존재한다. 토마스에게 유비의 교리는 단지 신학적 강화에서 진행되고 있는 것에 대한 설명이 아니다. 그것은 또한 계시로 만들어진 정황 밖에서 하나님에 대한, 그리고 그분이 세계와 맺으시는 관계에 대한 지식을 얻는 수단이다.[14] 다시 말해, 그것은 자연신학적 형이상학의 구성을 위해 적절하게 사용되는 도구다. 아퀴나스는 프로클루스(Proclus)가 처음으로 공표했던 "그것의 존재로서 다른 것들에게 특성을 부여하는 모든 것은 그 자체가 원래부터 그 특성을 소유하며 그것을 수용자에게 전한다."[15]라는 형이상학적 원리 안에서 하나님에 관한 신학적 언설을 위한 기초를 확인한다. 피조물은 결과가 원인과 관계하는 것과 동일한 방식으로 하나님과 관계하기에, "우리는 그것들로부터 하나님이 과연 존재하는지를 아는 데까지, 그리고 과연 무엇이 필연적으로 만물의 첫 번째 원인이시며 자신에 의해 유발된 모든 것들을 넘어서시는 그분에게 속해 있는지를 아는 데까지 이끌릴 수 있다."[16] 그러므로 유비적 방법은 하나님의 특성에 대해 꽤 다양한 지식을 제공한다. 유비적 서술을 통해 우리는 정당하게 하나님께 속해 있는 완전한 것들의 이름을 부른다. 비록 우리의 언어를 피조물로부터 끌어오기에 의미의 방식이 불완전하고 그것들을 적절하게 부르는 데 불충분할지라도 그러하나. '의미 된 완진함'(perfectio significata)과 '의미의 양태'(modus significandi) 사이의 분화는 중요하다. 왜냐하면 그것은 토마스로 하여금 창조주와 피조물을 공통된 존재의 범주 아래 포함하는 것을 피하게 해주기 때문이다.[17] 그러므로 하나님과 피조물은 그들의 서로 판이한 존재에 적합한 방식으로 선을 드러낸다.

그러나 바르트의 관점에서 볼 때 여전히 한 가지 문제가 남아 있다. 그것은 토마스가 말하는 유비가 인간이 예수 그리스도 안에 나타난 하나님의 자기 계시와 무관하게 하나님에 대해 이야기하기 위한 기초와 관련해 맥페이그의 은유 신학과 동일한 주장을 한다는 점이다.[18] 그러므로 토마스가 말하는 유비는 어떤 완전한 것들이 필연적으로 하나님께 속해 있고 어떤 것들이 그럴 수 없는지를 알려고 인간의 이성의 통제를 받는다. 그러나 바르트의 주장에 따르면 하나님은 우리가 그런 식으로 마음대로 다룰 수 있는 분이 결코 아니다. 하나님과 피조물 사이에 어떤 유비가 존재해야 한다는 것은 분명하다. 하지만 인간이 그 유비의 정확한 본질과 윤곽을 추적할 수 있는 위치에 있는지는 분명하지 않다. 그리고 마치 창조주와 피조물의 관계가 인간의 신학적 유익을 위해 역전되고 통제될 수 있기라도 한 듯 바르트는 그렇게 하기 위한 기초를 실험적 관찰과 논리적 추론을 통해 확인했다는 주장을 거부한다. 바르트에 따르면, 어떤 경우이든 창조는 무로부터(ex nihilo)의 창조이기에, 그리고 하나님은 단지 원인과 결과의 사슬의 첫 번째 고리가 아니기에, 우리가 그런 방법을 통해 발견할 수 있는 모든 것은(사실 그런 것이 성공할 수 있다면) 우리가 거기로부터 불려 나와 존재가 되는 무(nothingness)일 뿐이다.

그러므로 비록 바르트가 유비의 교리를 필요한 것으로 여길지라도 그에게 그것은 단지 '사실적(factual) 필요', 즉 하나님의 창조와 계시의 행위라는 우발적 사건에 의해 확립된 필요일 뿐 하나님과 인간이 함께 종속된 어떤 형이상학적 원리에 의해 결정된 '절대적(absolute) 필요'가 아니다.[19] 따라서 바르트는 인간은 하나님의 본질에 관한 어떤 설명을 그들 자신의 피조된 본성에 비추어 추론할 위치에 있지 않다고 주장한다. 하나님과 인간 사이의 유비는, 만약 그런 것이 있다면, 무엇보다도 우리로 하여금 그것에 대해 말하도록 추동하는 것에 의해, 즉 예수 그리스도 안에서의 하나님의 계시적이며 구속적인 행위에 의해서만 알려질 수 있고, 우리는 그 과정에서 인간의 언어와 개념성이 적절하게 하나님을 가리키는 수단으로 간주하고 정당화된다는 것을 발견하게 된다.

다시 말해, 만약 우리가 하나님 안에 있는 사랑에 대해 말하고자 한다면, 우리는 다만 하나님이 먼저 우리에게 자신에 대해 말씀하셨기에 그럴 수 있을 뿐이다. 그리고 우리는 어떤 말에 대한 우리의 용법이 처음부터 끝까지 그보다 앞선 용법의 특수성에 의해 규제되고 인도되도록 해야 한다. 바르트는 요한일서 4:8의 언어적 형식이 얼핏 보면 우리로 하여금 하나님을 어떤 추상적이고 보편적인 개념, 즉 그분이 그리고 다른 존재들이 서로 다른 정도로 거기에 참여하고 있는 사랑의 형상(Form of love)과 동일시하는 맥락에서 생각하도록 고무하는 것처럼 보일 수 있다는 것에 주목한다. 그러나 이어서 그는 우리에게 그 본문의 주석적 상황은 우리가 이 지점에서 추상적으로가 아니라 구체적으로 사고해야 한다는 점을 분명히 밝힌다고 상기시킨다.[20] 사도 요한은 분명하게 말한다. "하나님의 사랑이 우리에게 이렇게 나타난 바 되었으니 하나님이 자기의 독생자를 세상에 보내심은 그로 말미암아 우리를 살리려 하심이라 사랑은 여기 있으니 우리가 하나님을 사랑한 것이 아니요 하나님이 우리를 사랑하사 우리 죄를 속죄하기 위하여 화목 제물로 그 아들을 보내셨음이라"(요일 4:9-10). "그가 우리를 위하여 목숨을 버리셨으니 우리가 이로써 사랑을 알고……"(3:16). 그러므로 우리는 하나님의 사랑에 관한 우리의 성찰을 사랑에 관한 어떤 일반적 개념이나 사랑에 대한 서로 다른 인간적 경험과 예시 중 어느 하나에서 시작해서는 안 된다. 그런 것들이 우리의 뒤를 이은 사유와 신학적 발전 과정에서 어떤 역할을 하든 상관없이 그것들이 교리적인 출발점이 되어서는 결코 안 된다.

바르트는 다음과 같이 쓴다. "우리가 하나님의 무한성, 정의, 지혜 등을 인식하고 인정하는 것은 우리가 이미 다른 자료들을 통해 이 모든 것이 무엇을 의미하는지 알고 그것을 탁월한 의미에서 하나님께 적용함으로써 우리 자신을 위해 하나님의 형상을 세상에 대한 우리의 이미지의 패턴을 따라, 즉 결국 우리 자신의 형상을 따라 형성하기 때문이 아니다."[21] 오히려 우리는 그분의 계시적 행위라는 형태 안에 포함된 하나님의 사랑에 대한 증언들로 시작해야 하고 상당한 기간 계속해서 그렇게 해야 한다. 물론 이것은 그저 단순한 반복 혹은 그분이 제공하시는 계시를 원래의 형태로 받아서 보존하는 것 이상의 무언가를 하는 것에 대한 거부를 의미하지 않는다. 우리는 우리가 배운 것을 새롭고 설득력 있고 매력적인 방식으로 해석하고 이해하고 제시하라는, 또한 다른 이들이 그것을 듣고 받아들일 수 있도록 그것을 기존의 지식 및 경험과 상관시키라는 명령을 받고 있다. 그러므로 "하나님에 대한 우리의 지식의 겸허함은 그분의 돈을 취해서 땅에 묻어두는 종의 게으름으로 이루어지지 않는다(마 25:18). 오히려 그것은 계시를 통해 그렇게 하도록 초대받고 권위를 부여받은 우리가 하나님이 우리에게 주시는 능력을 최대한 발휘해……그분에게 속한 영광을 그분께 돌려 드리는 것을 통해 이루어진다."[22] 그러나 우리는 하나님이 우리에게 그분 자신에 관해 말하도록 가르치시는 말들을 사용하고 발전시키고 해석하는 과정에서 그분이 육신을 입고 계시적으로 개입하시는 규범적 형태로부터 자신을 스스로 단절시킬 것이 아니라 오히려 계속해서 그분이 그런 말들에 대한 해석자가 되시도록 허락해야 한다.

여기에서 우리는 바르트가 취하는 대조적인 접근법이 어떻게 그를 맥페이그가 도달했던 것과 아주 다른 결론으로 이끌어 가는지를 살피려고 그가 그리스도인들이 하나님의 사랑과 관련해 말해야 한다고 믿었던 두 가지를 열거할 필요가 있다.[23]

첫째, 하나님은 자유롭게 사랑하시는 분으로서 우리를 사랑하신다. 다시 말해, 그분이 우리를 사랑하시는 것은 그분의 존재 안에 있는 어떤 결핍이나 필요 때문이 아니라, 우리가 그분 자신과 마주 보면서 그분과의 교제에 참여하는 자가 되기를 원하시기 때문이다. 분명히 하나님은 그분 존재의 가장 깊숙한 측면에서 사랑이시다. 하지만 그것은 일방적인 사랑이 아니라 그것의 완성을 이루기 위해 어떤 대상을 창조하고 그것의 호혜적인 반응을 요구하는 사랑이다. 성부, 성자, 성령으로서 그분은 그분의 사랑 안에서 영원히 만족하신다. 그리고 우리를 향한 그분의 사랑은 사랑의 부족이 아니라 넘침으로부터 흘러나온다. 그러므로 만약 우리가 하나님이 그분의 피조물과의 관계에서 갖고 계시는 '필요로서의 사랑'(need love)에 관해 말할 경우, 그것은 오직 이 필요, 즉 피조물의 사랑을 위한 갈망(그것은 또한 고통과 상실감을 위한 여지를 제공한다.)이 무엇보다도 그런 관계 안으로 들어가 자신을 어떤 관계적 속박 아래 위치시키고 참으로 자유로운 타자의 존재로 말미암아 자신의 자유

를 제한하고자 하시는 하나님의 의지에 의존하는 그 무엇이라는 단서와 함께만 가능할 수 있다.[24]

둘째, 자신의 피조물을 향한 하나님의 사랑은 아주 특별한 형태를 취한다. 타자에 대한 이런 사랑은 반응을 갈망하지만, 그 자체로는 타자 안에 존재하는 그 어떤 크기의 반응이나 그 어떤 고유의 덕이나 가치에 의해서도 제한되지 않는다. 참으로 그것은 그저 사랑스럽지 않은 정도가 아니라 자기들을 사랑하시는 분을 적극적으로 증오하고 거부하고 경멸하기까지 하는 자들에 대한 사랑이다. 그것은 죄와 악의 존재와 결과에 대해 분개하지만, 그럼에도 그런 죄의 중개인들에게 붙잡힌 이들을 사랑하는 일을 절대 그치지 않는 사랑이다. 그리고 그것은 용서라는 형태 속에서 자신을 최고로 드러낸다.[25] 다시 말해, 그것은 우리가 아는 그 어떤 다른 사랑과도 같지 않은 사랑, 즉 독특하게 거룩한 사랑이다.[26]

그러므로 하나님의 자기 계시의 형태에 대한 신중한 관심은 우리가 '사랑'이라는 용어를 평범하게 사용할 때 그것이 갖는 서로 다른 인간적인 의미들을 '수평적으로' 확대하는 것에 한계를 두도록 도움을 준다. 우리는 그 용어의 이런 특별한 적용에 수반되는 특수성과 특별성에 주목하면서 범위를 좁혀나간다. 그러다가 오직 그분이 우리가 그것들을 사용하는 것을 축복하시기에 우리에게 그것들의 거룩한 목표를 적절하게 가리켜 주시리라고 믿을 수 있는 적합한 언어와 개념들을 얻기에 이른다. 그러나 우리가 이런 말로써 의미하는 것은 정확하게 무엇인가? 그리고 이것은 우리를 어떤 상태에 남겨 두는가? 특히, 지금 우리는 이렇게 제한된 인간의 용어와 개념들이 하나님의 존재와 맺는 수직적 관계에 관해 무슨 말을 해야 하는가? 이런 것들은 우리가 가진 가장 적절한 사고방식과 말하기 방식들(하나님이 우리에게 허락하시고 우리로 하여금 발전시키고 숙고하도록 격려하시는)일 수도 있다. 그러나 우리는 과연 우리가 그런 것들 안에서 하나님의 사랑을 혹은 그분의 존재와 행위의 다른 측면들을 정의할 수단을 갖고 있다고 말할 수 있는가?

　분명한 사실은 신학적 언어의 문제는 여전히 남아 있다는 것이다. 또한 그동안 우리가 그 문제를 우리 자신이 사용할 수 있는 언어의 범위를 좁히고 그것의 사용 방식을 인간적인 그리고 피조된 형태를 취하시는 하나님의 자기 객관화라는 특수성에 의해 통제되게 하는 식으로는 해결하지 못했다는 것이다. 그러므로 우리는 여전히 중요한 문제와 마주하고 있다. 그것은 이런 인간적 현실이 정확하게 어떤 방식으로 그것 너머에 있는 하나님의 현실과 관계하고 그것을 가리키는가 하는 것이다. 우리가 하나님의 사랑이 "사랑이지만……우리가 아는 대로의 사랑이 아니다."라고 말할 때, 우리는 하나님의 사랑이 구체화할 때 그것이 인간적 차원에서 취하는 형태가 우리에게 익숙한 인간적 사랑과 크게 다르다는 것 이상의 말을 하는 것이다. 또한 이런 사랑조차 하나님 자신의 실재에 대한 육적인 표현, 즉 그분이 허락하신 유비에 지나지 않는다는 사실을 인정하는 것이다. 바르트는 다음과 같이 말한다. "하나님은 인간이 그 자신으로는 결코 그와 같을 수 없는 분, 또한 인간이 자신이 그것에 대해 말할 때 자기가 하는 말의 의미를 알지 못한다는 사실을 인정하면서 그분을 바라볼 때만 이해할 수 있는 분이다."[27] 또한 그는 다음과 같이 말한다. "우리는 사랑의 개념 – 우리가 그것의 특별한 그리고 최종적인 의미를 알지 못한다고 인정하는 개념 – 을 하나님의 행위에 대한 그리고 그러하기에 그분의 존재에 대한 선언을 위해 사용할 수 있고, 또한 과감하게 그렇게 해야 한다."[28]

　그러므로 우리는 자신이 택하고 고안한 다른 언어가 아니라 바로 이 언어로 하나님에 관해서 말하라는 명령을 받고 있으나, 사실 우리는 그것이 하나님 자신에 대한 언급과 관련되는 한 우리가 "하나님은 사랑이시다."라고 말할 때 우리가 하는 말이 무엇을 의미하는지 알지 못한다. 다시 말해, 우리는 인간적인 언어가 평범한 담화 속에서 의미하는 것과 그것이 신학적 담화 속에서 의미하는 것의 차이의 본질을 알지 못한다. 하나님은 자신을 계시하시면서 인간의 형태를 취하시므로 모든 계시는 계시인 동시에 숨김이다. 그것은 결코 인간의 형태를 취한 계시됨(revealedness)이 아니다. 그리스도의 인성 그리고 해석을 위해 그것이 취하는 피조물적 주형을 이루는 언어와 개념들의 주어짐(givenness)은 그 자체로는 우리에게 우리가 구하는 것, 곧 하나님의 사랑에 대한 정의를 제공하지 않는다. 말하자면, 우리는 계시에 비추어 보더라도 하나님의 강림으로 말미암아 만들어진 비행기 구름을 따라 하늘에 오르는 길을 찾아낼 수 없다. 그 계시의 명확한 형태는 단지 하나님이 우리의 앎과 참여를 위해 그런 형태들로 또한 그것들을 통해서 자신과 자신의 진리를 열어 보이시는 사건의 불명료한 매개체에 불과하다. 그러나 이 사건은 우리가 마음대로 할 수 있는 것이 아니다. 우리는 이런 인간적 매개체가 어떻게 그것들 너머를 가리키는지 안다. 왜냐하면 우리는 매일 새롭게 그것들이 우리에게 가리키는 대상과의 관계 속으로 이끌리고, 믿음으로 그분을 알고, 하나님에 대한 지식을 얻기 때문이다. 그런 앎은 속박되거나, 계속해서 유지되거나, 일괄 거래되거나, 다른 이들에게 넘겨질 수 없다. 다만 우리는 다른 이들을 우리가 말하는 것의 현실로 이끌려고 충실하게 인간적 매개체를 가리킬 수 있을 뿐이다.

   물론 이런 상황은 신학에만 있는 것은 아니다. 우리의 언어의 의미론의 범위가 우리에게 인식론적 접근을 허락하기 위해 은유적으로 확장되어 지금까지 알려지지 않은 그리고 말해지지 않은 실재의 측면들을 가리키는 모든 곳에서 비슷한 무언가가 발견될 수 있다. 언어를 세상에 적용시키는 과정에서 우리는 이미 알려진 것과 이제 막 발견된 것 사이에 평행을 이루려고 우리가 가진 기존의 말과 이미지들을 빌려와 그것들을 살짝 비틀지 않을 수 없다. 그러나 그 둘 사이의 관계가 정확히 무엇인지, 그들 사이의 유비가 무엇인지 그리고 그것을 새롭게 은유적으로 적용할 때 그 익숙한 용어가 무엇을 의미하는지는 오직 자기 자신을 그 앎의 관계에 스스로 종속시키고자 하는 이들에 의해서만 식별될 수 있다. 우리가 실재에 관한 우리의 진술의 의미를 최종적으로 이해할 수 있는 것은 우리 자신이 실재와 접촉할 때다. 물론 하나님은 객체적이라기보다 비할 데 없이 주체적이시기에 우리는 자발적으로 그런 발견적 학습과 관련된 일에 착수할 수 없다. 그러나 다른 측면에서 신학적 언어의 문제는 단순히 인간의 언어와 그것이 실재 일반을 가리키는 방식의 문제가 가진 특별하게 분명한 한 가지 예에 불과하다. 아주 정당하게 "우리는 무언가를 정의한다는 것이 무엇을 의미하는가, 그리고 과연 우리가 그런 일을 할 수 있는가"라고 물을 수 있다. 비록 피조물의 실재가 하나님의 실재보다 덜 신비롭기는 하나, 그럼에도 그것은 우리가 생각하는 것 이상으로 신비로울 수 있다. 물론 이 경우에 우리는 불편하지만 피할 수 없는 결론, 즉 유비 교리가 우리에게 어떤 특정한 언어적 환경에 관해서보다 인간의 언어 일반의 상황에 관해 말해 준다는 결론에 이르게 된다.

결론

우리의 원래 질문은 "하나님의 사랑의 본질을 어떻게 정의할 것인가?"라는 것이었다. 그리고 내가 보기에 결국 이런저런 방식으로 그 질문에 대해 우리는 그 일을(적어도 엄밀한 의미에서는) 할 수 없다고 대답해야 할 것처럼 보인다.

맥페이그에게 신학은 하나님에 대해 정의하는 것이 아니라 우리가 하나님과 맺는 관계를 표현하는 은유들을 지어내는 것과 관련되어 있다. 그리고 이런 은유들 가운데 아무것도 어떤 방식으로도 하늘까지 꿰뚫고 올라가거나 본래대로의 하나님에 대해 말할 수 없다. 그것들은 다만 '그럴듯한 설명,' 즉 우리로 하여금 궁극자와 우리의 관계에 대해 생각하도록 도울 수는 있으나 하나님에 관한 그 어떤 특별한 지식도 주장하지 못하는 설명에 불과하다.

하나님의 본래적 속성에 관한 유비를 적용해 '의미된 완전함'과 '의미의 양태'를 신중하게 구별하는 아퀴나스조차 우리로 하여금 비록 우리가 세상의 원인으로서의 하나님이 필연적으로 갖고 계셔야 하는 완전함들에 대해 상술할 수 있을지라도 여전히 우리는 그분이 어떻게 그것들을 갖고 계신지를 정확하게 상술할 수 없으며, 따라서 우리가 그것들을 묘사하기 위해 사용하는 말들이 특별히 신학적으로 적용될 때 무엇을 의미하는지를 정확하게 규정할 수 없다고 인정하게 한다.

다음으로 바르트가 있다. 그에 따르면 우리가 하나님을 정의하는 것이 아니라 오히려 하나님이 우리를 위해 자신을 정의하신다. 그분은 자신을 계시하시기 위해 우리의 육신을 입으신 것과 마찬가지로 우리의 말과 개념들을 취하신다. 하지만 우리가 그 은유들을 문학적으로 이해하지 않게 하는 방식으로 그렇게 하신다. 그것은 마치 우리가 역사적 예수의 인성을 분석함으로써 영원한 성자의 면모를 파악할 수 있다고 여기는 것과 마찬가지다. 두 경우 모두에 진리는 오직 계시의 사건이 일어나고 우리가 그 관계의 피조된 매개체 자체가 갖고 있지 않은 투명성을 통해 하나님과의 관계 속으로 이끌릴 때만 알려진다.

바르트의 설명이 맥페이그와 아퀴나스의 설명과 다른 것은 기본적인 은유들은 우리가 아니라 하나님이 만드시고 택하시는 것이기에, 우리의 언어와 하나님 자신 사이에 어떤 적절한 유비가 존재한다고 믿을 수 있다고 주장한다는 데 있다. 또한 우리는 우리가 그런 것들을 사용해 하나님에 관해 말할 때 그분이 우리가 하는 말을 통해 자신에 관해 신실하게 말씀하실 것이고, 또 그렇게 하심으로써 그런 것들이 우리에 대해 갖는 궁극적인 외연과 의미를 열어 보이심으로써 우리가 직관과 유사한 그 무엇을 통해 그런 말들이 어떻게 그런 것들을 가리키는지 알게 해주실 것이라고 확신할 수 있다. 아마도 우리가 그 의미를 파악하고 그것을 깔끔한 논리적 공식으로 정리할 수 없다는 사실이 우리를 괴롭힐 것이다. 그런데 과연 그것이 우리의 종말론적 인내 - 그것은 늘 지금 우리에게 허락된 것이 충분하다는 가정에 만족하면서 언젠가 우리가 마치 지금 우리가 완전하게 알려진 것처럼 완전하게 알게 될 날을 기다리며 즐거워하기보다 확실성과 분명함을 원한다. - 와 그렇게 많이 다른 것인가? ♡

제6장

사랑은 하나님의 본질인가?

앨런 J. 토랜스
세인트앤드루스대학교

Nothing Greater Nothing Better

예수 그리스도는 우리가 초월적인 하나님의 존재를 구성하는
아가페를 이해할 수 있게 하는
우리의 존재에 적합한 수단이 되신다.

Is Love the Essence of God?

　　사랑이 하나님의 본질인지에 관한 질문은 우리로 하여금 이 주제와 관련된 핵심적 문제, 즉 언어의 문제에 관해 특별한 고찰을 하도록 이끈다. 하나님의 존재와 관련해 그리고 인간의 존재와 관련해 사랑은 어떻게 설명되어야 하는가? 단의적으로? 모호하게? 은유적으로? 아니면 유비적으로? 우리는 하나님의 사랑과 인간의 사랑에 관해 말할 때 동일한 것에 대해 이야기하는 것인가, 아니면 하나님에 관해 말할 때와 인간에 관해 말할 때 그 말의 의미가 달라지는 것인가? 만약 아가페라는 말의 의미가 한편으로 하나님에 대해 사용될 때와 다른 한편으로 우발적인 질서와 관련해 사용될 때 서로 달라진다면, 도대체 우리는 무엇 때문에 그 두 경우에 동일한 말을 사용하는 것인가? 그리고 이런 질문은 우리를, 만약 우리가 하나님에 대해 이런 방식으로 말한다면 인간인 우리가 그런 말로 의미하는 것을 참으로 알고 있다는 것을 어떻게 확신할 수 있는가 하는, 추가적인 질문으로 이끌어간다.

　더 나아가, 우리가 유한할 뿐 아니라 개념 및 인식의 방향에서 소외되어 있고,[1] 그로 말미암아 '우리의 마음이 재도식화될 필요가 있음'을 생각한다면,² 과연 우리는 하나님의 사랑에 관해 말할 때 자신이 하는 말의 의미를 적절하게 드러낼 수 있을까? 요약하자면, 우리가 요한과 더불어 "하나님은 사랑이시다."라고 주장할 때, 정확하게 우리는 무슨 말을 하는 것이며, 또한 정확하게 어떤 일이 벌어지는 것인가?

만약 우리가 이런 문제들을 다루는 데 성공한다면, 분명히 그때 우리는 과연 우리가 사랑을 하나님의 본질을 나타내는 것으로 묘사할 수 있는 것인지, 있다면 어떤 의미에서 그럴 수 있는 것인지 하는 더욱 광범위한 문제를 이미 다룬 셈이 될 것이다.

하나님의 존재 및 본성에 관한 일차적인 신학적 진술과 하나님을 묘사할 때 인간의 언어의 기능에 대한 이차적인 신학적 진술 사이에는 그 어떤 이분법도 존재하지 않으며 존재할 수도 없다는 것을 처음부터 강조해 두는 것이 중요하다. 인간의 언어의 기능이 행위를 하는 존재로서의 하나님(being-in-act of God)과 돌이킬 수 없을 만큼 밀접하게 관련되어 있음이 드러나게 될 것이다. 사실 그 둘을 분리시키려는 시도야말로 최근의 신학적 토론에서 발견되는 가장 심각한 혼란 중 하나다. 이런 전제하에서 이제 우리는 언어와 관련된 토론들을 간략하게 살필 것이다.³

모든 신학적 설명과 하나님을 묘사하려는 모든 시도와 관련해 제기되는 핵심적인 도전은 프레드릭 페레(Frederick Ferré)가 명백히 모순되는 원리들로 말미암아 발생하는 '혼란'(perplexity)이라고 부르는 것이다. 이 '혼란'은 "하나님은 그분의 피조물과 도저히 비교할 수 없는 분이라는 반복되는 성경의 경고들과……하나님의 목적, 감정 그리고 특별한 행동 양식에 관한 아주 명백한 진술들 사이의 분명한 갈등"에 의해 발생한다. 그러므로 기독교 신학자는 자신이 서로 모순되는 듯 보이는 원리들에 헌신하고 있음을 알게 된다. "한편으로 하나님은(그분이 성경의 하나님이든 철학자들의 하나님이든 간에) 모든 유한한 피조물과는 완전히 다른 분이시기에 하나의 지시대상(referent)으로서의 하나님에 대한 그 어떤 진술도, 만약 그것이 어떤 다른 지시 대상을 갖고 있지 않다면, 그것이 의미하는 것을 의미할 수 없다." 다른 한편으로 "만약 그동안 하나님이 어떤 식으로든 인간에게 계시되어 오셨다면, 하나님에 대한 참된 지식은 (그것이 어떤 종류이건 간에) 있을 수 있다고 주장되어야 한다."[4]

다시 말해, 우리가 하나님이 사랑하신다고 말할 때 그리고 마더 테레사(Mother Teresa)가 사랑한다고 말할 때, 우리는 그 두 가지 정황 모두에서 동일한 것 혹은 동일한 특성을 확언하는 것인가? 만약 그렇다면, 그때 우리는 신인동형론적(anthropomorphic) 투사의 위험과 하나님의 초월성을 진지하게 다루지 못할 위험에 처해 있는 것은 아닌가? 반면에, 만약 우리가 한편으로 하나님에 관해 그리고 다른 한편으로 마더 테레사에 관해 언급하면서 서로 완전히 그리고 철저하게 다른 무언가를 확언하고 있다면, 그때 우리의 신학은 하나님에 관한 모든 언급과 관련해 아주 애매한 언사 속으로 빠져드는 것 아닌가? 만약 의미의 연속성이 존재하지 않는다면, 우리는 하나님에 관해 언급할 때, 그와 동시에 우리가 하나님에 대해 사용하는 모든 용어가 실제로는 유한한 피조물인 우리의 경험이나 이해와 그 어떤 연속성이나 관계도 갖고 있지 않은 무언가를 의미한다는 것을 인정해야 한다. 물론 이것은 신학을 『이상한 나라의 앨리스』(Alice in Wonderland, 루이스 캐럴[Lewis Carroll]의 동화-역주)의 시나리오 정도로 축소한다. 그럴 때 신학은, 마치 험프티 덤프티(Humpty Dumpty, 『이상한 나라의 앨리스』의 속편인 『거울 나라의 앨리스』에 등장하는 달걀로 유식한 체하는 고집불통이다.-역주)가 그렇게 하듯이, '사랑' 같은 용어들이 하나님과 관련해 사용될 때 그것들의 의미가 달라지고 불연속적이 된다는 사실을 알면서도 계속해서 그것들을 사용하게 될 것이다.

'사랑'이라는 용어에 대한 단의적 사용(이것은 하나님과 우리가 정확하게 동일한 방식으로 사랑한다고 가정한다.)과 그 용어에 대한 모호한 사용(이것은 그 두 상황 사이에 그 어떤 연속성이나 유사성도 존재하지 않음을 가정한다.) 사이에 존재하는 이런 딜레마로부터 빠져나오는 전통적인 방법은 '유비론'(the theory of analogy)에 의해 제공된다. 유비론에 의하면, 어떤 용어들이 하나님과 관련해 사용될 때 그것들은 '단의적으로'나 '모호하게'가 아니라 '유비적으로' 사용된다. 그러나 이런 말은 도대체 무엇을 의미하는가?

서구 사상계에서 유비에 대한 가장 영향력 있는 분석은 토마스 아퀴나스(Thomas Aquinas)의 이론에 대한 토마스 드 비오 카제탄(Thomas de Vio Cajetan, 1469-1534)의 분류를 통해 나타났다. 예컨대, 제럴드 펠란(Gerald Phelan)은 이 분류법을 참고해 아래와 같이 세 종류의 유비적 서술을 구별한다.

1. 공통의 특성이나 의미내용(ratio)이 실제로 그리고 정확하게, 각각의 그리고 모든 관련자에게 동일한 방식으로 속하되, 동일하지 않은 정도로 그리고 동일하지 않은 실존의 조건들 아래에서 속한다. 사람과 개는 동일하게 동물이다. 그러나 그들은 동일한 동물이 아니다. 그 둘 모두를 동물로 만들어 주는 공통의 특성은 실제로 그리고 정확하게 서로에게 속한다. 하지만 개와 인간 안에서 그 특성은 실존의 동일한 조건 아래에 존재하지 않는다. 이것은 보통 '불평등의 유비'(analogy of inequality) 혹은 '포괄적 서술의 유

비'(analogy of generic predication)라고 불린다.

2. 공통의 특성이나 의미내용이 적절하게 관련자들 가운데 어느 한 쪽에만 속하되 다른 것의 특성이 있다고 간주한다. 예컨대, 건강은 적절하게 말하면 오직 유기체에만 속한다. 그러나 음식, 약품 그리고 운동 같은 다른 것들도 그것들이 어떤 원인 작용의 질서 안에서 유기체의 건강에 대해 갖는 관계로 말미암아 역시 '건강한'이라고 불린다. 그리고 이것은 보통 '귀속의 유비'(analogy of attribution)라고 불린다.

그러나 전통적으로 이런 형태의 유비들 가운데 어느 것도 신학이 그것이 처해 있는 딜레마로부터 빠져나올 만큼 충분히 만족할 만한 방법을 제공해 주지는 못했다. 그런 까닭에 펠란은 그 문제에 대한 해결책을 제3의 대안에서 찾아야 한다고 주장한다. 그리고 그 대안은 아래와 같다.

3. 공통의 특성이나 의미내용이 실제로 그리고 정확하게 관련자들 각자와 모두에게 그들의 각각의 존재(esse)에 비례하여 속한다. 이것은 '적절한 비례성의 유비'(analogy of proper proportionality)라고 불린다.

전통적으로 이해되는 토마스 아퀴나스의 유비론의 핵심은 바로 이런 삼중의 분류를 따라 설명된다. 펠란은 토마스의 유비론 안에서 "기본적인 명제는……그것의 엄격하고 적절한 의미에서 둘 혹은 그 이상의 존재에 유비적으로 공통되는 완전성은, 그것이 무엇이든 간에, 본질적으로 그것들 각각에 의해 소유되지만, 그 어떤 둘에 의해서도 동일한 방식이나 형태로가 아니라 각각에 의해 그 자신의 존재에 비례해서 소유된다는 것이다."라고 주장한다.[5]

사랑은 인간에 의해, 천사들에 의해 그리고 하나님에 의해 소유된다. 하지만 같은 방식으로 소유되지는 않는다. 인간이 사랑하는 방식은 인간이 가진 존재에 비례한다. 천사들이 사랑하는 방식은 천사들이 가진 존재에 비례한다. 그리고 마찬가지로 하나님이 사랑하시는 방식은 하나님이 갖고 계신 존재에 비례한다. 이 말은 이런 비율들 사이에 직접적인 등가(等價)가 존재한다는 뜻이 아니다. 오히려 "입격한 비율들의 비율이 존재하는데, 그 안에서 하나의 비율의 조항들은 다른 비율의 조항들과 비례하지 않는다. 그러나 그 관계의 어느 한 쪽의 조항들 사이의 모든 비율은 그 관계의 다른 쪽의 조항들 사이의 모든 비율과 비례한다."[6]

그러므로 만약 우리가 "하나님이 사랑하신다."라고 말한다면, 그때 우리는 하나님이 자신에게 비례하는 방식으로 사랑하신다고 말하거나 인간이 그들의 존재에 비례하는 방식으로 사랑하는 곳에서 인간과 그들의 사랑의 관계에 비례적으로 들어맞는 것이라고 말하는 셈이다. 이런 식으로 우리는 하나님께 인간의 사랑을 적용하지 않으면서 "하나님이 사랑하신다."라고 유비적으로 주장할 수 있으며 그렇게 함으로써 하나님에 관해 신인동형론적으로 말하지 않을 수 있게 된다. 그런 식으로 우리는 하나님의 초월성을 그리고 하나님과 인간 사이의 범주적 차이를 존중한다. 우리는 하나님과 창조질서 사이의 비교불가능성을 인정한다.

그러나 확실히 이런 해결책은 충분하지 않다. '적절한 비례성의 유비'는 실제로는 두 가지 주장을 하는 셈이다. 첫째, 그런 서술이 피조물과 창조주에게 유비적으로 적용된다는 것이다. 둘째, 유비의 대상들과 그들과 관련해 서술된 특성들 사이에 존재하는 비례성 사이의 유비가 있다는 것이다. 그러나 이 두 번째 진술은 단지 첫 번째 것과 동일한 형식에 관한 또 다른 진술일 뿐이다. 관계들의 유비적 비례성에 관한 이 두 번째 진술을 덧붙이는 것은 어떤 의미로도 우리가 사랑을 하나님과 관련해 설명하되 어떻게 자신이 하나님에 관해 확언하는 내용을 알고 있다는 것 그리고 또한 자신이 신인동형론적 투사에 빠져들지 않고 있다는 것을 암시하는 방식으로 그렇게 할 수 있는지의 문제를 해결해 주지 않는다.

카제탄의 이런 분류법(어쨌거나 이것은 개혁주의 사상가들에 의해 널리 채택되고 있다.)이 가진 약점은 우리로 하여금 토마스 아퀴나스 자신의 사상을 쉽게 포기하지 못하게 한다. 비록 아퀴나스에 대한 카제탄의 해석이 여러 세기 동안 거의 보편적으로 채택됐음에도, 프랜시스코 드 수아레즈(Francisco de Suarez)는 이런 흐름에 맞선다. 수아레즈는 신학적 서술의 근거를 '비례성의 유비'(analogy of proportionality)에 두기보다는 아퀴나스가 '내재적 귀속의 유비'(analogy of intrinsic attribution), 즉 "명명하는 형식이 양측의 혹은 모든 조항에 내재적으로 존재하는, 즉 한 쪽에는 절대적으로 그리고 다른 쪽(들)에는 전자에 대한 내재적 관계를 통해서 상대적으로 존재하는 유비"를 가르친다고 주장한다.[7] 다시 말해, 어떤 완전성(가령, 아가페 같은)은 창조질서가 하나님에 대해 갖는 내재적 관계 때문에 창조질서와 관련해 설명될 수 있다. 이것은 그 두 가지 정황 사이에 어떤 유비적이고 내재적인 연속성이 있음을 의미한다. 또한 이것은 창조 세계의 정황에 적합한 인간의 언어가 창조주와 관련해 사용될 수 있음을 의미한다.

여기에서 아퀴나스에 대한 해석의 역사를 다루는 것은 우리의 관심사가 아니다. 우리의 토론을 위해 적절한 것은(수아레즈의 뒤를 이어) 바티스타 몬딘(Battista Mondin)이 설명하는바 신학적 서술에 대한 아퀴나스의 통찰들이다.

이 대안적 설명에 따르면, 아퀴나스의 신학적 진술에서 사용되는 유비의 일차적 형식은 선차와 후차를 따라서 이루어지는 하나의 다른 하나에 대한 유비다(analogy of one to another according to priority and posteriority, Analogia unius ad alterum per prius et posterius). 이런 표현을 사용해 아퀴나스는 하나님으로부터 기인하는 완전성과 인간으로부터 기인하는 동일한 완전성 사이에 직접적인 유비적 유사성 – 비율의 유사성이라기보다 속성의 직접적인 유사성 – 이 존재한다고 주장하는 유비 혹은 신학적 서술 형태를 옹호한다.

비례성의 유비의 약점은 그것이 아퀴나스의 해석의 핵심적 구성요소들 가운데 그 어느 것도 적절하게 인식하지 못한다는 것이다. 몬딘은 다음과 같이 말한다. 그것은 "하나님과 피조물 사이의 인과론적 관련성도 자신의 피조물에 대한 하나님의 상위도 지적하지 않는다."[8] 그것은 각각의 완전성 자체가 아니라 비율들 사이의 유비에 집중함으로써 우리가 하나님이 우리를 사랑하시듯 서로 사랑해야 한다고 주장할 때 우리가 신중하게 동일한 말과 개념을 사용하고 있다는 사실과 사랑이 하나님의 존재를 구성하듯[9] 새로운 창조에 참여하는 자인 우리의 존재도 구성해야 한다는 사실을 다루는 데 실패한다.

아퀴나스의 유비의 형태에 대한 새로운 분류법[10]

몬딘은 아퀴나스의 본문에 대한 분석과 유비에 대한 전통적 설명에 내재된 문제들에 대한 비판(그 두 가지 모두 아퀴나스에 대한 해석이자 하나님에 관한 인간의 이야기가 가진 문제에 대한 해답을 제공하는 것이다.)의 결과물로 유비의 형태에 관한 새롭고도 간결한 분류법을 제공한다. 그는 귀속의 네 가지 형태를 아래와 같이 구분한다.

1a. 내재적 귀속의 유비(analogy of intrinsic attribution): 이것은 '형식적으로' 유비의 대상자들 사이의 유효한 인과성의 관계에 기초를 둔다. 몬딘은 이것이 하나님에 관한 이야기의 가능성에 대해 기초를 이루는 가장 기본적인 신학적 형태의 유비라고 주장한다.

1b. 적절한 비례성의 유비(analogy of proper proportionality): 예컨대, 새가 날 수 있듯이 천사도 날 수 있다. 이것은 또한 '내재적 명명(命名)의 유비'(analogy of intrinsic denomination)이다. 그러나 이것은 그 기초를 하나님의 섭리나 원인과 결과로서 하나님과 피조물의 관계가 아니라 관계의 유사성에 둔다.

신학적 과업에 적합하지 않은 또 다른 범주가 있다.

2a. 외재적 귀속의 유비(analogy of extrinsic attribution): 예컨대, 베드로는 건강하고 음식도 건강하다. (『교회 교의학』의 몇몇 부분에서 칼 바르트의 논의는 이런 종류의 선택—궁극적으로 그의 핵심적인 신학적 강조와 양립할 수 없

는 선택이다-에 공감하는 것처럼 보인다.)

2b. 부적절한 비례성 혹은 은유적 비례성의 유비(analogy of improper proportionality or metaphorical proportionality): 예컨대, 아킬레스(Achilles, 호머의 서사시 『일리아드』에 등장하는 그리스의 영웅-역주)는 사자이고 그 짐승도 사자다.

몬딘의 분석에 비추어 보면 유비에 대한 아퀴나스의 설명이 가진 인상적인 미덕들이 분명하게 드러난다.

첫째, 어떤 완전성을 하나님께 유비적으로 귀속시키는 것은 언제나 "하나의 다른 하나에 대한"(one to anopther, unius ad alterum) 귀속이어야 한다. 그것은 절대로 "둘의 세 번째에 대한"(two to a third, duorum ad tertium) 귀속이 되어서는 안 된다. 그럴 때 우리는 하나님과 피조물을 플라톤의 '형상'(form)과 같은 어떤 보다 높은 개념이나 범주에 포괄시키게 된다. 같은 방식으로 아퀴나스는 그것이 결코 '많은 것을 하나에'(many to one) 귀속시키는 것-마치 우리가 하나님, 예수, 바울, 간디 그리고 마더 테레사를 그 아래에 포괄시키는 사랑의 개념을 갖듯이-이 되어서도 안 된다고 주장한다. 만약 사랑이 하나님과 인간 모두와 관련해 적절하게 긍정된다면, 그것은 반드시 하나님과 인간의 직접적인 관계 때문이어야 한다. 즉, 그것은 반드시 하나를 다른 하나에 돌리는 것이 되어야 한다.

둘째, 유비적 서술은 항상 창조 세계에 대한 하나님의 우선성(수위성 혹은 상위성)을 인정하면서 '선차와 후차를 따르는'(according to priority and posteriority, per prius et posterius) 방식이 되어야 한다. 완전성은 일차적으로 하나님과 관련해 긍정되며, 피조물과 관련해서는 단지 이차적으로 그리고 파생적인 의미로만 긍정된다. 그것은 먼저 하나님께 그리고 그다음에 인간에게 적용된다.

요약하자면, 유비는 하나님과 피조물의 영역 사이의 존재론적 관계에 의존하며 이 관계에 내포된 질서를 인식해야 한다. 따라서 하나님은 절대로 그분의 피조물과 함께 그 이상의 어떤 궁극적 형태나 범주 아래에 포괄되어서는 안 된다. '하나의 다른 하나에 대한' 그리고 '선차와 후차를 따르는' 유비는 하나님에 관한 이야기가 모든 형태의 신인동형론을 배제하면서도 참되고, 의미 있고, 인간의 마음으로 이해할 만하고, 존중할 만한 것이 되는 데 필요한 두 가지 핵심적인 필요조건들을 보여 준다.

그러나 이것은 즉각 이런 식으로 인식되는 '내재적 귀속의 유비'의 가능성을 위한 기초가 되는 존재론적 전제들과 관련된 문제를 제기한다. 여기에서 우리는 아퀴나스의 유비론에 대한 몬딘의 분석이 가진 보다 유용한 측면, 즉 그것이 아퀴나스의 유비 개념 안에서 작동하는 기본적인 세계관 혹은 우주론을 드러내는 정도에 관심이 있어야 한다. 몬딘의 설명처럼 말이다.

> 내재적 귀속은 유비의 대상들 사이의 진정한 유사성을 요구한다. 그리고 이런 유사성은 효과적인 인과성의 관계에 의존한다.……예컨대, 우리는 중국의 치앙에서 오믈렛을 먹을 수도 있다. 그러나 이 사실이 우리에게 오믈렛이 중국의 음식이라는 확신을 주지는 않는다. 우리는 오직 우리가 원인과 결과 사이의 유사성의 원리에 호소할 때만 이런 확신을 얻을 수 있다. 오직 "모든 행위자는 그 자신과 유사한 방식으로 행동한다."(omne agens agit simile sibi)는 스콜라 철학의 원리

가 타당할 때만, 우리는 정당하게 그 음식과 중국이 무언가 관계가 있다고 믿을 수 있다. 그러므로 내재적 귀속의 유비의 가능성은 원인과 결과 사이의 유사성의 원리의 타당성에 의존한다.[11]

카제탄의 해석에 대한 주된 비판은 그것이 토마스 아퀴나스의 유비론 전체를 떠받치는 이 핵심적 원리를 놓치고 있다는 것이다.[12] 몬딘의 분석은 아퀴나스의 유비론의 뿌리가 우주론적 원리, 곧 작인들과 그것들이 존재케 하는 혹은 낳는, 다시 말해, 창조하는 것 사이의 보편적인 유사성이라는 원리 안에서 발견되어야 한다는 것을 보여 준다.

이런 해석은 분명히 햄퍼스 리트켄스(Hampus Lyttkens)의 보다 앞서 나온, 그리고 상당히 중요한 책인 『하나님과 세계 사이의 유비』(The Analogy between God and the World)의 결론 중 몇 가지를 반영한다. 그 책에서 리트켄스는 다음과 같이 주장한다. "그러므로 우리의 결론은 다음과 같다. 인간이 하나님에 대해 갖는 얼마간의 유사성과 창조 세계가 하나님에 대해 갖는 얼마간의 유사성이라는 자연의 준비에 의거해, 성 토마스는 인간은 비록 불완전하지만 그럼에도 참된 하나님에 대한 지식에 이르는 자연적인 방식을 갖고 있다고 주장한다."[13]

유비의 기초를 이루는 존재론에 대한 이런 해석과 관련해 토마스의 입장을 옹호하는 중요하고도 서로 밀접하게 연관된 두 가지 문제가 제기된다(그러나 몬딘은 그것들에 대해 그 어떤 논의도 제공하지 않으며 심지어 그것들을 의식하지도 못하는 것처럼 보인다).

첫째, 만약 "모든 행위자는 그 자신과 유사한 방식으로 행동한다."는 원리가 하나님께 그리고 그분이 창조 세계와 맺고 계신 관계에 적용된다면, 그때 하나님은 일종의 포괄적인 범주, 즉 그것이 보편적으로 적용되기에 그들의 행위가 그들과 얼마간 유사성을 갖는 행위자들의 부류에 포괄되시게 될 것이다. 내재적 귀속의 유비에 관한 아퀴나스의 옹호가 가진 실제적인 힘은, 정확히 말해 유비는 반드시 '하나의 다른 하나에 대한' 것이어야 '둘의 세 번째에 대한 것이 되어서는 안 된다는 그의 주장, 그리고 하나님은 그분이 그것과 관련해 어떤 일반적인 특성을 드러내야 할 의무가 있는 어떤 일반적인 범주 아래에 포괄되어서는 안 된다는 그의 주장 때문이었다. 하나님은 어느 한 부류에 속하시지 않는다(Deus non est in genere). 여기에서 아퀴나스가 거부했던 종류의 유비, 즉 살짝 감춰진 형태의 '두 가지의 세 번째에 대한' 혹은 '여럿의 하나에 대한' 유비가 발견되는 것은 아닌지 하는 의문이 제기된다.

둘째, 이런 논증은 어떤 종류의 경험적 필요는 너무나 포괄적이기에 하나님까지 포함한다는 가정에서 이루어진다. 이것은 개연성이 아니라 필요성으로부터 나오는 주장이다. 이 주장이 "모든 행위자는 ~할 가능성이 있다."가 아니라 "모든 행위자는 ~하다."라는 형태를 취하고 있음을 감안한다면, 하나님에 관한 이야기의 가능성을 떠받치려면 어떤 직접적으로 인식된 보편적 필연성이 요구된다.

요약하자면, 신학적 서술에 관한 토마스의 이론을 뒷받침하는 존재론적 가정은 하나님께 유한한 인간의 경험이라는 정황 안에서 형성된 작인(agency)이라는 개념을 투사하는 것, 그리고 또한 그것을 하나님을 어떤 공통의 범주(그 범주에 속한 모든 구성원에게는 몇 가지 법칙들이 보편적으로 적용된다.) 아래 포괄시키는 위험을 감수하는 방식으로 그렇게 하는 것을 포함한다. 이런 두 가지 움직임 혹은 전제들 모두는 분명히 광범위한 정당화 곧 신학적 정당화와 철학적 정당화가 있어야 한다. 하나님의 존재에 대한 우주론 및 목적론적 논증에 관한 데이빗 흄(David Hume)

의 비판은 이런 종류의 움직임에 대한 넘어설 수 없는 비판을 제공하는데, 우리가 그것을 어떻게 회피할 수 있을지는 알기 어렵다.[14]

이것은 우리를 신학에서 가장 중요한 질문들 가운데 하나로 이끌어간다. '하나의 다른 하나에 대한' 그리고 '선차와 후차를 따라서' 같은 조항들이 정상적으로 작용하는 신학적 서술의 명령법에 대한 아퀴나스의 인상적인 통찰들과 조화를 이루는 대안적인 존재론적 근거가 존재하는가?

내가 이 에세이의 서두에서 지적했듯이, 서구에서 아퀴나스는 종종 유비와 관련해 철저한 신학적 설명을 제공한 최초의 인물로 간주한다. 그러나 '유비'라는 개념은 아타나시우스(Athanasius)의 신학의 핵심이다.[15] 아리우스주의와의 논쟁에서 아타나시우스는 우리의 의견을 하나님께 신인동형론적으로 투사하는 것-그가 '신화화'(muthologein)라고 불렀던 것-과 신학 혹은 유비를 구별했다. 신학, 즉 하나님에 관한 타당한 이야기에서 우리의 용어는 그것들이 하나님의 실재를 가리키는 방식으로 그것들의 평범한 용법의 문맥 너머를 투사하도록(ana-logein) 확장된다. 이런 용어들은 더는 단순한 '에피노이아이'(epinoiai, 초월자에게 신화적으로 투사된 자의적인 인간의 의견이나 개념들)가 아니라 '디아노이아이'(dianoiai, 통과하여[dia] 하나님의 실재와 존재를 비춘다는 개념)가 된다. 이것을 위한 조건은 '메타노이아'(meta-noia)인데, 바울의 설명으로는 그것은 우리의 생각과 개념들(noiai) 그리고 우리의 용어들의 변화를 의미한다. 이것은 우리의 개념들의 의미가 우리의 마음의 '재도식화'(롬 12:2)에 상응할 정도로 변화되고, 그로 말미암아 그것들이 참으로 그리고 적절하게 하나님을 가리키게 되는 것을 의미한다. 요약하자면, 신학은, 바울의 말을 빌려 말하자면, 우리가 우리 자신의 개념들과 마음으로 원수가 될(echthroi te dianoia, 골 1:21) 정도로 우리의 개념들에 대한 조정을 요구한다. 이런 조정이 발생하면 우리는 그리스도 예수 안에 있는 바로 그 마음을 갖게 되며, 그로 말미암아 그리스도의 몸이 가진 새롭게 변화된 의미 체계 혹은 언어 게임에 참여할 수 있게 된다. 그럴 경우 우리의 로고이(logoi)는 창조질서 안에 분명하게 현존하고 계신 하나님이신 로고스(Logos)에 참여하게 된다.

이런 식으로, '아타나시우스적인' 설명은 훗날 아퀴나스가 '선차와 후차를 따르는' 그리고 '하나의 다른 하나에 대한' 유비에 대한 그의 주장을 통해 확언했던 것, 즉 하나님의 초월성과 우선성과 주도권, 그리고 하나님의 존재와 그 존재에 의존하는 인간의 질서 사이의 존재론적 관계를 정확하게 보존한다. 우리의 용어들은 로고스에 기반을 둔 그들의 존재 안에서 그리고 그것을 통해서 하나님을 가리킨다. 이것은 마치 성육신한 로고스가 교회라는 공동체를 구성하고, 그 공동체 안에서 그리고 그것을 통해서 용어들의 '의미'와 그것들의 '지시 대상'이 엄밀하게 재정의됨으로써[16] 우리의 언어가 성령의 화해시키는 사역과 그리스도 안에서 우리와 함께하시는 하나님의 역동적 임재를 통해 영원하고 초월적이신 하나님을 가리킬 수 있게 되는 것과 마찬가지다. 이것은 칼빈이 하나님의 '옹알이'(balbutire)[17]에 관한 그리고 교회 안에서의 성령의 사역에 관한 그의 가르침에서 지적하는 내용이기도 하다. 또한 그것은 에버하르트 윙엘(Eberhard Jüngel)이 하나님이 계시 안에서 그리고 계시를 통해서 인간의 언어를 강제로 신성하게 모아들이는 것(the divine commandeering)에 관한 주장을 통해 언급하는 내용이기도 하다.[18]

그렇다면 유비에 관한 아타나시우스의 이론의 토대를 이루는 존재론적 원리는 무엇인가? 여기에서 우리는 서구의 중세 스콜라 철학의 정적인 범주들과 그리스의 교부들의 역동적인 범주들 사이의 차이를 발견한다. 아타나시우스에 따르면, 하나님이 신학에 부여하신 한계는 아주 분명하다. 그것은 바로 하나님에 대한 탐구(Logos theou)이다. 하나님에 관한 우리의 이야기가 임마누엘이신 분에 대해 참될 뿐 아니라 또한 그분에 의해 재정의되는 곳에서 우리의 언어는 진리 안에 계신 하나님을 가리킨다. 그러므로 비유와 신학의 존재론적 근거는 원인과 결과 사이의 보편적이고 존재론적인 유사성(homoi-ousia)이 아니라 - 그것은 너무나 절대적이고 보편적이어서 그 안에 하나님까지 포괄한다! - 성자와 성령의 성부 하나님과의 하나 됨(oneness)이다. 다시 말해, 우리의 용어들이 유비적 역할을 하기 위해 반드시 필요한 조건은 바로 동일본성(homoousion)인 것이다. 우리의 정신과 개념들은 창조주이신 성령을 통해 우리가 그 안에서 하나님의 존재의 온전함을 얻게 하는 분이신 그리스도와 화해하고 결합한다. 그리고 우리의 소외된 마음(echthrai noiai)이 성령에 의해 그리스도의 몸의 공동체 안에서 변화되고 화해될 때, 우리는 성부에 대한 성자의 특별한 지식에 참여하고 또한 그리스도 예수 안에 있었던 마음을 얻게 된다. "세상 중에서 내게 주신 사람들에게 내가 아버지의 이름을 나타내었나이다.……나는 아버지께서 내게 주신 말씀들(rhemata)을 그들에게 주었사오며 그들은 이것을 받고"(요 17:6, 8).[19]

  칼빈의 가장 위대한 공헌 중 하나는, 그가 자기보다 앞선 스콜라 철학의 이성주의에 맞서서 만약 우리의 원수 된 마음이 하나님에 대한 참된 인식을 얻고자 한다면 다시 화해되어야 할 필요가 있다는 바울의 통찰을 재발견한 것에 있다.[20] 칼빈에 따르면(이 점에서 그는 아퀴나스와 대비된다.) 창조 질서가 창조주를 가리키는 것은 하나님의 섭리의 그 어떤 필연적인 흔적 때문이 아니라 하나님이 자유롭게 그 안에 "하나님의 영광의 특별한 징표들"(certae notae Cloriae Dei)을 새겨 넣으셨기 때문이다. 이런 징표들은 우리에게 '하나님에 대한 인식'(notitia Dei)을 제공하며, 만약 아담이 타락하지 않고 남아 있었다면 우리의 개념들의 지시적 역할에 분명하게 도움을 주었을 것이다. 그러나 인간은 온전한 상태로 남아 있지 않고 또한 이로 말미암아 우리의 마음과 패러다임이 부패했기에, 자연을 하나님이 심어 놓으신 '종교의 씨앗'(semen religionis)에 비추어 읽고자 하는 우리의 시도는 우상숭배로 몰아갈 뿐, 한 분이신 우리 주 예수 그리스도의 아버지께 이끌어 가지 않는다.

이상에서 개략한 쟁점과 논쟁들은 우리가 요한과 더불어 "하나님은 사랑이시다."라고 말할 때 무슨 일이 벌어지는 것인지에 대해 물을 때, 그리고 또한 우리가 과연 사랑이 단순히 하나님을 가리킬 뿐 아니라 인간의 관계를 묘사할 수도 있다고 확언할 수 있는지, 그리고 그렇다면 어떻게 그럴 수 있는지를 물을 때, 특별히 적절해진다.

그러므로 이제 우리가 살펴야 할 문제들은 다음과 같다.

첫째, 우리는 사랑이 하나님과 인간 모두에게 적절하게 적용된다고 확언할 수 있는가?

둘째, 우리는 그 둘의 정황 사이에 존재하는 의미와 언급의 연속성을 어떻게 이해할 수 있는가?

셋째, 우리는 그런 연속성의 존재론적 기초를 어떻게 이해할 수 있는가?

스콜라적 접근법 - 아퀴나스에 대한 몬딘의 재분류를 따라서

'스콜라적' 접근법에 따르면, 세상과 창조 질서 그리고 창조주(세상의 존재의 작인 혹은 원인) 사이의 존재론적 유사성은 창조 질서 안에서 제공되는 용어들이 하나님을 가리킬 수 있는 근거를 구성힌디. 따라서 만약 '아가페'라는 말이 하나님에 대해 의미 있게 사용될 수 있다면 그것은 있는 그대로의 그리고 그 전체로서의 창조 질서가 창조주의 존재를 나타내는 아가페와 관련해 인식할 수 있고, 그것은 내재적인 유사성의 근거 위에서 그러해야 한다. 하나님의 존재와 창조 질서 사이에는 유비적 연속성이 존재하며 또한 존재해야 한다. 왜냐하면 그것이야말로 신학적 의미체계의 근거이기 때문이다.

그런데 복음서는 우리가 성령을 통해 그리스도 안에서 얻고 발견하는 특별한 사랑이 근본적인 의미에서 창조 질서에 대해 새로운 것이라고, 즉 새로운 인간과 새로운 창조에 고유한 것이라고, 또 이런 아가페의 임재는 필연적으로 하나님의 확실하고 역사적인 임재와 관련되어 있다고 알려 주지 않는가? 이것은 우리의 타고난 이해와 갈망을, 그것들의 머리를 향해 돌리게 하고 또한 그들을 화해의 사건 안에서 새롭게 창조하시는 그리스도의 영의 자유로운 임재를 나타내는 것 아닌가? 신약성경의 증언은 우리가 그리스도 안에서 만나는바 자기를 제공하는 그리고 아가페야말로 자연이 증오, 욕지기, 혐오 혹은 두려움을 처방하는 바로 그 지점에서 발생하는 "자연에 어긋나는 형태의 사랑"이라고 주장하는 것처럼 보인다.[21] 그것은 우리의 자연적인 그리고 피조된 갈망이 '에로스'(eros)를 부추길 때 사람들을 위해 제공되는 '아가페'(agape)이다. 또한 그것은 우리의 타고난 '스토르게'(storge)와 '필리아'(philia)에도 불구하고 우리 자신의 가족과 친구들을 희생시키면서 원수를 위해 제공되는 '아가페'이다. 더 나아가 그것은 '제1원인'(First Cause)에 의해 자연 안에서 필연적으로 되풀이되는 정적인 그리고 인과관계에 갇힌 상태라기보다는 우리가 그리스도 안에서 자기를 제공하시는 하나님과의 교제 안으로 들어감으로써 우리 안에서 실현되는 자기 제공이라는 선물에 대한 표현이다.

이것은 신학적으로 해석된 아가페가 단순히 그것의 피조성 때문에 창조 질서 안에서 어떤 인과관계에 의해 조건 지워져 있는 것에 대한 개선, 계몽, 완전케 함 혹은 치료 같은 것을 훨씬 넘어서는 그 무엇임을 보여 준다. 요약하자면, 새로운 인간의 창조는 새 포도주를 새 부대에 담기 위해 자연적 질서의 파열을 일으킨다.

바로 여기에서 우리는 "모든 행위자는 그 자신과 유사한 방식으로 행동한다."라는 원리를 신학적 언급을 위한 근거로 삼는 것의 부적절성을 발견할 수 있다. 어떤 형태의 기초주의(foundationalism)는 우리의 '유일한 기초'(sole foundation)이신 그리스도의 자리를 대체하고 부정한다. 그것은 오직 그리스도의 새로움에만 적절한 것을 낡은 가죽 부대 안으로 쏟아 붓는다.

우리가 여기에서 제시하고자 하는 신학적 존재론은 어떤 근본적인 원리("모든 행위자[omne agens]는……")에 의존하지 않는다. 왜냐하면 그것은 하나님을 포함하며 포괄하기 때문이다. 오히려 그것은 "이 행위자(Hic agens)는 그 자신과 유사한 방식으로 행동한다."라는 원리를 인정하는 것에 의존한다. 왜냐하면 이것은 그리스도 안에 계신 하나님이 존재와 그분의 작용을 가리키기 때문이다. 이와 같은 인정이 우리의 이해를 지배할 때, "이 행위자는……"이라는 원리는 하나님의 영광과 온전하심에 대한, 그리고 그리스도 - 이 행위자(Hic agens) 곧 만물이 그를 통해서 그리고 그를 위해서 창조된 분 - 앞에 있는 거룩한 아가페에 대한 확언이 된다.

관념론적 혹은 플라톤주의적 접근

관념론적 접근법은 모든 윤리적 개념들을 거룩하고 참된 영원한 형상 혹은 이데아를 나타내는 것으로 해석함으로써 유비에 관한 논쟁을 피한다. 나는 그런 접근법이 같은 이유로 아가페라는 개념을 수용할 수 없다고 주장하고자 한다.

관념론자들에 따르면, 우리는 우리가 참된 정도만큼 그런 형상들에 참여하며, 또한 그렇게 함으로써 비록 아주 다양한 정도로이기는 하나 그 형상들을 예증한다. 아브라함, 예수, 바울, 간디 그리고 마더 테레사 뿐 아니라 우리가 선에 참여하는 정도만큼 우리 모두 역시 궁극적 실재를 예증한다. 그리고 플라톤이 그의 책『메노』(*Meno*)에서 입증했듯이, 이것은 필연적으로 계몽된 이성에 의해 발견되고 분석될 수 있다. 플라톤주의자들에게 "너 자신을 알라."(gnothi seauton, 이성적이고 분석적인 자기 인식)라는 말은 아가페가 옳고 참되고 거룩한 우리의 의무라는 점에서 아가페에 대한 접근법을 알려 주는 것임이 틀림없다. 이런 것을 고려한다면 예수는 아가페에 대한 특별히 인상적인 실례일 수 있다. 그러나 키에르케로그(Kierkegarrd)가 그의 책『철학적 단편』(*Philosophical Fragments*)에서 효과적으로 보여 주듯이, 이런 관점에 따르면, 예수는 우리에게 그 어떤 새로운 것도 가르치지 않으며 가르칠 수도 없다. 예수는 그 어떤 '결정적인 중요성'도 갖고 있지 않다. 예수는 마치 훌륭한 플라톤주의자 산파처럼 기껏해야 우리 안에 내재한 것의 '발견'을 위한 우연한 수단이 될 수 있을 뿐이다. 진리는 비록 희미하기는 하나 우리가 항상 알고 있었던 것, 우리가 그것에 대한 접근을 그치지 않았던 것 그리고 "우리의 주목을 피하기"를 그침으로써 알려지는 그 무엇이다.[22]

플라톤주의적 접근법이 가진 핵심적인 매력은, 그것이 우리가 어떻게 아가페를 선한 것으로 인식할 수 있는지를 설명한다는 것이다. 그것은 윤리적 차원에서 메노의 패러독스를 해결하는 것처럼 보인다. 우리는 아가페라는 용어로 묘사되는 행동이 선하고 옳다는 것을 어떻게 인식하는가? 우리는 예수가 선하며 그의 가르침이 도덕적으로 칭찬할 만하다는 것을 아는 것과 정확하게 동일한 방식으로 그것을 인식한다. 왜냐하면 윤리적 타당성과 선함에 대한 지식은 선천적이며, 따라서 이미 우리 안에 있기 때문이다. 예수는 아가페의 윤리를 옹호하고 가르치고 예증한다. 그러나 그는 어떤 의미로도 우리에게 새로운 것을 소개하지는 않는다. 왜냐하면, 설령 그가 그렇게 하고자 할지라도, 우리는 우리가 소개받은 것을 인식할 능력을 갖추고 있지 않기 때문이다. 그러므로 그는 우리에게 우리가 열심히 노력했음에도 볼 수 없었던 무언가를 볼 수 있는 눈을 제공하지 않는다. 기껏해야 그는 우리의 감식력을 날카롭게 해줄 뿐이며, 그로 말미암아 일종의 윤리적 치료사 혹은 우리의 영혼 깊은 곳에 있는 것을 발견하도록 촉구하는 심층심리학자의 역할을 할 뿐이다.

키에르케고르가 보여 주듯이, 이런 견해가 가진 함의는 아주 분명하다. 만약 예수(혹은 간디)가 우리 안에 이미 있는 것이 드러나도록 돕는 유능한 선생으로 간주되어야 한다면, 그때 그는 우리가 적절한 통찰력을 회복하자마자 우리의 시야에서 사라져야 한다. 그의 중요성은 순간적이며 절대로 그 이상이 되어서는 안 된다. 궁극적으로 중요한 것은 선생이 아니라 이상들(ideals)에 대한 학생의 관계다. 선생 자신에게 초점을 맞추는 것은 우리의 참된 관심사와 주안점인 윤리적 진리에 대한 우리의 관계를 분산시키고 해치는 데 기여할 뿐이다. 신성한 것은 진리들(이념들과 이상들)이지 실내로 그것들을 상기시키는 계기나 수단들이 아니다.

이런 접근법이 가진 또 다른 매력은 아가페를 인식하는 능력, 즉 우리 안에 있는 보편적 신적 내재성은 복음과 세상 사이의 '접촉점'(Anknüpfungspunkt)을 구성한다는 점이다. 그로 말미암아 우리는 세상이 즉각 그것을 옳고 타당하고 선하다고 인정하리라는 것과 또한 그것을 모든 실재가 상관하는 것의 본질로 인식하리라는 것을 알면서 세상을 향해 사랑에 대한 관념주의적 복음을 확신을 하고 선포할 수 있다.

변증적 관심과 인식론적 관심의 이와 같은 결합은 초기의 관념론이, 내재론자들의 영적 가정을 따라 움직이는 자유주의적 신학자들과 교회 지도자들에 의해, 사랑을 현대적으로 옹호하는 비공인 시스템이 되는 상황을 낳았다. 선천적인 '하나님의 형상'(imago Dei, 이것은 영적인 "너 자신을 알라."라는 명령이나 분석적인 자기 인식을 정당화하는 것으로 간주된다.)이라는 개념은 이것을 지지하는 데 너무 쉽게 이용된다. 이것은 이런 접근법이 가진 호소력에 내재한 추가적인 요소를 보여 준다. 이것은 인간의 영적 필요나 갈망 특히 자기 초월에 대한 갈망을 충족시키는 것처럼 보인다.

윌리엄 조지 드 부르(William George de Burgh)의 고전적 작품인 『종교 철학을 향하여』(*Towards a Religious Philosophy*)는 내가 비판하고 있는 접근법에 대한 인상적인 예를 제공한다. 드 부르는 무한히 초월적이신 하나님에 관한 참된 진술이 어떻게 유한한 인간에 의해 이루어질 수 있는지를 설명한다. 유일한 가능성은 과연 우리가 "직접적인 종교적 표현으로 이루어진, 하나님과 인간 모두에게……의미의 동일성을 지니고……단의적으로 그리고 유비적으로가 아닌 방식으로 적용할 수 있는 개념"

을 발견할 수 있느냐 하는 것이다. 그리고 그는 우리가 그 답을 '사랑'이라는 개념 안에서 찾을 수 있다고 주장한다. "인간에 대한 하나님의 사랑과 하나님에 대한 인간의 사랑은 종류에 있어서가 아니라 정도에 있어서 다를 뿐이다."[23] 여기에서 우리는 의미와 관계의 동일성을 얻을 수 있다. 그러나 이것은 드 부르에 따르면 "인간에 대한 하나님의 사랑과 다른 유한한 존재들에 대한 인간의 사랑 사이에는 적용되지 않으며, 오직 인간에 대한 하나님의 사랑과 하나님(그리고 오직 그분만)에 대한 인간의 사랑 사이에만 적용된다." 이러한 경험과 관련해 "인간은 문자적으로 유한한 존재 이상이다." 그러나 한 가지 분명한 것은 이때 옹호되고 있는 것이 '아가페'가 아니라 천상적 '에로스,' 즉 자신의 상대방인 인간에 대한 하나님의 갈망과 하나님에 대한 인간 편의 동등하고 단의적인 그리고 개인주의적인 갈망의 고전적 형태라는 점이다.

이런 식의 접근이 기독교 신학의 한계 너머에 호소한다는 사실은 1993년에 출판된 앨런 블룸(Allan Bloom)의 유작 『사랑과 우정』(*Love and Friendship*)을 통해 잘 드러난다.[24] 현대의 북미문화의 이기주의와 쾌락주의와 자기도취증에 대한 통렬한 비판서인 『미국 정신의 종결』(*The Closing of the American Mind*)[25]의 저자이기도 한 블룸은 고전 문학들 – 세익스피어, 제인 오스틴 그리고 다른 저자들의 작품들 – 에 대한 분석을 통해 현대 세계에서 요구되는 것이 가장 높은 수준의 인간적 감정이나 갈망, 곧 사랑에 대한 강조의 회복임을 입증하고자 한다. 그러나 다시 한 번 이때 그가 말하는 사랑은 '아가페'가 아니라 '에로스'다. 그리고 블룸은 우리를 플라톤의 『심포지움』(*Symposium*)에 등장하는 선, 진리, 아름다움 그리고 도덕 같은 "거룩한 이념들"에 대한 갈망에로 이끌어간다.

그러나 기독교 신학자는, 우리 시대의 윤리적 혼란과 불가지론에 대한 이런 식의 응답과 제휴하기 전에, 그와 같은 관념론이 아가페라는 개념에 의해 드러나는바 축소될 수 없을 만큼 역사적이고('무시간적'이 아니다.) 관계적이며('소유적'이 아니다.) 인격적인 헌신('갈망'이 아니다.)과 본질적으로 양립할 수 없다는 사실을 인식해야만 한다. 여기에서 윤리적 의무는 가치의 직접적인 대상으로서의 '거룩한 이념들'이 아니라 '사람들'과 관련된다.

요약하자면, 아가페는 내재적 가치나 이념들에 대한 반응이 아니다. 그것은 우리가 내적 성찰을 통해 옹호하거나 확증할 수 있는 가치를 지닌 무언가가 아니다. 왜냐하면 그것은 그것의 대상에 대한 자연스러운 갈망이 아니기 때문이다. 그것은 더욱 고상한 종류의 자연스러운 매력의 한 형태-가령, 은혜를 은혜로 갚는 식의 사랑-가 아니다. 또한 그것은 자연스러운 정서, 즉 인간적으로 이해될 수 있는 동정심의 한 형태도 아니다. 그것은 단순하게 인간의 본성 안에 내재한, 즉 인간 안에서 복제되거나 자연스럽게 인간 안으로 주입된 어떤 자연적인 측면을 가리키지 않는다.

예수 그리스도 안에서 계시된 사랑은 그 어떤 '것'(thing)을 위한 사랑이 아니다. 관념론의 주제와 급격하게 상충하는 방식으로 그것은 그것이 사랑하는 대상에게 가치를 부여함으로써 가치를 창조하는 사랑이다. 그것은 받기를 바라거나 자기를 성취하기를 바라지 않는다. 그것은 거저 줄 뿐이다. 그리고 그것의 대상인 인간은 무가치하거나 타락해 있을 수도 있다. 소크라테스식 이해의 대상과 달리, 그것은 '모든 이해를 넘어서고,' 따라서 우리의 자연스러운 이해나 우리의 세계관에 속하지 않고, 그리스적 정신에는 '미련한 것'(고전 1:23)으로 남아 있는 사랑이다.

이런 의미로 사랑하는 이가 어떤 '것'을 위해 사랑하지 않듯이, 다른 한편으로 하나님이 그 사랑을 통해 나눠주고자 하시는 것 역시 어떤 '것'이 아니라 '그분 자신'이다. 임마누엘이신 분은 성육신과 십자가와 부활을 통해서 우리에게 자기를 주신다. 그러므로 아가페 신학을 위한 핵심적 사건은 십자가에 달리신 하나님의 자기 제공이다. A. E. 테일러(Taylor), 위르겐 몰트만(Jürgen Moltmann), 도널드 맥킨논(Donald Mackinnon) 그리고 다른 많은 이들이 강조했듯이, 십자가에서 이루어진 그리스도의 희생은 우리가 플라톤의 『파에도』(*Phaedo*)에서 발견하는 소크라테스의 죽음과는 전혀 다른 죽음이다. 그리고 그것을 어떤 보편적 형상이나 이념에 대한 표현이나 예증으로 환원시키는 것은 단순히 하나님의 아가페를 이해하는 데 실패했음을 드러내는 정도가 아니라 복음의 '다른 종[種]으로의 전이'(metabasis eis allo genos)를 옹호하는 것이다.

그리스도의 삶은, 그것이 망한 인간의 구원을 위한 돌이킬 수 없을 만큼 역사적인 하나님의 자기 제공을 의미하는 정도만큼, 우리가 하나님의 아가페를 긍정하는 데 필요한 핵심적 토대를 구성한다. 그런 의미에서 우리가 하나님은 사랑이시라고 확언하는 것은 곧 하나님은 그분이 그리스도 안에서 우리에게 의미하시는 바로 그분이시라고, 그리고 성육신이 없는 하나님의 아가페는 무의미한 것이라고 확언하는 것이다.[26]

그러므로 이제 다음과 같은 사실이 분명해진다. 아가페는 그리스도의 인성이나 하나님의 신성 중 어느 쪽엔가 기인하는 윤리적 '여분'(extra)을 가리키지 않는다. 오히려 그것은 존 지지오울라스(John Zizioulas)가 주장하듯이, 코이노니아(koinonia, 친교)가 행하는 것과 동일한 방식으로 하나의 존재론적 범주를 구성한다.[27] 지지오울라스가 주장하는 것은, 아가페가 하나님의 존재(being, ousia/essentia), 즉 그분의 본질(ousia)이 '우리와 함께 계시는 하나님'이신 그리스도 안에 있는 그것의 외연분열(ekstasis)과 존재론직으로 동일시되어야 하는 하나님의 존재를 나타낸다는 것이다.

인간의 아가페에 대한 긍정 [28]

내가 지금까지 해온 주장은 앤더스 니그렌(Anders Nygren)이 아가페와 에로스 사이에 만들어 놓은 구분을 반영하고 있다(에밀 브루너(Emil Brunner)[29] 그리고 가장 유명하게는 C. S. 루이스(Lewis)도 그의 책 『네 가지 사랑』(The Four Loves)[30]에서 동일한 구분을 했다). 이제 우리는 니그렌의 주장을 좀 더 상세하게 살필 것이다.[31]

'에로스'는 사랑할 만한 가치가 있는 무언가에 대한 사랑이다. 그것의 목적은 가치를 획득하는 것이다. 그것은 그것의 대상이 가진 가치에 의해 '동기가 유발되는' 사랑이다.

그러나 신약성경이 말하는 사랑인 '아가페'는 예수 그리스도 안에서 계시된 새로운 종류의 사랑이며, 사랑하는 대상에게(비록 그것이 타락해 있고 무가치할지라도) 가치를 부여하는 사랑이다. 아가페는 하나님이 죄인들을 위해 그리스도 안에서 그리고 성령 안에서 자기를 제공하신다는 복음의 문법을 분명하게 드러내면서 "하나님과 교제하는 새로운 방법"을 제시한다. 그리고 그 방법은, 니체(Nietzsche)의 표현을 빌려 말하자면, "오래된 가치에 대한 전복"을 가져온다.

아가페는 아래와 같은 네 가지 특징을 갖고 있다.[32]

1. 아가페는 자발적이며 "유발적이지 않다." 인간에 대한 하나님의

사랑은 인간의 훌륭함이나 가치 때문이 아니다.

2. 그러므로 아가페는 인간의 공로와 무관하다. 예수는 죄인들을 구원하러 오셨다. 그분은 그들의 죄를 사랑하시지 않는다. 그분은 그들의 죄에도 불구하고 그들을 사랑하신다. 더 나아가 그분은 의로운 자들을 사랑하실 때도 그들의 의 때문에 그들을 사랑하시지 않는다.

3. 아가페는 창조적이다. 그 자체로는 아무런 가치가 없는 것이 단지 하나님의 사랑의 대상이라는 사실로 말미암아 가치를 얻는다. 그러므로 하나님이 사랑하시는 자의 가치는 전적으로 그(혹은 그녀)가 하나님에 의해 사랑을 받는다는 사실 때문에 발생한다. 그러므로 우리는 하나님의 아가페를 이런 식으로 해석하면서, 리츨(Ritschl)과 더불어, 마치 그것이 하나님의 사랑을 위한 이유를 제공이라도 하듯이, 인간의 영혼의 무한한 가치에 대해 확언해서는 안 된다. 창조적이고 비유발적인 하나님의 사랑은 언제나 '선물'이라는 성격을 지닌다.[33]

4. 아가페는 하나님과의 교제를 위한 길을 열어 준다. 인간이 하나님께 갈 방법은 없다. 우리는 스스로는 하나님께 이를 수 없다. 오직 하나님만이 인간을 위해 길을 만들고 여실 수 있으며 그렇게 하신다.

그러나 이런 설명은 아가페가 오직 하나님 안에서만 발견된다고 주장함으로써, 즉 아가페는 본질적으로 하나님의 사랑이지 인간의 사랑이 아니라고 주장함으로써 인간의 사랑을 에로스의 한 형태 곧 내재적 신가와 가치에 대한 시인과 반응으로 축소한다는 점에서 약점을 갖고 있다. 신약성경은 우리가 윤리적이고 심미적인 가치와 이상들에 대한 추구로 인식되는 에로스를 위한 적절한 그리고 참으로 중요한 자리가 있다는 사실을 부정하지 않으면서 그 이상의 말을 하라고 요구한다.

이것은 드 부르(de Burgh)와 함께 하나님의 사랑과 인간의 사랑 사이에 어떤 분명한 단의성(單意性)이 있다고 말하는 것이 아니다. 아가페라는 개념은 하나님과 인간 모두에게 하나의 의미로만 사용되어서는 안 된다. 비록 유비적이기는 하나 우리는 아가페는 긍정될 수 있을 뿐 아니라 또한 참으로 인간적인 사랑과 관련해서도 적절하게 그리고 본질적으로 긍정되어야 한다고 주장하고자 한다. 이것은, 아퀴나스의 말을 빌려 말하자면, 아가페가 하나님과 인간에게 '하나에서 다른 하나로' 그리고 '선차와 후차를 따라서' 긍정된다는 것을 의미한다. 그러나 그렇다면 이런 주장의 존재론적 근거를 이루는 것은 무엇인가? 즉 무엇이 그런 주장을 보증해 주는가? 그것이 "너 자신을 알라."는 명령이 요구하는 인식이나 하나님의 형상이라는 추정된 보호 아래에서의 명상의 한 형태가 아닌 것은 분명하다. 오히려 그것은 성자와 그리스도(단순히 하나님으로서가 아니라 참된 인간으로서의 그리스도) 안에 있는 인성을 통한 성자의 임재가 가진 '동일 본질'(homoousion)이다. 신약성경의 증거는 그리스도 안에 있는 신성은 아가페의 주체이나 인간 예수는 에로스의 숭고한 형태일 뿐이라는 주장을 완전히 부적절한 것으로 만든다.

그리스도 안에서 우리는 단순히 하나님에 대해서만이 아니라 참된 인간, 즉 두 번째 아담이신 분과 관련해서도 긍정되기를 요구하는 아가페를 발견한다. 그리고 바로 이런 토대로부터 그리고 바로 이런 기초 위에서 아가페는 성령을 통해 남자와 여자들이 그리스도의 몸 안에 있는 새로운 인류에 참여할 때 그들의 존재를 이루는 것으로 간주할 수 있다.

그리스도 안에서 창조주와 피조물 그리고 자연과 은혜는 하나다. 그리고 우리가 예수의 인성을 진지하게 다룰 때, 그 안에서 우리는 단순히 아폴리나리우스적(Apollinarian)인 혹은 가현설적(docetic)인 의미에서의 하나님의 사랑의 '통로'가 아니라 참으로 인간적인 사랑을 발견한다. 예수님이 버림받은 자와 죄인들에 대해 갖고 계셨던 사랑은 단순히 그의 인격 안에서 구체화된 하나님의 사랑이 아니라, 인간으로서 그분 자신의 사랑이었다. 그분이 죄인들에 대해서 갖고 계셨던 비유발적이고 자발적인 아가페는 그분이 단순히 하나님이셨기 때문이 아니라, 참된 인간-자유롭고 죄 없는 인간, 하나님이 인간에게 바라셨고 지금도 바라고 계시는 모든 것의 완전한 구현-이셨기에 드러내 보이신 사랑이었다. 그러므로 우리가 하나님이 의도하시는 인간, 즉 그 존재가 자신의 코이노니아(koinonia)와 자신의 아가페(agape)에 참여하는 인간의 본성을 최초로 발견하는 것은 바로 이 참된 아담 안에서다.[34]

우리가 니그렌에게서 발견하는바 하나님의 사랑과 인간의 사랑에 대한 루터파의 접근법이 가진 약점은 정확하게 칼빈이 오시안더(Osiander)에게서 발견하는 약점과 일치한다. 오시안더는 그리스도 안에 있는 하나님의 의를 강조하느라 그리스도의 인간적 의를 놓쳤다. 칼빈의 주장은 그동안 우리가 다뤄왔던 여러 가지 문제들에 초점을 맞춘다.

『기독교강요』(Institutes of the Christian Religion) 제3권에서 칼빈은 오시안더가 말하는 '본질적 의'를 '괴물'이라고 부른다(3.11.5). 칼빈은 이것이 그리스도의 '값없이 주어지는 의'를 망가뜨림으로써 그리스도의 인성의 측면에서 해석되어야 하는 하나님의 은혜를 짙은 안개로 휘감아 어둡게 한다고 주장한다. 본질적인 하나님의 의라는 개념은 결국 우리가 "그리스도의 본질과 품성을 모두 주입받음으로써 하나님 안에서 본질적으로 의롭다."고 주장함으로써 "우리가 그리스도의 순종과 희생적 죽음을 통해 얻은 의"를 훼손시킨다.

칼빈이 보기에 오시안더의 문제는 그가 그리스도 안에서 우리가 단순히 '하나님의 의'가 아니라 참된 '인간적 의'를 얻는다는 사실을 진지하게 여기지 않는다는 점에서 마니교의 이원론의 형태를 보이는 것이다. 이런 혼란은 하나님이 인성 안에 거하시는 '방식'을 인식하는 데 실패한 것에서 기인한다. 칼빈은 말한다. "성부와 성령은 그리스도 안에 계시다. 그리고 그분 안에 신성의 충만이 거하시듯, 우리는 또한 그분 안에서 하나님을 온전하게 소유한다"(3.11.5). 오시안더식 접근법이 가진 문제는 그것이 "우리를 그리스도의 제사장직과 중재자 직분으로부터 끌어내 그분의 영원한 신성으로 이끌어간다."는 데 있다(3.11.8). 그분은 단순히 그분의 신적 본성의 측면에서만이 아니라 그분의 인간적 본성의 측면에서도 우리의 의가 되셨다. 그리고 "그리스도가 나뉠 수 없듯이, 우리가 그분 안에서 연합해 있는 것으로 지각하는 의인과 성화 역시 분리될 수 없다"(3.11.6).

칼빈은 다음과 같이 결론짓는다. "만약 누군가가 우리가 어떻게 의롭게 되느냐고 묻는다면, 바울은 이렇게 답한다. '그리스도의 순종을 통해서'(롬 5:19). 그리고 그분은 종의 형태를 입는 것 말고 다른 어떤 형태로 순종하셨는가? 그러므로 우리는 의가 그분의 육신 안에서 우리에게 드러났다고 결론짓는다"(3.11.9).

이런 비교가 보여 주는 것은 분명하다. 하나님의 의와 인간의 의가 그리고 의인과 성화가 양분될 수 없듯이, 비슷한 방식으로 그리스도 안에서 하나님의 의와 인간의 의 역시 양분될 수 없다. 마찬가지로 하나님의 은혜는 인간 안에 있는 어떤 이념이나 본질적 의 혹은 도덕 등으로 환원될 수 없다. 하나님의 의가 인간 예수의 의와 분리될 수 없듯이, 하나님의 아가페 역시 그리스도의 인간적인 아가페와 분리될 수 없다. 그러므로 그분 안에서 아가페는 참 하나님과 참 인간 모두에 대해 본질적인 것으로 긍정될 수 있다. 이런 식으로 예수 그리스도는 우리가 초월적인 하나님의 존재를 구성하는 아가페를 이해할 수 있게 하는 우리의 존재에 적합한 수단이 되신다.[35]

그러므로 우리가 인간의 정황 속에서 하나님의 사랑에 대해 말하고 그 둘 사이의 실제적 연속성을 인식할 가능성은 (a) 작인과 결과 사이의 본질적 유사성이나, (b) 필연적으로 보편적인 관념론적으로 이해된 본질적 사랑이나, (c) 하나님의 사랑의 인간 안으로의 '내재론적' 주입에 근거하지 않는다. 이런 것 중 어느 것도 기독교 신앙의 핵심에서 작동하는 역학을 해석하는 데 필요 적절한 존재론적 틀을 제공하지 않는다. 그것들은 오시안더가 주장하는 주입된 의가 칼빈이 하나님의 은혜의 핵심으로 여기는 "값없이 주어지는 [인간의] 의"를 제공하지 못하는 것만큼이나 값없이 주어지는 아가페를 제공하지 못한다.

오히려 하나님의 사랑에 대해 우리가 하는 말의 근거는 오직 성육신 하나뿐이다. 왜냐하면 바로 그것이 새로운 창조 안에 있는 인간의 아가페를 일으키기 때문이다. 그리스도 안에서 우리는 순전한 아가페로 계시는 하나님으로서 우리에게 오신 하나님을, 그리고 아가페의 인간적 삶을 살기 위해 인간으로서 우리에게 오신 하나님을 만난다.

아타나시우스가 '동일 본질'을 우리의 신학적 의미체계의 가장 완전한 그리고 최종적인 근거이자 그것에 대한 제어장치를 이루는 것이라고 확언했던 것처럼, 우리는 그것이 아가페의 어떤 사건 안에서 발생할 때 우리를 향해 하나님의 존재의 형태를 드러내는 '신적 아가페'(divine agape)와 그 사건 자체 곧 인간 예수로서 하나님의 "참 인간적 아가페"(truly human agape) 사이의 연속성을 이해하고자 할 때 이것이 갖는 특별한 의미를 발견하게 된다. 여기에서 하나님에 관한 우리의 이야기를 통제하고 구성하고 보증하는 역학은 우리가 하나님의 사랑에 관해 확언할 때 우리가 확언하는 특별한 역학과 동일하게 보인다. 고틀로브 프레게(Gottlob Frege)가 내린 구분을 따르자면, 인간의 '의미'(Sinn)는 하나님의 '지시'(Bedeutung)의 지성 방식(mode of the designation)이며 또한 그렇게 될 수 있는데, 그것은 하나님의 지시가 인간의 의미를 적극적으로 '지정하기' 때문이다 – 융엘(Jüngel)의 용어를 따르자면, '징발하기'[36] 때문이다. 즉, 우리는 우리의 개념들이 이 세상에 순응하지 않고 아가페 안에서 종의 형상을 입고 계신 분에 의해 "재도식화되는"(reschematized, 롬 12:2) 정도만큼 하나님의 아가페를 가리킬 수 있게 된다. 바로 이것이 루터가 주장했던바 "그리스도 안에서 우리의 모든 용어는 실재가 그 안에서 그리고 그것을 통해 드러나는 새로운 의미를 받는다."[37]라는 말의 의미다.

새로운 차원의 의미를 '들을 수 있는 귀'를 제공받는 것이 사사로운 사건이 아니라는 것과 이런 이해와 관련된 언어가 사사로운 언어가 아니라는 것이 강조될 필요가 있다. 유비와 신학의 의미 체계는 그리스도의 몸의 화해를 이룬 삶과 우리가 그 안에서 아가페로 말미암아 참된 존재가 되는 것에 꼭 필요하다. 이런 교제(koinonia)는 하나님의 창조적인 아가페로부터 나온다. 그것은 그리스도의 몸의 언어에 만약 그렇지 않앉을 경우에 우리가 생각할 수 있는 것보다 훨씬 더 온전한 의미의 차원을 창조적으로 부여한다. 그리스도의 몸에 대한 우리의 참여는 플라톤이 말하는 '참여'(methexis)가 아니라 '교제'(knoinonia)다. 그리고 그것은 그리스도 안에 있는 성령 곧 하나님의 사랑에 대한 우리의 고백의 유일한 제사장이자 중재자에 의해 발생한다. 우리가 은혜를 통해 그리스도 예수(그는 새로운 창조를 이루는 새로운 인류의 조성자이자 시발자이시다.) 안에 있는 마음을 받는다는 점에서 우리는 궁극적으로 종말에 가서야 실현될 생명과 사랑과 교제의 형태를 흘끗 보게 된다.

우리는 이 에세이를 언어의 문제 그리고 인간이 하나님의 사랑을 의미 있게 긍정하는 것이 가능한지를 살피는 것으로 시작했다. 우리의 관심사는 과연 우리가 아가페를 하나님의 본질(essence, ousia)이라고 말할 수 있는가 하는 것이었다. 이제 우리는 이 에세이의 주장의 순서가 가진 어리석음을 살피는 것으로 이 글을 마치려 한다. 우리가 에버하르트 융엘(Eberhard Jüngel)이 하나님의 '말하기 위해 오심'이라고 부르는 것을 인식하는 것은 우리가 그리스도로서의 하나님의 존재 안에서 발견하는 바 하나님의 아가페의 길이와 넓이와 깊이를 이해할 때다. 그 외의 다른 근거에 의지해 하나님에 관해 이야기하는 것이 완전히 어리석은 일임을 확증하는 한 사건 속에서, 우리는 소외된 정향과 개념들로 말미암아 말하고 사랑할 능력이 없는 인간을 위해 신실하게, 무조건적으로 그리고 역사적으로 자기를 제공하시는 아가페 안에서 그렇지 않았다면 얻지 못했을 말(rhemata)을 얻는다. 하나님의 아가페는 그런 식으로 우리의 소외된 개념과 언어 게임(그것들은 자체적으로는 신학적으로 기능할 본래적 능력을 갖추고 있지 않다.)에 가치를 부여한다. 하나님은 이런 식으로, 만약 그렇지 않았다면 예상할 수도 상상할 수도 없었을 사건을 통해, 인류를 자신의 삼위일체의 존재를 이루는 교제(koinonia)에 의미론적으로 그리고 지성적으로 참여시키기로 결정하신다.

그렇다면 결론적으로 우리가 처음에 제기했던 질문에 대한 우리의 답은 무엇인가? 사랑이 하나님의 본질(essentia/ousia)이라는 사실은 우리가 하나님에 대해 언급할 가능성의 토대를 이룬다. 만약 거룩한 아가페이신 하나님이 이미 망해서 혼란에 빠진 인간을 위해 자기를 제공하시는 일이 없다면, 궁극적으로 그 어떤 유비나 신학도 존재할 수 없다. 또한 하나님의 본질에 대한 그 어떤 참된 의미론적 참여나 접근도 불가능하다. 말씀이 육신이 되었다고 주장하는 것은 곧 하나님의 존재가 아가페라고 주장하는 것이다. 그리고 이렇게 주장하는 것은 오직 성령으로 유비와 신학의 가능성을 긍정하는 것이다.

예수가 자신의 대제사장적 기도를 맺는 문장은 하나님에 대한 유비와 앎의 관계 그리고 하나님의 아가페와 인간의 아가페의 관계를 요약한다. "내가 아버지의 이름을 그들에게 알게 하였고 또 알게 하리니 이는 나를 사랑하신 사랑이 그들 안에 있고 나도 그들 안에 있게 하려 함이니이다"(요 17:26). ♡

제7장

하나님의 사랑의 한 측면으로서의 하나님의 진노*

토니 레인
런던바이블대학교

* 나는 이 논문의 배경을 이루는 생각과 관련해 존 스토트(John Stott)의 책 『그리스도의 십자가』(The Cross of Christ, Leicester: InterVasity Press, 1986)에 의해 지극을 받았다. 나는 이 논문을 내가 그 책과 그의 다른 책들로부터 받은 영향에 대한 감사의 표시로 그에게 바친다.

하나님의 사랑과 하나님의 진노는 궁극적으로 모순되지 않는다. 하지만 그 둘 사이에는 긴장이 존재한다.

The Wrath of God as an Aspect of
the Love of God

하나님의 진노에 대한 무시

두 가지 경험이 이 주제에 관한 내 생각에 영향을 주었다. 10살 때 나는 신학교 교수를 지낸 한 은퇴자에게서 가르침을 받았다. 그로부터 십수 년이 지나고 나는 신학교에서 공부하던 중에 다시 그를 만날 수 있었다. 그때 나는 그 사람이 바르트의 혁명이 일어나기 전인 자유주의의 전성기에 신학을 공부했고 아시아의 한 대학에서 가르쳤다는 사실을 알게 되었다. 우리가 다시 만났을 때 그는 이미 만년에 이르러 있었는데, 당시에 그는 자신의 신앙과 관련해 몇 가지 의문을 품고 있었다. 그가 나에게 물었다. "구약성경 안에서 사랑의 하나님은 어디에 계신가?" 그리고 잠시 후에 그가 다시 물었다. "세상에 이처럼 많은 고통이 존재하는데 자네는 어떻게 사랑의 하나님을 믿을 수 있는가?" 그는 구약성경과 인간의 경험적 현실이 서로 일치한다는 것을 알지 못하는 듯했다. 내가 보기에는, 하나님의 사랑에 관한 그의 감상적이고 자유주의적인 개념이야말로 조화를 이루지 못하는 것처럼 보였다. 아니면 그는, 괴테(Goethe)가 말하듯이, 역사의 과정 전체가 섭리의 하나님과 히브리인들의 엄격한 여호와가 동일한 분임을 보여 준다는 사실을 알지 못하는 듯했다.[1] 그 교수가 느꼈던 딜레마는 오늘날 서구의 많은 이들이 접하는 딜레마의 전형이다. 그동안 서구의 교회들이 서둘해서 주장해 온 하나님의 사랑에 관한 감상적인 견해는 아주 매력적으로 보인다. 하지만 그것은 신뢰할 만한 최종적인 견해가 결코 아니다.

내가 겪은 두 번째 경험은 더욱 최근의 일이다. 최근에 참석했던 어느 교회의 예배 시간에 로마서 12장이 낭독되었다. 로마서 12:9은 이렇게 시작되었다. "사랑은 진지해야 하나니."(Love must be sincere, NIV - 역주) 그리고 그 다음 말이 나에게 충격을 주었다. "악한 것을 미워하라"(Hate what is evil, NIV - 역주). 대부분의 서구 기독교인들에게 '미움'은 '사랑'과 함께 연상할 수 없는 말이다. 그러나 악에 대한 미움을 포함하고 있지 않은 사랑은 성경이 말하는 사랑이 아니다. 그러므로 하나님의 사랑에 관한 책이 하나님의 진노에 관한 에세이 하나를 포함하는 것은 아주 적절하다고 할 수 있다. 이것이 필요한 것은 우리가 하나님의 사랑과 진노 사이에 균형을 이룰 필요가 있기 때문이 아니라, 오히려 하나님의 사랑 자체가 그분의 진노를 함축하고 있기 때문이다. 진노하시지 않는 하나님은 성경이 그분의 사랑을 묘사하는 방식대로 사랑하시는 것이 아니다.

하나님의 진노에 대한 현대의 침묵은 R. P. C. 핸슨(Hanson)에 의해 잘 묘사된다.

> 오늘날 대부분의 설교자와 기도문 작성자들은 하나님의 진노에 관한 성경의 가르침을 마치 빅토리아 시대의 사람들이 섹스를 다뤘던 것과 유사한 방식으로 다루고 있다. 하나님의 진노는 존재하지만 결코 언급되지 않는다. 왜냐하면 그것은 아주 막연하게 수치스러운 것으로 간주하기 때문이다.……하나님은 사랑이시다.

그러므로 우리는 그분을 진노와 연관시켜서는 안 된다. 하나님은 사랑이시다. 그러므로 그분은 무한히 인내하는 분이시다. 아마도 이것이 20세기 기독교 교회가 실제로 하나님의 진노에 대한 성경의 가르침에 등을 돌렸던 이유일 것이다.[2]

그러나 사정이 언제나 그랬던 것은 아니다. 이 주제와 관련된 가장 악명 높은 설교는 아마도 조나단 에드워즈(Jonathan Edwards)가 1741년에 뉴잉글랜드의 엔필드에서 행해서 큰 영향을 끼쳤던 "진노하시는 하나님의 손안에 있는 죄인들"(Sinners in the Hands of an Angry God)일 것이다. 그 설교에서 에드워즈는 하나님의 진노를 묘사하기 위해 거침없는 말들을 사용한다.[3]

> 하나님의 진노의 활은 당겨져 있고, 활시위에는 화살이 장전되어 있습니다. 그리고 정의가 그 화살로 우리의 마음을 겨냥하며 활을 당기고 있습니다. 그 화살이 우리의 피에 취하지 않도록 그것을 붙들고 계신 것은 오직, 그렇게 하시겠다는 그 어떤 약속도 하신 적이 없고 그렇게 하셔야 할 그 어떤 의무도 갖고 계시지 않은 진노하시는 하나님의 순전한 의지뿐입니다.……지옥의 웅덩이 위에서 우리를 붙잡고 계시는 하나님은 불 위에서 거미나 어떤 혐오스러운 곤충을 붙잡고 있는 이와 마찬가지로 우리를 혐오하시고 무서울 만큼 화가 나 계십니다. 우리를 향한 그분의 진노는 불처럼 타오릅니다. 그분은 우리를 아무런 가치가 없어서 불에 던져 넣어야 마땅한 존재로 여기십니다. 그분은 우리를 바라보시기에는 너무나 순결한 눈을 갖고 계십니다. 그분이 보시기에 우리는 우리의 눈에 가장 혐오스럽게 보이는 독사보다 일만 배는 더 혐오스럽습니다. 우리는 어떤 완고한 반역자가 그의 왕을 불쾌하게 했던 것보다 훨씬 더 그분을 불쾌하게 해 드렸습니다. 그러나 우리가 매 순간 불구덩이 속으로 떨어지지 않도록 붙들고 계시는 것은 오직 그분의 손뿐입니다.

오, 죄인들이여! 지금 우리가 처한 무서운 위험에 대해 생각해 보시기 바랍니다. 지금 우리는 하나님의 손에 붙들려 진노의 거대한 용광로, 진노의 불로 가득 찬 넓고 바닥을 알 수 없는 구덩이 위에서 흔들리고 있습니다. 그분의 진노는 지금 지옥에 있는 수많은 저주받은 사람들만이 아니라 우리를 향해서도 불타오르고 있습니다. 우리는 가느다란 실 하나에 매달려 있는데, 그 실 주위에는 매 순간 그것을 태워 끊어버릴 준비가 되어 있는 하나님의 진노의 불꽃이 타오르고 있습니다.……이 자리에 있으나 아직 중생하지 않은 상태에 있는 분들은 그것에 대해 생각해 보시기 바랍니다. 하나님께서 그분의 격렬한 진노를 이행하시리라는 것은 곧 그분이 그 어떤 동정심도 없이 진노를 퍼부으시리라는 것을 의미합니다. 하나님께서 우리를 말로 표현하기 어려울 만큼 극단적으로 심판하시고, 우리가 당하는 고통이 우리의 능력에 비해 아주 부적당하다고 여기시고, 또한 우리의 가련한 영혼이 한없이 짓눌려서 무한한 어둠 속으로 가라앉는 것을 보실 때조차, 그분은 우리에게 그 어떤 동정도 베풀지 않으실 것이고 자신의 진노의 집행을 억제하거나 손을 가볍게 하지 않으실 것입니다. 그 어떤 완화나 자비도 없을 것입니다. 또한 하나님께서는 그분의 거친 바람을 누그러뜨리지 않으실 것입니다. 그분은 우리의 안녕에 관심을 두지 않으실 것입니다. 그분은 우리가 엄격한 정의가 요구하는 것 이상으로 고통을 당하지 않도록, 즉 지나치게 많은 고통을 당하지 않도록 신경을 쓰시지 않을 것입니다. 우리가 감당하기 어렵다는 이유로 그 무언가가 철회되는 일은 결코 없을 것입니다. 에스겔은 이렇게 말합니다. "그러므로 나도 분노로 갚아 불쌍히 여기지 아니하며 긍휼을 베풀지도 아니하리니 그들이 큰 소리로 내 귀에 부르짖을지라도 내가 듣지 아니하리라"(겔 8:18).

하나님께서는 우리가 비참한 일을 겪게 하실 것입니다. 우리는 그분에게 그 어떤 소용도 없기 때문입니다. 그로 말미암아 우리는 계속해서 그런 상태에 있게 될 것입니다. 왜냐하면 우리는 파멸에 적합한 진노의 그릇이 될 것이고, 그런 그릇은 진노로 가득 채워지는 것 외에는 다른 어디에도 쓸데가 없을 것이기 때문입니다.……[하나님께서는] 우리를 증오하실 뿐 아니라 극도로 경멸하실 것입니다. 우리에게 적당한 것은 그분의 발밑에서 길거리의 진흙처럼 짓밟히는 것뿐입니다. 그리고 하나님께서는 그렇게 계획하시고 결정하신 후 결국 그 일을 이행하심으로써 자신의 제어되지 않은 진노와 격렬함과 사나움이 얼마나 무서운지를 보이실 것입니다. 그로 말미암아 결국 그것을 보는 자들을 두렵게 만드는 일이 성취되고 일어나게 될 것입니다. 위대하신 그리고 진노하시는 하나님께서 일어나셔서 가련한 죄인들을 향해 그분의 무서운 복수를 이행하실 때, 그리고 가련한 자들이 실제로 그분의 진노의 무한한 무게와 능력을 경험할 때, 하나님께서는 온 우주로 하여금 그 진노 안에서 드러나는 무서운 위엄과 능력을 직시하게 하실 것입니다.

그런데 과연 이것이 우리가 하나님의 진노에 관해 설교해야 하는 방식인가? 이런 설교가 우리의 현대적 상황에 적절하지 않으리라는 사실은 제쳐놓더라도, 하나님의 이런 모습이 실제로 성경 안에 들어 있는가? 하나님의 진노를 제시하는 이런 방식은 신약성경이 강조하는 내용과 조화를 이루는가? 이 에세이에서 나는 이런 질문들에 대해 차례대로 답할 것이다.

하나님의 진노에 대한 생각을 억압하는 방식들

오늘날 우리가 에드워즈의 것과 엇비슷한 설교라도 듣기란 몹시 어렵다. 오늘날의 신학과 설교의 문제는 하나님의 진노가 과장되는 것이 아니라 부드러워지고 심지어 억압되는 데 있다. 이런 일이 발생하는 네 가지 서로 다른 방식이 있다. 아래에서 나는 그 방식들을 차례대로 살필 것인데, 특히 세 번째 것을 가장 강조하면서 그렇게 할 것이다.

부인

첫 번째 방식은 하나님의 진노를 단순하게 부인하는 것이다. 하나님의 진노에 관한 성경의 풍성한 자료들을 고려해서인지 이런 방식은 기독교 신학 안에서는 비교적 드물게 나타나지만 그렇다고 아주 알려지지 않은 것도 아니다.[4] 그러나 아주 명백한 부인은 드물지라도, 그 주제를 무시하는 식의 암묵적인 부인은 아주 보편적이다.[5] 또한 공개적인 부인은 보다 대중적인 차원에서 훨씬 더 잘 발견된다. 최근에 내가 속해 있는 교회에서 아동부 주일학교를 위한 준비 모임이 열렸다. 그 주간의 행사를 위해 선택된 성경 자료는 현명하게도 혹은 현명하지 못하게도 여호수아서의 앞부분 몇 장이었다. 모임이 진행되던 중에 그 성경 자료가 얼마간이라도 심판이라는 개념을 포함해야 한다는 의견이 제시되었다. 그리고 그 의견은 소수의 사람에 의해 격렬하게 거부되었다. 그들에게 참된 기독교는 그 어떤 부정적인 개념도 포함하고 있지 않았다. 대중적 차원에서의 그와 같은 반응은 오늘날 진귀한 일이 결코 아니다. 종종 순진한 평신도들은 어떤 더욱 세련된 신학자들이 실제로 생각은 하지만 공개적으로 말할 준비가 되어 있지는 않은 것을 있는 그대로 표현한다.

흥미롭게도 하나님께서는 진노가 걸맞지 않는다는 개념은 새로운 것이 아니다. 313년 혹은 314년에 락탄티우스(Lactantius)는 이 주제를 다루는 몇 안 되는 기독교 서적 중 하나인 『하나님의 진노에 관하여』(*De ira dei*)

라는 책을 썼다. 그는 이 책을 그 개념에 대한 그리스 철학자들의 반대에 관한 말로써 시작한다.

많은 이들이 이런 의견을 갖고 있다. 또한 몇몇 철학자들은 하나님의 본성은 전적으로 친절하기에 그분은 진노에 종속되지 않는다고 주장해 왔다. 그들에 따르면, 진노는 어떤 이에게라도 상처를 입히실 수 있는 그분의 출중하고 탁월한 능력과 조화를 이루지 않는다. 혹은 그분은 어떤 식으로든 우리에게 주목하지 않으신다. 그러므로 우리는 그분의 선하심으로 말미암아 이익을 얻지도 않고, 그분의 악한 의지로 말미암아 해를 입지도 않는다.[6]

하나님의 자비에 대한 강조

철학적 부인보다 훨씬 더 세련된 두 번째 방식은 기독교 사상가 마르시온(Marcion)이 취했던 신학적 방식이다. 기독론적 집중이라는 원리를 아주 진지하게 받아들였던 마르시온은 하나님이 오직 예수 그리스도를 통해서만 계시된다고 믿었다. 그는 구약성경을 통해 계시된 '진노하시는 정의의 하나님'과 자신이, 터툴리안(Tertullian)의 표현처럼,[7] 펜이 아니 칼로 행한 본문비평을 견디고 살아남은 신약성경의 부분들을 통해 계시된 '자비로우신 사랑의 하나님'을 구분했다. 터툴리안은 마르시온의 복음을 현대의 설교에 훨씬 더 잘 어울릴 것 같은 말로 묘사한다. "더욱 훌륭한 신이 발견되었다. 그는 공격을 당하지도, 분노하지도, 벌을 내리지도 않는다. 그는 지옥에서 준비 운동을 하는 불도 갖고 있지 않다. 그뿐만 아니라 그에게는 사람들이 그곳으로 쫓겨나 이를 갈며 울게 될 바깥 어두운 데도 없다. 그는 그저 자비로울 뿐이다. 물론 그가 당신에게 죄를 짓지 말라고 명령을 하기는 한다. 그러나 그것은 단지 기록으로만 그럴 뿐이다."[8] 터툴리안은 마르시온을 아주 신랄하게 비판한다. 그에 따르면, 마르시온은 하나님을 단순히 선한 존재로만 여김으로써 창조주 하나님에게 속한 다른 속성들(가령, 그분의 진노 같은)을 배제하기에 이른다. 마르시온은 하나님으로부터 '엄격함이나 비난을 포함하는 모든 역할'을 제거해 버렸다. 그러나 마르시온의 하나님이 인간을 구원할 때, 그는 자신과 경쟁하는 하나님 곧 구약성경이 말하는 창조주 하나님으로부터 우리를 구해낸다. 터툴리안에 따르면 이 경쟁자는 분노, 증오 그리고 노여움 같은 보조적인 감정이 있다. 더 나아가 마르시온의 하나님은 명령을 내린다. 그러나 "만약 그가 자신의 명령에 대한 수행을 요구하지 않는다면, 도대체 그는 무슨 목적으로 그런 명령을 내리는 것인가? 또한 만약 그가 처벌하지 않고, 심판할 수도 없고, 엄격함이나 비난 같은 감정이 있지 않다면, 도대체 그는 무슨 목적으로 죄를 금하는 것인가?" 처벌이 없는 명령은 효과적이지 않다. 왜냐하면 "실제적인 삶에서 제재가 없이 금해진 행위는 암묵적으로 허용되기 때문이다." 다시 말하지만, 마르시온의 하나님은 실제로는 죄로 말미암아 공격을 당하지 않는다. 왜냐하면 "만약 그가 화가 난다면, 그는 반드시 불쾌해져야 하고, 만약 불쾌해진다면, 그는 벌을 내려야 하기 때문이다. 왜냐하면 벌은 노여움의 결과이며, 노여움은 죄에 대한 정당한 응보며, 죄는……무시되어 좌절된 소망에 수반하는 것이기 때문이다. 그러나 그는 벌하지 않는다. 따라서 그가 화가 나지 않았음이 분명해진다." 다시 말하지만, 하나님은 "오직 그가 악인의 적이 될 때만, 그래서 악인에 대한 증오로 선에 대한 그의 사랑을 실행하고, 또한 악인을 타도함으로써 착한 사람에 대한 자신의 보호를 이행함으로써만 완전하게

선해질 수 있다."⁹

은밀한 마르시온주의가 대중적 차원에서 강력한 영향력을 행사하는 것에 반해, 오늘날의 믿을 만한 성경 연구의 결과는 그런 조악한 접근법에 찬동하지 않는다. 맥그레거(MacGregor)의 다음과 같은 판단에 동의하지 않을 사람은 없을 것이다. "성경이 '진노'를 하나님의 하나의 속성으로 간주한다는 것은 분명하다. 우리는 구약의 하나님과 신약의 하나님 사이의 대조가 진노하고 복수하는 신과 진노하지 못하는 사랑의 아버지 사이의 대조라는 마르시온의 견해를 거부해야 한다."¹⁰

진노에 대한 비인격화

하나님의 진노라는 개념이 훼손되는 세 번째의 그리고 보다 교묘한 방식이 있다. C. H. 도드(Dodd)는 그의 모펫 역본 로마서(Moffatt Romans)에 대한 주석 중 간결하지만 아주 영향력 있는 부분에서 그 개념을 재해석한다.¹¹ 하나님의 진노에 관한 이야기는 너무나 신인동형론적이다. "바울은 결코 하나님을 주어로 사용해 '진노하다'라는 동사를 사용하지 않는다." '하나님의 진노'의 원래의 의미가 '화'라는 감정이기는 했으나, 바울 시대에 그것은 원인과 결과라는 비인격적인 과정, 즉 죄의 필연적 결과를 가리키는 것이 되어 있었다. 그러므로 "인간에 대한 하나님의 하나의 속성으로서의 화는 사라진다. 그리고 그분의 사랑과 자비가 모든 것을 포괄한다. 이것이, 내가 믿기에는, 무한한 용서를 강조하는 예수님의 가르침의 요지다." 본질적으로 바울은 그것에 동의한다. 하지만 그는 여전히 하나님의 진노라는 개념을 유지하고 있다. 그 개념은 "우리가 비유의 어떤 특징들을 부적합한 방식으로 강조하지 않는다면, 예수의 가르침 안에서 사라지지 않는다." 바울에게 하나님의 진노는 "인간에 대한 하나님의 속성"이 아니라 "도덕적 우주 안에서 원인과 결과의 필연적 과정"을 묘사하는 개념이다. "결국, 우리는 하나님의 완전한 일관성을 인격에 관한 최고의 인간적 이상들의 견지에서 생각하면서 그와 동시에 진노라는 비이성적인 감정이 그분에게 속해 있다고 여길 수는 없다."

도드의 접근법은 굉장한 논쟁을 불러 일으켰다. 그리고 하나님의 진노에 관한 최근에 영어로 쓰인 진지한 논문 중 그의 의견을 참고하지 않은 것이 거의 없을 정도로 관심을 받았다. A. T. 핸슨(Hanson)은 그 주제에 관한 그의 아주 중요한 논문 "어린 양의 진노"(The Wrath of the Lamb)[12]에서 도드의 주장을 거리낌 없이 따른다. 도드와 그를 따르는 이들은 하나님의 진노가 '감정'(affectus) – 하나님 편의 앞선 정서나 감정 – 이 아니라 전적으로 '결과'(effectus) – 죄의 결과 혹은 귀결 – 로 이해되어야 한다는 인식과 관련해 완전히 일치한다.[13] 하나님은 동시에든[14] 교차적으로든[15] 진노하는 분으로 그리고 사랑하는 분으로 생각되어서는 안 된다. 우리는 '하나님의 노여움'에 대해 말해서는 안 된다. 왜냐하면 그것은 하나님 안에 어떤 인간적인 감정이 있음을 의미하기 때문이다.[16] "하나님의 진노는 전적으로 비인격적이며, 하나님의 속성이 아니라 인간의 상황을 묘사한다."[17] 그러나 이런 저자들은 이런 '결과'(effectus)에 대한 하나님의 개입의 정도와 관련해 약간 모호한 태도를 보인다. 때로 우리가 받는 인상은, 도드의 간결한 설명에서 드러나는 바와 같이, 하나님의 진노는 순전히 죄의 불가피한 부산물일 뿐 어떤 식으로도 하나님에 의해 의욕되지 않는다는 것이다. 이와는 대조적으로, R. P. C. 핸슨은 하나님의 진노가 '감정'임을 부인하면서도 징벌

하시는 하나님에 관해 분명하게 이야기한다.[18]

우리는 이런 접근법을 어떻게 평가해야 하는가? D. E. H. 휘틀리(Whiteley)는 다음과 같이 빈정댄다. "하나님의 진노는 신학자들이 깊이 느끼기는 하나 정확한 사유나 언어를 얻지 못해 온 문제다." 하지만 그는 그 문제와 관련해서는 때때로 인정되는 것보다 훨씬 더 큰 공통적 근거가 있다고 타당하게 덧붙인다.[19] 첫째, 하나님의 진노에 관한 이야기는 신인동형론적(anthropomorphic)이거나, 보다 정확하게는 신인동감동정설적(anthropopathic, 인간 이외의 것이 인간과 같은 감정을 가진다는 의미-역주)이라는 사실이 인정되어야 한다. 하나님은 인간의 용어들로 타당하게 묘사되지만, 우리는 그런 용어들이 단의적으로가 아니라 유비적으로 참되다는 사실 또한 인정해야 한다.[20] 그러나 물론 이것은 하나님의 진노에 대해서만 그런 것은 아니다. 하나님의 사랑에 관한 이야기 역시 신인동감동정설적이다. 그리고 우리는 하나님의 사랑을 온갖 불완전함과 왜곡에 휩싸여 있는 인간의 사랑과 동등하게 여기는 잘못을 저질러서는 안 된다. "계몽주의는 (하나님의 진노 같은) 그런 개념들을 '미개한 시대의 조악한 신인동감동정설'이라고 불렀다.……그러나 그것들은 성경이 하나님의 부성적 사랑에 관해 말하는 것보다 더 신인동감동정설적이지는 않다. 이처럼 그것들은 양도할 수 없을 만큼 인격적인 하나님에 관한 성경적 개념에 속해 있다."[21] 하나님의 진노에 대한 이야기가 신인동감동정설적임을 인정하는 것은 물론 그것에 상응하는 실재가 있음을 부인하는 것이 아니다. 사실 그 실재가 무엇이냐 하는 것이야말로 논쟁의 핵심이다.

둘째, 하나님의 진노는 조잡하게 문자적인 방식으로 이해되어서는 안 된다. 하나님의 진노는 인간의 그것과는 아주 다르다. 확실히 그것은, 도드의 말을 빌자면, 어떤 비이성적인 감정으로 이해되어서는 안 된다. 존 스토트(John Stott)는 다음과 같이 말한다.

> 죄에 맞서는 하나님의 진노는······그분이 가장 사소한 도발에도 쉽게 흥분하신다거나, 그 어떤 명백한 이유도 없이 이성을 잃고 폭발하신다는 것을 의미하지 않는다. 왜냐하면 거룩하신 하나님에게는 변덕스럽거나 독단적인 것이 아무것도 없기 때문이다. 또한 그분은 성미가 급하거나, 악의적이거나, 심술궂거나, 복수심이 강하시지도 않다. 그분의 진노는 수수께끼 같거나 비이성적이지 않다. 그것은 예측할 수 없는 것이 아니라 오히려 언제나 예측이 가능하다. 왜냐하면 그것은 악에 의해 그리고 오직 악에 의해서만 촉발되기 때문이다.[22]

이 주제에 관해 쓴 거의 모든 작가는 하나님의 진노를 인간의 그것의 견지에서 이해하는 것의 위험성을 강조한다.

셋째, 우리는 신약성경 안에 하나님의 진노를 비인격화하려는 경향이 있음을 인정할 수 있다. 맥그레거는 도드가 가진 실제적인 문제를 드러내기 위해 도드의 입장을 완화하고 제한한다. "신약성경 안에서 그리고 특히 바울의 서신들 안에서 하나님의 '진노'는 그분의 사랑의 경우보다는 덜 완전하게 인격적인 용어로 표현된다."[23] 이런 사실은 에드워즈의 설교의 지혜에 대해 의문을 제기한다. 에드워즈는 구약성경의 가르침 중에서도 가장 강력한 요소들을 집중적으로 제시함으로써 하나님의 진노가 가진 정서적 특성을 부각시킨다. 반면에 신약성경 기자들은 반대 방향으로 움직이는 것처럼 보인다. 신약성경은 하나님의 진노를 거의 전적으로 '감정'보다는 '결과'의 측면에서 이야기한다.

마지막으로, 우리는 진노가 사랑이 그런 것과 동일한 방식으로 하나님께 근본적인 것이 아님을 인식해야 한다. 이사야는 하나님을 다음과 같이 묘사한다. "진노하사 자기의 일을 행하시리니 그의 일이 비상할 것이며 자기의 사역을 이루시리니 그의 사역이 기이할 것임이라"(사 28:21). 루터는 이 개념을 취해 하나님의 진노를 그분의 '기이한 일'(opus alienum)로 그리고 그분의 자비를 그분의 '적절한 일'(opus proprium)로 구분한다.[24] 마치 에밀 부르너가 하나님의 진노와 하나님의 사랑을 구분하듯[25] 칼 바르트는 하나님의 진노와 하나님의 은혜를 구분한다.[26] 여기에는 우리가 주목해야 할 두 가지 다른 요점이 있다. 첫째, 하나님은 사랑이시지만, "하나님은 진노이시다."라고는 말할 수는 없다. 다시 말해, 사랑은 하나님의 근본적이고 영원한 속성인 반면, 진노는 죄에 반응해 하나님의 성품이 밖으로 드러나는 것에 불과하다. 창조 이전에 하나님은 사랑이셨다. 그리고 그 사랑은 삼위일체 안에서 활동하고 있었다. 그러나 하나님의 진노는 잠재성에 불과했다. "거룩함이나 의와 달리, 진노는 결코 이스라엘의 하나님의 영원한 속성 중 하나를 이루지 않는다."[27] 진노는 사랑이나 거룩함과 같은 방식으로 하나님의 속성인 것은 결코 아니다. 그분의 진노는 그분 밖에 있는 무언가에 대한 그분의 반응이다. 둘째, 물론 창조 이전에는 하나님이 그분의 자비를 행하실 경우를 갖고 계시지 않았던 것 또한 사실이다. 그러나 이것이 그분의 진노와 자비를 동일한 기초 위에 올려놓지는 않는다. 구약성경은 하나님이 그분의 진노를 행하시기를 꺼리시는 것과 자비를 보이기를 기뻐하시는 것을 반복해서 확인해 주기 때문이다.[28]

    도드의 주장에는 옳은 것이 많이 들어 있다. 하나님의 진노는 조악하게 문자적 형태로 취해져서는 안 되는 신인동형론이다. 그것은 하나님의 사랑과 동등한 차원에서 다뤄져서는 안 된다. 그리고 신약성경은 그것을 비인격적인 용어로 다루는 경향이 있다. 그러나 이런 사실들을 기꺼이 인정한 후에, 우리는 도드의 주장 안에 들어 있는 심각한 결함을 지적해야 한다. 그 결함이란 하나님의 진노를 원인과 결과의 과정으로, 즉 도덕적인 우주 안에서 발생한 죄의 필연적 결과로 환원시키는 것이다.[29] 물론 이 세상에서 하나님의 진노는 도드가 묘사하는 방식대로 발생하지 않는다. 대개 하나님의 진노는 어떤 수단들을 통해 일어난다. 맥그레거는, 제임스 데니(James Denney)를 인용해, "하나님의 징벌은 죄인들이 그 아래에서 살아가는 모든 구조나 체제를 통해 자신을 표현하는 죄에 맞서는 하나님의 반응이다."라고 옳게 말한다.[30] 문제는 도드가 긍정하는 것이 아니라 그가 부정하는 것과 관련되어 있다.

하나님의 진노에 관한 순전히 비인격적인 견해에는 여러 가지 문제들이 있다. 안셀름(Anselm)은 하나님의 무감각성에 대한 그의 믿음 때문에 하나님의 동정심에 대해 다음과 같이 설명한다.

> 그러나 당신은 어떻게 시종일관 자비로우신 동시에 무감각하십니까? 왜냐하면 만약 당신이 무감각하시다면, 당신은 그 어떤 동정심도 갖고 계시지 않기 때문입니다. 그리고 만약 당신이 동정심을 갖고 계시지 않다면, 당신은 가련한 자들에 대한 동정심에서 우러나오는 슬퍼하는 마음(자비로워지는 것이 의미하는 바로 그것)을 갖고 계시지 않습니다. 그런데, 만약 당신이 자비로우시지 않다면, 가련한 자들은 도대체 어디에서 그들을 위한 큰 위안을 끌어내야 합니까?……당신은 우리의 경험을 따라 자비로우시나 당신의 경험을 따라 자비롭지는 않으십니다. 왜냐하면 당신이 우리의 가련한 상황 속에서 우리를 붙들어 주실 때, 우리는 당신의 자비의 결과를 느끼지만, 당신은 그 어떤 감정도 느끼지 않으시기 때문입니다. 그리고 또한 당신이 자비로우신 것은, 비록 우리가 당신에게 죄를 지을지라

도. 당신이 우리 불쌍한 피조물을 구원하시고 용서하시기 때문입니다. 그리고 당신이 자비롭지 않으신 것은 당신이 불행에 대해 동정심을 경험하시지 않기 때문입니다.[31]

다시 말해, 하나님의 동정심은 '결과'(effectus)이지 '감정'(affectus)이 아니라는 것이다. 하나님의 무감각성에 대한 이와 같은 가르침은 하나님의 고통을 강조해 온 최근의 신학에 따라 정당하게 거부되었다. 그런데 그와 동시에 하나님의 진노와 관련해 역전이 일어난 것은 얼마나 아이러니한가!

이 문제의 심각성은 한 가지 단순한 예를 통해 잘 드러난다. A. T. 핸슨은 하나님의 진노는 '감정'이 아니며 하나님은 '불쾌'와 같은 인간적인 감정을 갖고 계시지 않다고 강조함으로써 도드와 같은 견해를 분명하게 표현한다.[32] (이런 주장은 하나님이 그 어떤 감정도 갖고 계시지 않다는 가정 위에 서 있지 않다. 왜냐하면 그의 논지는 하나님의 진노가 그분의 사랑과 달리 비인격적이라는 것이기 때문이다.) 그러므로 이런 주장에 따르면, 하나님은 성폭행이나 유아 살해를 그 어떤 불쾌감도 없이 보신다. 그런데 참으로 이것이 하나님의 진노에 대한 신약성경의 설명인가? 하나님의 동정심에 대한 신약성경의 설명은 안셀름의 설명과 다른가? 도드나 핸슨은 하나님이 죄에 대해서는 불쾌감을 느끼시나 죄인들에 대해서는 그렇지 않다고 말하지 못한다. 그들은 죄인들에 대한 하나님의 진노에 관해 말하는 구절들과 죄에 대한 하나님의 진노에 대해 말하는 구절들을 구별하지 않는다. 하나님이 죄에 관해서 진노와 불쾌감을 느끼신다는 것을 인정하는 것은 그들의 주장의 근거 전체를 해칠 것이기 때문이다. 만약 그들이 죄에 관한 하나님의 진노와 죄인들에 대한 그분의 진노를 구별하고자 한다면, 그들은 그들의 주장을 처음부터 다시 세워야 할 것이다.

도드의 입장은 P. T. 포사이스(Forsyth)가 선제적으로 주장했던 것처럼[33] 이신론(deism)의 혐의로부터 자유롭지 않다. A. T. 핸슨은 그런 혐의를 다음과 같은 말로 거부한다. "진노는 자연의 도덕적 질서의 일부다. 그리고 하나님이 진노의 과정이 비인격적으로 작동하도록 허락하신다고 여기는 것이 이신론적이지 않은 것은 그분이 자연의 법칙들의 과정이 비인격적으로 작동하도록 허락하신다고 여기는 것이 이신론적이지 않은 것과 같다."[34] 이것은 유비를 위해서는 유감스러운 선택이다. 물론 하나님은 '자연의 법칙'을 통해서 그리고 '자연의 도덕적 질서'를 통해서 역사하신다. 그러나 하나님이 마치 시계의 태엽 장치처럼 작동하는 자연의 비인격적인 법칙을 세우신 후 창조질서 안에서 더 이상의 아무런 역할도 하시지 않는다고 억측하는 것이 이신론적인 것처럼, 하나님의 진노를 '자연의 도덕적 질서'를 세울 뿐 그 이상으로 인격적이지 않다고 여기는 것 역시 이신론적이다. R. P. C. 핸슨처럼 적극적으로 죄를 벌하시는 하나님에 대해 말하고자 하는 이들은 이 특별한 비난으로부터 제외된다. 그러나 하나님을 진노와 징벌로부터 분리시키고 진노를 하나님에 의해 실제적으로 성취되는 것이 아니라 단순히 죄의 부산물로 묘사하기 위해 하나님의 비인격적인 진노에 대해 말하는 이들은 이신론의 혐의로부터 자유롭지 못하다.

비슷하게, 특별히 도드는 신마르시온주의(neo-Marcionism)의 혐의에서도 면제되지 않는다. 그는 신약성경 안에서 "인간에 대한 하나님의 속성으로서의 진노는 사라진다. 그리고 그분의 사랑과 자비가 모든 것을 포괄한다. 이것이 내가 믿기에는 무한한 용서에 대한 강조와 함께 예수의 가르침의 요지다."라고 주장한다.³⁵ 진노와 징벌은 도덕적 질서의 비인격적인 부산물이다. 그리고 하나님은 그것들과 상관이 없으시다. 이런 식의 접근법은 분명히 구약성경의 가르침과 상반된다. 그것은 바울에 대한 특별한 재해석 위에 기초를 두고 있고 예수의 가르침에 대한 거두절미형(우리는 이것에 대해 논의하게 될 것이다) 인용을 통해 지원을 받는다. 마르시온주의와의 유사성은 놀라울 정도다.

성경의 증거는 어떠한가? 이 책의 지면은 그것에 대한 간략한 검토 이상을 허락하지 않는다. 먼저 구약성경을 살펴보자. 베어드(Baird)는 하나님의 진노와 관련해 6개의 서로 다른 단어들이 모두 406차례에 걸쳐 사용되고 있음을 지적한다. 반면에 모리스(Morris)는 20개 이상의 단어들이 모두 580차례 이상이나 사용되고 있다고 주장한다.³⁶ "하나님의 진노에 대한 선언과 구약성경 전체의 메시지 사이에는 분리할 수 없는 연관이 있다."³⁷ "우리가 구약성경 안에서 하나님의 사랑에 관한 언급을 발견하는 모든 곳에서 그런 언급의 배경에는 항상 분명하게든 암시적으로든 그분의 진노가 있다. 그리고 우리는 사랑에 관한 히브리적 개념을 없애버릴 정도로 이런 요소를 무시한다."³⁸ 이 진노는 하나님의 기쁨에 반대되는 하나님의 불쾌함이고 그분이 그것을 쏟아내시는 것이다.³⁹ 하나님은 그분의 거룩하심과 의와 공의 때문에 본래 죄와 불결함을 견디지 못하신다.⁴⁰ 구약성경에서 죄에 관한 하나님의 진노는 '감정'으로도 그리고 '결과'로도 묘사된다.⁴¹ "만약 하나님이 징벌적 심판을 수행하신다면, 그분은 그 일을 아무 '감정 없이' 수행하시지 않는다. 그때 그분은 죄, 불의 그리고 신성모독에 대해 몹시 화가 나 계신 것이다. 하나님의 복수는 비인격적이거나 냉담한 훈련의 행위가 아니다. 오히려 그것은……하나님의 깊은 분노의 열기가 분명하게 드러나는 앙갚음이다."⁴²

"재앙이 죄의 불가피한 결과로 간주되기는 하나, 구약성경의 관점에서 그것은 어떤 비인격적인 자연의 변경할 수 없는 법칙에 따라서 발생하는 것이 아니라, 거룩하신 하나님이 죄를 범한 자들에게 그분의 진노의 잔을 쏟아 부으시기 때문에 발생한다. 참으로 자비가 그토록 인격적인 까닭은 구약성경 안에서 진노가 그토록 인격적이기 때문이다. 왜냐하면 자비는 진노하시는 하나님이 자신의 진노가 바뀌도록 허락하시는 행위이기 때문이다."[43] 그런 의미에서 하나님의 진노는 그분의 특별히 인격적인 특성을 드러낸다.[44]

신약성경은 어떠한가? 도드는 예수의 가르침 안에서는 "인간에 대한 하나님의 속성으로서의 진노가 사라진다. 그리고 그분의 사랑과 자비가 모든 것을 포괄한다."라고 주장한다. 그에 따르면, 하나님의 진노는 "우리가 비유들의 어떤 특징들을 부적절한 방식으로 억누르지만 않는다면, 예수의 가르침 안에서 사라지지 않는다."[45] 반면에 베어드(Baird)는 그와는 다른 결론에 도달한다. 그는 신약성경 안에서 하나님의 진노를 포함해 "심판에 대한 구약성경의 견해의 완전한 형태"를 발견한다. 그는 심판에 대한 신약성경의 가르침-특히 공관복음에서 발견되는 예수의 가르침-안에서 '하나님의 정죄와 진노'에 강조점을 둔 구약성경의 가르침과 동등한 것을 발견한다. "공관복음은 예수가 하나님의 사랑에 대해 했던 말의 20배 이상을 하나님의 진노에 대해 말했음을 기록하고 있다."[46] 그렇다면 도대체 어째서 이처럼 다른 결론이 나오는 것일까? 중요한 차이는 베어드가 심판에 관한 예수의 가르침을 모두 검토했지만, 도드는 전적으로 '진노'라는 단어만을 살폈던 것에 있다. 제임스 바(James Barr)는 그의 책 『성경 언어의 의미론』(*The Semantics of Biblical Language*)에서 이런 방식을 신랄하게 비난한 바 있다.[47] 예수가 공관복음에서⁴⁸ – 누가복음 21:23 "땅에 큰 환난과 이 백성에게 진노가 있겠음이로다."을 제외하고 – 하나님과 관련해 '진노'라는 말을 사용하지 않는 것은 사실이다. 그리고 누가복음에서마저 우리는 그 '진노'가 하나님의 것임을 부정할 수도 있다. 그러나 예수가 모든 악한 자들에 대해 비록 '진노'라는 용어를 사용하지는 않으나, 분명하게 하나님의 적대감을 표현하는 구절들이 여럿 존재한다.⁴⁹ 베어드는 하나님의 진노에 관한 조잡한 신인동형론적 해석에 대해 경고하지만, 예수가 한 말의 의미를 이해하려면 그 개념이 '비인격화되지' 말아야 한다고 올바르게 결론을 내린다.⁵⁰

비유는 어떠한가? 용서할 줄 모르는 종의 비유에서 분노한 주인은 그를 옥졸들에게 넘겨 고통을 당하게 한다(마 18:34). 혼인 잔치의 비유에서 주인은 초대받은 손님들이 하는 변명에 분노한다(눅 14:21). 그 비유의 마태복음 병행 본문에서 손님들은 초대장을 가져온 종들을 죽였고, 진노한 왕은 군대를 보내 그들을 진멸한다(마 22:7). 이런 비유들로부터 하나님의 진노를 추론하는 것은 적절한 일인가? 도드는 – 그리고 그를 이어서 A. T. 핸슨은 – 우리가 다른 비유로부터 그분이 불공정한 재판관이라는 결론을 내려서는 안 되는 것처럼 이런 비유들로부터 하나님이 진노하신다고 결론을 내려서도 안 된다고 주장한다.⁵¹ 그러나 그런 식의 비교는 공정하지 않다. 왜냐하면 이런 비유들의 요점은 하나님이 진노한 주인처럼 행동하신다는 것처럼 보이지만, 그분은 불공정한 재판관과는 분명하게 대조되기 때문이다.⁵²

바울은 어떠한가? 하나님의 진노에 관한 그의 이야기가 가진 비인격적 특성은 인정되어야 하지만 과장되어서는 안 된다. 로마서 1장에서 바울은 세 차례에 걸쳐 하나님이 사람들을 여러 가지 죄악에 "내버려 두셨다."라고 말한다(24, 26, 28절). 이 세 번 반복되는 "하나님이 그들을 내버려 두셨다."라는 표현은 분명히 강조된 것으로서 하나님의 고의적이고 적극적인 행위가 의도되고 있음을 가리킨다.[53] 또한 로마서 3:5은 하나님이 우리에게 진노를 내리신다고 말한다. 이것은 하나님 편의 능동적인 역할을 암시한다. 로마서 12:19은 하나님의 진노를 비인격적인 용어로 언급하지만, 바울은 하나님의 진노가 복수라고, 그리고 신명기 32:35을 인용해 그분이 보복하실 것이라고 말하는 데까지 나아간다(이 구절은 에드워즈의 인기 없는 설교를 위한 본문이기도 했다). 고린도전서 10:22에서 바울은 하나님의 질투에 대해 언급하는데, A. T. 핸슨은 이 구절을 인정하지 않는다. 그는 이렇게 말한다. "(이 구절에서) 바울은 진노와 관련해 아주 사려 깊지는 못하다."[54] 마지막으로, 만약 우리가 재림시에 오시는 그리스도를 생생하게 묘사하는 데살로니가후서 1:7-9을 살핀다면, 하나님의 진노를 순전히 비인격적인 측면에서 이야기하기는 어려울 것이다. 즉, 하나님의 진노에 관한 바울의 이야기가 비교적 비인격적인 것은 사실이지만, 전체적으로 그의 서신들이 증거하는 것은 그가 '감정'으로서의 진노라는 개념을 제거하기를 원하지 않았다는 점이다. 스텔린(Stählin)의 결론은 공정하다. "대부분의 신약성경의 구절들에서 '진노'(ὀργή)는 사실상, 그것이 진노의 운명이든 심판이든 간에, 하나님의 일이다." 그러나 "진노가 하나님의 실제적 태도라는 개념은 신약성경의 여러 구절에서 논쟁의 여지가 없다. 사랑과 자비와 관련해서는 그 이상의 개념도 가능하다." "구약성경에서처럼……신약성경에서도 '진노'는 악에 대한 하나님의 노여움, 그분과 맞서는 모든 의지에 대한 그분의 감정적인 저항이자 또한 그것들에 대한 그분의 공정한 공격이다."[55]

만약 이런 결론이 바울의 가르침과 관련해 그럴듯하게 보인다면, 그것은 히브리서와 관련해서는 더욱 그러할 것이다. 히브리서의 저자는 시편 95:10-11을 인용해 하나님께서 이스라엘에 대해 노하셨고 진노하심으로서 맹세하셨다고 말한다(히 3:10-11; 참고. 4:3). 이것은 신약성경에서 하나님이 분명하게 '노하다'라는 동사의 주어로 나타나는 유일한 구절이다.[56] 후반부의 구절들, 즉 "살아 계신 하나님의 손에 빠져 들어가는 것이 무서울진저."(10:31) 혹은 "우리 하나님은 소멸하는 불이심이라."(12:29) 같은 구절들은 히브리서의 저자에게 하나님의 진노가 원인과 결과의 비인격적 과정이 아니었다는 인상을 강화시켜 준다.

마지막으로, 이 시대의 죄에 관한 심판이 하나님의 직접적 행위로 묘사되는 구절들이 있다(행 5:1-11; 12:23; 고전 11:30; 계 2:22-23). 하나님의 진노가 순전히 원인과 결과의 비인격적 과정이라는, 즉 도덕적인 우주 안에서 죄의 불가피한 결과라는 주장은 굉장한 어려움을 갖고 겨우 유지될 수 있을 뿐이다. 그것은 구약성경의 분명한 가르침에 대한 거부, 예수와 바울의 가르침에 관한 몇몇 구절들에 대한 의심스러운 해석, 그리고 다른 신약성경 구절들에 대한 거부를 필요로 한다. 이런 신마르시온적 절차(구약성경의 가르침에 대한 거부와 예수와 바울의 본문에 대한 선택적 사용)는 하나님의 진노가 가진 감정적 측면에 대한 의도적인 침묵에 지나지 않는다. 신구약 성경 가운데 어느 쪽에도 하나님의 진노가 가진 인격적이고 감정적인 특성을 부정하는 구절들은 등장하지 않는다. 그러므로 그런 주장은 단지 예수와 바울의 본문에 대한 의심스러운 그리고 여러 가지로 논쟁의 소지가 있는 침묵으로부터 나오는 논증에 의존하고 있을 뿐이다.

무시

하나님의 진노가 목소리를 내지 못하는 네 번째 방식은 오늘날 서구 대부분의 복음주의 교회들 안에서 발견된다. 하나님의 진노는 부인되지 않으며 형식적인 인정을 얻는다. 그러나 그것은 실질적으로 무시된다. 설교나 가르침에서 그것은 대개 혹은 철저히 무시된다. "여전히 하나님의 진노를 믿는 자들이……그것에 대해 아무 말도 하지 않는다.……하나님의 진노라는 주제에 대해 말하는 것은 현대 사회에서 금기되었다. 그리고 대체로 그리스도인들은 그 금기를 받아들였고 그 문제를 제기하지 않도록 스스로를 길들였다."[57] 이것은 아주 심각한 문제다. 에밀 브루너는 이렇게 말한다. "기독교의 언어를 사용하는 신학은 그것이 하나님의 진노에 관한 성경의 가르침에 대해 보이는 태도로, 즉 그것이 성경이 말씀하는 바를 말하고자 하는 것을 통해서 시험을 받아야 한다. 하나님의 진노라는 개념이 무시되는 곳에서는 복음의 핵심적 개념, 곧 중재자를 통해 나타난 계시의 독특성에 대한 이해도 있을 수 없다."[58] 더 간단히 말하자면, "진노의 크기를 아는 자만이 자비의 크기에 의해 정복될 수 있다."[59]

R. P. C. 핸슨이 주장하듯이, "오늘날 그리스도인들이 하나님의 진노에 대한 성경의 가르침을 부인하는 것은 우리가 기독교 신앙에 대한 우리의 이해 속으로 세속적이고 비기독교적인 개념들을 끌어들여 그것을 왜곡하는 전형적인 예다."[60] 그런데 오늘날 하나님의 진노라는 개념은 도대체 왜 사람들을 그토록 불쾌하게 만드는 것일까? 그 개념이 계몽된 사람들의 사고방식에 불쾌감을 주는 적어도 세 가지의 방식이 존재한다. 첫째, 만약 "성인이 된 세상" 안에 하나님을 위한 어떤 여지가

아직도 남아 있다면, 그것은 인간을 섬기려는 목적을 지닌 하나님을 위한 여지이다. 하나님에 대한 참으로 신중심적인 개념은 관용될 수 없다. 왜냐하면 "현대인은 계몽주의 사상의 영향을 통해 하나님의 역할이 인간의 목적을 지지하는 것으로 생각하는 데 익숙해져 있기 때문이다."[61] 둘째, 이로부터 자연스럽게 오늘날 사람들에게 수용되고자 하는 그 어떤 하나님도 반드시 인간의 권리를 존중하는 관대한 하나님이 되어야 한다는 생각이 따라나온다.[62] 마지막으로, 계몽주의 감성은 하나님과 그분의 사랑에 대한 감성적인 견해를 낳았다.[63] 그런 견해에 따르면, 하나님은 크리스마스 때 캐럴을 불러주는 데는 적합하지만, 성경에도 그리고 우리의 경험적 현실에도 맞지 않는다. 하나님에 대한 그런 식의 선포는, 비록 친절하기는 하나, 회의적인 무감각을 낳는다. 대조적으로 하나님의 진노의 선포에 대한 반응은 아주 다른 것, 곧 죄에 대한 적대감이나 확신이 될 가능성이 있다(요 16:8-11). 물론 그리스도인들은 이런 압박으로부터 면제되지 않는다. 그리고 하나님에 대한 감상적이고 인간 중심적인 견해는 현대의 서구 교회의 거의 모든 부분에서 발견된다. 그런데 하나님의 진노에 대한 성경의 가르침은 어째서 이런 흐름을 교정하는 일에 보다 더 효과적이지 못했던 것일까? 아마도 그 이유 중 하나는 그것이 하나님의 사랑과 양립할 수 없다는 두려움(이 에세이가 쫓아버리려고 하는 오해)일 것이다.

하나님의 진노,
그리고 그것과 다른 가르침들의 관계

지금까지의 결론은 하나님의 진노는 순전히 비인격적인 것으로 혹은 조악하게 신인동형론적인 용어로 이해되어서는 안 된다는 것이다. 그렇다면 '하나님의 진노'는 도대체 무엇을 의미하는가? 그것은 악과 악한 사람 모두에 대한 하나님의 인격적인 또한 강력한 반대다. 그것은 하나님의 본성인 거룩하심에서 우러나오는 확고하고 엄격한 적대감이다. 그것은 악에 대한 그리고 자신에게 맞서는 모든 것에 대한 그분의 혐오, 그 모든 것에 대한 그분의 노여움 그리고 그 노여움의 분출이다. 그것은 자신과 맞서는 모든 의지에 대한 그분의 격렬한 저항이다.[64]

그런데 이런 '정의들'은 자주 무시되는 한 가지 문제를 제기한다. 하나님의 진노의 대상은 무엇인가? 하나님은 악에 대해 진노하시는가, 아니면 악인에 대해 진노하시는가? 신약성경 안에서 하나님의 진노는 두 가지 모두에 해당한다. 종종 하나님의 진노는 그 진노의 대상을 분명하게 적시하지 않은 채 언급된다(마 3:7; 눅 3:7; 롬 4:15; 계 14:19; 15:1, 7). 한 곳에서 하나님의 진노의 대상은 '악'인데(롬 1:18, 한글 개역에는 '불의'로 되어 있다.-역주), 이때조차 그 악을 행한 자가 언급된다. 그러나 진노의 대상이 언급되는 곳에서 그 대상은 보통 '악을 행하는 자들'이다(눅 221:23; 요 3:36; 롬 2:5, 8; 엡 5:6; 골 3:6; 살전 2:16). 그로 말미암아 우리는 포괄적으로 하나님의 진노는 일차적으로 그들이 행한 악으로 말미암아 악행자들을 향한다고 판단할 수 있다.

그렇다면 "하나님은 죄는 미워하시나 죄인들은 사랑하신다."라는 오늘날의 진부한 상투어는 어떻게 되는가? 대부분의 진부한 상투어들이 그러하듯이, 이것 역시 절반의 진리다. 그것을 다루는 두 가지 방식이 있다. 첫째는, 의심할 바 없이 오늘날 자유주의 서구 사회에서 대부분의 사람이 그렇게 하듯이, 그것을 하나님의 진노에 대한 언급으로 여기는 것이다. 하나님의 노여움은 죄에 대한 것이지 죄인에 대한 것이 아니다. 이것이 신약성경이 강조하는 내용과 상충한다는 사실은 차치하더라도, 이런 주장에는 그 자체로 몇 가지 문제가 있다. 윌리엄 템플(William Temple)이 주장하듯이, "그것은 죄를 죄인과 분리된, 따라서 마치 옷처럼 벗어 던질 수 있는 무언가로 여기는 천박한 심리학이다. 나의 죄는 나의 의지의 잘못된 방향이다. 그리고 내가 활동하는 한, 나의 의지는 곧 나 자신이다. 만약 하나님이 죄를 미워하신다면, 그분이 미워하시는 것은 나 자신에게 부속된 어떤 첨가물이 아니라 나 자신이다. 왜냐하면 지금 존재하는 자아는 바로 나 자신이기 때문이다."[65] 하나님이 아동 성폭행을 미워하시지만 그런 성폭행을 저지른 자에 대해서는 노여움을 느끼지 않으신다고 말하는 것은 앞뒤가 맞지 않는다.

그렇다면 이 진부한 상투어는 어떤 의미에서 진리인가? 그것은 하나님의 노여움의 대상을 '악한 행위'로 제한하는 것이 아니라 하나님의 은혜를 확언하는 것으로 이해되어야 한다. 하나님은 죄인들을 사랑하신다. 그러나 이것은 그분이 그들을 그들의 죄와 함께 미워하시지 않는다는 의미에서가 아니라, 그분이 그리스도 안에서 그들의 구원을 바라신다는 의미에서 그러한 것이다. 죄인으로서의 죄인들에 대한 그분의 태도는 적의와 진노이지만, 그들을 향한 그분의 선한 의지는 적극적으로 그들의 회심과 그들에 대한 용서를 추구한다.[66]

그러나 성경은 실제로 사람들을 미워하시는 하나님에 대해 이야기하고 있지 않은가?[67] 대개 성경은 악한 행위를 미워하시는 하나님에 대해 이야기한다(신 12:31; 잠 6:16-19; 사 61:8; 암 6:8; 계 2:6). 그러나 성경에는 사람에 대한 그분의 노여움에 대해 이야기하는 7개의 구절이 있다. 첫째, 하나님이 야곱은 사랑하셨으나 에서는 미워하셨다는 반복되는 진술이 있다(말 1:2-3; 롬 9:13). 그러나 우리는, 이 구절들이 염두에 두는 것이 개인인지 나라인지 하는 범위의 문제이며 또한 과연 여기에서 '미워하다'라는 말이 자신의 친척이나 자신의 생명까지 미워하라는 명령에서처럼(눅 14:26; 참고 마 10:37) 이해되어야 하는지를 고려해, 이런 구절들에 지나치게 많은 의미를 부여하지 않도록 조심해야 한다. 둘째, 성경에는 하나님이 악을 행하는 자들을 미워하신다는 진술이 세 차례 등장한다(시 5:5; 11:5; 잠 6:16-19). 마지막으로, 하나님은 두 차례에 걸쳐 자신이 이스라엘을 미워하신다고 말씀하신다(렘 12:8; 호 9:15). 분명히 이 마지막 확언들은-특히 호세아에 의해 선포되었듯이-이스라엘에 대한 하나님의 사랑을 배제하지 않는다. 아마도 우리는 우리가 "죄에 대한 하나님의 증오(hatred)"와 "죄인들에 대한 그분의 진노(wrath)"에 대해 말할 때-비록 우리가 죄에 대한 하나님의 진노와 죄인들에 대한 하나님의 증오에 대한 이야기를 배제할 수는 없을지라도-성경의 강조점에 가장 근접하게 될 것이다. 아마도 새로운 슬로건은 다음과 같은 것이 되어야 할 것이다. "하나님은 죄를 증오하시고 죄인들에 대해 진노하신다."

교회의 지도적인 두 명의 신학자들이 하나님의 사랑과 증오의 문제에 몰두한 적이 있다. 어거스틴(Augustine)은 속죄에 관해 논하던 중에 하나님은 그리스도께서 우리를 위해 죽으시기 전까지는 우리를 사랑하시지 않았다는 주장에 대해 경고한다. 그는 그리스도의 죽음이 우리를 위한 하나님의 사랑에서 나온다는 사실(롬 5:8)과 하나님이 악을 행하는 자들을 미워하신다는 사실(시 5:5) 사이의 긴장의 문제를 다룬다. 또 그는 하나님이 우리를 미워하시기도 하고 사랑하시기도 한다는 역설에 도달한다. 그분은 우리의 죄로 말미암아 우리를 미워하시지만, 그 죄가 해칠 수 없었던 그리고 치유할 수 있는 우리 안에 있는 그 무엇때문에 우리를 사랑하신다.[68] 토마스 아퀴나스(Thomas Aquinas) 역시 시편 5:5을 붙들고 씨름한다. 그는 "하나님은(창조된 대로의) 자연의 실제적 존재로서의 죄인들을 사랑하신다."라고 주장한다. 그러나 "그들이 죄인인 한, 그들은 실제적이지 않으며 결함이 있다." 그리고 하나님은 그런 그들을 "미워하신다."[69] 다시 토마스는, 말라기 1:2-5과 씨름하면서, "하나님은 모든 인간과 모든 피조물을 향해 얼마간의 선을 바라시기에 그들을 사랑하신다."라고 말한다.[70]

하나님의 진노는 여러 가지 다른 주제들과 상관이 있다. 이 에세이에서 우리는 그 중 몇 가지를 간략하게만 언급할 수 있을 뿐이다. 첫 번째 주제는 도덕적 질서와 도덕적 심판의 실행의 문제다. 조나단 삭스(Jonathan Sacks)는 우리 사회에 만연한 어떤 상황(그것은 하나님의 진노에 대한 거부와 무관하지 않다.)에 대해 한탄한다. 삭스에 따르면, 우리 사회에서 '비판적인'(judgmental)이라는 말은 "도덕적 심판을 내리는 일을 미리 배제하기 위해서" 사용된다. 그는 최근에 어느 교회의 지도자가 간음을 비판하려 한 것으로 말미암아 곤욕을 치렀던 경우를 제시한다. 간음은 허용될 수 있으나, 그것에 대한 비판은 허용되지 않는다. 성경이 개인들에게 심판을 내리는 문제와 관련해 드러내 보이는 가치 있는 머뭇거림이 그 어떤 도덕적 심판도 내리려 하지 않고, 도덕적으로 선한 것과 악한 것을 구별하지도 않으려는 태도와 혼돈됐다. "그렇게 해서 도덕은 취향과 선택의 문제가 된다. 그리고 '취향에 대해서는 시비하지 않는 법이다'(de gustibus non est disputandum)."[71] S. T. 데이비스(Davis)는 하나님의 진노는 우리에게 옳고 그름이 객관적으로 실제적이라는 것을 보임으로써 또한 우리에게 우리의 행위의 도덕적 중요성을 가리킴으로써 우리를 그와 같은 도덕적 상대주의로부터 구해낸다고 주장한다.[72]

두 번째 주제는 하나님에 대한 두려움이다. 하나님의 진노에 대한 관심의 소멸과 더불어 신앙을 위한 타당한 동기로서의 두려움 역시 거부된다.[73] 이것은 또 다른 형태의 위험한 절반의 진리다. 어거스틴은 지옥을 두려워하는 이는 죄가 아니라 불에 타는 것을 두려워한다고 옳게 지적한 바 있다.[74] 주류 기독교 전통은 늘 참된 순종이 두려움이 아니라 사랑에 의해 유발된다는 것을 인정해 왔다. 하나님이 바라시는 것은 머뭇거리며, 두려워하며, 종처럼 수행하는 복종이 아니라, 자유로운 사랑의 응답이다. 그러나 주류 기독교 전통은 이런 일이 두려움이라는 요소 없이 가능하다고 상상할 만큼 순진하지는 않았다. 인간의 심리에 대한 이해가 깊었던 어거스틴은 자유로운 사랑의 응답은 종종 강요라는 억제 뒤에 나온다는 것을 알아차렸다. 어린아이들은 처음에는 적어도 부분적으로라도 두려움을 통해 훈련을 받아야 할 필요가 있다. 그러나 그 훈련 과정이 성공할 경우 그 과정을 통해 아이들에게 전해진 가치들은 내면화된다. 그럴 경우 아이들은 처음에는 부모의 질책이나 징벌을 피하기 위해 했던 일을 스스로 그리고 기꺼이 행하게 된다. 두려움이라는 동기는 오늘날 종종 그렇게 간주되는 것처럼 '정당하지' 않은 것이 아니라 '충분하지' 않은 것이다. 예수께서는 자신의 제자들에게 "죽인 후에 또한 지옥에 던져 넣는 권세 있는 그를 두려워하라."(눅 12:5)라고 말씀하시는 것을 주저하지 않으셨다.[75] 락탄티우스(Lactantius)는 하나님에 대한 두려움이 없는 참된 종교나 경건은 존재하지 않으며, 하나님의 진노가 없다면 하나님에 대한 두려움도 없다고 주장한다.[76] "여호와를 경외하는 것이 지혜의 근본이다"(잠 9:10). 그리고 여기에서 '경외'라는 말은 하나님의 진노에 대한 두려움보다 많은 것을 포함하고 있으나 그것을 배제하지는 않는다.

세 번째 주제는 지옥에 관한 교리이다. 오늘날 지옥을 그 문이 오직 안에서만 잠기는 것으로 묘사하는 것은 아주 일반적이다.[77] 사람들을 정죄해 지옥으로 몰아넣는 하나님의 역할은 그저 사람들이 행한 선택에 주저하면서 그리고 슬퍼하면서 동의하는 것에 지나지 않는다. 여기에서 다시 우리는 절반의 진리를 만난다. 주류 기독교 전통은 언제나 하나님이 최후의 심판 때 회개하지 않는 이들을 향해 "아니다"(No)라고 말씀하시는 것은 이생에서 하나님에 대해 "아니오"(No)라고 말했던 이들에 대한 응답일 뿐이라고 여겨왔다. 성경은 하나님이 심판의 시행을 머뭇거리시는 것에 대해 증언한다(겔 33:11; 벧후 3:9). 그러나 우리가 간과하지 말아야 할 또 다른 측면이 있다. 하나님의 징벌이 단순히 죄인들이 스스로를 벌하는 것이라고 말하는 것으로는 충분하지 않다.[78] 심판에 있어서 하나님의 역할은 수동적이지만은 않다. 최종적인 심판에는 하나님의 슬픔만이 아니라 그분의 진노도 포함되어 있다(롬 2:5, 8; 살전 1:10). 망한 자들이 스스로 천국에서 빠져나가는 것은 사실이지만, 하나님이 적어도 어느 한 차원에서 그 안에 포함되기를 원하는 자들을 적극적으로 배제하시는 것 역시 사실이다(마 22:11-13). 예수께서는 하나님의 은혜로부터 빠져나가는 것의 어려움에 대해서가 아니라 그것을 얻기 위해 노력해야 할 필요에 대해 강조하셨다. "좁은 문으로 들어가기를 힘쓰라 내가 너희에게 이르노니 들어가기를 구하여도 못하는 자가 많으리라"(눅 13:24). 그분은 천국에 들어길 기회의 영속성에 대해서가 아니라 너무 늦을 때까지 그 기회를 무시하는 깃의 큰 위험성에 대해 강조하셨다(마 25:1-13; 눅 16:26).

마지막 주제는 십자가다. 하나님의 진노에 대한 믿음은 그것과 상관있는 것으로서 그 진노를 처리하시는 그리스도의 사역에 대한 믿음을 지닌다. A. T. 핸슨은 하나님의 진노가 속죄에 관한 이론들로 이어진다는 가정 위에서 그것이 하나의 '감정'이라는 개념을 분명하게 거부한다.[79] 하나님의 진노에 대한 도드의 해석은 속죄라는 개념에 대한 그의 거부와 밀접하게 연관되어 있다.[80] 그러나 하나님의 진노를 '감정'으로 인정하는 이들은 십자가 위에서 그리스도가 원래 우리가 감당해야 할 몫이었던 진노를 우리를 대신해 감당하셨다고 말하는 데 보다 적극적이었다.[81]

하나님의 진노와 하나님의 사랑

이제 우리의 주된 관심사인 하나님의 진노와 하나님의 사랑의 관계에 대해 살필 시간이다. 대중의 상상력 안에서 그 둘은 분명히 서로 반대된다. 그러나 종종 주장되어 왔듯이 "사랑의 반대는 진노가 아니라 무관심이다."[82] 이 에세이의 논지는 하나님의 진노는 그분의 사랑의 한 측면으로, 즉 그분의 사랑의 결과로 간주하여야 한다는 것이다. 바르트가 말하듯이, 만약 우리가 참으로 하나님을 사랑한다면 "우리는 또한 진노하시고 정죄하시고 징벌하시는 그분도 사랑해야 한다. 혹은 우리는 그분의 진노와 정죄와 징벌 안에서 그분의 사랑을 보고 느끼고 감사해야 한다."[83] 그러기 위해 애쓰는 과정에서 우리는 하나님의 진노가 그분의 사랑을 표현하는 방식과 그것과 대조되는 방식들 모두를 살펴야 할 필요가 있을 것이다(비록 우리가 진노와 긍휼 모두를 하나님의 사랑의 표현으로 보면서 그 둘을 대조하는 편이 훨씬 더 행복할지는 모르지만).

먼저 우리는 진노가 없는 참된 사랑은 존재하지 않는다는 사실에 주목해야 한다. 그동안 하나님의 진노에 대한 구약성경의 가르침은 이렇게 요약됐다. "여호와의 진노는 인격적인 특성이다. 그것이 없다면 여호와는 충분히 의로울 수 없을 것이고, 그분의 사랑은 감상적인 것이 되고 말 것이다."[84] 앤더스 니그렌(Anders Nygren) 역시 심판의 개념과 분리된 사랑에 대한 마르시온의 견해를 감상적이라고 비판한다.[85] "사랑이 아닌 모든 것에 대해 심판을 선언하는 사랑만이 가장 참된 의미에서 회복시키고 구원하는 사랑이다."[86] 바울은 "사랑에는 거짓이 없어야 한다."라고 말한 후 "악을 미워하라."고 명령한다(롬 12:9). 자기 아내의 부정에 질투 어린 분노로 반응하지 않는 남편은 그로써 자신이 그녀에 대해 관심이 없음을 드러내는 셈이다.

악을 미워하지 않는 것은 사랑의 결핍을 의미한다.[87] C. E. B. 크랜필드(Cranfield)는 이것을 한 가지 잘 선택된 현대적인 예를 통해 설명한다. 그는 "만약 하나님이 인간의 악에 대해 진노하시지 않는다면 과연 그분이 선하신 그리고 사랑하시는 하나님이실 수 있는가?"라고 묻는다. "왜냐하면 악에 대한 분노는 분명히 도덕적 악이 상존하는 이 세상에서 인간의 선을 위한 핵심적 요소이기 때문이다. 예컨대, 아파르트헤이트(apartheid, 남아프리카 공화국의 인종 차별 정책 - 역주)의 부당함과 잔인함에 대해 알면서도 그 악에 대해 분노하지 않는 사람은 온전하게 선한 사람일 수 없다. 왜냐하면 그가 분노하지 않는 것은 그가 자신의 동료 인간들에게 마음을 쓰고 그들을 사랑하는 일에 실패하고 있음을 의미하기 때문이다." 계속해서 그는 인간의 유비 위에 너무 많은 것을 세우는 것에 대해 경고한다. 왜냐하면 "가장 숭고하고 순결한 인간의 분노조차 기껏해야 하나님의 진노에 대한 왜곡되고 뒤틀린 반영에 불과하기 때문이다."[88] 이것은 아파르트헤이트 반대운동의 역사를 통해 충분하게 예증 된 사항이다. 그럼에도 기본적인 요점, 즉 악에 대한 진노의 결여는 사랑의 결여를 의미하는 관심의 결여라는 주장은 논쟁의 여지가 없는 사실이다. "절대적인 사랑은 절대적인 순결과 절대적인 거룩함을 의미한다.……만약 하나님이 죄와 악을 크게 혐오하시지 않는다면, 그분은 사랑의 하나님이실 수 없다."[89]

실제로 P. T. 포사이스(Forsyth)는 대담하게 "하나님의 사랑은 하나님의 진노만큼 실제적이지는 않다."라고 주장한다.[90] 그러나 이것이 앞서 말한 요점을 대담하게 요약하는 것이기는 하나 포사이스는 거기에 제한이 필요하다는 것을 알고 있었다. 브루너는 하나님의 진노는 우리가 부인하거나 둘러댈 수 있는 실제가 아니라고 주장한다. "그러나 하나님의 진노는 궁극적 실제는 아니다. 그것은 죄에 대응하는 하나님의 실제이다. 그러나 그것은 하나님의 핵심적 실제는 아니다. 하나님 자신은 사랑이시다." 십자가에서 우리는 "진노의 실제(그것은 어떤 점에서 종속된 실제이다.)와 하나님의 사랑이라는 훨씬 더 압도적인 실제를" 발견한다. 사실 하나님의 사랑은 오직 십자가의 빛을 통해서만 충분하게 이해된다. 만약 하나님의 사랑을 단순히 일반적인 진리로 간주한다면, 그것은 그것의 거룩성을 잃어버리거나 그것에 의해 제한된다.[91]

하나님의 진노를 부인하는 이들의 잘못은 그들이 하나님을 순전히 사랑만으로 축소하려 하는 데 있다. 브루너가 말하듯이, "하나님의 본성은 배타적으로 어느 한 단어로 진술될 수 없다." 특히 하나님의 거룩하심은 그 무엇으로도 억압될 수 없다.[92] 포사이스는 '하나님의 거룩하신 사랑'에 관한 그의 담론을 통해 이 점을 강력하게 주장했다.[93] 우리의 출발점은 "하나님의 사랑이 가진 최고의 거룩하심이 되어야지, 그것의 동정심이나 연민이나 애착이 되어서는 안 된다." 그리고 그 거룩하심이야말로 "복음과 종교를 인간의 면류관 정도로 만드는 신학적 자유주의를 구분하는 분수령"이다.[94] "만약 평상시에 우리가 하나님의 사랑에 관해서는 적게 그리고 하나님의 거룩과 그분의 심판에 관해서는 많이 말한다면, 그분의 사랑에 관해 말할 때는 거룩과 심판에 대해 훨씬 더 많이 말해야 한다."[95]

여기에서 우리는 의견이 갈리는 쟁점과 마주한다. 우리는 하나님의 사랑과 그분의 거룩하심, 그분의 자비와 그분의 진노를 서로 화해할 필요가 있는 그분의 속성들로 여겨야 하는가? 바르트는 그런 개념을 분명하게 거부한다. 그는 버나드(Bernard)가 아가서에 대해 행한 여섯 번째 설교에서 그런 개념을 부인하기 위한 근거를 끌어온다. 버나드는 그 설교에서 자비와 심판을 하나님의 두 발로 묘사한다. 버나드는 수도승들에게 어느 쪽 발도 무시하지 말라고 경고한다. 그들은 자비에 대한 생각으로 죄로 말미암은 슬픔을 완화함으로써 절망을 피해야 한다. 또한 그들은 그분의 심판에 대한 기억으로 그분의 자비에 대한 생각을 완화함으로써 심판을 냉담하게 무시하지 말아야 한다.[96] 바르트는 "우리가 하나님의 자비로부터 분리된 하나님의 의에 '입맞출' 수 있다는 치명적인 생각"에 반대한다.[97] 포사이스 역시 하나님의 속성들이 그분으로부터 분리될 수 있는 실체들이 아님을 강조함으로써 하나님 안에 정의와 자비라는 "속성들 간의 갈등"이 존재한다는 생각에 반대한다.[98] R. P. C. 핸슨은 역시 그런 생각이 "하나님이 정신병으로 고통을 당하시고 그로 말미암아 자신을 온전히 통제하지 못하고 계시다는 불쾌한 제안"을 한다고 비난하면서 그것을 거부한다.[99] 그의 형제인 A. T. 핸슨은 그런 생각이 구약성경 안에서 발견된다는 사실은 인정하나,[100] 그것이 하나님의 진노가 그분의 태도나 감정이 아니라는 인식에 의해 극복되는 것으로 여긴다.

다른 이들은 그 개념을 옹호한다. 스토트는 구약과 신약 모두에서 발견되는 하나님 안에 '이중성'(duality)이 있음을 인정하는 구절들을 가리키면서, 그리고 특별히 브루너를 인용하면서, 포사이스의 견해에 대해 이의를 제기한다.[101] 브루너는 하나님 안에 있는 이중성에 대해 거리낌 없이 말한다.[102] 하나님이 자신의 거룩하심과 사랑을 동시에 알리신 것은 무엇보다도 십자가에서였다.[103] "속죄의 객관적 측면은……유연한 의와 형벌 및 초월적 사랑의 결합으로 이루어진다." "하나님의 사랑은 하나님의 진노를 헤치고 나아간다."[104] 하나님 안에는 거룩함과 사랑의 "이중성"이 존재한다.

이런 이중성이 존재하는 곳, 즉 하나님이 '그리스도 밖에서' 실제로 화를 내시지만 '그리스도 안에서' 순결한 사랑이신 분으로 알려지는 곳에서만 믿음이 실제적인 결단이 되고 속죄가 실제적인 전환점이 된다. 그러므로 거룩함과 사랑, 계시와 숨김, 자비와 진노의 이중성은 하나님에 대한 그리고 계시와 속죄의 실제성과 신비에 대한 성경적 지식의 진지함을 훼손하지 않으면서 해소되거나 하나의 종합적 개념으로 변화될 수 없다.……여기에서 모든 참된 기독교 신학의 '변증법'이 나타난다. 그것은 분명히 이런 이중성의 해소될 수 없는 성격을 회고의 측면에서 표현하는 것을 목표로 한다.[105]

사실 포사이스의 개념과 스토트와 브루너의 개념이 반드시 양립할 수 없는 것은 아니다. 하나님의 가장 내밀한 존재 안에서 그분의 속성들은 완전하게 연합해 있다. 거룩하지 않은 하나님의 사랑도, 사랑이 없는 하나님의 거룩하심도 없다. 하나님이 사랑이시면서 빛이 아니신 곳은 없으며, 그분이 빛이시면서 사랑이 아니신 곳도 없다. 마찬가지로 하나님의 사랑과 공의는 핵심적 본성 안에서 서로 연합되어 있다.[106] 그러나 거룩하고 사랑이 많으신 하나님은 그분과 다른 환경에 있는 우리에게 다르게 행동하신다. 그분의 거룩하고 성실한 진노 안에서 그분은 우리의 죄 때문에 우리를 심판하신다. 그러나 그분의 거룩하고 사랑스러운 자비 안에서 그분은 우리의 죄를 용서하신다. 진노는 사랑이 아니라 거룩과 공의가 드러나는 것이라고 주장함으로써 속성들을 분리시키는 것은 잘못이다. 자비는 거룩과 공의가 아니라 사랑이 드러나는 것이라고 주장하는 것 역시 잘못이다. 그러나 하나님이 인간을 다루시는 데에는 분명한 이중성이 존재한다. 구원사 안에서, 그리스도 안에서 그리고 성경 안에서 우리는 하나님이 진노하고 심판하시는 모습과 긍휼과 용서를 베푸시는 모습 모두를 발견한다. 분명히 그 둘은 서로 다르며 어떤 의미에서는 서로 상반된다. 그러나 그 둘 다 거룩하고 사랑이 많으신 한 분 하나님으로부터 유래한다.

   토마스 아퀴나스는 공의와 자비가 하나님의 역사 전체에서 발견되는지를 묻는다. 그리고 "하나님의 역사의 모든 면에서 공의와 자비가 발견된다."라고 결론짓는다. 그러나 또한 그는 다음과 같이 한발 물러선다. "어느 한 요소가 다른 요소보다 강력하게 나타날 경우, 어떤 일들은 공의와 그리고 어떤 일들은 자비와 상관이 있다. 그러나 부도덕한 자를 정죄하는 경우에조차 자비가 나타난다. 왜냐하면, 비록 전적으로 완화

뇌시는 않으나, 그에 대한 형벌이 종종 그가 마땅히 받아야 할 것보다 부드럽고 가벼워지기 때문이다. 또한 죄인을 의롭게 여길 때조차 공의가 나타난다. 그럴 경우 하나님이 자비롭게 제공하시는 사랑으로 말미암아 잘못이 용서된다."[107] 우리가 로마서 3:25-26을 적어도 부분적으로나마 불의한 자를 의롭게 하는 일에서 하나님의 공의가 유지되는 방식을 가리키는 것으로 이해하는 것은 이런 원리에 상응한다.[108] 십자가는 하나님의 영원한 본성 안에서 서로 연합되어 있는 속성들이 역사적으로 드러나는 일에 조화를 끌어들인다.

비록 하나님의 진노와 자비 모두가 그 기원을 하나님의 거룩하신 사랑 안에 갖고 있을지라도, 도대체 그것들은 어떻게 결정적인 순간에 서로 연결되는 것인가? 하나님의 진노가 어떻게 그분의 사랑과 결합할 수 있는가? R. P. C. 핸슨은 하나님의 진노는 그분의 태도나 특성이 아니라는 전제 위에서 "하나님은 어떻게든 동시에 사랑하시고 진노하신다."라는 개념을 거부한다.[109] J. S. 스튜어트(Stewart) 역시 하나님의 진노가 그분이 "한동안 그분의 사랑을 밀쳐두고 잔뜩 화가 난 사람처럼 행동하신다."는 것을 의미한다는 개념을 거부한다.[110] 그러나 여전히 그 문제는 그렇게 간단하게 해결되지 않는다. 바울은 우리가 죄인이었을 때, 즉 하나님의 진노 아래 있었을 때, 하나님이 그리스도의 죽으심 안에서 우리를 위해 그분의 사랑을 보이셨다고 말한다(롬 5:8). 사랑과 진노의 병치는 분명하다. 스토트가 말하듯이, 하나님의 진노는 개인적인 복수심과 무관하다. 그리고 "그분은 진노하시는 동시에 죄를 지은 자에 대한 감소하지 않은 사랑을 품고 계시다."[111] 또한 진노와 자비가 우리의 경험 안에서 서로 갈등하고 교차한다는 것 역시 분명하다. 본질상 진노의 자녀인 자가(엡 2:3) 하나님의 자비를 만나고 다가오는 진노로부터 구원을 얻는다(롬 5:9; 살전 1:10). 이런 의미에서 회심한 죄인들에게 진노와 자비는 두 개의 구별된 그리고 서로 중복되지 않는 경험이다. 그리고 구약성경은 자신의 진노를 제한하고 억제하시는 하나님의 자비에 대해 말한다.[112]

이 단계에서 한 가지 질문을 제기할 필요가 있다. 그동안 죄인에 대한 하나님의 진노는 그들에 대한 그분의 사랑과 짝을 이루며 그 둘은 십자가 안에서 최고로 가까워진다는 주장이 제기되어 왔다. 그러나 하나님이 자신의 진노의 대상을 사랑하신다고 주장하는 것은 그 사람에 대한 그분의 진노가 바로 그 사람에 대한 그분의 사랑을 표현한다고 말하는 것에는 미치지 못한다. 또한 하나님의 사랑은 그분의 진노를 필요로 한다는 주장이 제기되어 왔다. 그러나 이것은 하나님의 진노의 대상에 대한 그분의 사랑보다는 그분의 의에 대한 사랑의 관점에서 제기되었다. 그러나 우리가 어느 특정한 죄인에 대한 그분의 진노가 바로 그 특정한 죄인에 대한 그분의 사랑에 의해 요구된다고 말할 수는 없는 것일까? 이 질문에 답하고자 할 때 우리는 지금 이곳에서의 하나님의 진노(그것은 우리의 회개로 이어질 수 있다.)와 최후의 심판 때의 하나님의 진노(거기에는 회개를 위한 더 이상의 기회가 존재하지 않는다.)를 구별해야 한다. 살아 있는 인간의 경우에 하나님의 진노는, 율법과 복음의 루터적 변증법 안에서 율법이 그러하듯이,[113] 그분이 그들을 다루시는 일에서 보조적인 역할을 한다. 하나님의 진노는 우리에게 죄의 심각성을 보여준다. 그리고 그런 진노는 하나님이 우리를 사랑스럽게 다루시는 일의 일부다. 그러나 회개의 가능성이 그친 곳에서 상황은 전혀 달라진다. 최종적으로 망한 자들에 대한 하나님의 진노가 어떻게 특별히 그들을 향한 그분의 사랑의 표현이 되는지는 그리 분명하지 않다. 토마스 아퀴나스는 그런 사랑이 징벌에 있어서의 관대함으로 표현된다고 보았다.[114] 망한 자의 최종적 운명을 '소멸'(extinction)[115]이라고 여기는 이들은 그것을 하나님의 사랑 어린 자비의 표현으로 볼 수 있다.

우리는 진노와 사랑을 함께 모으는 또 다른 방법에 관해 고찰할 필요가 있다. 오늘날에는 하나님의 진노가 그분의 사랑과 반대되는, 뒤바뀐 혹은 역전된 측면이라는 의견에 대한 놀라운 합의가 존재한다. 즉, 그분의 진노는 그분의 거부된 사랑의 표현이라는 것이다.[116] 브루너가 말하듯이, "우상을 숭배하고 악하게 뒤틀린 자들이 마주하는 하나님의 진노는 분명히 하나님께 등을 돌린 자들에게 가해지는 하나님의 사랑의 힘이다. 하나님의 진노는 하나님께 등을 돌리고 그분과 맞서는 자들이 경험하는 하나님의 사랑이다. 왜냐하면 실제로 그런 자들은, 하나님의 거룩하심 때문에, 반드시 그것을 경험해야 하기 때문이다."[117]

이런 말은 얼마나 사실인가? 여러 다른 말들과 마찬가지로, 이것 역시 부분적으로만 사실이다. 심판은 그리스도 예수 안에 있는 하나님의 사랑에 대한 인간의 응답에 달렸다(요 3:16-21, 36). 하나님의 심판은 버림받은 구애자의 무시무시한 복수인 것처럼 보일지도 모른다. 만약 하나님의 진노가 거부된 사랑의 표현에 불과하다면, 하나님은 다음과 같은 비난 섞인 질문을 받아야 한다. "그저 우리가 홀로 있고 싶어 하는 것이 어째서 그가 그토록 화를 내는 이유가 되어야 하는가?"[118] 그러나 여기에는 단순히 버림받은 사랑 이상의 그 무엇이 있다. 우리는 하나님의 피조물이고, 따라서 마땅히 그분에게 우리의 사랑과 순종을 바쳐야 한다. 우리는 '값으로 산' 죄인들이다(고전 6:20). 우리는 우리에게 낯선 이의 로맨틱한 애정이나 주장하는 신마르시온주의의 하나님으로부터 오는 사랑의 제안을 받는 자율적 인간이 결코 아니다. 우리가 거부한 사랑은 자신의 피조물에 대한 창조주의 사랑이며 아주 큰 값을 치르고 우리를 구속하신 분의 사랑이다. 그런 사랑을 거부하는 것은 우리의 유일한 희망에 대해 등을 돌리는 것이고 진노와 심판을 자초하는 것이다.

우리가 지금까지 살펴본 저자 중 몇 사람은 사랑과 진노가 공존하는 것이 불가능하다고 느끼는 것처럼 보인다. 그들보다는 포사이스가 훨씬 더 심원하다. 그는 이렇게 말한다. "참된 사랑은 분명히 화를 낼 수 있으며, 자신의 사랑을 받는 자녀들에게 화를 내고 심지어 호되게 나무라기도 해야 한다."[119] 비록 A. T. 핸슨이 하나님의 진노에 대한 성경의 가르침 안에는 징계라는 개념이 거의 존재하지 않는다고 주장하기는 하나,[120] 어린아이를 징계하는 것을 하나의 유비로 여기는 것은 어느 정도는 타당하다. 한 어린아이가 다른 아이를 고의적으로 그리고 악의적으로 괴롭히고 있다고 가정해 보자. 그 아이를 징계하는 것이 어떻게 그 아이에 대한 사랑의 표현이 되는가? 그것은 의를 위한 부모의 사랑과 잔인함에 대한 혐오를 표현한다. 그것은 그것이 징계로서 의도된다는 점에서 가해자에 대한 사랑을 표현한다. 마지막으로, 그것은 그 아이에 대한 징계를 수행함으로써 사회에 대한 사랑을 표현한다. 징계받지 않은 아이들을 사회에 풀어놓는 이들은 자신들의 자녀에 대한 사랑이 아니라 관심의 결핍 그리고 심지어 그 사회의 나머지 사람 중에 있는 미래의 희생자들에 대한 관심의 더 큰 결핍을 드러내는 것이다.

그런 점에서 하나님의 진노에는 사회적 함의까지 들어 있다. 그러므로 그것은 순전히 개인적인 측면에서 이해되어서는 안 된다. H. G. L. 필스(Peels)는 "하나님의 사랑은 단순히 좋은 감정이 아니다. 오히려 그것은 진노와 질투로 표현될 수 있다."라고 주장한다. 만약 어느 통치자가 적에게 자기의 백성을 짓밟도록 계속해서 허락한다면 그 통치자는 자기 백성에게 사랑을 보이는 것이 아니라고 주장한다.[121] 락탄티우스 역시 사회 안에서 건강한 질서를 유지하기 위해서는 하나님의 진노가 필요하며,[122] 그것은 만약 그분이 사람들을 사랑하신다면 그분에게 지워진 의무라고 강조한다. 바울은 하나님의 진노가 부분적으로 율법과 질서라는 수단을 통해 작동한다고 가르친다(롬 13:4-5).[123] 하나님의 진노가 사랑의 표현이라는 주장은 하나님의 진노가 그 진노의 희생자들을 위한 사랑을 표현한다는 주장보다 광의적이다. 그것은 또한 다른 인간들에 대한 하나님의 사랑의 표현이다. 최후의 심판 때 회개하지 않은 자들에게 부어지는 하나님의 진노의 경우처럼, 진노가 그것의 대상에 대한 사랑을 표현함 없이 사랑을 표현하는 상황이 있을 수 있다.

하나님의 사랑과 하나님의 진노는 궁극적으로 모순되지 않는다. 하지만 그 둘 사이에는 긴장이 존재한다. "살아 계신 하나님과 관련된 선언은 궁극적으로 그리고 최종적으로 논리적 체계화를 허용하지 않는다."[124] 이것은 우리가 하나님의 진노와 그분의 사랑 사이의 상호관계를 탐색하는 것을 방해하지 않는다. 그러나 그것은 우리에게 우리가 그 과업을 완수했다고 상상하지 않도록 경고한다. ♡

제8장

하나님은 세상을 사랑하실 수 있는가?

폴 헬름
런던킹스대학교

Nothing Greater Nothing Better

―➤➤➤◄◄―

우리는 성경의 어느 특정한 본문에 대한 주석을 시작하기도 전에
하나님은 모든 남자와 여자들을 동등하게 사랑하신다고
결론을 내려서는 안 된다.
오히려 그것은 우리로 하여금 하나님은 모든 남자와 여자들을
동등하지 않게 사랑하신다는 결론을 내리게 할지도 모른다.

Can God Love the World?

 그리스도인들은 누구나 "하나님은 사랑이시다.", "하나님은 모든 사람을 사랑하신다." 그리고 "하나님은 세상을 사랑하신다." 같은 주제에 아주 큰 관심을 보인다. 이 에세이에서 나는 그런 주장들의 몇 가지 측면들, 특히 그런 주제들을 다룸에 자연신학과 계시신학의 역할 사이의 상호작용에 관해 살필 것이다. 나는 자연신학으로부터 도출된 생각들이 우리가 하나님의 사랑의 강도(强度) 및 분배(分配)와 관련해 어떤 결론들을 내리는 데 도움을 줄 수 있다고 주장할 것이다.

 이 에세이의 제목을 이루는 질문을 이해하는 여러 가지 방식들이 있다.

 우리는 적어도 유대-기독교의 유신론자들은 이 질문에 대해 아주 쉽게 답할 수 있다고 여길 수 있을 것이다. 하나님은 세상을 사랑하시기에 세상을 사랑하실 수 있다. 그러나 우리가 곧 살펴보겠지만 '세상'은 그런 대답에 함축된 것과는 다른 방식으로 이해될 수도 있다. 혹은 이 질문은 유사 심리학적 의미로 이해될 수도 있다. 가령, 하나님은 세상을 사랑할 마음을 가지실 수 있는가? 그러나 나는 우리의 질문을 이들 중 어떤 방식으로도 이해하려고 하지 않을 것이다.

또한 이 질문은 그리스도인들에게 다음과 같은 것 중 일부 혹은 전부를 떠올리게 할 수 있을 것이다. 요한복음 3:16의 정확한 의미, 복음의 무상 제공, "모두에게 충분하나 택함 받은 자에게만 유효한"이라는 말이 성경적 근거를 지니고 옹호될 수 있는지, 교회에 대한 하나님의 특별한 은총 외에 모든 사람을 위한 일반적인 혹은 공통적인 은총이 존재하는지 그리고 소멸주의(annihilationism)와 보편주의(universalism)의 문제 등.

우리의 질문은 또한 악의 문제를 떠올리게 할 수도 있을 것이다. 하나님이 세상을 사랑하신다는 증거가 있는가? 그토록 많은 죄와 악을 포함하는 세상이 하나님에 의해 사랑을 받는다는 사실이 이해할 만한 것인가? 혹은 증거가 뒤섞여 있는 것인가? 그리고 만약 그것이 뒤섞여 있다면, 이것은 우리에게 하나님의 본성과 관련해 무엇을 보여 주는가?

나는 교의학 컨퍼런스의 회원들과 킹스 칼리지의 종교철학 연구 세미나 회원들에게 그리고 특히 이 에세이의 초안과 관련해 유익한 제안을 해주신 패트릭 리치몬드(Patrick Richmond) 박사와 안젤라 헬름(Angela Helm)에게 감사드린다.

우리가 세상이 그토록 많은 악을 포함하고 있음에도 하나님에 의해 창조되었다고 결론지을 수 있을지라도, 여전히 우리에게는 만약 하나님이 사랑의 하나님이시라면 그분이 실제로 창조하신 것보다 더 좋은 세상을 창조하실 수 있거나 창조하셨어야 하며, 또한 그런 세상을 창조하심으로써 그분의 사랑을 표현하셨어야 하는 것 아니냐는 추가적인 질문이 남아 있게 된다.

그러나 이 에세이는 이런 모든 질문을 피해갈 것이다. 그렇게 하는 한 가지 이유는 나 자신이 그런 골치 아픈 문제들에 대해 추가적인 설명이나 해결책을 내놓을 만한 것을 갖고 있지 않기 때문이다. 더 나아가,

그런 문제들은 그동안 진부하리만큼 충분히 논의되어 왔기 때문이다. 실제로 그런 문제들과 관련해 아주 다양한 의견들이 제시되었고, 그들 중 대부분은 우리가 그것들의 강점과 약점 모두를 파악하고 있을 정도로 널리 알려졌다.

대신에 나는 철학자의 특권을 사용해 그 모든 논의의 배후에 있는 보다 일반적인 개념적 특징들을 살피되, 다시 철학자의 특권을 사용해, 내가 그런 논쟁들과 관련된 기본적인 쟁점 중 하나라고 믿는 것을 부각시키기 위해, 특별히 노골적이고 단순한 방식으로 그렇게 할 것이다. 그러나 또한 그렇게 하되 앞에서 언급된 질문 중 그 어느 것에 의해서도 대표되지 않는 관점에서 그렇게 할 것이다.

몇 가지 전제들

이 에세이에서 나는 '세상'을 과거와 현재와 미래에 속한 각 사람을 의미하는 것으로 여길 것이다. 즉 '세상'은 단순히 우연히 서로와 관계하는 각각의 사람들의 명부(名簿)를 의미한다. 분명히 이런 전제는 대부분의 다른 전제들처럼 의문의 여지가 있다. '세상'이 인류라는 종(種)에 속한 개별적 구성원이 아니라 그 종 자체를 가리킬 수는 없는가? 그리고 부패와 죽음 같은 악이 각 구성원에게 얼마간 불평등하게 닥쳐올지라도, 그 종의 유익을 위해 필요한 것으로 간주할 수는 없는가? 아마도 우리는 틀림없이 우리 자신을 일차적으로 어떤 집단-가령, 인류나 특정한 국가나 인종이나 교회 혹은 종교지도자들뿐 아니라 정치인들이 말하는 다소 모호한 '공동체' 등-의 구성원으로 여길 것이다. 아마도 틀림없이 우리는 그와 같은 어떤 집단에 종속된 것으로서의 개별적인 선과 악의 배분에 대해 생각할 것이다. 어쩌면 하나님은, 어거스틴이 생각했던 것처럼, 이 세상의 모든 요소를 사랑하지는 않으면서도 세상을 사랑하실 수 있을 것이다.[1]

이런 식의 개인주의적 접근방식은 또한 라이프니츠주의(Leibnizianism)를 멀찍이 가정한다. 라이프니츠는 세상의 다른 모든 특징(세상의 다른 모든 개인들을 포함해)과 무관한 개인이나 개인의 집단에 대해 생각하는 것은 불가능하다고 여기기 때문이다. 또한 이것은 우리가 '유기적인'이라고 부를 수 있는 모든 세계관-예컨대, 비록 라이프니츠의 그것보다는 약한 의미이기는 하나, 내적 관계라는 교의를 적극적으로 활용하는 세계관-을 멀찍이 가정한다.

그러므로 내가 '세상'이라는 말로 의미하는 것은 당신이나 나 같은 특정한 사람, 즉 개별적인 인간들의 그룹이다. 비록 우리가 다른 사람들과 그리고 수많은 종류의 다른 개별적인 사람들과 관계를 맺고 있을지라도 나는 적어도 당분간은 이런 관계들을 대부분 우연한 관계에 불과하다고 여길 것이다. 이것은 우리가 지금 자신이 속해 있는 것과는 다른 환경과 시간과 장소에 속한 사람으로 존재할 수 있다는 것을 의미한다.

어쨌든 이것이 우리의 출발점을 이루는 전제가 되어야 한다. 물론 우리는 곧 이것을 수정해야 할 것이다. 하지만 그렇다고 우리가 집단주의로까지 나아갈 필요는 없을 것이다. 사람들 사이에 존재하는 관계와 관련해 이런 전제를 하는 것이 곧 다른 이의 존재가 우리의 심리적이고 영적인 성장을 위해 필요하지 않다고 말하는 것은 아니다. 이 논의의 나머지 부분에서 더욱 중요한 것은 우리가 이미 전제해온 것이 하나님의 자비를 헤아리는 주된 방법 중 하나가 사람들 사이의 상호관계라는 특성을 통해서라는 생각과 모순되지 않는다는 점이다.

살아 있으나 인간이 아닌 피조물에 대한 그리고 살아 있지 않은 피조물과 영적 세계에 대한 하나님의 사랑은 우리의 관심사가 되지 않을 것이다. 이것은 하나님이 그런 범주에 속한 피조물들은 사랑하시지 않거나 사랑하시지 않을지도 모른다는 말이 아니다. 다만, 나는 이 에세이에서는 오직 인간에게만 초점을 맞춤으로써 그렇게 하지 않을 경우보다 우리의 논의를 보다 단순하게 만들고자 할 뿐이다. 어느 경우에든 나는 인간이 아닌 피조물에 대해 언급하는 것이 내가 논의하고자 하는 쟁점들에 큰 차이를 만들지는 않으리라고 여긴다. 이 에세이의 주된 부분에서 나는 특히 육체적 죽음의 시점에 있는 사람들을 염두에 둘 것이다. 비록 종종 죽음 이후에 관한 고찰들이 제기되기는 하겠지만 말이다.

또 다른 전제는 내가 하나님의 '사랑'을 그분의 '자비'(benevolence)로 여기리라는 것이다. 그분의 자비는 존경이나 충성과 관련된 사랑이 아니고 에로틱한 사랑도 아니다. 나는 이 에세이에서 언급되는 자비를 하나님의 본질적 특성 혹은 본질적 특성의 드러남으로 여길 것이다. 나는 과연 그런 자비가 우리가 받을 만한 것인지, 혹은 인간이 지금 경험하는 하나님의 모든 자비로운 행위가 그분의 은혜와 긍휼의 시행인지, 혹은 오직 그런 행위 중 일부만 그러한 것인지 하는 문제는 열어 놓을 것이다. 어쨌거나 나는 사람들이 "하나님은 사랑이시다."라고 주장할 때 그들이 주로 염두에 두는 것이 이런 의미의 자비로운 사랑이라고 여긴다.

자비로운 사람은 할 수 있는 한 자신의 동료의 유익이나 안녕이나 선을 바라는 사람이다. 그리고 나는 하나님의 자비는 의미상으로 그런 인간의 자비와 얼마간 직접적인 관계가 있다고 가정한다. 하나님의 자비가 인간의 자비와 아무런 유사성이 없거나 아주 작은 정도의 유사성만 갖는다고 주장하는 것은 어리석은 일이다. 그러나 나는 그 유사성과 차이점 자체에 대해서는 깊이 살피지 않을 것이다. 또한 나는 (우리가 때로 그렇게 하는 것처럼) 자비와 은혜를 구별하지도 않을 것이다. 하나님께는 원함과 행함이 (비록 완전히 같은 것은 아니지만) 서로 아주 가깝기 때문이다.

더 나아가 나는 하나님이 창조주이시자 인간의 생명을 포함해 자신이 창조하신 모든 것을 유지하시는 분이라고 가정할 것이다. 또한 나는 하나님이 자신의 피조물에 대해 강력한 통제력을 갖고 계시다고 가정할 것이다. 내가 보기에는, 이것이야말로 우리가 하나님을 그분이 창조하신 것을 유지하시는 분으로 여길 때 우리가 의미하는 내용이다. 그러나 나는 이런 통제력 혹은 그것의 부재의 문제를 깊이 논하지는 않을 것이다.

마지막으로, 나는 하나님의 자비는 측정되거나 헤아려질 수 있다고, 또한 쉽게 알아차릴 수도 있다고 가정할 것이다. 과연 그것이 정확하게 측정될 수 있는지는 우리의 목적을 위해서는 그다지 중요하지 않다. 그러나 우리가 두 가지 상황 중 어느 쪽이 하나님의 자비인지 혹은 그 자비에 대한 보다 큰 표현일 수 있는지 하는 문제를 지각 있게 다루는 것과 조금 거칠게나마 하나님의 자비를 즉각적으로 측정하는 것은 해볼 만한 일이라고 가정하는 것은 우리로서는 꼭 필요하다. 예컨대, 우리가 두 가지 상황 중 어느 한 쪽이(다른 것들이 동일함을 전제하고) 다른 쪽보다 하나님의 사랑에 대한 보다 좋은 표현이라고 지각 있게 말할 수 있다는 것은 아주 중요하다. 물론 여기에서 동일하게 전제되고 있는 다른 것들에 많은 것들이 달린 것은 사실이다. 그러나 만약 우리가 원칙적으로 어느 한 상황이 다른 상황보다 하나님의 사랑에 대한 보다 훌륭한 표현이라고 말할 수 없다면, 그때 우리는 하나님의 사랑을 세상과 관련해 지각 있게 논할 수 없을 것이다.

　이 에세이의 서론을 이루는 일련의 전제들에 대해서는 이쯤 해두자. 그리고 이런 것들에 유념하면서 다음 두 가지 질문을 던져보자. (1) 하나님은 모든 사람을 자비롭게 사랑하실 수 있는가? (2) 하나님은 모든 사람에게 동등하게 자비로우실 수 있는가? 우리는 실제로 하나님이 모든 사람에게 자비롭게 사랑을 베푸시는지에 대해서가 아니라, 그분이 그렇게 하실 수 있는지에 대해 관심을 두어야 한다. 왜냐하면 만약 그분이 그러실 수 없다면, 그렇게 하시지 않을 것이기 때문이다. 만약 그분이 그러실 수 있다면, 그렇게 하시는지 혹은 하시지 않는지의 문제는 부분적으로는 사실이 무엇인지의 문제, 즉 철학자의 분야 밖에서 벌어지는 무언가에 대한 문제가 될 것이다. 그럼에도 이런 문제들이 전적으로 추상적이거나 철학적인 것은 아니다. 왜냐하면 하나님의 사랑에 관한 질문을 제기할 때 우리는 그것을 사람들, 즉 화성인이 아니라 실제 인간들과 관련해서 제기하는 것이기 때문이다.

하나님은 모든 사람을 자비롭게 사랑하실 수 있는가?

　혹자는 이상하게 여길는지 모르나, 나는 창조주와 그의 피조물인 인간의 관계의 개념적 특징들, 즉 사랑의 관계를 포함해 그런 관계가 틀림없이 가진 윤곽들을 묘사하는 하나의 훈련으로서 이 질문에 접근하고자 한다. 나는 기독교나 다른 종교들이 교리적으로 주장하는 하나님의 사랑의 관계나 특성들에는 관심이 없다. 내가 관심을 두는 것은 그런 사랑의 가능한 특성을 묘사하는 것이다.

 우리의 첫 번째 질문은, 과연 우리가 하나님이 모든 사람을 그들이 실제로 처해 있는 아주 다양한 환경들에도 불구하고 자비롭게 지탱해 주신다고 말할 수 있는가 하는 것이다. 동일한 질문을 좀 더 구체적으로 해보자. 혹시 우리가 이런 말을 사용해도 상관없다면, 어떤 사람들은 아주 짧고 비극적인 삶을 살기에 우리는 그들이 즐기는 모든 것이 '짧은 기간의 의식뿐'이라고 말할 수 있을 정도이다. 우리는 우리의 질문을 다음과 같이 다시 풀어쓸 수 있다. 의식과 감각이 있는 인간의 삶은 그 기간이 아무리 짧을지라도 그 자체로 하나의 선이기에 창조주의 자비의 표현인가? 그러므로 의식을 지닌 사람의 다른 모든 상황이 어떠할지라도 감각을 지닌 생명은 종합적으로 하나님의 자비에 의해 유지되고 있다고 결론짓는 것이 타당한가? 다시 말해, 의식과 감각을 지닌 삶은 압도적인 선, 곧 모든 악을 능가하는 선인가? 의식과 감각을 지닌 삶에 초점을 맞추면서 나는 자비로우신 하나님이 무엇보다도 사람들의 행복을 원하신다고 가정하지 않는다. 나는 여기에서든 혹은 이어지는 부분에서든 그런 가정을 하지 않는다. 그러나 의식과 감각을 지닌 삶은 가치 있는 삶을 위한 필요조건이기에(우리가 가치 있음을 어떻게 정의하든 간에) 중요해 보인다. 의식과 감각이 있는 삶을 즐기는 것과 같은 인간의 경험의 기준점, 다시 말해서 우리가 그런 경험을 한 사람은 누구나 그가 무엇을 행하든, 그에게 무슨 일이 일어나든 상관없이 하나님으로부터 자비롭게 사랑을 받는다고 말하는 것이 타당한 인간 경험의 기준점이 있는가?

 우리는 그런 기준점이 있다고 주장하면서도 의식 자체가 그 기준점인지에 대해서는, 즉 의식이 하나님의 자비의 적절한 표현인지에 대해서는 의문을 가질 수 있다. 왜냐하면 그런 자비에 대한 보다 나은 표현이 되고, 그리고 보다 적절한 기준점을 형성하는 보다 더 영적인 상태가 있을 수도 있기 때문이다. 그러나 나는 어떤 이의 의식이 그 자체로 선할 뿐 아니라 다른 영적 상태를 위한 필요조건임을 인정한다. 따라서 이 에세이에서는 그것이 우리의 논의의 중심이 될 것이다. 의식은 기준점이 되기 위한 적절한 후보자이다. 의식 혹은 의식적이고 감각적인 삶을 기준점으로 여기는 것은 그 기준점을 충분히 그리고 우리가 모두 인정할 수 있는 지점까지 낮추는 이점을 갖고 있다.

　우리가 지금 세상에 살아 있거나 살았던 어떤 이에 대해 만약 그가 존재하지 않았더라면 더 좋았을 것이라고 말하는 것은 이치에 맞는 말인가? 아마도 어떤 이들은 지금까지 이 세상에서 살다가 죽은 많은 이들과 관련해 만약 그들이 태어나지 않았더라면 그들 자신에게 좋았을 것이라고 결론을 내릴지도 모른다. 그들은 비록 그들이 짧은 기간 의식을 즐기기는 했으나 그 즐거움이 그들이 동일한 기간에 당한 고통 때문에 압도되었다고 말할 수도 있을 것이다. 그러나 다른 이들은 그런 판단을 내리는 것은 나쁘게 말하면 신성모독이고 좋게 말해도 주제넘음에 불과하다고 여길 수도 있다.

　그러나 우리의 현재의 관심사는 과연 어떤 이가 태어나지 않았더라면 바로 그 사람 자신에게 좋았을 것인지가 아니라, 과연 그 사람이 없는 세상이(만약 다른 사정이 같다면) 그 사람이 존재하는 세상보다 하나님의 자비의 보다 나은 표현인가 하는 것이다. 다시 말해서 의식을 지닌 인간의 모든 출생은 그가 태어나서 죽기 전까지 어떤 삶을 살든 간에 세상을 향한 하나님의 자비를 보다 잘 드러내며 그 자비를 증가시키는 것인가? 하나님의 자비의 표현은 세상에 존재하는(그 존재의 기간이 얼마나 짧던 상관없이) 의식 있는 사람들의 수와 어떤 방식으로 연관되는가? 혹은 만약 그 이상의 사람들이 출생한다면 하나님의 자비의 총량이 늘어나는 것이 아니라 오히려 줄어드는 인간의 수의 적정치가 존재하는가? 수확체감의 법칙은 인간의 창조에도 적용되는 것인가? 혹은 어느 정도인지와 상관없이 지금 존재하는 사람들은 새로이 추가된 인간의 도착으로 말미암아 불이익을 당하는 것인가? 그리고 그런 불이익이 하나님의 자비에 좋지 않은 영향을 끼치기에 새로운 인간의 도착은 필연적으로 하나님의 자비에 대한 표현인 선한 것들의 증가를 증진시키는 것인가?

이 모든 질문에 대한 답이 '예'가 되어야 하는지는 나로서는 분명하지 않다.

우리는 동일한 문제에 대해 보다 개인주의적인 입장을 취해야 할지도 모른다. 어떤 아기가 태어나서 몇 주간 동안 겨우 의식만 있는 상태에서 고통스럽게 살았으나 그 후에 하나님 앞으로 옮겨져 말로 표현할 수 없는 거룩한 은혜와 개인적 성취를 맛보았다고 가정해 보자. 우리는 과연 그것이 지혜로운 것인지 그리고/혹은 과연 그것이 도덕적인지에 대해 의문을 제기할 수 있다. 우리는 그 아기가 그런 복을 누리기 전에 어째서 비록 짧은 기간이기는 하나 그와 같은 고통을 맛보아야 했는지에 대해 의문을 품을 수 있다. 하지만 우리가 그 사람의 삶이 전체적으로 보아서 하나님의 자비의 결과요 표현이었다는 것을 의심할 수 있는가? 그러므로 아마도 우리는 어떤 이의 짧은 삶은(특히 우리가 무덤 너머의 삶까지 고려한다면) 하나님의 자비의 표현이 아니라고 쉽게 결론을 내려서는 안 될 것이다.

여기에서 내가 겨우 의식만 있는 것이 하나님의 자비의 표현이 아니라고 주장하고 있지 않음에 주목하라. 의식이 있다는 사실 자체가 하나님이 그 사람을 사랑하신다는 증거일 수 있다. 다른 한편으로 우리는 의식 자체가 하나님의 자비의 표현은 아니지만 그런 자비를 위한 필요조건이라고 말할 수 있을 것이다. 이 문제에 대해 우리는 열린 마음을 유지해야 할 것이다.

그렇다면 우리의 결론은 무엇인가? 그런 질문을 제기하는 것이 주제넘은 짓이 아니라고 여기면서 우리가 말할 수 있는 것은 아마도 기껏해야 다음과 같은 것이 될 것이다. 또 다른 인간이 세상에 도착하는 것이 하나님의 자비의 추가적인 표현인지 아닌지는 분명하지 않다. 어쩌면 하나님은 모든 사람에게 사랑을 베푸실 수도 있을 것이다. 그리고 어쩌면 그분은 그렇게 하고 계실지도 모른다. 왜냐하면 비록 제아무리 짧은 기간일지라도, 의식적인 존재는 그 자체가 그 사랑에 대한 지울 수 없는 표현이기 때문이다.

하나님은 모든 사람에게 동등하게 자비로우실 수 있는가?

이 질문은 대개 혹은 종종 다음과 같은 방식으로 다뤄진다. 하나님의 성품으로서 자비는 그분이 모든 이들에게 동등하게 자비로우실 것을 요구하는가? 동등함은 하나님의 자비의 필수적 요소이기에 자비로우신 하나님은 그분의 피조물 모두의 안녕을 바라심에 있어 항상 동등하셔야 하는가? 그리고 그런 식으로 이해되는 하나님의 자비는 또한 효과적인 것으로 간주할 수 있는가? 만약 하나님의 피조물인 인간들 모두가 그분의 자비를 동등한 정도로 즐기지 못한다면 우리는 그분을 자비로운 분이실 수 없다고 여겨야 하는가? 혹은 하나님의 성품은 너무나 위대하기에 그분은 모두에게 동등하게 자비로우실 수 있고 심지어 반드시 모든 이들에게 동등하게 자비롭고자 하시지만, 그럼에도 인간의 죄와 자유 그리고 몇 가지 다른 요소들로 말미암아 훼방을 받는 것인가? 내가 보기에 이런 질문들은 모두 논의해 볼만한 것들이다.

그러나 나는 하나님의 사랑이라는 주제를 조금 다른 관점에서 다뤄보려 한다. 그 관점이란 다음과 같다. 우리가 아는 인간의 삶은 하나님이 모든 인간을 같은 자비로 지지해 주신다고 말할 수 있을 만한가? 지금 나는 다음과 같은 단조로운 사실들을 염두에 두고 있다. 어떤 이들은 남성이고 어떤 이들은 여성이다. 어떤 이들은 다른 이들보다 인간역사의 보다 이른 시기에 태어난다. 어떤 이들은 열대 기후에서 그리고 다른 이들은 온대 기후에서 살고 있다. 어떤 이들은 바다 근처에서 사는 반면 어떤 이들은 바다 구경도 하지 못한다. 어떤 이들은 총명하고 어떤 이들은 어리석다. 어떤 이들은 연약하고 어떤 이들은 강하다. 어떤 이들은 건강하고 어떤 이들은 병에 걸려 있다.

우리는 이런 것들을 일반적으로 사람들과 관련된 '있는 그대로의 사실들'이라고 부를 수 있다. 우리의 세상과 유사한 그 어떤 세상에서도 이런 차이점들은 분명하게 나타날 것이다. 부모 없는 사람들이 사는 세상이 있을 수도 있다. 그 안에서 사는 모든 이들이 정확하게 동일한 기간 동안 사는 세상이 있을 수도 있다. 또한 그들 중 아무도 다른 이들보다 먼저 살거나 나중에 살지 않는 세상이 있을 수도 있다. 그러나 우리의 세상은 그런 세상이 아니며, 그것이 적어도 이런 점들에서 우리와 유사하지 않은 사람들을 포함할 수 없다는 점에서 그렇게 될 수도 없다.

엄밀하게 말해서 어쩌면 어떤 인종의 구성원이 아니라 개별적으로 창조된, 그리고 각 구성원이 서로 유사하기는 하나 그 어떤 다른 구성원이나 구성원들을 통해 출생하지 않은, 그래서 마치 아담과 이브처럼 어머니도 아버지도 없는 감각과 지성을 갖춘 존재들이 있을 수도 있다. 그러나 우리의 세상은 그와 같지 않다. 우리의 세상에는 인류가 존재한다. 그리고 만약 우리가 아담이나 이브가 아니라면 우리가 상속된 유전적 구조를 갖는 것은 인간이 되는 데 있어 꼭 필요한 특징인 것처럼 보인다.

물론 인간의 본성에 무엇이 필수적이고 무엇이 그렇지 않는지를 확정하는 것은 지극히 어려운 일이다. 또한 우리는 너무 자주 인간에게 '공통으로 해당하는 것'과 '필연적으로 해당하는 것'을 혼동한다. 그러나 만약 유전적 성질을 갖는 것이 모든 인간에게 필연적인 것이 아니라면 우리는 필수적이지만 비대칭적인 몇 가지 다른 요소들이 존재한다고 타당하게 확신할 수 있을 것이다.

마찬가지로 땅의 면적이 대칭적이고, 그 구성원들 모두가 정확하게 동일한 기후를 즐기고, 모두가 바다로부터 등거리에 위치해 있고, 모두가 동등하게 강하고 지적이고 현명한 세상이 있을 수 있다. 그러나 우리의 세상은 그와 같지 않다. 그리고 공간이나 시간과 관련해서도 그러하다. 우리의 세상에는 하나의 역사가 존재하며 그 안에서 어떤 이들과 사건들은 다른 이들이나 시간들보다 먼저 존재한다. 그러하기에 설령 이 세상이 지금의 그것과 아주 다를지라도 그 안에서 사람들은 여전히 몇 가지 측면에서 다른 이들과는 다른 상황에 놓이게 될 것이다. 왜냐하면 우리들 각자는 나름의 독특한 공간과 시간을 점유하고 있기 때문이다.

우리는 각 사람이 각자의 지위만 제외하고(그곳의 주민들 모두는 자신들의 지위와 관련된 사실을 각자의 의식 안에 간직하고 있다.) 서로 구별되지 않는 한 무리의 주민을 상상해 볼 수도 있다. 이것은 그 주민 모두가 그 누구와 비교하더라도 동등하게 혹은 무차별하게 하나님의 자비의 대상이 되는 개인들의 집단이다. 그러나 그렇게 미개한 존재들은 결코 인류를 구성할 수 없으며, 문제가 되는 그 개인들은 절대로 의미 있는 방식으로 인간을 닮을 수 없다.

그러나 문제는 이보다 더 심각하다. 각각의 인간은 개별적인 의식과 기억 그리고 일련의 개별적인 의도를 지닌 개인이다. 이것은 우리가 의식은 사회적으로 조건 지워지거나 심지어 사회적으로 만들어진다고 여길지라도 그러하다. 또한 이것은 우리가 한동안 도덕적 자유와 악의 신택에 관한 생각을 떨쳐버릴지라도 그러하다. 왜냐하면 나는 나폴레옹 이후에 살고 있고, 따라서 그는 내가 기억하는 일들을 기억할 수 없기 때문이다. 또한 나폴레옹은 나보다 먼저 살았기에 내가 도저히 세울 수 없는 계획을 세울 수 있었기 때문이다. 그리고 인간의 삶에 관한 이런 심층적인 사실들은 우리의 것과 유사하나 죄와 악으로부터 자유로운 우주에서조차 마찬가지일 것이다. 왜냐하면 우리가 선과 악의 배분은 도덕적 악의 결과라는 견해를 갖고 있을지라도 (많은 이들이 다양한 신학적 근거 위에서 그렇게 주장하고 있다.) 내가 지금까지 언급한 차이점들은 여전히 남아 있을 것이기 때문이다.

그렇다면 "동일하지 않은 것들은 식별할 수 있다."라는 원리는 (우리가 그 원리를 구체적으로 어떻게 이해하든 간에) 하나님의 자비의 공평한 배분과 갈등 관계에 있는 것인가? 인간이 필연적으로 다른 인간들과 가진 관계성은 논리적으로 하나님의 자비의 공평성과 양립할 수 없는가?

내가 이런 문제들을 제기하면서 주장하는 것은 인간의 선택에 의해 초래되는 악이라는 자주 논의되는 문제들, 즉 하나님의 자비의 범위와 강도라는 쟁점을 지배하는 문제들을 제쳐놓더라도 우리가 우리의 세상과 상당히 유사한 그 어떤 세상에서도 하나님은 모든 사람을 동등하게 다루실 수 없으며, 따라서 그분의 자비를 모든 사람에게 조금도 틀림없이 공평하게 배분하실 수 없다고 여겨야 할 이유가 있다는 것이다. 그리고 만약 그분이 논리적으로 그분의 자비를 그렇게 배분하실 수 없다면 분명히 그분은 그렇게 하라는 요구를 받으실 수도 없다.

네 가지 반응들

내가 지금까지 제기한 주장에 대한 네 가지 형태의 반응이 있는 것처럼 보인다. 나는 그것들을 각각 '이원론적 방식,' '창조론적 방식,' '종말론적 방식' 그리고 '하나님의 고통의 본질에 의해 제기되는 반대"라고 부를 것이다.

이원론적 방식

이원론적 방식에 따르면, 인간의 상황과 관련된 공공연한 사실들은 내가 지금까지 묘사한 것과 크게 다르지 않으나 그런 것들은 문제가 되지 않는다. 그런 사실들은 하나님이 사람들을 지지하심에 있어 동등하게 자비로우신가 하는 문제를 고찰할 때 별다른 문제가 되지 않는다. 왜냐하면 하나님께 중요한 대상은 그리고 하나님이 모든 사람을 위해 동등하게 자비롭게 계획하시고 영향을 끼치시는 대상은 영혼의 문제들이기 때문이다. 나는 지금까지 주로 육체의 문제들에 관심을 보였다. 하지만 하나님의 자비는 영혼의 문제와 상관이 있고 육체의 문제들은 영혼의 문제들에 영향을 주지 않는다는 반대 의견이 제시될 수 있다.

이런 견해는 특별히 강력한 형태의 육체와 영혼의 이원론이 되거나 그것을 수반할 수 있다. 일반적인 육체와 정신의 이원론은 육체와 정신은 서로 병행하는, 혹은 때로 관계를 맺는, 혹은 우연히 상호작용하는 범주 자체가 다른 두 개의 실체라고 주장한다. 그런데 지금 우리가 고찰하는 이원론적 방식은 하나님의 동등한 자비라는 개념을 지켜내기 위해 아주 극단적인 모습을 취하는 것처럼 보인다. 왜냐하면 그것은 일반적인 이원론의 경우처럼 육체와 정신이 범주적으로 서로 다르다고 주장할 뿐 아니라 또한 정신은 시간과 공간 안에서 벌어지는 일들로 말미암아 발생하는 생각에 따라 의미 있는 영향을 받지 않거나 받을 수 없다고 주장하는 것처럼 보이기 때문이다. 그리고 이것은 기묘하고, 강력하게 반직관적이고, 반사실적으로 보인다. 왜냐하면 신앙은 의식적인 삶의 모든 측면 중에서도 강력한 요소이기 때문이다. 그리고 우리의 신앙의 대부분은 우리의 구체적인 자아가 위치해 있는 시간 및 공간과 관련되어 있거나, 부분적으로 관련되어 있거나, 영향을 받거나, 부분적으로 영향을 받기 때문이다.

그러므로 이원론적 방식은 논리적으로는 유효하나 매력적인 답이 되기는 어려워 보인다. 그러나 우리는 어떤 극단적인 이원론적 입장에 대해 상상해볼 수 있으며, 아마도 그것은 다음과 같이 표현될 수 있을 것이다. 아마도 우리 중 많은 이들은 제대로 말하거나 다른 이의 말을 이해하지 못하는 치매에 걸린 노인을 상대했던 경험이 있을 것이다. 그런데 그런 상황 속에는 언제나 그 노인의 그와 같은 실패를 언어장애나 청각장애 증세와 같은 것으로 여기고, 그 노인의 마음속 깊은 곳에 있는 정신적 삶은 비록 지금 그가 말하거나 듣는 것에 분명히 실패하고 있지만, 여전히 방해받지 않은 채 지속하고 있다고, 즉 그가 지적으로 말하고 들을 수 있었을 때 즐겼던 삶과 연속된 정신적 삶이 계속되고 있다고 억측하려는 강력한 유혹이 존재한다. 만약 어떤 이가 극단적인 이원론자라면, 아마도 그는 우리가 모두 그 치매에 걸린 노인이 처해 있는 상황과 동일한 상황 속에 처해 있으며, 하나님의 자비는 우리의 삶의 표면이 아니라 깊은 곳에서 표현되며, 비록 우리의 삶의 표면이 아무리 망가져 있을지라도, 우리의 삶의 깊은 곳은 흠이 없고 온전하게 남아 있다고 억측할 수도 있을 것이다.

그런 식의 가정은 독창적이고 어느 면에서는 안도감을 줄 수도 있으나 사실은 환상에 불과하다. 그것은 우리가 우리의 속 깊은 곳에 그처럼 깨어지지 않는 정신적 삶이 있다고 생각해야 할 아무런 이유가 있지 않다는 점에서 환상적이다. 또한 설령 그런 것이 있다고 할지라도 우리가 그것, 곧 그 의식적이지 않은 삶이 하나님의 자비를 위한 독특한 장소가 되리라고 가정하는 것은 환상에 불과하다.

어떤 이는 유사한 주장을 하나님께 적용할 수도 있을 것이다. 그러나 불행하게도 그 경우에도 결과는 마찬가지일 것이다. 왜냐하면 그때 우리는 하나님의 사비는 순전히 그분의 의도의 문제라고 말할 수 있을 것이기 때문이다. 인간의 윤리에 관한 '의도론'(intentional theories)이 있는 것처럼 하나님의 도덕적 성품에 관한 의도론도 있을 수 있다. 하나님의 의도는 그분의 모든 인간 피조물에게 자비를 베푸시는 것이나 그분의 의도는 그분의 마음 깊은 곳에만 있을 뿐 겉으로 그분은 모든 이들에게 동등한 자비를 보이시지 않거나 그렇게 하지 못하시는 것일 수도 있다.

물론 사실이 그럴 수도 있다. 그러나 만약 그것이 사실이라면 그것은 하나님의 또 다른 성품인 그분의 권능과 극단적으로 배치되는 무언가를 보여 주는 셈이다. 그것은 우리가 자비와 전능 모두를 하나님께 돌리는 것을 지극히 부당한 것으로 만든다.

또한 그것은 우리가 지금까지 언급하지 않았으나 아주 타당해 보이는 또 다른 가정, 즉 인간이 하나님에 의해 자비롭게 사랑받으려면 이런저런 시점에 자신이 하나님께 자비롭게 사랑받고 있다는 사실을 의식하거나 인식해야 한다는 가정과 충돌한다. 그런데 아마도 이런 가정에는 사후의 의식이라는 전제조건이 필요할 것이다.

창조론자의 방식

나는 일찍이 기독교 신학계 안에서 창조론자(creationists)와 영혼전이론자(traducianists)들 사이에서 벌어진 논쟁으로 말미암아 큰 소란이 발생했다는 것을 알고 있다. 창조론자들은 각각의 인간의 영혼은 각 태아가 복중에 있는 기간 중 어느 적절한 때에 하나님에 의해 직접 창조된다고 주장했다. 반면에 영혼전이론자들은 인간의 영혼은 심장이나 두뇌와 마찬가지로 육적 부모의 생식의 산물일 뿐이라고 주장했다.

사람들은 하나님이 창조론자들의 주장을 따라 다음과 같은 방식으로 비록 동등하지는 않을지라도 공평한 자비를 보증하신다고 가정할 수 있었다. 각 영혼이 리드적인(Reidian, 토마스 리드[Thomas Reid]는 영국의 철학자로 '상식'을 중시했다. - 역주) 혹은 스윈번적인(Swinburnian, 찰스 스윈번[Charles Swinburn]은 영국의 시인이자 평론가로 빅토리아 시대의 고정관념에 도전했다. - 역주) 자아라고 가정해 보자(그런 자아의 정체성은 형이상학적으로 단순하다). 그리고 하나님이 N개의 그런 자아를 만들겠다고 선언하셨다고 가정해 보자. 우리는 하나님이 그동안 우리가 주목해 왔던 필연적 불평등성과 관련된 사실들을 인식하시면서 주사위를 던지는 방식으로 무작위로 각각의 몸에 영혼들을 배분하신다고 가정할 수 있다. 개인의 창조에 관한 한, 하나님은 무지라는 베일 뒤에 몸을 숨기신다. 그러므로 우리는 다음과 같은 결론에 이를 수 있다. 하나님은 어느 한 영혼이 육체를 입어 건강을 누리고 이성적인 지력을 지니고 살아가게 되리라는 것을 미리 알고 계시지만, 누가 그 특별한 육체를 입게 될지는-그가 P1이 될지 아니면 P11이 될지는- 전적으로 우연한 선택의 결과라는 것이다.

당신은 인간의 영혼과 몸을 갖고 저글링(juggling) 놀이를 하시는 하나님에 관한 이런 식이 설명이 믿을 수 없을 만큼 조악하다고 생각할지도 모른다. 그리고 그것은 실제로 그러하기도 하다. 분명히 말하지만, 나는 그런 설명의 도덕적 혹은 신학적 타당성을 옹호할 마음이 없다. 하지만 내가 보기에 그런 식의 사고에는 두 가지 장점이 있다. 그것은 하나님의 동등한 자비라는 개념에 포함되어 있을 수도 있는 것을 아주 분명하게 드러낸다. 그리고 비록 그 자체로는 옹호할 만한 것이 아니지만, 만약 그것이 옹호할 만한 것이라면 하나님은 우리의 질서처럼 심각한 비대칭을 포함하는 창조질서 안에서 동등하게 자비로우실 수 있다는, 보다 정확히 말하면 불공정하게 자비롭지 않으실 수 있다는 분명한 의식을 제공해줄 것이다.

그러나 이것을 옹호하지 않거나 변호할 여지가 없는 것으로 여기지 않는 것은 다음과 같은 결과를 낳는다(적어도 나에게는 그렇게 보인다). 내가 앞에서 말했던 이원론보다 통합적인 성격을 지닌 영혼과 몸의 그 어떤 관계도 하나님 편의 동등한 자비를 위한 범위를 축소하는 것처럼 보일 것이다. 왜냐하면 영혼과 몸 혹은 영적인 것과 물리적인 것의 관계에 대한 보다 통합적인 그 어떤 설명도, 즉 영적인 것의 특성을 물리적인 육체의 특성에 반드시 의존하게 하는 그 어떤 설명도 하나님의 동등한 자비의 범위가 소멸점까지 줄어드는 것을 의미하기 때문이다.

우리는 이런 비판을 다음 두 가지 방식 중 어느 하나나 두 가지 모두로 대응할 수 있을 것이다. 먼저 우리는 문제가 되는 공정함이라는 개념을 완화할 수 있다. 그리고 다음으로 우리는 자비라는 개념 자체를 재고할 수 있다.

우리는 공정함이라는 개념이 우리가 지금까지 해왔던 것처럼 정확하게 대등한 취급이 아니라, 공평에 대한 보다 비례직인 설명을 가리키는 것으로 만들 수 있다. 대개 우리는 하나님의 자비의 차별적인 시행에 대해 생각할 때 그것을 인간의 자유의지의 탓으로 돌리거나 혹은 하나님의 자비와 관련해 인과적 효용의 부족을 설명하는 어떤 다른 이유를 제시한다. 말하자면, 하나님은 어떤 이유에서인지 그분의 자비를 억제하시거나 그분의 자비로운 의도가 모든 사람에게 동등하게 효과를 나타내게 하시지 못한다. 그러나 그런 차이에 대한 다른 설명이 있을 수 있다.

우리는 이 문제를 사람들의 삶의 출발점이 서로 다르다는 사실에 유념하면서 살펴볼 수 있다. 하나님은 모든 이들을 '동일 보상의 원칙'(equal compensation principle)에 따라 사랑하시는가, 아니면 '사례별 원칙'(case by case principle)에 따라 사랑하시는가? 이 두 질문을 차례대로 다뤄보자.

먼저 '동일 보상의 원칙'에 입각한 사랑에 대해 생각해 보자. 이 원칙에 따르면, 적게 받은 사람은 더 많은 사랑을 받을 것이고, 많이 받은 사람은 상대적으로 적은 사랑을 받을 것이다. 그런 보상의 의도는 소득

재분배를 위한 조세정책의 경우처럼 최종적인 결과를 출발 때보다 공평하게 만드는 것이다. 즉, 어떤 이들이 정의에 대해서 그렇게 하듯이 우리는 자비를 동등한 결과라는 측면에서 해석할 수 있다. 그럴 경우 하나님의 자비의 동등성은 모든 이들의 결과가 동등하냐 아니냐 하는 관점에서 측정될 수 있다. 이런 견해에 따르면, 하나님은 모든 이들이 동등하게 그분에게서 자비롭게 사랑을 받는 것으로 끝날 경우 모든 남자와 여자들을 동등하게 사랑하시는 것이 된다.

그러나 이런 주장이 가진 문제는, 그런 일의 발생에 대한 논리적 장벽이 있다는 것이 아니라, 그런 일이 실제로 일어나고 있음을 알려 주는 설득력 있는 경험적 증거가 존재하지 않는다는 것이다. 다시 말해, 삶의 기회가 빈약한 사람들이 관대하게 보상을 받는다는 그 어떤 증거도 존재하지 않는다는 것이다. 실제로, 비록 놀라운 방식으로 역경에 대응하는 이들이 많기는 하나, 적어도 이 세상에서 그런 보상을 받는 이들은 많지 않다. 오히려 대체로 이 세상에서 가난한 이들은 칭송받지 못하고, 부자들은 빈손으로 돌아가지 않는다.

어쩌면 우리가 앞에서 주장했던 것처럼, 하나님의 선하심은 육체적 상태의 충족을 통해서나 육체적 상태를 포함하는 환경의 개선을 통해서가 아니라, 육체적인 것과 상관없는 내적 상태를 통해 알려질 수도 있을 것이다. 내석 상태는 육체적 상태에 영향을 주거나 그것에 의해 영향을 받지 않는다. 따라서 우리는 모두 물리적 특수성과 상관없이 하나님 앞에서 동등한 대우를 즐길 수 있다. 그러나 이런 주장의 문제점은 그것이 사실이라는 그 어떤 증거노 존재하지 않는다는 것이다.

우리는 하나님의 자비에 대한 그와 같은 설명을 직접적인 보상이라는 측면에서 생각할 수도 있을 것이다. 어쩌면 소말리아에서 굶어 죽어

가는 이들 중 소수의 사람은 그와 동시에 영적 황홀 – 하나님과 가까이 있음, 그분과의 연합 그리고 그런 것들이 의미하는 모든 지복과 축복에 대한 의식 – 을 경험하고 있을지도 모른다. 만약 그것이 사실이라면, 분명히 그것은 아주 놀라운 일이 될 것이다. 그리고 만약 그것이 굶어 죽어 가는 모든 이들에게 사실이라면 아마도 그것은 더더욱 놀라운 일이 될 것이다. 그러나 슬프게도 그것이 사실이라는 그 어떤 증거도 존재하지 않는다.

어떤 이들은 설령 그것이 사실일지라도 그것이 사실이라는 증거가 존재하지 않을 수도 있다고 말할지도 모른다. 그러나 나는 그런 식의 결론은 조금 성급한 것이라고 여긴다. 그런 황홀경이 발생할 경우 과연 그런 일이 보도될 수 있는지의 문제를 차치하더라도, 우리는 모두 자신의 경우를 살핌으로써 약간의 증거를 제공할 수 있기 때문이다. 혹시 당신은 당신의 영적 상태가 정기적이고 균일한 방식으로 당신의 육체적 상태를 보상한다는 증거를 갖고 있는가?

다음으로 '두 번째 종류의 비례성'에 관해 생각해 보자. 우리는 모두 독특한 형이상학적 위치에 있으므로 어떤 이들은 하나님의 자비는 마치 인간 부모가 그들의 자녀들에게 동등하게 자비롭되 그들을 정확하게 동일한 방식으로가 아니라 정교하게 다른 방식으로 다루는 것처럼 우리 각자에게 다른 방식으로 찾아올 수 있다고 주장할지도 모른다.

실제로 그럴 수도 있다. 분명히 그것은 논리적으로 가능하고 의미가 있다. 그러나 보다 앞선 종류의 비례성의 문제의 경우와 마찬가지로 내가 보기에는 이런 주장과 관련해서도 충분한 경험적 증거가 존재하지 않는 듯 보인다. 그보다는 오히려 그것과 반대되는 증거가 훨씬 더 많아 보인다. 그러므로 우리가 소말리아에서 굶어 죽어 가는 이들이 그와 같은 비례적인 자비의 원리에 따라 다뤄지고 있다는 주장을 타당한 것으로 여기기는 쉽지 않다.

종말론적 방식

그동안 많은 이들이 천국은 세상의 불평등에 대한 보상이 될 것이므로 결국 모든 이들이 하나님에 의해 동등하게 자비로운 방식으로 다뤄지는 셈이 될 것이라고 주장해 왔다. 그들에 따르면 하나님의 자비는 2회에 걸쳐 할부로 제공된다. 첫 번째 할부는 이 세상에서이고 두 번째는 오는 세상에서인데, 두 번째 것이 첫 번째 것을 보완한다. 가난한 이들은 두 번째 할부 때 부자가 된다. 그리고 부자는 두 번째 할부 때 비록 그 자체로 가난한 것은 아니지만, 전보다는 가난해진다. 온유한 자들은 변화된 땅을 상속받는다. 그리고 마지막에 계좌를 합산해 보면 모든 이들이 동등한 분량의 하나님의 자비를 받았음이 드러난다. 그러나 하나님이 도대체 왜 그런 식의 할부 계획을 세우셨는지 하는 문제는 내버려두더라도, 그런 식의 견해에는 문제가 있다. 천국에서 이루어지는 두 번째 할부는 영원하다. 그러므로 필연적으로 그것은 세상에서의 부요나 가난에 대한 혹은 아름다움이나 추함에 대한 과도한 보상이 될 수밖에 없다.

혹자는 천국은 시간에 매여 있지 않기에 필연적으로 세상의 그 어떤 질병(그것은 필연적으로 일시적이다.)에 대해서도 보상을 하며, 천국에 있는 그 누구라도 (그들이 죽기 전에 얼마나 다른 삶을 살았건 간에) 천국에 있는 다른 그 어떤 이와도 동등한 하나님의 자비의 대상이라고 주장할 수도 있을 것이다. 이것은 수학적으로 매력적인 답일 수 있다. 그러나 만약 소말리아에서 굶어 죽이 가는 사람과 부유한 서양인 모두가 결국 천국을 즐기기만 한다면 동등하게 대우를 받는 셈이라고 말하는 것은 비현실적으로 보인다. 영원한 지복으로서의 천국이라는 개념을 차치하더라도, 그 두 사람 사이에는 여전히 불평등이 존재한다. 그들 중 한 사람은 먼저 고통을 당하고 나중에 기쁨을 얻는다. 그리고 다른 사람은 먼저 기쁨을 얻고 나중에 고통을 당한다. 비록 그들의 고통과 기쁨의 총량이 정확하게 일치할지라도 말이다.

하나님의 고통의 본질에 의해 제기되는 반대

마지막으로 나는 하나님이 우리에게 허락하시는 고통의 본질에 의해 제기되는 반대에 대해 고찰하고자 한다. 이 논의 전반에 걸쳐 우리는 하나님의 자비를 지나치게 행동주의적으로(activistically), 즉 하나님이 인간을 위해 수행하실 수도 있는 일들에 대한 계획들을 구성하는 것으로 해석해 왔다. 그러나 비록 더 많이는 아니지만, 그에 못지않게 중요한 것은 하나님의 자비를 수동적으로(passively), 즉 하나님이 고통당하는 인간과 연계하시는 측면에서 생각하는 것이다. 그러기 위해 우리는 하나님의 자비에 대한 증거를 고통의 경감이 아니라 고통과의 연대라는 측면에서 찾아야 할 필요가 있다.

그러나 이런 흥미로운 제안에는 내게 적어도 두 가지 어려움이 있어 보인다. 비록 우리가 자비를 이런 식으로 재정의할지라도 (사실 그것이 자비의 한 측면이라고 여기는 것은 분명히 그럴듯한 일이다.) 그것은 그동안 우리 앞에 제기되었던 난제들을 극복하지 못할 것이다. 첫째로, 그것은 인간의 상황의 불평등(아마도 필요한 불평등)이라는 사실을 극복하지 못할 것이다. 아마도 하나님은 실제로 소말리아에서 고통당하는 이들과 연대하실 것이다. 그런데 이것은 그분이 서양의 부유한 자들과는 덜 연대하신다는 것을 의미하는가? 만약 그렇다면 그분의 사랑의 차별성의 문제, 즉 그분이 고통당하는 자들과 연대하심에 있어 드러나는 문제가 여전히 남아 있는 셈이다. 둘째로, 비록 우리가 그런 연대를 가정한다고 할지라도 우리에게는 여전히 하나님이 실제로 소말리아에서 고통당하는 자들과 연대하고 계심을 보여 주는 증거가 필요하다. 그런 증거가 있는가?

만약 그것들이 타당하다면 이런 점들은 자비에 대한 그 어떤 정의에 대해서도 타당해 보인다. 그래서 나는 이런 주장들에 기초해 하나님은 모든 사람에게 동등하게 자비로우실 수 없다고 주장하고자 한다.

몇 가지 결론들

이제 나는 이상의 논의로부터 몇 가지 결론을 이끌어내고자 한다.

첫 번째 결론은 내가 내놓은 주장은 인간의 창조와 관련해 (지금 나는 인간이 아닌 것의 창조의 특성에 대해서는 계속해서 한편으로 미뤄두고 있다.) '순전한 개인주의'(mere individualism)에 의해 제기된 것보다 훨씬 더 유기적인 관점을 강력하게 지지한다는 것이다. 여기에서 내가 '순전한 개인주의'라고 부르는 것은 존재하는 어떤 이가 더 이상 존재하지 않게 되거나 어떤 다른 사람이 될지라도 나머지 개인들의 삶이 지금과 크게 달라지지 않는다는 견해를 가리킨다. 내가 보기에 이것은 그릇된 견해이며 그것의 그릇됨이 위의 주장으로 말미암아 더욱 확고해지는 견해다.

그러나 설령 그들이 인간에 대한 유기체적인 혹은 다른 어떤 형태의 집단적 관점을 싫어할지라도 어떤 이들은 여전히 하나님께서 사랑하는 대상이 세상이라는 견해를, 즉 그 이유가 세상이 하나의 유기적인 단위이기 때문이 아니라 그것이 하나님께서 지으신 하나의 창조물이라는 사실 때문이라는 견해를 취할 수 있다. 하나님은 그분의 창조물인 세상을 사랑하신다. 그러나 그것이 곧 그분이 세상 안에 있는 각각의 요소들을 동등하게 사랑하신다는 의미는 아니며, 아마도 그러실 수도 없을 것이다. 아퀴나스는 말한다. "하나님, 자연 그리고 실제로 세상의 모든 인과적 작인(agency)은 대체로 최고의 것을 행한다. 그러나 모든 부분에서 최고의 것은 아니다. 그 부분이 전체에 대한 관계와 관련해 고려될 경우를 제외하고는."[2]

두 번째 결론은 사람들의 삶의 상황의 모든 실제적 차이를(우리는 그것에 의해 제공되는 증거를 하나님의 자비에 대한 혹은 그것의 부족에 대한 증거로 여길 수 있다.) 인간 자유의지의 표현 때문으로 여기는 것은 받아들이기 어렵다는 것이다. 왜냐하면 만약 하나님이 그 어떤 경우에도 남자와 여자들을 동등하게 창조하실 수 없었다면, 또한 그런 불평등이 악이거나 악을 위한 충분조건이라면, 그때 그것은 자유의지의 탓으로 돌려질 수 있는 악이 아니기 때문이다.

이 점을 달리 말하면 다음과 같다. 악의 문제를 논할 때 인습적인 구분선은 자연적인 악과 도덕적인 악 사이에, 즉 인간의 선택을 포함하지 않은 채 자연스럽게 발생하는 힘의 결과인 악과 인간의 선택이 필요한 악 사이에 그어진다. 그러나 만약 인간의 불평등이 그 자체로 악이거나 어떤 악을 위한 충분조건이라면, 그런 두 종류의 악 사이의 구분은 극도로 흐려진다. 왜냐하면 '자연적인' 악 중에는 도덕적 의미가 있는 불평등, 즉 사람들의 성품과 지위의 불평등이 있기 때문이다. 이런 악들은 그것들의 발생을 위해 인간의 선택이 필요하지는 않으나 인간의 선택을 제한하고 심지어 결정하기까지 하며, 또한 분명하게 인간의 믿음을 지진이나 메뚜기 떼는 할 수 없는 방식으로 제한한다.

세 번째 결론은 만약 불평등이 어떤 악을 위한 충분조건이거나 그 자체로 악이라면, 악의 문제는 단지 정도의 문제가 될 수 있다는 것이다. 왜냐하면 약간의 불평등과 그로 말미암은 약간의 악은 논리적으로 이 세상의 피조물 혹은 그것에 버금가는 그 무엇에든 필연적으로 제공되기 때문이다. 평등주의자와 불평등주의자 사이의 갈등은 대개 사정이 어떠해야 하느냐에 관한 혹은 어떻게 될 수 있느냐에 관한 갈등이다. 사회적 불평등은 도덕적으로 허용될 수 있고 따라서 제거될 필요가 없는가? 혹은 그것들은 필수적이고 따라서 도덕적으로 제거되어서는 안 되는가? 만약 논리적으로 제거될 수 없는 심각한 불평등이 존재한다면, 그때는 인간을 포함하는 이 세상이 인간들 사이의 하나님의 균등한 자비를 드러내는 것은 불가능하며, 따라서 유대-기독교 유신론자들은 불평등주의자들이 될 수밖에 없다.

이런 식의 논리는 얼핏 그럴 듯해 보이지만 우리는 그 문제의 실상은 논리상으로 필요한 불평등은 작고 사소한 반면, 중요한 그리고 악의 문제에 관한 논의에서 부각되는 불평등(가령, 계급, 인종, 성, 건강, 부, 혹은 종교의 불평등 같은)은 상대적으로 크고 심각하다고 말할 수 있을 것이다. 또한 악의 문제, 특히 도덕적 악의 문제는 전적으로 이런 차이들을 둘러싸는 문제라고 말할 수 있을 것이다. 방금 언급한 불평등들을 중요하게 여기는 것은 사실은 누구라도 쉽게 인정할 수 있다. 그러나 내가 믿기에는 그런 것들만 심각한 불평등으로 결론짓는 것은 다소 성급하게 보인다. 또한 일시적이거나 장소적이거나 또는 지리적이거나 역사적인 불평등을 그렇게 여기는 것이나 유전 상속으로 말미암은 불평등을 결과적으로 중요하지 않은 것 또한 마찬가지이다.

최종 결론

어쩌면 당신은 이런 식의 논의는 조잡하고 단순하고 심지어 물질주의적이기까지 하며, 따라서 철학자에게나 기대할 법한 것일 수는 있으나 하나님의 사랑이라는 주제에 이미 있는 공헌을 하기는 어려운 것이었다고 여길지도 모르겠다. 이제 나는 내가 말하려고 했던 것으로부터 하나님의 사랑에 관한 한 가지 중요한 결론을 이끌어 냄으로써 그 문제와 관련해 당신을 설득시키고자 한다.

지금까지 나는 인간의 본성과 관련해 몇 가지 잘 알려진 사실들을 전제한 상태에서 하나님의 사랑의 특성이 어떠해야 하는지를 설명하고자 했다. 처음에 나는 내가 의도하는 것이 죄인들을 향한 하나님이 행하시는 사랑의 범위와 강도에 관한 통상적인 신학적 문제들을 검토하는 것이 아니라고 말했다. 그러나 비록 이 에세이의 결론은 온건한 것이기는 하지만 결국 그런 문제들에 관해 한 가지 입장을 드러내는 것이 될 수도 있을 것 같다.

만약 하나님의 사랑이 모든 이들에게 동등하게 배분될 수 없다면, 그리스도 안에 있는 하나님의 구속의 사랑 역시 동등하게 배분될 수 없을 것이다. 만약 내가 지금까지 주목했던 사실들이 그리스도 안에 있는 하나님의 구속의 사랑이 어떻게 드러날 수 있는지와 상관이 없는 것이 아니라면 말이다. 그리고 이것이 어떻게 그럴 수 있는지, 즉 인간들 사이에 존재하는 경험적이고 분명한 차이들이 어떻게 그리스도 안에 있는 하나님의 구속의 사랑과 아무런 상관이 없는지를 이해하기는 어렵다. 분명히 그 둘 사이에는 어떤 관계가 있는 것처럼 보인다. 예컨대, 그리스도의 구속의 사랑이 그런 경험적이고 확인 가능한 차이점들과 상관이 있거나, 아니면 그런 차이들을 해소하거나, 그 둘 사이에 어떤 보다 복잡한 관계가 있을 것이다.

그러기에 나는 이상의 논의의 구조가 '아포르티오리 논법'(argumentum a fortiori, 만약 전에 인정한 것이 진실이라면, 현재 주장되고 있는 것은 한층 더 강력한 이유로 진실일 수 있다는 가정에 입각한 논법 - 역주)의 구조라고 주장하고자 한다. 지금까지 나는 인간의 본질 및 경험과 관련된 몇 가지 중요한 사실들이 우리로 하여금 하나님의 사랑은 모든 사람에 의해 동등하게 경험된다는 견해를 취하지 못하게 한다고 주장해 왔다. 그런 점에서 이 에세이는 자연신학(당신은 그것을 매우 압박적인 종류의 것으로 여길지도 모르겠다.) 안에서 이루어진 하나의 연습이었다고 할 수 있다. 그러나 만약 그런 주장이 타당하다면 이런 식의 자연신학의 결론은 우리가 기독교의 계시신학을 이해하고 평가하기 위한 한 가지 제어 수단, 만약 당신이 그런 표현을 좋아한다면, 혹은 한 가지 해석학을 제공해 준다.

만약 하나님의 자비로운 사랑이 모든 이들에게 동등하지 않게 배분되는 것이 틀림없다면, 더욱 유력한 이유로(a fortiori), 하나님의 그 어떤 다른 사랑도 그럴 것이 틀림없다. 그러므로 만약 위의 논증이 올바르다면 우리는 성경의 어느 특정한 본문에 대한 주석을 시작하기도 전에 하나님은 모든 남자와 여자들을 동등하게 사랑하신다고 결론을 내려서는 안 된다. 오히려 그것은 우리로 하여금 하나님은 모든 남자와 여자들을 동등하지 않게 사랑하신다는 결론을 내리게 할지도 모른다. ♡

제9장

하나님의 사랑은 마침내 승리할 것인가?

데이빗 퍼거슨
에든버러대학교

―→≫≪←―

하나님 나라에 대한 종말론적 비전은 우리를 현재의 과업에서 빗나가게 하기보다는 우리의 기운을 북돋우고 우리로 하여금 이후로도 하나님의 끊임없이 계속되는 사랑을 신뢰하게 한다.

Will the Love of God
Finally Triumph?

　　　　　　성경의 언어로 묘사되는 하나님의 사랑은 역사를 낳는다. 그것은 창조의 역사, 특히 이스라엘과 교회의 창조에 관한 역사이다. 그것은 정적인 상태나 순환적 과정이 아니라 예기된 끝을 지닌 하나의 이야기다. 따라서 그것은 종말론을 요구한다. 우리는 하나님의 사랑이 보증하는 역사의 종말에 대한 언급이 없이는 신약성경을, 무엇보다도 예수의 메시지를 이해할 수 없다. 그러므로 성경학자들과 신학자들이 역사적 예수와 현대신학을 위한 종말론의 중심성을 재발견하던 무렵에[1] 천국과 지옥의 표상이 설교와 그리스도인들의 의식 모두에서 (적어도 부유한 서구에서) 그토록 낯설어진 것은 아주 이상한 일이다.[2]

　사회학자들과 역사가들은 이와 같은 종말론적 관심의 상실을 교회의 사회적 중요성의 쇠퇴와 연결지어왔다. T. C. 스마우트(Smout)는 이 문제를 스코틀랜드에서의 장로교의 운명에 적절하게 적용한다.

　　처음부터 기독교는 죽음 이후의 삶에 집중했다. 만약 교회가 그것에 대해 모호한 태도를 보인다면, 사람들은 그 문제와 관련해 자기들 나름의 결론에 도달

할 것이다. 만약 하나님이 계신다면, 그분은 선하실 것이다. 만약 그분이 선하시다면 그분은 당신을 천국으로 보내실 것이며, 만약 당신이 잘못을 저질렀다손 치더라도 적어도 당신에게 두 번째 기회를 제공하실 것이다. 만약 그분이 당신에게 두 번째 기회를 제공하신다면, 지금 여기에서 당신이 불가지론자인지 교회에 자주 가지 않는지 따위는 심각한 문제가 되지 않을 것이다. 결국에는 모든 것이 잘 될 것이다. 이런 식의 촌스러운 논리는 굉장한 힘과 지속성을 갖고 있었다. 그것은 지옥의 죽음, 심리적 테러로부터의 해방, 평신도 사이에서의 열기의 감소 등을 낳았다. 20세기 중반에 스코틀랜드 교회는 여전히 발생한 일에 대해 혹은 그 일과 관련해 자신이 무엇을 해야 할지를 잘 알지 못한다는 인상을 주었다. 만약 하나님이 참으로 사랑이시라면, 프로테스탄트 종교는 어떻게 그것의 전통적 형태를 유지하며 살아남을 수 있을까?[3]

우리가 이런 사회적 판단에 대해 어떤 평가를 하든 간에, 그동안 신학자와 설교자들 모두에게 천국과 지옥에 관한 전통적인 견해가 문제되어 왔음은 분명해 보인다.[4] 사정이 이렇게 된 데에는 몇 가지 이유가 있다. 이 세상에서 그리스도를 받아들이지 않은 이들을 위한 영원한 형벌로서의 지옥이라는 전통적인 교리는 도덕적으로 문제가 있었다. 특히 그리스도의 이름을 들어보지 못했던 문화와 지역과 관련해 그러했다. 19세기 말에 장로교회가 통과시킨 '선언법'(Declaratory Acts)은 그 문제가 스코틀랜드에서 한 세기 이상에 걸쳐 날카롭게 인식됐음을 보여준다. 보다 최근에 신학자들은 천국과 지옥의 교리가 일종의 '해산 전략'(demobilizing strategy)이라는 마르크스주의자들의 비판에 대해 민감한 반응을 보이고 있다. 신학자들에 따르면, 그 교리는 사람들에게 다음 세상에서의 더 좋고 더 영속적인 실존에 대한 전망을 제공함으로써 이 세상에서의 물질적 상황을 개선하는 일에 대한 참여를 가로막는다. 더 나아가, 성경의 자료들은 교회로 하여금 보다 비판적이고 개입적인 증언 방식을 택하도록 고무한다. 지금 이것에 관한 보다 큰 관심을 보여주는 표징들이 존재하는데, 그런 표징들로 말미암아 결과적으로 오는 세상에서의 삶에 대한 열중이 경감된다. 이것은 건강과 번영을 이 세상에서 얻는 하나님의 호의에 대한 징표로 여기는 좀 더 보수적인 신앙에도 해당한다. 언젠가 에드워드 다우이(Edward Dowey)가 대중적 경건에서 나타나는 이런 아이러니한 변화에 관해 논평한 적이 있다. 다우이에 따르면, 1560년대에 나온 스코틀랜드 신앙고백(the Scots Confession)의 기안자들은 괴롭고 불편한 삶을 사는 택함 받은 자들보다 경건하지 않은 이들이 방해받지 않는 기쁨을 누리며 산다고 믿었던 반면, 지금 기독교의 설교에서는 그런 역할이 뒤바뀌었다.[5]

만약 시간이 흘러 지옥에 대한 위협이 사람들을 위협해 교회에 참석하도록 유도하고 사회적 통제를 위한 효과적인 형식을 제공할 수 있게 된다면, 아마도 그때 교회는 인간의 삶과 행위에 대해 하나님의 사랑이 갖는 의미, 즉 오는 세상에 대한 소망을 통해 반영되는 의미를 표현하는 법을 배워야만 할 것이다. 만약 그렇다면, 도대체 그런 표현은 어떻게 이루어져야 하는가? 이 에세이에서 나는 종말론적으로 고찰된 하나님의 사랑의 승리는 세 가지 방식으로 표현될 수 있는데, 이 중 둘은 받아들일 수 없기에 세 번째 것을 좀 더 발전시킬 필요가 있다고 주장하고자 한다.

하나님의 사랑의 범위를 제한하기

대부분의 어거스틴주의와 개혁신학 안에서 하나님의 사랑의 승리는 그것의 범위를 제한함으로써 확보된다. 어거스틴에 따르면, 천사의 타락으로 말미암아 초래된 하나님 나라의 결핍을 보충하도록 운명 지워진 성도의 수는 제한되어 있다. 천사의 타락 이후에 전개되는 창조와 구속의 드라마는 유한한 수의 인간에게 영광을 회복시킨다. 어떤 이에게는 구원을 그리고 다른 이에게는 저주를 내리는 일에 대한 최종적인 설명은 '하나님의 영원하신 뜻'이다. 이것은 우주의 질서와 풍요로움에 대한 호소를 통해 도덕적으로 정당화된다. 그 우주 안에서 하나님의 은혜는 인간의 일부를 구속하고 나머지는 무섭지만 의로운 심판의 선언에 내맡긴다.

> 최고선이신 하나님은 악한 행위를 그분이 정당하게 벌을 받도록 예정하신 이들에 대한 정죄를 위해, 그리고 그분이 자비롭게 은혜를 베풀기로 예정하신 이들의 구원을 위해 선용하셨다.[6]

종교개혁기에 나타난 하나님의 주권과 인간 본성의 타락에 대한 새로운 강조는 이런 어거스틴의 주제들의 재발견을 초래했다.[7] 예정론에 관한 논쟁적인 작품들에서 칼빈은 하나님의 사랑과 공의 모두가 그분의 영원하신 뜻의 시행 과정에서 드러난다고 주장한다. 하나님의 사랑은 택함 받은 자들의 은혜로운 구속을 통해 드러나고, 하나님의 공의는 책망받을 자에 대한 유죄 판결을 통해 드러난다. 선택의 신비를 통해 하나님은 어떤 이들은 그들의 죄를 따라 진노의 그릇으로 그리고 다른 이들은 그분의 은혜를 따라 자비의 그릇으로 만드셨다.⁸ 그래서 칼빈은 잠언 16:4을 엄격하게 인용할 수 있었다. "여호와께서 온갖 것을 그 쓰임에 적당하게 지으셨나니 악인도 악한 날에 적당하게 하셨느니라."⁹

우리가 이런 신학적 체계에 대한 상세한 논의 없이 왜 그것이 그토록 많은 비판을 가져왔는지를 이해하기는 어렵다. 우리의 최후의 운명이 숨겨진, 그리고 불가사의한 하나님의 뜻에 따라 결정된다는 생각은 원래 예정론 교리가 의도했던 위로를 훼손한다. 그것은 목회적 확신을 제공하기는커녕 어쩔 수 없는 두려움과 불확실성을 제공한다. 죄인들을 향한 그리스도의 은혜 뒤에는 최종적으로 은혜의 수혜자가 되도록 결정되어 있는 이들의 정체성에 관한 불확실성이 웅크리고 있다. 그리고 이런 신학적 체계는 하나님의 사랑을 자의적인 것으로 만듦으로써 하나님의 본질을 사랑으로 묘사하는 것이 적절한 것인지에 대한 의문을 불러일으킨다. 그것은 예수 그리스도 안에서 나타나는 모든 사람에 대한 하나님의 사랑을 증언하는 성경의 분명한 의미와 상충한다. 또 그것은 하나님의 은혜의 범위를 그렇게 좁힘으로써 그분의 성품에 관한 까다로운 도덕적 의문을 제기한다. 어쩌면 우리는 모든 사람에 대한 정죄는 공정한 것이므로 그들 중 어떤 이가 구원을 얻는 것은 그 공의를 자비로 경감시키는 것이라고, 또한 어떤 경우이든 하나님의 공의는 인간의 정의에 대한 인식에 의해 측량되어서는 안 된다고 주장할 수도 있을 것이다 (사실 어거스틴과 칼빈 모두가 그런 식으로 방어선을 긋는다). 그러나 이런 주장은 스티븐 데이비스(Stephen Davis)가 전하는 아래의 예가 밝혀주듯이 문제를 해결하기는커녕 심화시킬 뿐이다.

내가 나의 두 아들이 똑같이 어떤 잘못을 저질렀음을 발견했다고 상상해 보자. 그 두 아이 모두가 우리 집 뒷마당에 피어 있는 내 아내가 사랑하는 장미꽃들을 짓밟았다! 그리고 내가 그들 중 하나에게 이렇게 말한다고 상상해 보자. "너는 잘못을 저질렀다. 그에 대한 벌로 이제부터 너는 네 방에 틀어박혀 있어야 할 거야." 그리고 내가 다른 아이에게는 이렇게 말한다고 상상해 보라. "너도 똑같은 잘못을 저질렀다. 그러나 나는 너에게 사랑의 선물을 줄 것이다. 너는 아무런 벌도 받지 않을 거야." 이로써 분명하게 드러나는 것은 내가 불공정하다는 것이다.[10]

하나님의 사랑의 범위를 보편화하기

만약 우리가 이런 신학적 체계의 결함을 하나님의 사랑의 범위에 대한 그것의 한계에서 찾는다면, 우리는 그 범위를 보편화함으로써 그 결함을 고칠 수 있을 것이다. 그리고 바로 그런 일이 칼 바르트(Karl Barth)가 칼빈의 선택에 관한 교리를 보다 큰 기독론적 집중을 통해 수정하는 과정에서 발생했다. 예수 그리스도는 단순히 그 안에서 하나님의 뜻이 시행되는 어떤 존재가 아니다. 그분은 또한 그분을 통해 그 뜻의 틀이 잡히는 분이시다. 아들의 선택 안에는 그 아들이 그들을 위해 살고 죽었던 모든 인간의 선택이 포함되어 있다. 그리스도는 십자가 위해서 우리의 죄를 짊어지고 취소시키면서 그 안에서 모두가 택함 받은 자가 되게 하시는 분으로서 사신다. 선택은 기쁨과 공포가 혼합된 메시지가 아니라 모든 인간을 향한 분명한 경축의 메시지다. 그것은 어떤 이들은 복음을 믿고 다른 이들은 그것을 경솔하게 무시하는 것을 지켜봄으로써 알 수 있는 것이 아니다. 그것은 오직 그리스도가 죄인들의 친구라는 교회의 선포로부터 나오는 결론이다. 그러므로 그것은 목회적 확신을 보다 확고한 신학적 토대 위에 올려놓는다.

    그것은 기쁨과 공포 그리고 구원과 정죄가 혼합된 메시지가 아니다. 원래 그리고 최종적으로 그것은 변증법적이지 않고 비변증법적이다. 그것은 선과 악 모두를, 도움과 파멸을, 삶과 죽음을 동일한 길이로 선포하지 않는다.……그러므로 실제로 최초이자 마지막 말씀은 '예'이지 '아니오'가 아니다.[11]

    비록 이러한 선택 교리가 『교회 교의학』(Church Dogmatics) II/2에서 와서 전개되기는 하나, 그것을 위한 길은 이미 II/1에서 전개된 하나님의 속성에 관한 논의를 통해 준비되어 있었다. 거기에서 하나님의 은혜와 자비는 근본적인 것으로 또한 하나님의 거룩하심과 의로우심을 포함하는 것으로 이해된다. 그러므로 바르트에게는 하나님의 성품 안에서의 사랑과 공의의 균열에 대한 그 어떤 전망도 존재하지 않는다. 거룩함과 의는 우리가 하나님의 사랑에 대해 생각하기 위한 적합한 방식을 결정해 주는데, 그것은 바로 그 방식이 구약과 신약성경을 통해 계시되었기 때문이다. 하나님의 거룩하심은 피조물에 대한 하나님의 초월성의 한 측면이다. 그리고 하나님의 사랑은 그것이 피조물에게 제공될 때 그 피조물에 대해 순전한 은혜의 성격을 지닌다.[12] 하나님의 의는 하나님의 용서와 인내 그리고 찬양과 순종에 대한 그분의 요구가 드러나는 언약 관계를 통해 나타난다. 인간의 의가 무엇을 수반하는가에 대한 우리의 이해는 자기 백성의 삶 속에서 나타난 하나님의 행위에 대한 지식으로부터 나온다.[13]

    바르트 신학에서 이런 개념의 종말론적 결과가 무엇인지는 아주 분명하지는 않다. 그러나 그것은 하나님의 백성의 최종적인 수가 우리가 상상하는 것보다 훨씬 많을 수도 있다는 전망을 제기한다. 바르트의 가르침은 보편주의적 방향으로 움직인다. 하지만 그는 자기가 그렇다고 해서 '만유 구원'(apokatastasis)을 확언하는 것은 아니라고 주장한다. 그러나 만약 하나님의 주권과 하나님의 사랑의 보편적 범위 모두가 이미 예수 그리스도 안에서 만인을 위해 규정되었다면 그런 상태에서 어떻게 보편주의를 피할 수 있겠는가? 이런 질문에 대한 바르트의 이상한 답변은 우리가 만유 구원을 가정함으로써 하나님의 주권적 자유에 울타리를 쳐서는 안 된다는 것이다. 우리는 그런 식으로 하나님의 손을 묶어서는 안 된다. 그러나 또한 우리는 보편주의를 분명하게 부인함으로써 그렇게 해서도 안 된다.

그 원의 최종 범위가 어떠해야 하는지는 그분이 정하실 일이다. 만약 우리가 하나님의 은혜의 자유를 존중하고자 한다면, 우리는 감히(소위 만유 구원의 교리가 주장하듯이) 그 범위가 인간의 세상과 일치해야 하며 결국 그렇게 될 것이라고 말해서는 안 된다. 그런 권리 혹은 필연성은 합법적으로 추론될 수 없다. 은혜로우신 하나님이 어느 한 사람을 선택하거나 부르실 필요가 없는 것처럼, 또한 그분은 온 인류를 선택하거나 부르실 필요도 없으시다. 그분의 선택과 부르심은 그 어떤 역사적인 형이상학도 초래하지 않는다. 다만 그런 일이 예수 그리스도와 그분의 공동체 안에서 일어났다는 사실에 근거해 입증할 필요성을 제기할 뿐이다. 그러나 다시 우리는 하나님의 자유로운 은혜를 감사하며 시인하면서 감히 선택과 부르심의 원에 대한 마지막 규제 완화와 확대가 있어서는 안 되며 있지도 않을 것이라는 식의 반대 진술을 해서도 안 된다. 예수 그리스도에 대한 선택과 그분의 공동체에 대한 선택의 경우처럼, 개인의 선택과 관련해서도 우리는 하나님의 은혜로운 선택을 그분의 인애로우신 결정과 다른 그 무엇이라고 여겨서는 안 된다.[14]

만유 구원에 대한 이런 식의 부인에는 이상한 무언가가 있다. 분명히 하나님은 그 어떤 인간도 선택하실 필요가 없으시다. 그러나 바르트는 이미 하나님의 자유가 사랑으로 발휘되었고 그리스도의 인격과 사역 안에서 모든 사람을 선택하는 식으로 시행되었다고 주장했다. G. C. 베르카우어(Berkouwer)는 이런 신학적 책략에 대해 다음과 같이 평한다.

> 바르트가 그리스도의 거부의 사실성을 강조하는 것에 비추어 볼 때, 성경이 선택뿐 아니라 거부에 대해서도 말씀하며 또한 모든 것을 종말론적으로 하나님의 손에 의탁한다는 사실을 지적함으로써 만유 구원 교리에 대해 문을 닫는 것은 불가능하다. 하나님의 손은 그분의 역사를 통해, 그리고 특히 예수 그리스도 안에서 이루어진 그분의 역사라는 한 가지 핵심적인 '방식'을 통해, 즉 은혜의 승리 안에서의 구체적인 작정(decretum concretum)으로서의 선택을 통해 분명하게 드러나지 않았는가?[15]

이 문제와 관련해 바르트의 일관성을 옹호하는 이들은 그의 '현실주의'(actualism)를 지적해 왔다.[16] 영원에 대한 바르트의 이해에 비추어 볼 때, 하나님의 명령은 비록 그것이 과거와 미래의 차원을 소유하고는 있으나 현재 안에서 계속해서 현실화되는 것으로 인식된다. 창조 세계에 대한 하나님의 행동은 그런 식으로 모든 인간의 행동을 앞서고, 수반하고, 뒤를 잇는다. 이런 면에서 선택은 미래를 형성하는 과거 안에 있는 사건이라기보다는 동시대적이다. 영원하신 하나님의 이런 활동은 삼위일체적 성격을 갖고 있다. 그래서 존 콜웰(John Colwell)은 이렇게 말하다.

선택은 살아 있는 그리고 철저하게 삼위일체적인 사건으로 이해될 수 있다. 성부의 근원적인 결정은 성자의 삶과 죽음과 부활 안에서 그 결정이 실현되는 것을 배제하지 않고 포함한다. 마찬가지로 성자 안에서 실현된 성부의 결정은 남자와 여자들이 성령의 능력을 통해 그 결정에 참여하는 실제적 사건을 배제하지 않고 포함한다. 하나님의 영원성인 참된 일시성 안에서 개별적인 남자와 여자들의 믿음과 소망과 사랑은 참으로 선택의 사건 안에서 이해된다.[17]

예수 그리스도와 달리 인간의 최종적 결과는 성령 하나님의 자유로운 미래의 활동에 달렸다고 주장함으로써 보편주의를 피할 수 있다는 주장이 있다. 분명히 교회의 원 밖에 있는 자들과 관련해 "우리는(하나님의 자유를 제한하면서) 그들의 궁극적 구원을 가정하지 말아야 하듯이, (하나님의 은혜를 제한하면서) 그들의 거부의 궁극적 최종성을 가정하지도 말아야 한다."[18] 나는 바르트에 관한 하나의 해석인 이런 주장과 다투지 않는다. 나에게 그것은 그리스도 중심주의(Christomonism)-그리스도의 사역에 부과된 무게가 역사의 다른 모든 중요한 것들을 배제한다는 견해-라는 비난에 대한 강력한 대응책을 제공하는 것처럼 보인다. 그럼에도 나는 과연 그것이 보편주의의 문제를 해결할 수 있느냐 하는 베르카우어의 회의에 공감한다. 만약 우리가 보편주의가 하나님의 주권적 자유를 제한하기에 그것을 긍정해서는 안 된다면, 하나님의 자유에 대한 이런 최신의 호소와 『교회 교의학』 II/1에 실려 있는 보다 이른 시기의 주장 사이에 뿌리 깊은 긴장이 발생한다.

바르트에게 하나님의 자유는 그분이 우리를 그분의 초월성과 내재성 모두 안에서 사랑하시는 방식의 특징을 드러낸다. 하나님의 자유는 변덕이 아니라 우주적 과정으로부터 나오는 영원한 사랑의 하나님이 되고

자 하시는 그분의 자유다. 그리고 이 자유는 종말론적으로 고찰되는 경우에조차 예수 안에서 드러나는 하나님의 사랑과 조화를 이룬다.

하나님의 자유에 변덕은 존재하지 않는다. 그분이 자신의 피조물과 관련해 그분의 자유 안에서 보여 주고 입증하는 신실하심은 그분 자신의 신실하심이다. 그러므로 하나님의 신실하심은 어떤 우주적 과정의 정규성이라는 차원으로 축소되어서는 안 된다. 그러나 또한 그것은 우리가 실제로 하나님의 이런 성실하심을 믿음으로 끌어안고 이해할 때, 그것에 의해 호출될 때, 그리고 그것에 의해 위로를 얻고, 이어서 그것을 불러낼 때, 우리 자신이 누구에게 그리고 무엇에게 매달리는 것인지 알지 못할 만큼 우리에게 감춰져 있지는 않다. 오히려 그것이 무엇을 의도하고 바라는지는 아주 분명하다. 사실 그것은 그것의 모든 형태에 있어서 참된 확고함이요, 책임성 있는 관계요, 무책임하지 않은 게임이다. 하나님이 계속해서 우리를 향해 돌아서신다는 것은 확실하다. 그분이 가까이 있든 멀리 있든, 그분이 우리에게 침묵 가운데서 그리고 은밀히 말씀하시든 혹은 공개적으로 말씀하시든, 그분이 우리를 축복하시든 벌을 주시든, 우리를 죽이시든 살리시든 간에 그러하다. 그분이 창조주요, 교회의 주님이시요, 우리의 마음과 양심의 지배자이시요, 최후의 날의 재판장이시요, 나와 당신과 그분의 천사들과 대천사들에게 동일한 주시요, 어제나 오늘이나 영원토록 변함없이 동일한 분이요, 지금 여기에 그리고 가장 먼 장소와 시간에 그분의 자유 안에서 다양하게 자신을 드러내시되, 그럼에도 동일하시고 결코 그리고 그 어느 곳에서도 다르지 않은 하나님이시라는 사실은 분명하다. 그러나 우리가 이 사실을 확신하는 것은 오직 하나님이 예수 그리스도이시고 예수 그리스도가 하나님이시기 때문이다.[19]

이런 구절에 비추어 본다면, 하나님의 자유를 위해 보편주의를 부인하는 것은 문제가 있다. 바르트 신학에서 보편주의를 피하는 일의 어려움은 하나님의 자유에 대한 그것의 설명에 들어 있는 어떤 결함으로부터가 아니라, 불신과 관련해 인간의 자유가 행하는 역할에 관한 적절한 설명의 부재로부터 제기된다. 바르트는 하나님이 행하신 일과 그로 말미암아 인간이 행하도록 명령받고 있는 것의 결합에 관해 해야 할 말이 아주 많았다.『교회 교의학』에서 윤리적 행위에 주어진 공간은 종종 이런 맥락에서 무시된다. 이것은 하나님의 행위에 의해 요구되고 가능케 된 인간의 행위에 의미를 부여한다. 그러나 인간이 자신의 선택을 자유롭게 거부할 가능성은 오직 후기의 바르트에 의해 간접적으로 암시될 뿐이다.[20] 그리고 내가 보기에 이것은 주로 그가 하나님의 주권과 일치하지 않는 인간의 자유에 대한 설명을 고려하지 못하기 때문이다. 바르트 안에 있는 보편주의의 문제는 그의『교회 교의학』II/1에 나오는 "영원"이나 II/2에 나오는 "선택"에 관한 그의 주장을 통해서가 아니라 오히려 III/3에 실려 있는 "인간의 자유"에 대한 그의 설명을 통해서 더 잘 설명될지도 모른다. 거기에서 바르트는, 비록 하나님의 주권에 의해 가능케 되고 보증된 인간의 자유를 주장하기는 하나, 하나님의 주권이 인간으로 하여금 예수 그리스도 안에서 이루어진 자신의 선택을 터무니없이 거부할 수 있게 해주는 완전한 자유라는 선물에 의해 영향을 받을 여지를 남기지 않는다. 바르트에게 (칼빈에게도 마찬가지다) 피조물의 행위라는 이차적 원인은 하나님의 뜻이라는 일차적 원인에 종속된다. 비록 바르트가 칼빈과 달리 제1원인(causa prima)이 사랑이라고 확언하는 데 있어서 균일한 입장을 보이지는 않으나, 이것은 제2원인(causa secunda)으로서의 인간의 자유에 할당된 범위와 관련해 별다른 차이를 만들지는 않는다.[21] 대체로 바르트는 인간의 자율성을 배제하는데, 그것은 그 자율성이라는 것이 결국 하나님의 주권적 은혜를 손상하는 신인협력설 (synergism)이나 반펠라기우스주의(semi-Pelagianism)와 어쩔 수 없이 연결되기 때문이다.[22]

하나님의 주권을 확보하려는 관심 때문에 바르트는 인간의 자유가 하나님의 의도와 연결되어 있다는 양립논자들(compatibilists)의 설명과 유사한 설명을 한다. 필요한 것은 인간이 하나님의 사랑을 받아들이거나 거부할 수 있는 여지를 허락받는 자유에 대한 보다 강력한 설명이다. 이 자유는 그 자체로 하나님의 사랑의 선물로 간주하여야 한다. 나젤 비가르(Nigel Biggar)는 다음과 같이 옳게 설명한다.

> 이 지점에서 하나님의 은혜의 주권에 대한 바르트의 이해는 앞뒤가 맞지 않는 소리로 전락한다. 왜냐하면 그는 은혜로우신 하나님이 바라시는 것이 자신의 피조물의 자유롭고, 기껍고, 자연스럽고, 자발적인 협력임을 아주 분명하게 밝혔기 때문이다. 그러나 바르트는 하나님을 위한 이런 자유가 모든 인간이 궁극적으로 기뻐해야 하는 그 무엇이라고 주장함으로써 일종의 "양립론자적" 설명을 하는 것처럼 보인다. 즉 결국 인간은 자유롭게 옳은 것을 택하게 되어 있다는 것이다. 이것은 실제로는 존재하지 않는 인간의 자유에 대한 개념을 제시하며, 또한 사랑받는 자에게 영원히 돌아설 자유를 허락하지 않는 은혜의 친절함과 관련해 의문을 세기한다. 물론 하나님의 해방하는 은혜를 거부하는 자유가 자발적으로 속박 안으로 들어가는 자유라는 것은 사실이다. 그러나 만약 인간의 궁극적인 영적·도덕적 헌신이 그들의 위엄과 무게를 보유하고자 한다면, 그들이 소유해야 하는 것은 이를테면 모순적 자유 같은 것이다.[23]

하나님 앞에서의 인간의 자유라는 보다 강력한 개념에 대한 그와 같은 호소가 없다면, 나는 기독교 신학이 한편으로는 하나님의 사랑과 공의 사이의 어거스틴적 분리를, 혹은 다른 한편으로는 그리스도 안에서의 보편적 예정이라는 바르트의 주장이 가진 초기의 보편주의를 피할 길이 없다고 여긴다. 오직 최종적으로 하나님께 반역할 수 있는 자유를 인정하는 신학만이 이중예정론이나 보편주의 같은 결정론을 피할 수 있다.

보편주의에 대한 반박

이런 가능성이 어떻게 보일 수 있는지를 탐구하기 전에, 우리는 도대체 보편주의에 무슨 문제가 있는지를 물어야 할 것이다. 오늘날 이 주제에 관한 문헌이 급증하는 것은 17세기에 예정론자와 알미니안주의자들 사이에서 벌어졌던 논쟁이 20세기 후반에 분리주의자와 보편주의자들 사이의 논쟁으로 이항되었음을 보여 준다. 그러므로 몰린주의자들(Molinists, 스페인의 예수회 신학자인 몰리나[Molina, 1535-1600]는 인간의 구원이 인간의 자유의지와 신의 은총의 화합으로 이루어진다고 보았다. 그는 어거스틴과 반펠라기우스 그리고 토마스 아퀴나스를 화해시키려 했다. -역주)에 의해 제시된 중재적 제안 중 일부가 보편주의에 관한 최근의 논쟁에 적용된 것은 놀랄 일이 아니다.[24]

현재의 논의가 가진 보다 당혹스러운 측면 중 하나는 보편주의자들의 주장을 비판하는 이들이 만약 그것이 사실이라면 그것은 좋은 일이라고 인정하고 있다는 점이다. 스티븐 데이비스(Stephen Davis)는 그 문제에 관해 신중한 평가를 하던 중에 창피한 줄도 모르고 다음과 같이 말한다. "나는 내가 보편주의를 참으로 좋아한다고 고백하고자 한다. 모든 그리스도인처럼 나 역시 모든 사람이 하나님 나라의 시민이 되리라고 믿는 것이 놀랄 만큼 위안이 된다는 것을 알고 있다."25 또한 윌리엄 레인 크레이그(William Lane Craig)는 보편주의자들의 주장과 거의 다르지 않은 한 논문에서 다음과 같은 놀라운 말을 한다. "그 어떤 정통 그리스도인도 지옥의 교리를 좋아하거나 누군가에 대한 정죄를 기뻐하지 않는다. 참으로 나는 보편주의가 사실이기를 바란다. 하지만 그것은 사실이 아니다."26

이런 진술들은 당혹스럽다. 우리는 하나님의 최종적인 계획이 바람직하지 못하다고 말하려는 것인가? 심지어 우리 자신의 도덕적 선호가 하나님의 그것보다 훌륭하다고 주장하려는 것인가? 우리가 보편주의는 하나님이 승인하시는 것이 아니라고 탄식하면서도 만약 그것이 사실이라면 그것은 좋은 것이라고 주장한다면, 과연 우리는 자신이 복음주의자라고 주장할 수 있는 것인가? 이 문제에 대한 예수 그리스도 자신의 대답이 있다. "너희가 악한 자라도 좋은 것으로 자식에게 줄 줄 알거든 하물며 하늘에 계신 너희 아버지께서 구하는 자에게 좋은 것으로 주시지 않겠느냐"(마 7:11).

아마도 보편주의의 주된 매력은 그것이 하나님이 자연이나 사회에 의해 길들어진 인간을 위해서만이 아니라 창조 세계 전체를 위해서 공의를 행하시는 방식으로 우주적 완성에 대한 비전을 제시할 수 있기 때문일 것이다. 구속된 공동체는 천벌을 향해 곤두박질치고 있는 세상으로부터 뽑아낸 소수의 사람들의 모임이 아니다. 오히려 그것은 하나님이 이 세상에서 사는 동안 자신이 그들을 위해 의도하셨던 물질적, 사회적 그리고 종교적 안녕을 누리지 못했던 이들을 그 안으로 모두 불러 모을 수 있는 우주적인 공동체이다. 보편주의자들은 "가난한 자가 왕이 되고 탈진한 이들이 치유를 얻는 축제들, 눈먼 자들이 그것을 통해 자신을 바라보고 또 그 안에서 사랑하는 이들이 서로 바라보는 거울들"에 대한 소망을 분명하게 표현할 수 있다.[27]

그러므로 보편주의는 그것이 갖고 있는 심원한 매력의 실체가 밝혀지기 전까지는 결코 수그러들지 않을 것이다. 우리는 하나님의 은혜가 그리스도 안에서 모든 이들에게 제공되지만, 그것을 거부하는 사람들에게는 하나님의 공의의 체계가 영원한 징벌-혹은 적어도 멸절(annihilation)-을 요구한다고 주장함으로써 그것을 피하려 할 수도 있다. 이런 입장을 지지하는 많은 자료가 신약성경 안에서 발견되며, 실제로 그것은 많은 그리스도인 사이에서 영향력을 발휘하고 있다. 그럼에도 그것은 여러 가지 신학적 난제들을 갖고 있기에, 만약 그것이 보편주의에 대한 하나의 대안으로서 우리를 만족하게 하려면, 몇 가지 수정을 필요로 한다. 그것이 하나님의 자비를 그분의 징벌체계로부터 분리시키는 것은 하나님에 관한 교리 안으로 하나님의 사랑과 하나님의 공의 사이의 틈을 다시 밀어 넣는 것이 된다. 만약 사랑이 하나님의 영원한 본질이라면, 그리고 성부께서 바라시는 것이 모든 탕자들이 집으로 돌아오는 것이라면, 어떻게 그런 갈망에 일시적이라도 제한이 가해질 수 있는가? 우리의 안녕을 위한 하나님의 갈망이 우리가 죽거나 지옥에 있을 때는 중단되는 것인가?(오리겐[Origen]으로부터 존 힉[John Hick]에 이르기까지 보편주의자들이 지옥을 정화하기 위한 장치로 여기는 이유가 바로 이런 생각 때문이다.)[28] 만약 하나님의 사랑과 공의가 통합된 상태로 남아 있으려면, 우리는 하나님에 대한 거부 자체를 하나님의 사랑이 가진 하나의 기능이라고 여겨야 한다.

이런 입장과 관련된 두 번째 어려움은 그것이 그리스도를 위한 자유로운 결단이 일생의 과정 동안에 이루어질 수 있다고 가정하는 데 있다. 나는 과연 이런 주장이 모든 혹은 사람 대부분에게 해당할 수 있는지에 대해 의문을 갖고 있다. 지금까지는 주로 기독교의 선포의 범위 밖에서 살아온 자들의 문제가 주목거리가 되어 왔다. 그동안 그 문제와 관련하여 제시된 해결책은 하나님이 행하시는 심판의 근거를 공통 은혜와 일반 계시에 두는 것으로부터 그리스도와의 사후의 만남의 가능성에 이르기까지 다양했다.[29] (지금 우리는 사유의 영역 안에 들어와 있다. 비록 그런 사유가 중요한 목회적인 그리고 신학적인 쟁점들을 포함하고 있을지라도 말이다.) 반면에 기독교의 부패한 형태를 거부한 자들이나 삶의 상황이 너무나 힘이 들어서 참된 책임 있는 선택의 범위가 극도로 제한되었던 이들에 대해서는 관심이 덜했다. 명백하게 비열한 삶을 살아왔던 이들을 위한 장례식을 집전해 본 이들 가운데 대부분은 그들의 영원한 운명이 재앙이 될 것이라고 추정하기보다는 그저 그들을 하나님의 자비에 위탁하는 것으로 만족한다. 그러나 자기만족적인 보편주의에 휘말리지 않고 이런 소망을 유지할 수 있는 신학은 존재하는가?

나는 신약성경이 보편주의에 맞서 공정하게 그리고 단호하게 반대를 표명하고 있다고 믿는다.[30] 만약 우리가 이와 반대되는 주장을 하고자 한다면, 아마도 우리는 로마서 5:11, 고린도전서 15:22 그리고 골로새서 1:20 같은 구절들을 타당하지 않은 방식으로 문자적으로 읽어야 할 것이다. 또한 더 많은 분리주의적 입장을 지닌 본문들을 비신화화하는 것도 필요할 것이다.

보편주의는 극단적 칼빈주의(hyper-Calvinism)의 이중예정론 같은 인간의 자유에 대한 결정론적이고 파괴적인 신학에 복무하는 것처럼 보인다. 특히 그것은 그 어떤 인간에게도 하나님에 대해 최종적으로 "아니오"라고 말할 자유를 허락하지 않는다. 그러나 만약 이런 가능성이 없다면, 과연 우리는 자신이 하나님을 향해 최종적으로 "예"라고 말할 자유를 가졌다고 말할 수 있는 것인가? 하나님을 자신의 모든 피조물이 영적 건강을 얻도록 돕는 우주의 치유자로 여기는 존 힉의 입장은 바로 이 지점에서 무너지는 것처럼 보인다. 그의 입장은 결국에는 모든 사람이 자발적으로 그 준(準)종말론적 치유 과정에 종속하거나 그것에 의해 강제적으로 휘둘리거나 할 것이라고 가정한다. 그레이스 잔첸(Grace Jantzen)은 이것이 자유의 의미에 대한 축소를 의미한다는 것을 정확하게 간파했다.

> 만약 내가 계속해서 이기심과 불신과 불충을 택한다면, 그리고 나의 성품이 그런 선택들에 의해 형성된다면, 우리가 결국에는 그런 선택들이 취소될 것이고 또한 우리가 모두 우리가 성실함과 연민을 택했을 경우에 얻게 되었을 것과 동일한 도덕적 완전을 얻게 될 것이라고 말하는 것은 정도를 벗어난 것으로 보인다. 자유가 의미하는 것의 일부는 우리의 선택이 그것에 따르는 결과를 낳는다는 것이다. 그러니 우리가 그런 결과가 혹은 적어도 그것이 우리 자신에게 끼치는 영향이 (비록 다가오는 영원한 삶 속에서이기는 하나) 어김없이 역전될 수 있다고 주장하는 것은 자유에 따르는 책임을 지나치게 가볍게 여기는 것이다.[31]

만약 우리가 보편주의를 하나님의 사랑을 훼손시키지 않으면서 거부하고자 한다면, 우리는 그것이 그 자체로 하나님의 사랑의 선물인 자유를 부정적으로 이용하고 있다는 점을 지적해야 할 것이다. 하나님은 자신에 대한 우리의 사랑이 강압에 의한 것이 되기를 원치 않으신다. 만약 그렇다면, 그것은 참된 사랑이 될 수 없을 것이다. 왜냐하면 사랑은 자유롭게 제공되고 수용되어야 하기 때문이다. 그러므로 우리가 하나님을 사랑하기 위한 조건은 우리 중 어떤 이들이 그분을 거부할 가능성을 인정할 수 있는 가능성이다. 이런 자유는 하나님의 섭리의 밖에 있는 것이 아니다. 그것은 그분이 동의하시는 자유다. 하나님의 현존과 마주했을 때 우리가 그분에게 응답할 수 있는 능력은 성령에 의해 발효되는 것이 분명하다. 하지만 이것이 곧 그 응답이 언제나 긍정적일 수밖에 없다는 의미는 아니다. 하나님의 사랑에 의해 수여되는 자유를 위한 필요조건은 우리가 그분을 거부할 수 있는 가능성이다. 최근에 가톨릭 신학도 이 점을 강조하고 있다.

> 만약 천국의 가능성이 인간이 하나님의 은혜를 받아들이고 그것에 대응하는 자유로운 사랑의 행위에 있다면, 지옥의 가능성 역시 바로 그 동일한 자유에 있다. 만약 우리가 거부할 자유를 갖고 있지 않다면, 우리는 또한 그것을 받아들일 자유도 갖고 있지 않은 셈이다.……그러므로 지옥의 가능성에 대한 긍정은 인간의 자유에 대한 이러한 이해로부터 나오는 필연적인 결론이다. 이것은 죽음의 순간에 자유의 의미에 대한 의문에 불과한 것이 아니다. 그것은 우리로 하여금 인간의 삶의 모든 자유로운 결정들이 갖고 있는 도덕적 심각성에 관심을 두게 한다. 그러므로 라칭거(Ratzinger)가 주장하듯이 지옥의 교리의 참된 의도는 인간의 실존과 인간의 행위의 심각성을 강조하는 것이다. 만약 우리가 우리의 삶을 끊임없는 개정과 마음의 변화를 위한 기회로 여긴다면, 우리는 우리가 최종적 실패의 참된 가능성에 유념하며 살 때보다 우리가 내리는 결정들이 갖는 도덕적 성격에 대해 훨씬 덜 심각해질 것이다.[32]

그러나 우리는 이런 견해에 근거해 자신이 하나님과 동등한 파트너가 된다는 식의 신인협력설(synergism)을 수용해서는 안 된다. 우리가 자신의 식탁으로 나아와 앉으라는 하나님의 은혜로운 초대를 받아들이는 것은 우리 자신의 필요를 시인하는 것인데, 본질상 그것은 우리의 빈곤함에 대한 시인이다. 성경은 어떤 이들이 그리스도를 향해 "아니오"라고 말하는 이유를 구체적으로 설명한다. 나는 땅을 샀습니다. 나는 다섯 겨리의 소를 샀습니다. 나는 결혼을 했습니다. 반면에 성경은 다른 이들이 그들의 그물을 버려두고 그분을 쫓는 이유에 대해서는 설명해야 할 필요를 느끼지 않는 것처럼 보인다. 마치 예수님의 은혜로운 부르심이 유일하게 필요한 설명인 것처럼 보일 정도다. 수용과 거부 사이에는 그 어떤 균형도 존재하지 않으며, 우리가 드러내 보이는 믿음은 어떤 의미로든 하나님의 자비와 동등한 무게를 지니지 못한다. 불신앙조차 하나님의 사랑에 의해 유발되는 하나의 상태이다. 자유에 대한 이런 자유주의적인 개념은 우리의 신학 체계 안에서 한 자리를 차지해야 한다. 그러나 그것은 우리가 하나님을 거부할 가능성을 설명하기 위한 부록으로서 그래야 한다.

　우리가 반펠라기우스주의나 신앙의 심리주의에 빠져드는 것을 막아주는 것은 바로 신앙과 불신앙 사이의 이와 같은 불균형이다. 우리는 우리의 구속을 설명하기 위해 인간의 자유를 거론해서는 안 된다. 우리의 구속을 위해서는 그리스도 안에 있는 하나님의 사랑과 성령의 영향만으로도 충분하다. 우리가 은혜를 수용하는 것을 구별하여 취급하는 것은 그것에 대해 그것이 받을 만하지 않은 의미를 부여하는 것이다.[33] 설명을 위한 조건으로서의 인간의 자유에 대한 호소는 오직 불신앙이라는 비대칭적인 경우에만 타당하다. 여기에서 우리는 하나님이 인간인 우리에게 허락하시는 자유에 대한 어리석은 사용이라는 설명 이상의 그 어떤 것도 얻지 못할 가능성과 마주하게 된다. 인간이 하나님을 고의적으로 거부하는 것에 대한 그런 식의 몇 가지 호소를 배제한다면, 우리는 불신앙의 가능성을 무지나 하나님의 뜻이라는 측면에서 설명할 수 있을 것이다. 그러나 그 중 어느 쪽도 성경을 통해 선포된 하나님의 사랑과 조화를 이룰 수 없다.[34]

언젠가 앤서니 버기스(Anthony Burgess)는 자신은 지옥을 믿지만 거기에 누군가가 있을 것이라고는 생각하지 않는다고 말한 적이 있다. 위의 시나리오에 근거해 결국 모든 사람이 자유롭게 하나님을 택하는 것은 가능한 일인가? 그것은 가능하다. 그리고 우리는 천국이 교회의 규모가 암시하는 것보다 훨씬 더 많은 이들로 붐비게 될 것이라고 희망할 수 있다. 만약 우리가 하나님의 사랑 안에서 소망할 수 있다면, 우리로서는 우리 자신과 우리가 사랑하는 이들만이 아니라 아마도 우리보다 수많은 세월을 앞서 살았던 우리의 조상의 운명과 관련해서도 어떤 확신을 가질 만한 이유를 가진 셈이다. 그러나 자유가 영원히 오용될 가능성은 무시되어서는 안 되며, 우리는 어떤 식으로든 우리 자신의 운명에 대해 지나치게 자기만족적인 견해를 갖는 것에 대해 조심해야 한다. 만약 선택이 그리스도 안에 있는 하나님의 사랑에 대한 온전한 지식을 바탕으로 이루어질 때만 참된 것이라면, 인간적인 책임의 짐이 가장 무거워지는 곳은 바로 교회 안이 될 것이다.

그런데 어떻게 이것이 우리가 사는 시대를 위한 효과적인 종말론적 메시지가 될 수 있을까? 그리스도인의 삶은 점차 파편화되는, 그리고 삶의 일차적 목표를 오직 이생에서의 개인적인 성공이나 안락과 연결시키는 개인들로 구성된 사회 안에서 어떻게 계속해서 종말론적 소망으로 채워나갈 수 있을까? 지금은 죽음이라는 사건조차 포스트모던적 용어로 묘사되는데, 이것은 오늘날 개인들이 자신들이 택하는 방식으로 죽도록 그리고 애도하도록 허락받고 있다고 주장하고 있기 때문이다.[35]

종말론이 수행할 수 있는 가장 가치 있는 역할들 가운데 하나는 구속된 삶의 공동체적 범위를 상기시키는 것이다. 그것은 하나님과 그리고 다른 이들과 교제하는 삶이요, 또한 새로운 창조 안에 있는 삶이다. 육체의 부활이라는 기독교의 교리는 새로운 공동체에 대한 이런 소망을 가리키기에 영혼불멸에 관한 이론보다 우월하다. 종말론은 우리의 삶이 우리 이웃들의 삶과 그리고 피조세계 전체와 연결되는, 그리고 영원한 중요성을 지닌 결정과 프로젝트들을 포함하는 방식들을 표현할 필요가 있다. 그렇게 함으로써 하나님 나라에 대한 종말론적 비전은 우리에게 하나님의 사랑의 영속성과 위엄에 대한 의식을 제공할 수 있다. 우리가 이 궁극적인 공동체에서 불가사의하게 우리 자신을 배제할 가능성은 우리의 하나님이 우리에게 주신 자유의 중요성을 위한 조건이다. 그것은 지금 여기에서의 우리의 시간에 중요한 무게를 제공한다. 최상의 상태에서 그 비전은 우리를 현재의 과업에서 빗나가게 하기보다는 우리의 기운을 북돋우고 우리로 하여금 이후로도 하나님의 끊임없이 계속되는 사랑을 신뢰하게 한다.[36]

제10장

하나님의 사랑: 호세아 11장에 관한 설교

로이 클레멘츠
전 에덴침례교회 목사

-⇉⇇-

우리는 예수님을 따라야 합니다.
왜냐하면 오직 그분만이 그분의 손에 상처를 갖고 계시기 때문입니다.
그 상처는 그분이 우리를 사랑하셨고 그 사랑을 위해
고통을 당하셨기에 생긴 상처입니다.

Postscript: The Love of God
A Sermon on Hosea 11

혹시 여러분이 나넷 뉴맨(Nanette Newman)이 편집한 『사랑에 관한 어린아이들의 생각』(Children's Thoughts on Love)라는 책을 알고 계신지 모르겠습니다. 그 책의 기고문 중 몇은 아주 유쾌합니다. 예컨대, 조의 진지한 감사의 내용을 살펴봅시다. "나는 선생님을 사랑한다. 선생님이 나에게 좋은 교육을 베풀어 주시기 때문이다." 그런데 조는 이 문장에서 '에듀케이션'(education, 교육)을 '에쥬카슌'(ejukashun)이라고 썼더군요. 조가 받은 교육이 그가 생각하는 것만큼 좋지는 않았나 봅니다.

다른 아이들은 놀랄 만큼 심원한 생각을 드러냅니다. 7살 먹은 노만이 쓴 글을 살펴볼까요? "아기들은 자랄 때 모두가 그들을 미워하더라도 엄마와 아빠로부터는 사랑을 받아야 할 필요가 있다." 어떻습니까? 성장 과정 중에 있는 프로이트 심리학자의 모습이 보이지 않습니까?

그러나 나넷이 편집한 그 책에서 여러분을 가장 놀라게 하는 것은 이 어린 작가들의 억압되지 않은 솔직함을 통해 아주 은밀하게 그리고 종종 아주 가슴 아픈 결과를 드러내며 가족의 붕괴로 말미암은 슬픔이 새어나오고 있다는 사실일 것입니다.

7살 먹은 진의 고백을 들어보십시오. "아빠는 멀리 떠났다. 그리고 우리는 아빠를 사랑하기 위해 계속해서 그를 기억해야 한다."

8살 먹은 안네의 말을 들어보십시오. "엄마와 아빠는 대부분의 시간을 사랑하며 지낸다. 그런데 내가 잠이 들기만 하면 큰 소리를 내며 싸운다."

7살 먹은 데이빗은 이렇게 말합니다. "엄마는 아빠가 나를 사랑한다고 말한다. 그러나 아빠는 늘 바쁘다."

아마도 가장 가슴 아픈 것은 7살 먹은 폴이 쓴 글일 것입니다. "나는 엄마를 사랑한다. 왜냐하면 나는 엄마의 사진을 갖고 있고, 엄마는 나에게 선물을 보내주기 때문이다."

만약 이런 감정들이 20세기 말에 어린아이들이 사랑과 관련해 경험하는 전형적인 형태라면, 우리는 21세기 초에는 사랑이 아주 피상적인 단어가 될 수밖에 없으리라는 느낌을 갖지 않을 수 없습니다. 실제로 이미 그런 일이 일어나고 있음을 보여 주는 징표들이 나타나고 있습니다. 사람들은 사랑에 대해 점점 더 냉소적이 되어가고 있습니다. 스티븐 터너(Steven Turner)는 "의도의 선언"(Declaration of Intent)라는 제목이 붙은 감동적인 짧은 시를 통해 현대의 분위기를 잘 보여 줍니다.

> 그녀는 자기가 나를 영원히 사랑한다고 말했다.
> 그러나 그녀가 좋은 행동을 보인 것은 8개월에 지나지 않았다.
> 그녀는 자기가 나와 손발이 척척 맞는다고 말했다.
> 그러나 고난이 찾아오자 우리의 손발은 맞지 않았다.
> 그녀는 미래가 우리의 것이라고 말했다.

그러나 집문서는 그녀의 이름으로 작성되었다.

그녀는 내가 자기를 온전하게 이해하는 유일한 사람이라고 말했다.

그러나 그렇게 말한 후 그녀는 나를 떠났다.

그러면서 그녀는 자기는 내가 자기를 이해해 주리라고 믿는다고 말했다.

    동화와 낭만적인 소설들은 으레 "그들은 영원토록 행복하게 살았다."라는 말로 끝납니다. 그러나 오늘날 우리 사회의 이혼률은 50%를 넘어서고 있습니다. 이런 통계수치는 더 이상 "그들은 영원토록 행복하게 살았다."라는 말을 지지하지 않는 듯 보입니다. 오늘날 사랑은 기껏해야 잠시 나타났다가 사라지는 도깨비불이나 우리가 잠시 걸렸다가 회복되는 감정적인 홍역에 불과한 것이 되고 말았습니다.

    이 모든 것은 비극적인 결과를 낳고 있는데, 사실 그 결과는 나넷 뉴만이 편집한 책이 보여 주는 것처럼 정서적 붕괴의 무고한 희생자라고 할 수 있는 어린아이들에게만 국한되지 않습니다. 저는 그것이 서구 사회의 영적인 삶에도 아주 심각한 영향을 주고 있다고 말씀드리고자 합니다. 또한 제 생각으로는 더 이상 사랑을 이해하거나 믿지 못하는 사회는 하나님(적어도 성경의 하나님)을 이해하거나 믿는 데도 어려움을 겪을 수밖에 없습니다. 요한에 따르면 사랑은 저절하고 실제적인 신학을 위한 불가결한 조건입니다.

    물론 우리는 하나님의 초월성에 대해 공정하게 주의를 기울이지 못함으로써 그분을 오해할 가능성이 있습니다. 예언자 이사야는 "그런즉 너희가 하나님을 누구와 같다 하겠으며……."(사 40:18)라고 묻습니다. 그리고 그러한 도전은 아무런 답을 얻지 못합니다. 왜냐하면 하나님은 본질상 독특하시고 그 누구와도 비교될 수 없는 분이시기 때문입니다.

5백여 년 전에 마르틴 루터(Martin Luther)는 에라스무스(Erasmus)가 말로 표현할 수 없는 신비이신 하나님께 공정하지 못했다고 불만을 터뜨렸습니다. 루터는 그에게 "하나님에 대한 당신의 생각은 너무나 인간적입니다."라고 말했습니다. 그리고 20세기 초에 칼 바르트(Karl Barth)는 그 시대의 자유주의 신학자들에게 유사한 경고를 했습니다. 그는 하나님이 전적 타자, 즉 우리에게 익숙한 모든 것과 완전히 다른 분이시라고 주장했습니다.

두 경우 모두에서 그들이 한 주장은 타당한 것이었습니다. 우리는 너무 쉽게 하나님을 하늘에 있는 산타크로스 할아버지 같은 인물로 축소합니다. 그러나 그와 같은 하나님에 관한 이미지는 부모가 제공하는 안락과 안전에 대한 우리 자신의 갈망에 대한 감정적 투사에 지나지 않습니다. 그리고 하나님의 사랑에 관한 우리의 논의는 아주 쉽게 신인동형론적 감상성(anthropomorphic sentimentality)이라는 덫에 빠집니다.

그러나 우리가 하나님의 초월성을 지나치게 강조하는 방향으로 나아갈 가능성도 있습니다. 실제로 저는 바르트 학파가 그 방향으로 너무 많이 나아간 것이 아닌가 하는 생각을 합니다. 그들은 하나님의 타자성을 지나치게 강조하기 때문에 때로는 명제적 차원에서 하나님에 관해 무언가를 말하는 것이 거의 불가능해 보일 정도입니다.

분명히 사도 요한은 그렇게까지 멀리 나아가지 않습니다. 그는 하나님에 관한 명제적 진리를 인간의 경험과 관련된 어휘를 사용해 말할 준비가 되어 있었습니다. 그래서 그는 이렇게 말합니다. "하나님은 사랑이시라. 사랑 안에 거하는 자는 하나님 안에 거하고 하나님도 그의 안에 거하시느니라"(요일 4:16b). 19세기의 어떤 범신론적 시인들처럼 요한은 분명히 하나님을 우주의 뒤에 숨어 있는 신비한 힘과 동일시하려

하지 않습니다. 또한 1960년대의 히피족의 구루(guru)들처럼 그는 밀교적인 요가를 옹호하지도 않습니다.

아닙니다. 요한이 하나님은 사랑이시라고 말했을 때, 그는 성경이 말씀하는 인격적인 창조주 하나님의 성품에 관한 진리를 객관적으로 진술하려 했던 것입니다. 또한 그는 그렇게 하면서, 만약 우리가 에라스무스가 했던 것처럼 '너무나 인간적인'(too human) 하나님에 대해 생각하는 것이 가능하다면, 또한 바르트가 했던 것처럼 '충분히 인간적이지 않은'(not human enough) 하나님에 대해 생각하는 것 역시 가능하다는 것을 암시하려 했습니다.

칼 바르트는 자기의 신학 안에 있는 그런 불균형을 인정했고, 그의 생애의 후기에는 "하나님의 인성"(The Humanity of God)이라는 의미심장한 제목을 지닌 유명한 강연을 통해 그것에 대해 공개적으로 유감을 표하기까지 했습니다.

물론 우리가 우리의 교리 안에서 하나님에 관해 말하기 위해 사용하는 은유들을 위해 우리 자신의 인간적인 경험에 의존하는 것은 피할 수 없는 일입니다. 이것은 신인동형론적 우상숭배가 아닙니다. 오히려 이것은 인간의 정신이 이해할 수 있는 하나님에 관한 의미 있는 계시를 위한 진제 조건입니다. 사실 기독교의 정통 교리에 따르면 하나님 자신은 그분의 영감 어린 말씀을 통해 거듭해서 그런 유비들, 곧 우리의 인간적인 경험과 관련된 유비들을 활용하십니다. 그분은 스스로를 그런 것에 적응시키십니다.

그러므로 하나님은 사랑이시라는 요한의 놀라운 명제적 진술 안에 다른 그 어떤 내용이 포함되어 있든지 간에, 적어도 사도가 우리의 신학을 설명하는 데 필요한 어휘를 얻으려고 필연적으로 의존해야만 하는 인간적 경험의 모든 요소 중에서 사랑보다 더 소중하고 결정적이기까지 한 경험은 달리 없다고 말하는 것은 분명합니다. 사실 우리가 하나님과 인간 안에 있는 신적 형상 사이의 조화를 '사랑'이라는 단어의 의미론적 연상 안에서보다 더 밀접하게 정의하는 것은 불가능합니다.

가장 실제로 말하자면 사랑이 없는 우리의 세상은 하나님이 없는 세상입니다. 왜냐하면 하나님은 사랑이시고, 사랑 안에 거하는 자는 하나님 안에 거하고, 하나님도 그의 안에 거하시기 때문입니다(요일 4:16b). 아마도 바로 이것이 도스토옙스키(Dostoyevsky)가 지옥을 "사랑할 능력이 없는 자들이 당하는 고통"으로 정의하며 의미하고자 했던 내용일 것입니다.

성경 인물 중에서 사랑에 대한 인간의 경험과 하나님에 대한 참된 앎 사이의 불가분의 관계를 이해했던 이가 있었습니다. 심지어 그는 그것을 요한이 그의 첫 번째 서신에서 그것에 대해 말하기 훨씬 이전에 이해했습니다. 지금 저는 여러분에게 주전 8세기의 북왕국 이스라엘의 예언자 호세아에 대해 말씀드리는 것입니다. 지금은 아무도 당시에 그의 동포들이 그랬던 것처럼 그가 하나님에 대해 감정적인 개념을 부추겼다고 비난하지 않습니다. 아니, 아무도 그럴 수 없습니다. 호세아의 하나님은 고귀하고 놀라우신 분입니다. 사실 호세아서에는 하나님의 심판에 대한 묘사와 관련해 그의 동시대인 아모스가 취했던 과격한 입장과 상반되는 내용을 담는 구절들이 아주 많습니다.

호세아서에는 그 예언자 자신만의 독특한 그 무언가가 들어 있습니다. 그리고 의미심장하게도 호세아서의 특성은 호세아 자신의 사랑 경험과 밀접하게 관련되어 있습니다. 호세아는 불행한 결혼생활을 했던 사람입니다. 그는 하나님의 명령을 따라 창녀 고멜을 아내로 맞이했습니다. 그러나 결혼 후에도 그녀는 이전 삶의 방식을 포기하지 않았습니다. 반대로 호세아 3장에 있는 한 가지 비극적인 구절에서 우리는 그 예언자가 고멜이 만난 가장 최근의 애인에게 그가 이제 더 이상 그녀와 섹스를 하지 못하게 된 것에 대해 보상을 해야 하는 치욕스러운 상황에 놓이게 된 것을 발견하게 됩니다.

여호와께서는 호세아에게 "그 여자를 사랑하라."(호 3:1)고 말씀하셨습니다. 그분은 그것을 특별히 강조하며 말씀하셨습니다. 그녀가 간음했을지라도 그녀를 사랑하라. 이스라엘 백성이 이방의 우상들에게 절함으로써 간음했을지라도 여호와께서 그들을 사랑하신 것 같이 그녀를 사랑하라고 말입니다. 그렇게 해서 이 고통스러운 결혼 생활의 비탄과 상처는 일종의 극화된 예언이 되었습니다. 하나님께서 부추기심으로써 시작된 호세아의 허망하고 피학적인 사랑의 경험이 그의 신학을 형성했습니다. 아마도 사도 요한은 나중에 사랑의 의미를 배우면서 그것을 떠올렸을 것입니다. 또한 그는 그것을 통해 하나님을 안다는 것이 무엇을 의미하는지 알았을 것입니다. 왜냐하면 하나님은 사랑이시고, 오직 사랑 가운데서 사는 사람만이 그분을 알 수 있기 때문입니다.

호세아 11장은 호세아가 고멜을 사랑하기 위해 벌였던 분투가 그에게 제공했던 신학적 감수성의 깊이를 가장 심원하게 표현하고 있습니다. 비록 이 장은 성경 안에서 그렇게 유명하지는 않으나, 저는 그것을 성경에 들어 있는 가장 빛나는 보석 중 하나로 여깁니다. 왜냐하면 그 안에서 우리는 하나님의 사랑이 하나님 자신에게 무엇을 의미하는지가 아주 분명하고 생생하게 드러나는 것을 발견할 수 있기 때문입니다.

물론 하나님이 우리와 같지 않으신 것은 사실입니다. 그분은 이렇게 말씀하십니다. "이는 내가 하나님이요 사람이 아니라 네 가운데 있는 거룩한 이니……"(호 11:9). 초월적인 하나님이 존재하십니다. 그리고 만약 우리가 그 사실을 망각한다면 우리에게는 화가 있을 것입니다. 그러나 역설적으로 호세아는 하나님께서는 아주 근본적이고 중요한 방식으로 우리와 같으시다고 주장합니다. 그분은 사랑하십니다. 그것도 우리 인간이 이해할 수 있고 경험할 수 있는 방식으로 사랑하십니다. 그리고 그분은 사랑하시기에 느끼십니다. 그리고 그로 말미암아 상처받으실 수 있고, 고통도 받으실 수 있습니다. 우리가 하나님의 엄위에 대해 확신 있게 말하듯이, 이 구절을 통해 호세아는 우리에게 우리가 하나님의 열정에 대해서도 확신 있게 말할 수 있다고 알려 줍니다.

지금 제가 여러분에게 잠시 저와 더불어 하나님에 관한 우리의 사유가ー비록 그분이 초월적 존재이시라는 주장이 제아무리 적절할지라도ー지나치게 냉담해지거나 초연해지지 않게 하자고 말씀드리는 이유는 바로 하나님의 열정의 이러한 측면 때문입니다. 분명히 우리는 "너무나 인간적인" 하나님에 대해 골몰하다가 에라스무스와 같은 오류를 범할 수 있습니다. 그러나 또한 우리는 "충분히 인간적이지 않은" 하나님에 대해 골몰하다가도 그에 못지않은 오류를 범할 수 있습니다.

이제 저와 함께 호세아 11장 말씀을 따라 하나님의 사랑의 이야기를 살펴보십시다. 1-4절에는 상처 입은 사랑(wounded love)이 나타납니다. 5-7절에는 상처로 말미암아 분노하는 사랑(angry love)이 나타납니다. 그리고 8-9절에는 그 둘 사이의 열정적 긴장, 즉 열정적 사랑(passionate love)이 나타납니다.

상처 입은 사랑(호 11:1-4)

호세아 11장의 시작 부분에 등장하는 상처 입은 감정을 가지고 시작해 봅시다.

> 이스라엘이 어렸을 때에 내가 사랑하여 내 아들을 애굽에서 불러냈거늘 선지자들이 그들을 부를수록 그들은 점점 멀리하고(호 11:1-2a).

여기에서 호세아는 상당한 신학적 독창성을 드러내면서 하나님께서 혼잣말하시는 모습을 묘사합니다. 지금 하나님은 누군가를 향해 말씀하고 계신 것이 아닙니다. 지금 그분은 그분 자신에게 말씀하고 계십니다. 물론 이것은 저자가 관계된 인물의 마음을 들여다볼 수 있는 창을 열기 위해 사용하는 극적인 장치입니다. 그렇게 호세아는 담대하게도 우리를 위해 하나님의 마음, 곧 하나님의 깊은 생각을 열어 보입니다. 혹시 우리가 감히 그것을 "하나님의 감정"이라고 불러도 되는지 모르겠습니다.

그런데 도대체 우리는 그 놀라운 창을 통해 무엇을 발견합니까? 전지하신 심판관의 엄격한 공평무사함입니까? 전능하신 주권자의 초연한 위엄입니까? 아닙니다. 놀랍게도 이 구절에서 예언자는 우리가 그 창문을 통해 들여다보는 것이 마치 버림받은 부모의 상처 받은 마음처럼 깨어진 하나님의 마음이라고 말합니다. "이스라엘이 어렸을 때에 내가 사랑하여 내 아들을 애굽에서 불러냈거늘 선지자들이 그들을 부를수록 그들은 점점 멀리하고……."

호세아의 특징 중 하나는 그가 하나님을 이스라엘이 아주 오래전에 있었던 출애굽 사건을 회고하는 분으로 묘사하는 것입니다. 그러나 하나님의 노스탤지어적인 특별한 측면은 그 통렬함이라는 측면에서 다른 모든 것을 넘어섭니다. 아마도 여러분은 여기에서 하나님께서 사랑의 대상을 택하면서 보이시는 관대함을 발견할 수 있을 것입니다. 그분은 "이스라엘이 어렸을 때에"라고 말씀하십니다. 이것은 어떤 이가 고아가 된 아이를 발견해 양육하는 것에 관한 묘사입니다. 그 아이에게 매혹된 그 사람은 그 아이를 그 아이가 나면서부터 묶여 있던 노예 상태에서 구속한 후 자신의 아이로 삼아 양육합니다. 그래서 그는 그 아이를 '내 아들'이라고 부릅니다. 이스라엘에 대한 하나님의 은혜로운 선택을 이보다 더 감동적으로 묘사하는 구절은 달리 없습니다.

3절에서 호세아는 하나님의 부드러운 부성적 사랑과 교육에 대해 묘사하기 시작합니다.

> 내가 에브라임에게 걸음을 가르치고 내 팔로 안았음에도 내가 그들을 고치는 줄을 그들은 알지 못하였도다 내가 사람의 줄 곧 사랑의 줄로 그들을 이끌었고 그들에게 대하여 그 목에서 멍에를 벗기는 자 같이 되었으며 그들 앞에 먹을 것을 두었노라"(호 11:3-4절).

그렇게 호세아는 아주 이른 시기부터 자기 아이를 부드럽게 양육하고, 그 아이가 아장거리며 걷는 동안 그 아이를 지지해 주고, 그 아이가 넘어져서 입은 타박상에 연고를 발라주는 아버지의 모습을 그려냅니다. 이스라엘을 다루시는 하나님의 모습을 이보다 더 애정을 담아 묘사하는 것은 불가능할 정도입니다.

어떤 학자들은 4절에서 호세아가 그의 은유를 어떤 이가 그의 애완동물을 돌보는 것으로 바꾸고 있다고 여깁니다. 새국제역(NIV) 성경이 바로 그렇게 해석하고 있습니다. 그러나 저는 그보다는 4절에서 '멍에'로 번역된 히브리 단어의 자음을 다시 발음해 그것을 '아기'로 읽었던 이들의 견해에 강렬한 매력을 느낍니다. 그런 식으로 이해할 경우에 우리는 새영어성경(NEB)에서 번역하듯 그 구절을 유아와 부모에 관한 비유의 연장으로 만들 수 있습니다. "나는 그들에게 부드러운 고삐를 채우기도 하고, 마치 어린 아기처럼 들어 올려 내 목에 앉히기도 하고, 몸을 숙여 그들에게 먹을 것을 주기도 했다."

어느 쪽을 취하든, 그것은 하나님께서 자기 백성을 돌보시는 것에 대한 놀라운 묘사입니다. 그분은 세상의 왕이면서도 허리를 숙여 그들을 인도하시고 위로하시고 먹이시는 겸손한 분이십니다. 신약성경에서조차 하나님의 사랑은 이보다 더 감동적으로 묘사되지 않습니다. 호세아가 묘사하는 하나님의 사랑은 관대하고 부드럽고 헌신적인 부모의 사랑입니다.

그러나 이 모든 부성적 선에도 불구하고 그처럼 큰 사랑을 받은 아기는 자라나서 어떤 사람이 되었습니까? 생각하기조차 어려운 반역적이고 본데없는 자가 되고 말았습니다. 하나님께서는 "내가 그들을 고치는 줄을 그들은 알지 못하였도다."(3b절)라고 한탄하십니다. 아마도 우리 중 어떤 이들은 십대 청소년의 부모일 것입니다. 우리는 이런 말이 없더라도 지금 그들이 겪는 슬픔을 얼마든 이해할 수 있습니다. 우리는 호세아가 하는 말을 우리 자신의 개인적인 경험을 통해 알고 있습니다. 우리는 우리 자신의 아이들로부터 따귀를 맞는 것이 어떤 것인지 알고 있습니다. 그러나 하나님께서 그런 일이 어떤 것인지 아신다는 것은 정말로 놀라운 일 아닙니까? 여기에는 자신이 사랑하는 사람으로부터, 즉 자녀나 부모로부터 혹은 아내나 남편으로부터 거부되고 있다고 느끼는 이들을 위한 위로가 있습니다. 그런 상황에서 하나님은 우리에게 단순히 생색이나 내는 동정을 제공하시지 않습니다. 그분은 우리가 얼마나 깊은 상처를 받았는지 아십니다. 왜냐하면 그분 자신이 그런 비통함과 그런 비통함이 초래하는 격렬한 감정을 너무나 잘 알고 계시기 때문입니다.

진노하는 사랑(호 11:5-7)

이제 우리는 호세아 11:1-4절의 '상처 입은 사랑'으로부터 5-7절의 '분노하는 사랑'으로 넘어갑니다.

> 그들은 애굽 땅으로 되돌아가지 못하겠거늘 내게 돌아오기를 싫어하니 앗수르 사람이 그 임금이 될 것이라 칼이 그들의 성읍들을 치며 빗장을 깨뜨려 없이 하리니 이는 그들의 계책으로 말미암음이니라 내 백성이 끝끝내 내게서 물러가나니 비록 그들을 불러 위에 계신 이에게로 돌아오라 할지라도 일어나는 자가 하나도 없도다.

유감스럽게도 이 특별한 본문에 등장하는 히브리어를 해석하는 데는 몇 가지 어려움이 있습니다. 특히 7절에서 그러합니다. 그러나 비록 몇 가지 세부적인 측면에서는 그렇지 않으나 이 세 구절의 요지는 대체로 평이합니다. 이스라엘의 모욕에 대한 하나님의 즉각적인 대응은 이스라엘을 향해 진노하시는 것입니다. 그분은 이렇게 말씀하십니다. "그동안 나는 이스라엘을 부드럽게 대해 왔다. 그러나 이제 이스라엘은 쇠주먹의 맛을 보게 될 것이다. 결국 그들은 애굽의 멍에를 다시 지게 될 것이다. 만약 그들이 내가 그들을 위해 한 모든 일을 그토록 가볍게 여긴다면, 그들은 다시 애굽으로 돌아가게 될 것이다. 만약 그들이 나의 사랑을 그토록 하찮게 여긴다면, 그들은 폭군의 말을 더 좋아하는 셈이다. 만약 그들이 이방의 신들을 나보다 더 좋게 여긴다면, 그 이방 신들의 호의나 얻어 보라고 하라. 지금까지 그들은 너무나 자주 나를 거부했다. 나는 여러 세기 동안 그들을 불렀으나 그들은 계속해서 회개를 거부했다. 그러나 이제는 내가 청각장애인 노릇을 할 차례다. 그들은 내가 그들에게 응답받기를 원할 때 응답하지 않았던 것처럼 내가 그들에게 완고하게 응답하지 않을 수 있다는 것을 알게 될 것이다. 비록 그들이 지존자를 향해 부르짖을지라도 나는 결코 그들을 높여주지 않을 것이다."

역사를 통해 우리는 이것이 공허한 위협이 아니라는 것을 알고 있습니다. 호세아의 말은 이스라엘에 국가적 대재앙이 닥쳐오던 바로 그 무렵에 선포되었습니다. 그로부터 몇 년 후에 이스라엘은 앗수르의 침공에 의해 삼켜지고 말았습니다. 전쟁의 폭력은 그 오만한 도시들을 파괴했고, 미래의 번영에 대한 이스라엘의 모든 꿈은 호세아가 예언했던 대로 산산이 부서지고 말았습니다. 그러므로 그가 여기에서 말하는 하나님의 진노는 청중에게 충격을 주기 위해 고안된 단순한 문학적 장치에 불과한 것이 아닙니다. 그것은 실제적 진노였고, 실제적 심판을 가져왔습니다.

이것은 우리가 하나님의 사랑에 대해 생각할 때 아주 중요합니다. 오늘날 사람들은 너무나 자주, 성경은 하나님의 진노에 대해 아주 진지하게 주장하지 않는다고, 하나님의 진노는 하나의 은유, 신인동형론 혹은 마치 그분이 인간이신 것처럼(물론 그분은 인간이 아니십니다.) 그분에 관해 말하는 한 가지 방법에 불과하다고 주장합니다. 우리는 하나님께서 실제로 입이나 손을 갖고 계시다고 생각하지 않는 것처럼 그분이 실제로 진노하신다고도 생각하지 않습니다. 분명히 호세아는 이 장에서 은유를 사용하고 있습니다. 그러나 만약 하나님에 대한 우리의 상이 지나치게 초인간적이어서 우리가 그분이 실제로 진노하실 수 없다고 여긴다면 그는 우리가 너무 많이 나가는 것이라고 알려 줍니다. 이스라엘의 역사를 통해 자신을 계시하신 실제하시는 하나님은 이스라엘의 죄에 진노하셨고 그로 말미암아 그 백성을 향해 무서운 행동을 취하셨습니다. 앗수르의 정복 과정에서 멸망한 수많은 이스라엘 백성은 그 사실을 조금도 의심하지 않았습니다. 그러므로 우리가 하나님께서 우리의 죄 때문에 상처받으실 수 없다고 여기는 것은 아주 순진한 생각입니다. 또한 그분이 우리의 죄 때문에 진노하지 않으신다고 여기는 것 역시 지나치게 순진한 생각입니다.

사실, 만약 우리가 우리 자신의 감정과 경험에 대해 정직해진다면, 우리는 그것을 완전하게 이해할 수 있을 것입니다. 물론 사람들은 계속해서 여러분에게 물을 것입니다. 사랑의 하나님이 어떻게 누군가를 심판하실 수 있느냐고 말입니다. 그러나 오히려 여러분은 자기 백성을 그토록 사랑하셨던 하나님께서 도대체 왜 적의 침략을 통해 그 백성을 멸망시키셨는지를 물어야 할 것입니다. 물론 그 질문에 대한 답은 진노는 사랑과 양립할 수 없는 것이 아니라는 것입니다. 그리고 모든 부모는 그것에 대해 알고 있습니다. 사실 우리는 우리가 아무런 관심도 갖지 않는 자들이 우리에게 가하는 모욕보다 우리가 사랑하는 이들이 우리에게 가하는 모욕으로 말미암아 훨씬 더 분노합니다. 바로 그것이 우리가 여기에서 살피는 하나님의 진노하시는 사랑입니다. 그분이 진노하시는 까닭은 그분이 이스라엘을 너무 많이 사랑하셨기 때문입니다. 성경은 이렇게 말씀합니다. "칼이 그들의 성읍들을 칠 것이다." 이것은 여전히 언약의 하나님의 말씀입니다. 또 이것은 그분이 불러일으키고 계신 언약의 저주입니다. 우리는 우리 인간의 죄와 반역에 대한 형벌이 없을 것이라고 여겨서는 안 됩니다.

열정적인 사랑(호 11:8-9)

그러나 물론 이것이 이야기의 끝은 아닙니다. 그 이야기는 계속해서 우리를 호 11:8-9절로 인도합니다. 지금까지 우리는 1-4절에서는 상처 입은 사랑에 대해, 그리고 5-7절에서는 진노하는 사랑에 대해 살폈습니다. 그리고 이제 우리는 8-9절에서 열정적인 사랑을 보게 됩니다. 그 구절은 하나님의 마음의 풍경을 그려냅니다.

> 에브라임이여 내가 어찌 너를 놓겠느냐 이스라엘이여 내가 어찌 너를 버리겠느냐 내가 어찌 너를 아드마 같이 놓겠느냐 어찌 너를 스보임 같이 두겠느냐 내 마음이 내 속에서 돌이키어 나의 긍휼이 온전히 불붙듯 하도다 내가 나의 맹렬한 진노를 나타내지 아니하며 내가 다시는 에브라임을 멸하지 아니하리니 이는 내가 하나님이요 사람이 아님이라 네 가운데 있는 거룩한 이니 진노함으로 네게 임하지 아니하리라.

저는 이 말씀이 구약성경 전체 안에서도 가장 놀라운 구절 중 하나라고 믿습니다. 앞에서 우리는 호세아가 하나님께서 독백하시는 모습을 그려내고 그로 말미암아 하나님의 내면의 감정을 들여다볼 수 있는 창 하나를 열었다고 말했습니다. 그러나 도대체 우리 중 그 누가 예언자가 하나님의 감정을 끓는 듯한 갈등과 모순의 상태로 묘사하리라고 상상이나 했겠습니까? 8절이 가진 이런 날카로운 수사적 질문은 하나님이 갖고 계신 의도의 불명료함과 불확실함을 보여 주려는 것처럼 보입니다. 지금 그분은 자신의 마음을 정하지 못하고 계십니다. 그분은 마치 속 썩이는 자식 때문에 고뇌하는 부모처럼 크게 당황하고 계십니다. 그분은 자신의 불순종하는 자식에게 매질하고 싶지만 또한 그와 동시에 그 아이를 끌어안고 싶어 하십니다. 유대인의 전통에 따르면 아드마와 스보임은 소돔과 고모라와 함께 멸망한 평지에 있던 도시들이었습니다. 그러므로 우리는 여기에서 하나님의 진노가 아주 심각해서 그분이 그 백성을 완전히 멸절시키려는 마음을 먹고 계셨다는 것을 알 수 있습니다. 그러나 그분의 의분이 그런 법적 징벌을 수행하려고 하자마자 그분의 사랑이 그런 계획에 맞서 일어나 그런 행동은 상상할 수조차 없다고 주장합니다. 이것은 아주 이상한 그림이 아닙니까?

하나님께서 정말로 이처럼 인간적이실 수 있을까요? 그분은 정말로 이처럼 내적으로 분열되실 수 있을까요? 마치 우리의 열정이 종종 그러하듯이 그분의 열정이 그분을 이처럼 혼란스럽게 만들 수 있을까요? 그리고 우리는 하나님께서 마침내 찾으신 것처럼 보이는 그 혼란에 대한 분명한 해결책을 어떻게 해석해야 할까요? "내가 나의 맹렬한 진노를 나타내지 아니하며 내가 다시는 에브라임을 멸하지 아니하리니 이는 내가 하나님이요 사람이 아니라 네 가운데 있는 거룩한 이니 진노함으로 네게 임하지 아니하리라"(9절).

이것은 아이러니하지 않습니까? 이 장 전체를 통해 호세아는 매우 과격한 신인동형론적 언어들을 사용해 거듭해서 하나님을 인간과 유사하게 묘사했습니다. 그리고 이제 그는 우리에게 이스라엘의 유일한 희망은 그런 언어의 불충분성 속에 들어 있다고 말해 줍니다. 그는 우리에게 여전히 하나님의 자비를 얻을 기회가 있는 것은 하나님이 우리와 같은 인간이 아니시기 때문이라고 말합니다. 이것은 아주 도발적인 생각입니다. 이것은 저에게 "그렇다면 누가 구원을 얻을 수 있으리이까?"라고 항의한 직후 "사람으로는 할 수 없으나 하나님으로서는 다 하실 수 있느니라."라는 답을 들었던 어떤 이를 떠올리게 합니다(마 19:25-26).

인간적 차원에서 생각한다면, 하나님께서 자기 백성을 향한 사랑 때문에 처하게 된 감정적 곤경으로부터 빠져나올 길은 어디에도 없어 보입니다. 그분은 자신의 사랑에 대해 가해진 상처를 부인하실 수 없습니다. 그러기에 이스라엘의 죄악은 반드시 벌을 받아야 합니다. 그러나 그분은 그분의 사랑이 요구하는 자비 역시 부인하실 수 없습니다. 그러기에 이스라엘의 죄악은 반드시 용서를 받아야 합니다.

비록 그 격정적인 딜레마에 대한 인간적인 해결책은 없을지라도 호세아는 하나님의 해결책은 있다고 주장합니다. 하나님은 사람이 아니라 하나님이시기에 그 방법을 찾으실 것입니다. 그분은 그 문제와 관련해 아주 확고하십니다. 인간은 그런 갈등하는 감정들로 말미암아 마비되고 무력해질 수 있습니다. 그러나 하나님은 하나님이시기에 그런 감정들을 느끼시기는 하나 그것들에 묶이시지는 않습니다. 주권적 선택을 통해 그분은 고통스러운 서로 다른 감정들이라는 어려운 매듭을 끊고 절망으로부터 희망을 만들어내실 수 있습니다. 적어도 그것이 호세아의 확신이었습니다. 그는 죄가 넘치는 곳에 은혜가 더욱 넘친다고 확신했습니다(롬 5:20 참고). "진노함으로 네게 임하지 아니하리라."

　이런 구절들을 읽을 때 우리로서는 불가피하게 '언제?' 그리고 '어떻게?'라고 묻게 됩니다. 얼핏 호세아는 본문 10-11절이 다루는 앗수르의 정복에 이은 회복 속에서 그 질문에 대한 직접적인 답을 찾는 것처럼 보입니다. 그러나 지금 제가 그 어떤 그리스도인에게도 호세아의 예언이 언제 그리고 어떻게 성취될 것인가 하는 문제와 관련해 보다 심층적인 답이 있다고 주장하면서 염두에 두는 것은 그런 직접적인 답이 아니라 진리입니다. 저는 그 답을 한 마디로 말씀드리겠습니다. 그 질문에 대한 답은 어디에 있습니까? 바로 예수님 안에 있습니다. 예수님을 바라보십시오. 십자가에 달리신 그분을 바라보십시오. 그곳에서 여러분은 하나님의 격정적인 사랑을 발견하게 될 것입니다. 바로 이것이 우리가 아는바 요한이 말하는 사랑입니다. 예수 그리스도께서는 우리를 위해 자신의 생명을 내려놓으셨습니다. "사랑은 여기 있으니 우리가 하나님을 사랑한 것이 아니요 하나님이 우리를 사랑하사 우리 죄를 속하기 위하여 화목 제물로 그 아들을 보내셨음이라"(요일 4:10). 요한이 하나님은 사랑이시라고 말할 때 물론 그는 호세아가 말하고자 했던 것과는 다른 그 무엇, 즉 심판은 실제가 아니라 공허한 위협에 불과하다고 말하는 것이 아닙니다. 결코 그렇지 않습니다. 하나님의 진노는 실제적입니다. 하나님은 진노하십니다. 요한은 그것을 호세아만큼이나 잘 알고 있었습니다. 그러나 결코 요한은 그가 "하나님은 사랑이시다."라고 쓰는 것과 동일한 방식으로 "하나님이 진노하시는 분이다."라고 쓰지 않습니다. 이것은 우리의 교리를 위해 매우 흥미롭습니다. 그렇지 않습니까? 왜냐하면 루터가 말하듯이 진노는 "하나님의 낯선 일"이기 때문입니다.

그것은 그분의 핵심적 성품에는 낯선 것입니다. 그러나 다른 한편으로 하나님의 사랑은 신성 안에서 불타오르는 영원한 에너지입니다. 하나님이 보시기에 그분이 증오할 만한 그 어떤 죄도 없었던 때가 있었습니다. 그러나 하나님의 마음 안에 그분이 사랑하셔야 할 아들(the Son)이 없었던 때는 한순간도 없었습니다. 그리고 요한에 따르면 하나님께서 여러 세기 전에 호세아의 예언적 통찰이 식별해 낸 격정을 해소하기 위해 세상에 보내신 바로 그 아들은 이 부서지고 죄로 말미암아 병든 세상 어딘가에서 해결책을 찾아야 했습니다.

여러분의 죄로 말미암아 상처 입으신 하나님의 사랑을 보고자 하십니까? 그렇다면 요한의 말에 귀 기울여 보십시오. 십자가를 바라보십시오. 그리고 그 사랑이 예수님의 고난 안에 새겨져 있는 것을 보십시오. 여러분의 죄로 말미암아 진노하시는 하나님의 사랑을 보고자 하십니까? 그렇다면 십자가를 바라보십시오. 그리고 그 사랑이 예수님의 고난 안에 새겨져 있는 것을 보십시오. 하나님께서 여러분의 죄에도 불구하고 여러분을 얼마나 사랑하시는지 알고자 하십니까? 그렇다면 십자가를 바라보십시오. 그리고 그 사랑이 예수님의 고난 안에 새겨져 있는 것을 보십시오. 저에게 십자가의 형상은 호세아가 말하는 서로 모순되는 감정들의 이런 얼짱직인 충돌을 상상하는 것치럼 보입니다. 바로 그곳에서 하나님의 사랑에 내포된 모든 진노와 모든 연민이 만나서 결정적으로 정화됩니다.

호세아는 옳았습니다. 그렇지 않습니까? 우리의 죄로 인해 제기된 하나님의 딜레마에는 그 어떤 인간적인 해결책도 없었습니다. 하나님께서는 어떻게 공의로우면서도 우리의 죄를 간과하실 수 있었을까요? 그분은 도대체 어떻게 사랑이시면서도 우리의 죄로 말미암아 우리를 벌하실 수 있었을까요? 그러나 하나님은 우리와 같은 인간이 아니십니다. 그리고 그분의 지혜는 방법을 찾아냈습니다. 그리고 그 방법은 그분의 의를 훼손하거나 그분의 자비를 부정하지 않았습니다. 그리고 우리는 그 방법이 십자가에서 시행되었음을 알고 있습니다. "우리가 이로써 사랑을 알고……하나님이 우리를 사랑하사 우리 죄를 속하기 위하여 화목 제물로 그 아들을 보내셨음이라"(요일 3:16; 4:10). 이제 여러분은 제가 우리가 "너무나 인간적인" 하나님에 대해 생각하는 것이 분명히 가능하지만, 또한 우리가 "충분히 인간적이지 않은" 하나님에 대해 생각하는 것 역시 가능하다고 말씀드릴 때 제가 드리는 말씀의 의미를 이해하실 수 있습니까? 하나님은 우리의 죄로 말미암아 상처받으실 만큼 충분히 인간적이십니다. 그분은 우리의 죄로 말미암아 진노하실 만큼 충분히 인간적이십니다. 또한 그분은 우리의 죄로 말미암아 고통당하실 만큼 충분히 인간적이십니다. 그리고 바로 이것이야말로(요한은 말합니다) 우리가 "하나님은 사랑이시다."라고 말할 때 그 말이 의미하는 내용입니다.

결론

우리는 사랑에 관한 그런 메시지가 우리의 세상에 대해 어떤 함의를 갖는지에 대해 많은 시간을 들여 논할 수 있을 것입니다. 그러나 여기에서 저는 두 가지만 말씀드리고자 합니다. 만약 우리가 우리의 가정과 결혼 생활의 갈라진 틈들을 메울 기회를 얻고자 한다면, 또한 결혼생활의 파탄에 관한 놀라운 통계수치를 역전시키고자 한다면, 저로서는 사랑하시기에 고통을 당하시는 사랑의 하나님이라는 기독교의 특유한 교리야말로 우리가 귀담아들어야 할 필요가 있는 가르침인 것처럼 보입니다.

최근 몇 년간 일어난 일들을 살펴보면, 우리는 우리 주변의 세상이 고통으로 말미암아 겁에 질려 있음을 발견하게 됩니다. 그리고 오늘날 사람들이 성경이 그들에게 요구하는 방식으로, 다시 말해서 어떤 일이 일어나든 죽음이 우리를 갈라놓을 때까지 서로를 사랑하지 않는 이유는 바로 그것 때문입니다. 또한 사람들이 그런 식의 헌신을 두려워하는 이유 역시 바로 그것 때문입니다. 그들은 상처받기를 원하지 않습니다. 그동안 그들은 순전한 방식으로 사랑하다가 상처를 입은 사람들을 보아 왔습니다. 그래서 그들은 그런 식의 사랑을 꺼립니다. 그러나 우리의 공동체가 사랑이 무엇을 의미하는지를 다시 배우고 기꺼이 다시 그런 모험을 하려고 하기 전까지는 결혼서약은 계속해서 아주 단명할 것이고 또한 점점 더 인기가 없어질 것입니다.

안타깝게도 우리는 태어날 때부터 죽을 때까지 무통과 통각상실증이라는 아늑한 불빛에 둘러싸인 채 살아가기를 기대하는 세상에서 살고 있습니다. 모든 것이 우리의 유익을 위해, 우리의 자아 성취를 위해 수행되어야 합니다. 나르시시즘(narcissism)이야말로 우리가 모두 앓는 특별한 신경증입니다. 우리는 아가페(agape) - 그것은 고통을 당합니다. - 를 우리 자신의 에로스(eros) - 이기적으로 갈망하고 원하고 필요로 하는, 그러나 그 바라는 것을 위해 고통은 당하려 하지 않는 사랑 - 로 대체했습니다. 그리고 그로 말미암은 위험은 교회에 속한 우리가 우리 사회가 투신하는 사랑의 본성과 정의 안에 내포된 이 무서운 잘못을 밝히기는커녕 스스로 그것과 공모하고 그것에 복종하게 되는 것입니다. 마치 호세아 시절에 거짓 예언자들이 바알 종교의 관능성에 굴복했던 것처럼 말입니다. 요한 시절에 이단들이 영지주의자들(Gnostics)의 관능성에 굴복했던 것처럼 저에게는 오늘 우리가 고통을 감내하는 이 값진 사랑을 다른 사랑, 곧 무기력하고 관능적이고 값싼 에로스를 위해 포기하려 하는 위기에 처해 있는 것처럼 보입니다. 미국의 정신과 의사인 롤로 메이(Rollo May)는 오늘날 수많은 종교적 이단들이 인기를 얻는 이유는 사람들이 하나님에 대한 에로스적 경험을 추구하고 있기 때문이라고 주장합니다. 그들은 자기들을 충족시키는 경험을 원합니다. 그들은 자기들에게 고통을 초래할 수도 있는 사랑을 원하지 않습니다. 고통은 그들의 의제에 속해 있지 않습니다. 그리고 고통이 다가올 때 그들은 자기들이 속았다고 느낍니다.

사람들은 실제로는 기독교적 아가페가 아니라 이교적 에로스에 의해 유혹을 당하고 있으면서도 자기들이 기독교적 사랑을 경험하고 있다고 생각하기가 아주 쉽습니다. 오늘날 하나님의 사랑이 그처럼 방종하고 감정적인 측면에서 고찰되는 것은 놀랄 일이 아닙니다. 기독교의 메시지 안에서 고통이 그처럼 생각조차 할 수 없는 모순처럼 보이는 것 역시 놀랄 일이 아닙니다. 치유를 위한 부르짖음이 그토록 집착적이 되는 것 역시 놀랄 일이 아닙니다. 웃음이 최신 유행이 되는 것 역시 놀랄 일이 아닙니다. 십자가가 그처럼 거의 이해되지 않고 부적절하게 선포되고 있는 것 역시 놀랄 일이 아닙니다. 사람들이 우리처럼 다양한 신앙이 공존하는 사회의 다원론적 혼돈 속에서 참으로 기독교의 독특성을 구별해 내는 데 그토록 큰 어려움을 겪는 것 역시 놀랄 일이 아닙니다. 그리고 이것은 저를 제가 여러분에게 제안하고자 하는 두 번째 내용으로 이끌어갑니다.

사랑으로 말미암아 고통당하시는 하나님의 독특성이 사라지고 나면,

우리가 기독교를 오늘날 세상을 혼란스럽게 만드는 수많은 종교적 경험 중 하나로 축소하는 것은 아주 쉬워집니다. 만약 우리가 우리의 종교로부터 사랑으로 말미암아 고통당하시는 하나님을 제거한다면, 과연 우리는 우리의 종교가 세상의 다른 종교와 어느 면에서 다르다고 주장할 수 있을까요?

오래전 제가 아프리카에서 살았을 때 저는 아주 단순하지만 매우 현명한 어느 아프리카인 목사가 그의 교회에서 바로 이 문제에 관해 이야기하는 것을 들은 적이 있습니다. 그 교회가 위치한 곳은 아프리카의 전통 종교가 인기를 얻는 지역이었습니다. 또한 그 지역에서는 교육받은 젊은이들 사이에서 마르크시즘(Marxism)이 꿈틀거리며 일어서고 있었고, 이슬람교가 계속해서 활발하게 포교 활동을 전개하고 있었습니다. 물론 기독교 역시 그 지역에서 성장의 발판을 마련하기 위해 애쓰고 있었습니다. 그리고 그 아프리카인 목사는 자신의 교인들에게 그들이 그리스도인이라는 사실과 따라서 그들이 그들을 향해 손짓하는 다른 모든 대안을 피해야 한다는 것을 가르쳐 주려 하고 있었습니다. 자신의 주장을 이해시키기 위해 그는 한 가지 이야기를 들려주었는데, 저는 바로 그 이야기를 여러분께 들려 드리고자 합니다.

그것은 어느 단순하고 전형적인 아프리카인 마을에 관한 이야기였습니다. 어느 날 밤 그 작은 마을에 있는 어느 한 집에서 불이 났습니다. 그 집은 짚과 나뭇잎을 엮어 만든 것이었기에 순식간에 잿더미가 되고 말았습니다. 불이 난 시각에 그 작은 오두막 안에서 잠들어 있던 모든 이들이 그 불로 인해 죽었습니다. 작은 사내아이 하나만 빼고 말입니다. 그날 밤 불이 그 집을 집어삼키고 있었을 때 그 마을 사람 중 어떤 이가 그 불길 속으로 뛰어들었습니다. 그리고 불로 인해 모든 것이 주저앉기 직전에 그 아이를 무사히 데리고 나왔습니다. 다행히 그 아이는 상처 하나 입지 않았습니다.

날이 밝자 그 부족의 장로들은 한 가지 어려운 문제를 해결해야 했습니다. 그들은 불길 속에서 살아남은 아이를 어떻게 해야 할지 결정해야 했습니다. 그들은 그 아이가 생명을 보존한 것을 하나님의 섭리의 증표라고 여겼습니다. 그들은 그 부족 사람 중 어떤 이가 하나님의 은혜를 입은 그 아이를 기르는 특권과 명예(책임은 말할 것도 없고 말입니다.)를 얻어야 할지를 토론하기 시작했습니다. 부유한 사람 중에서도 자신의 아내가 특별히 좋은 엄마의 자격을 갖추고 있다고 여기는 이들이 하나씩 차례로 장로들 앞으로 나아와 자기가 그 아이를 맡아 길러야 할 이유를 대기 시작했습니다. 맨 마지막으로 어떤 남자가 하나가 장로들 앞으로 나아갔습니다. 그런데 그는 그 부족에서 그다지 중요한 인물이 아니었습니다. 그럼에도 그는 자기야말로 다른 모든 사람보다 그 아이를 입양할 우선권을 갖고 있다고 주장했습니다. 장로들이 그 이유를 물었습니다. "당신이 그 아이를 입양할 권리가 무엇이요? 당신은 부자도 아니고, 중요한 인물도 아니지 않소?" 그러자 그 남자는 장로들에게 자신의 손을 내밀었습니다. 그의 손은 온통 불에 그슬려 있었습니다. 바로 그가 지난밤에 그 아이를 불길에서 구해냈던 것이었습니다. 그러니 그 아이를 입양하는 문제와 관련해 그 누가 그 남자보다 더 우월한 권리를 주장할 수 있었겠습니까?

그 이야기를 마친 후 그 늙은 아프리카인 목사는 강대상 너머로 몸을 숙이며 말했습니다. "오, 저는 오래된 신들이 그리고 우리의 조상이 지혜와 능력을 갖추고 있었다는 것에 대해 논쟁할 생각이 없습니다. 저는 모하메드가 아주 위대하고 고귀한 것들을 가르쳤다는 것에 대해서도 논쟁할 생각이 없습니다. 저는 마르크시즘이 우리와 같은 식민지 백성에게 줄 수 있는 많은 것을 갖고 있다는 것에 대해서도 논쟁할 생각이 없습니다." 그가 말했습니다. "그러나 우리는 예수님을 따라야 합니다. 왜냐하면 오직 그분만이 그분의 손에 상처를 갖고 계시기 때문입니다. 그 상처는 그분이 우리를 사랑하셨고 그 사랑을 위해 고통을 당하셨기에 생긴 상처입니다."

도대체 우리가 예수님 외에 다른 어떤 이에 대해 그런 말을 할 수 있습니까? 도대체 우리가 인간의 철학과 종교 전체 안에서 다른 어떤 이와 관련해 그런 말을 할 수 있습니까? 그렇습니다. 우리는 하나님을 너무나 인간적인 분으로만 생각할 수 있습니다. 그러나 성경이 우리에게 하나님은 사랑이시라고 말씀할 때 그것은 단지 하나님을 인간적인 분으로만 생각하는 것으로는 충분하지 않을 수 있음을 기억해야 합니다. 왜냐하면 우리의 하나님은 이 세상의 모든 믿음의 대상 중에서도 독특하게 사랑하시고, 또한 사랑하시기에 고통을 당하는 분이시기 때문입니다. ♡

미주

제1장

1) 하나님의 사랑은, 다른 그 어떤 신학적 주제보다도, 기독교의 교리들이 인간의 이상에 대한 투사일 뿐이라는 포이에르바하(Feuerbach)의 의구심 앞에서 특별히 취약하다.
2) 예컨대, Philip Clayton, "The Case for Christian Panentheism," *Dialog* 37(1998): 201-8을 보라. 참고. Vincent Brümmer의 논평: "아리스토텔레스 이후 우리의 지적 전통은 오직 두 가지의 실재, 즉 실체와 속성만 있을 뿐이라는 존재론적 편견에 의해 영향을 받아 왔다"(*The Model of Love: A Study in Philosophical Theology* [Cambridge: Cambridge University Press, 1993], 33).
3) John McIntyre, *On the Love of God* (London: Collins, 1962), 34.
4) Brümmer, *The Model of Love*, 33.
5) Sallie McFague, "An Epilogue: The Christian Paradigm," in *Christian Theology: An Introduction to Its Traditions and Tasks*, ed. Peter Hodgson and Robert King, 2nd ed. (Philadelphia: Fortress, 1985), 382. 맥페이그에게 기독교는 그것이 하나님과 세상의 관계에 대한 포괄적 이해-비록 하나의 이해일 뿐이고, 다른 이해들도 가능하지만-를 제공하기에 그 자체로 하나의 패러다임이라는 사실에 주목하라.
6) Sallie McFague, *The Body of God: An Ecological Theology* (London: SCM, 1993), 160. 맥페이그는 자신이 세계를 하나님의 "몸"이라고 말할 때 더 이상 예수의 몸이 배타적인 의미를 지닌다고 여기지 않음을 인정한다. 그녀의 패러다임 변화는 고전적 유신론뿐 아니라 고전적인 기독론에 대해서도 상당한 개정을 요구한다. "첫번째[움직임]는 나사렛 예수와 관련해 성육신을 상대화시키는 것이고, 두번째는 우주와 관련해 그것을 극대화시키는 것이다. 다시 말해, 그녀가 제안하는 것은 예수를 우리가 모든 곳에서 발견하는 것의 전형으로 여기자는 것이다.

존재하는 모든 것은 하나님의 성례전이다"(162). 앞으로 보게 되겠지만, 이 책에 실린 에세이들 중 다수가 하나님의 사랑을 성육신 교리와 분리해서 말하기가 어렵다고 여기고 있다.

7) Clark Pinnock, Richard Rice, John Sanders, William Hasker, and David Bassinger, *The Openness of God*: *A Biblical Callenge to the Traditional Understanding of God* (Downers Grove, Ill.: InterVarsity Press, 1994), 9.

8) "표준적 학문," "패러다임" 그리고 "과학 혁명" 같은 말과 개념들은 Thomas S. Khun의 영향력 있는 작품인 *The Structure of Scientific Revolution*, 2nd ed. (Chicago: University of Chicago, 1970)에서 나왔다.

9) 플라톤의 대화록 *Symposium*에 대한 Brümmer의 논의를 보라. *The Model of Love*, 110-20.

10) Nicholas Wolterstoff, "Suffering Love," in *Philosophy and the Christian Life*, ed. Thomas Morris (Norte Dame: University of Norte Dame Press, 1988), 205-6.

11) Wolterstoff, "Suffering Love," 198.

12) Wolterstoff, "Suffering Love," 210.

13) Richard Rice, "Biblical Support for a New Perspective," in *The Openness of God*, 11.

14) Thomas Aquinas, *Summa Theologiae*, vol. 5, ed. Thomas Gilby (London: Eyre & Spottiswoode, 1963), 65.

15) 전통적 견해와 수정주의자의 견해 모두가 자연신학과 계시신학의 조합과, 즉 하나님이 완전함이라는 개념과 그리고 성경의 이야기와 조화를 이루는 것처럼 보인다. 하나님이 그분 자신의 선한 의지를 귀하게 여기신다는 개념에 대해 말하자면, 그것은 성경의 지원을 전적으로 결여하고 있는 것은 아니다. 예컨대, 에베소서 1장에는 다음과 같은 표현들이 나온다. "그 기쁘신 뜻대로"(1:5, 11) 혹은 "그의 영광의 찬송이 되게 하려 하심이라"(1:12, 14).

16) Richard E. Creel, "Immutability and Impassibility," in *A Companion to Philosophy of Religion*, ed. Philip L. Quinna and Taliaferro (Oxford: Blackwell, 1997), 317. 또한 Creel의 보다 앞선 그리고 보다 포괄적인 작품 *Divine Impassibility* (Cambridge: Cambridge University Press, 1986)을 보라.

17) Creel, "Immutability and Impassiblity," 314.
18) *Summa Theologiae*의 영역본 편집자인 Thomas Gilby는 *Summa*의 전체적인 구조가 피조물의 "나아감"과 "돌아옴"으로 보일 수 있다고 주장한다(vol. 1, 43). 이것은 기독론을 탕자의 비유의 맥락에서 두 부분으로("타국으로 감"과 "집으로 돌아옴") 나눠 읽는 바르트의 방식과 유사하다. Gilby는 하나님의 사랑이 본질적으로 교제, 즉 어떤 이가 그 안에서 다른 이에게 선을 전하기를 바라는 교제의 문제라고 주장한다.
19) Langdon Gilkey, "God," in Hodgson and King, eds., *Christian Theology: An Introduction*, 105.
20) George Newlands, *Theology of the Love of God* (Atlanta: John Knox Press, 1980), 37.
21) Charles Hartshorne, *A Natural Theology for Our Time* (LaSalle, Ill.: Open Court, 1967), Hartshorne은 "만유"가, 비록 그것이 하나님과 동일한 것은 아니지만, 하나님 "안에" 있음을 의미하기 위해 자신의 견해를 "범재신론"(panentheism)이라고 부른다. 또한 그의 *The Divine Relativity: A Social Conception of God* (New Haven: Yale University, 1948)을 보라.
22) 주권적 하나님에 관한 전통적 모델에 대한 비판에 대해서는, John Cobb과 David Ray Griffin, *Process Theology: An Introduction Exposition* (Philadelphia: Westminster Press, 1976)을 보라.
23) Paul S. Fiddes, *The Creative Suffering of God* (Oxford: Clarendon Press, 1988), 50. 과정철학적 관점에서 사랑은, 관계성이야말로 한 존재의 구성의 본질적 일부라는 점에서, 형이상학적 현상일 뿐 아니라 윤리적 현상인 것처럼 보이기도 한다.
24) John Zizoulas, *Being and Communion: Studies in Personhood and the Church* (London: Darton, Longman and Todd, 1985).
25) Karl Barth, *Church Dogmatics* II/1 (Edinburgh: T. & T. Clark, 1957)을 보라.
26) Newlands, *Theology of the Love of God*, 46.
27) Jürgen Moltmann, *The Crucified God* (London: SCM Press, 1974), 222.
28) Alister McGrath, *Christian Theology: An Introduction*, 2nd ed. (Oxford: Blackwell, 1997), 251. Fiddes는 고통당하는 하나님에 대해 말하는 경향에

관한 설명으로 유사한 요소들을 열거한다. *The Creative Suffering of God*, 12-15를 보라.

29) Catherine Mowry LaCugna, "God in Communion With Us," in *Freeing Theology: The Essentials of Theology in Feminist Perspective*, ed. LaGugna (San Francisco: Harper-Collins, 1993), 91.

30) Lisa Sowle Cahill, "Feminism and Christian Ethics," in *Freeing Theology*, ed. LaCugna, 217.

31) Cahill, "Feminism and Christian Ethics," 217. William Madges에 따르면, 가톨릭 신자들은 하나님의 자기애(즉, 삼위일체적 연합과 공동체)를 강조하고, 개신교 신자들은 타자애(즉, 자기희생)을 강조하는 반면, 여성신학자들은 상호성으로서의 사랑이라는 대안적 정의를 옹호해 왔다("Love," in *A New Handbooks of Christian Theology*, ed. Donald W. Musser and Joseph L. Price [Nashville: Abingdon Press, 1992], 300).

32) Sallie McFague, *Models of God: Theology for and Ecological, Nuclear Age* (Philadelphia: Fortress Press, 1987), 130.

33) McFague는 우리가 "변화"를 신적 속성으로 여겨야 한다고 주장한다(*Models of God*, 134).

34) McFague, *Models of God*, 135.

35) "아가페" 혹은 "선물로서의 사랑"이라는 Nygren의 개념과 사랑을 "선물"로 여기는 포스트모더니즘의 방식을 비교하고 대조하는 것은 흥미로운 일이 될 것이다.

36) David Tracy, "Forward," in Jean-Luc Marion, *God without Being*, trans. Thomas A. Carlson (Chicago: University of Chicago Press, 1991), xv.

37) David Tracy, *On Naming the Present: God, Hermeneutics, and Church* (Maryknoll, N.Y.: Orbis, 1994), 56.

38) Tracy, *On Naming the Present*, 44.

39) Ibid.

40) John McIntyre, *On the Love of God* (London: Collins, 1962), 32-33.

41) 바르트는 그의 『교회 교의학』의 첫 권을 "하나님의 말씀"에 관한 논의에 바친다.

42) Trevor Hart는 이 책에 기고한 글에서 맥페이그의 은유들이 부사적인 표현들임을 지적한다. 그것들은 하나님의 본성에 관한 무언가보다 하나님과 관계하는 방

식들을 표현한다.
43) 맥페이그가 하나님의 사랑을 하나의 은유로 취급하고 브뤼머가 그것을 하나의 모델과 개념으로 취급하는 것과 달리, 매킨타이어는 그것을 하나의 복합적 개념으로 여긴다.
44) MaFague, *Models of God*, 4-6장을 보라.
45) Brümmer, *The Model of Love*, 161.
46) Brümmer, *The Model of Love*, 33.
47) Brümmer, *The Model of Love*, 156-63. Fiddes는 인격적이고 사랑하시는 하나님이라는 개념이 또한 하나님의 고통이라는 개념을 낳는다고 덧붙이면서 브뤼머의 주장에 동의한다. 전통적인 신학은 단지 "사랑을 서로에 대한 선의를 지닌 태도와 행위로 간주함으로써" 이런 결론을 회피한다.
48) Augustus H. Strong, *Systematic Theology* (Valley Forge, Penn.: Judson Press, 1907), 268.
49) Strong, *Systematic Theology*, 268.
50) 그러나 아마도 하나님의 사랑을 어느 한쪽보다 다른 쪽에 속한 것으로 분류하기보다는 초월적인 동시에 내재적인 것으로 여기는 쪽이 더 바람직스러울 것이다.
51) McIntyre, *On the Love of God*, 57. 하나님의 무감각과 관련해 매킨타이어는 우리에게 하나님이 "자신의 본성에 적합한" 방식으로 고통을 당하신다는-비록 그 방식이 어떤 것인지에 대해서는 말하지 않으나-매력적인 제안을 한다. 56.
52) John Burnaby, *Amor Dei: A Study of the Religion of St. Augustine* (London: Hodder & Stoughton, 1938), 307.
53) 아퀴나스는 네 종류의 인과관계를 구별하는 점에서 아리스토텔레스를 따른다.
54) Brümmer, *The Model of Love*, 161.
55) 물론 지금 나는 "불가항력적 은혜"라는 개념에 대해 말하고 있는 것이다. 그것 역시 논쟁의 핵이 될 수 있다. 우리가 보았듯이, 브뤼머가 일방적인 사랑이라는 개념에 대해 품고 있는 문제의식은 그것이 우리를 하나님의 조작의 "대상"으로 만듦으로써 우리를 비인격화한다는 것이다.
56) Edward Farley, *Ecclesial Reflection: An anatomy of Theological Method* (Philadelphia: Fortress Press, 1982). 유사한 지적이 Farley와 Hodgson, "Scripture and Tradition," in Hodgson and King, eds., *Christian Theology:*

An Introduction, 61-87에서도 이루어진다.

57) Farley, *Ecclesial Reflection*, 156.
58) Fiddes, *The Creative Suffering of God*, 50. 신학적 언어의 본성 그리고 특히 유비는 이 책에 실려 있는 여러 글들에서 중요한 쟁점이 된다. 신인동형론(anthropomorphism)에 빠지지 않으면서 하나님에 대한 이해 가능성에 대해 말하는 것은 하나의 도전거리다. 피데스의 논평은 흥미로운 시험 케이스를 제공해 준다. 우리는 하나님이 경험을 하신다는, 혹은 그분의 본성에 적합한 방식으로 고통을 겪으신다는 개념을 어떻게 이해해야 하는가?
59) Fiddes, *The Creative Suffering of God*, 173.
60) Clark Pinnock, "Systematic Theology," *in The Openness of God*, 101.
61) 피녹의 말을 빌자면, "하나님은 본성에 있어서는 변화가 없으시지만 경험과 지식과 행위에 있어서는 그렇지 않다."("Systematic Theology," 118). "하나님에 대한 열린 견해는 관대함, 예민함, 그리고 깨어지기 쉬움 같은 특성들을 능력과 통제보다 더 강조한다"(125).
62) Brümmer, *The Model of Love*, 30-33.
63) John Burnaby, *Amor Dei*, 318.
64) Janet Hartin Soskice, *Metaphor and Religious Language* (Oxford: Oxford University Press, 1984).
65) Richard of St. Victor, *On the Trinity* III.2, in *Richard of St. Victor*, trans. Grover A. Zinn (New York: Paulist Press, 1979), 375.

제2장

1) Anders Nygren, *Agape and Eros*, trans. A.G. Herbert et al., 2 vols. (London: SPCK, 1932, 1938).
2) Nyren, *Agape and Eros*, 1:165.
3) Nyren, *Agape and Eros*, 1:52ff.
4) 참고. M.G. D'Arcy, *The Mind and Heart of Love*, 2nd ed. (London and Glasgow: Collins, 1954); Aland Soble, *The Structure of Love* (New Haven and London: Yale University Press, 1990).

5) Μὴ ἀγαπᾶτε τὸν κόσμον μηδὲ τὰ ἐν τῷ κόσμῳ. ἐάν τις ἀγαπᾷ τὸν κόσμον, οὐκ ἔστιν ἡ ἀγάπη τοῦ πατρὸς ἐν αὐτῷ· 16 ὅτι πᾶν τὸ ἐν τῷ κόσμῳ, ἡ ἐπιθυμία τῆς σαρκὸς καὶ ἡ ἐπιθυμία τῶν ὀφθαλμῶν καὶ ἡ ἀλαζονεία τοῦ βίου, οὐκ ἔστιν ἐκ τοῦ πατρός, ἀλλ᾽ ἐκ τοῦ κόσμου ἐστί.

6) C. S. Lewis, *The Four Loves* (Glasgow: Collins, 1960), 116.

제3장

1) 다음의 도움이 될 만한 논의를 참고하라. C. H. H. Scobie, "The Challenge of Biblical Theology," in *Tyndale Bulletin* 42, no. 1 (1991): 31-61; "The Structure of Biblical Theology," in *Tyndale Bulletin* 42, no 2 (1991): 163-94.

2) C. H. Dodd, *According to the Scriptures* (London: Collins, 1965), 109, 110.

3) N. H. Snaith, *The Distinctive Ideas of Old Testament* (London: Epworth, 1983)

4) L. Morris, *The Apostolic Preaching of the Cross* (Grand Rapids: Eerdmans, 1956).

5) J. Barr, *The Semantics of Biblical Language* (Oxford: Oxford University Press, 1961).

6) D. H. Palmer, "Love, Beloved," in *The Interpreter's Bible Dictionary*, vol. 2, 197.

7) 가령, 갈 3; 히 3, 4.

8) 에베소서의 문학적 특징들 중 하나는 복음의 위대함을 표현하기 위해 최상급을 사용하고 여러 가지 동의어들과 동의어와 가까운 표현들을 사용하는 것이다.

9) 그러나 우리는 또한 하나님이 이스라엘 땅에 거하는 나그네인 이방인 거주자들도 사랑하신다는 사실을 기억해야 한다.

10) B. F. Westcott, *The Gospel according to St. John* (London, 1908), on John 13:23, ad loc.

11) D. I. Brewer는 이것을 "Three Weddings and a Divorce: God's Covenant

with Israel, Judah, and the Church," in *Tyndale Bulletin* 47, no. 1 (May 1996): 1-25에서 논증했다.
12) 호 6:4을 보라(NIV는 헤세드를 "사랑"이라고 번역한다).
13) C. Barth, *God with Us* (Grand Rapids: Eerdmans, 1991), 52.
14) John Goldingay, *Theological Diversity and the Authority of the Old Testament* (Grand Rapids: Eerdmans, 1987), 193, 194.
15) Goldingay, *Theological Diversity and the Authority of the Old Testament*, 194.
16) Goldingay, *Theological Diversity and the Authority of the Old Testament*, 5, 6장.
17) 이 용어는 그의 저술들에서 너무나 자주 등장하기에 주를 다는 것이 부적절하다.

제4장

1) 삼위일체 신학 분야에서 어거스틴에 관한 그런 식의 읽기와 관련된 몇 가지 문제들에 대한 설명을 위해서는, M. R. Barnes, "Augustine in Contemporary Trinitarian Theology," Theological Studies 56 (1995): 237-50을 보라; 동방과 서방의 삼위일체론의 차이에 관한 (특히 어거스틴과 관련해) 20세기의 설명의 기원과 관련해서는, Barnes의 "De Régnon Reconsidered," *Augustinian Studies* 26 (1995): 51-79를 보라. 어거스틴의 삼위일체 신학에 관한 최근의, 그리고 그것과 밀접하게 연관된 새로운 고찰과 관련해서는 M. R. Barnes, "Re-reading Augustine's Theology of the Trinity," in *the Trinity: An Interdisciplinary Symposium on the Doctrine of the Trinity*, ed S. T. Davis, D. Kendall, and G. O'Collins (Oxford and New York: Oxford University Press, 1999), 그리고 내가 쓴 "The Grammar of *Augustine's Trinitarian Theology*," in *Augustine and His Critics*, ed R. Dodaro and G. Lawless (London and New York: Routlege, 1999), 56-71을 보라.
2) 한 가지 간략한 서론이 B. Daley의 탁월한 논문 "A Humble Mediator: The Distinctive Elements in Saint Augustine's Christology," *Word and Spirit* 11 (1987): 100-117에 실려 있다. Darley의 논문은 이 글이 다루지 않는 방식으

로 그리스도 안에서 하나님과 인간의 연합에 부속하는 문제들을 집중적으로 다룬다. 또한 B. Studer, *Trinity and Incarnation: The Faith of the Early Church* (Edinburgh: T. & T. Clark, 1994)의 해당되는 장을 보라. 어거스틴의 기독론의 다른 측면들에 관한 문헌은 이 글 전체에서 주를 통해 제공된다.

3) 이 설교들에 관한 문헌은 사랑으로서의 하나님에 관한 어거스틴의 견해가 자주 언급되는 것에 비해 여전히 빈약하다. 지금까지 영어로 된 어거스틴의 성육신 신학에 관한 핵심적인 서론은 Studer, *Trinity and Incarnation*에서 발견된다. 그 설교들 자체에 관해서는 D. Dideberg, *Saint Augustine et la première épitre de s. Jean* (Paris: Beauchesne, 1975)를 보라. 영어로 된 간략한 서론을 위해서는 E. G. Cassidy, "Augustine's Exegesis of the First Epistle of John," in *Scriptural Interpretation in the Fathers*, ed. V. Twomey and T. Finan (Dublin: Four Courts Press, 1995). 201-20을 보라. 어거스틴의 사상 안에서 사랑이라는 주제에 관한 보다 일반적인 설명을 위해서는 R. Canning, *The Unity of Love for God and Neighbour in St. Augustine* (Leuven: Augustinian Historical Institute, 1993)을 보라. 이 에세이의 특별한 주제에 관해서는 301이하를 보라. 나는 P. Agaësse, *Sources Chrétiennes*, vol 75 (Paris: Editions du Cerf, 1961)의 본문을 사용했다. 요한복음과 요한일서에 관한 설교를 위해 사용된 번역은 J. W. Rettig, *The Fathers of the Church*, vols. 78, 79, 88, 90, 92 (Washington D.C.: Catholic University of America Press, 1995)의 역본이다.

4) 이것은 원래의 그리스어에 대한 현대어 역이 아니라 어거스틴이 인용한 본문에 대한 Rettig의 역이다.

5) Ep. Io. tr. 1.1.

6) 중재자로서의 그리스도라는 주제는 G. Rémy, *Le Christ Médiateur*, 2 vols. (Lille, 1978)에서 심도 있게 논의된다. Rémy의 설명의 핵심적 주제들 중 몇은 지금은 "La théologie de la médiation selon saint Augustine," Revue Thomiste 91 (1991): 580-623이라는 갱신된 형태로 남아 있다. 또한 G. Madec, *La Patrie et La Voie: Le Christ dans la vie et la pensée de Saint Augustine* (Paris: Desclée, 1989)를 보라.

7) 그러므로, 비록 어거스틴이 점차적으로 인간을 단순히 그 형상(말씀)이 아니라 삼위일체의 형상을 따라 지음 받은 것으로 생각하게 되는 것이 사실일지라도, 또

한 비록 형식적으로 어거스틴이 종종 그 어떤 신적 인격도 성육신할 수 있었다고 지적할지라도, 그의 기독론은 근본적으로 말씀이 육신이 되었다는 사실에 의해 그리고 말씀의 '사명'과 '과정'(비록 이 용어는 후대에 나온 것이지만) 사이의 일치에 의해 규정된다. Trin. IV가 전형적인 예다.

8) *Io. ev. tr.* 2.10-12.

9) 어거스틴의 요한일서의 본문은 다음과 같다. "우리가 그것을 보았고 그것의 증인이 되어……"(*et udimus et testes sumus*). 이에 대한 벌게이트 역의 본문은 다음과 같다. "……우리가 그것을 보았고 그것을 증언하여……"(……*et udimus et estamur*……). 이것은 아주 작은 차이지만 어거스틴의 다음과 같은 진술, 즉 "우리는 보았고 증인이다: 우리는 보았고 순교자다"(*Vidimus, et testes sumus: uidimus, et martyres sumus*)라는 진술을 보다 이해하기 쉽게 만들어 준다. *Sources Chrétiennes*, vol. 75 (Paris: Editions de Cerf, 1981), 114.

10) 여기에서 어거스틴은 기독교 수사학과 신학의 구조 안에서 순교자의 역할을 이어받으려 하는 지원자들을 찾으려는 4세기와 5세기의 경향을 계속해서 보여 준다. 여기에서 특별히 흥미를 끄는 것은 다음과 같다. (a) 어거스틴은 기독교적 강화에서 순교자를 금욕자로 대체하는 것을 선호하지 않는다. (b) 어거스틴은 이 글에서 묘사되는 것처럼 증언의 신학을 일반적으로 기독론 안에 위치시킨다.

11) 우리가 여기에서 간략하게나마 어거스틴의 기독론을 발전시켰던 논쟁의 전통에 관해 살피는 것은 아주 중요하다. 어거스틴의 사상은 "유사 본질"(Homoian) 신학의 라틴 지역 반니케아(anti-Nicene) 전통에 의해 형성된다. 그런 신학자들은 특히 아들의 가시성이 아버지에 대한 그의 열등함을 드러낸다고 주장했다. 그러나 어거스틴과 같은 친니케아(pro-Nicene) 신학자들은 아들의 가시성은 오직 말씀의 동일 실체성과 아버지와의 공통의 비가시성을 드러내는 역할을 한다고 주장했다. "유사 본질" 신학에 관해서는 P. C. Hanson, *The Search for the Christian Doctrine of God* (Edinburgh: T. & T. Clark, 1988), ch. 18을 보라. Hanson은 그리스와 라틴의 유사 본질 신학을 궁극적으로 동일한 것으로 제시하는 경향이 있다. 어거스틴에 의해 시작된 유사 본질 신학과 관련해서는 M. R. Barnes, "The Arians of Book V and The Genre of De Trinitate," *Journal of Theological Studies* 44 (1993): 185-95; Barnes, "Exegesis and Polemic in Augustine's *De Trinitate*, BK. I," *Augustinian Studies* 30, no. 1

(1999): 43-59를 보라.

12) 은혜의 역할에 관한 어거스틴의 설명은 그의 생애 동안 크게 발전했다. 그러나, P. Burns, *The Development of Augustine's Doctrine of Operative Grace* (Paris: Etudes Augustiniennes, 1980)의 시도에 맞서서 이 문제에 관한 어거스틴의 사상의 국면들의 상세한 역사에 관해서는, I. Katayanagi, "The Last Congruous Vocation," in *Collectanea Augustiniana: Mélanges T. J. Van Bavel*, ed. B. Bruning et al. (Leuven: Leuven University Press, 1990) [=*Augustiniana* 40-41 (1990-91)], vol. 2, 645-57. 여기에서 고찰되는 본문은 하나님이 기쁨을 통해 영혼을 이끄시는 방법-Io. ev. tr. 26에서 그것에 대한 가장 이른 시기의 그리고 가장 분명한 모습들 중 하나를 이루는 주제-에 관한 어거스틴의 성숙한 설명이 나오기 몇 해 전에 나왔다. 여기에 포함된 철학적 쟁점들 중 몇 가지에 대한 간략한 소개를 위해서는 J. M. Rist, *Augustine: Ancient Thought Baptised* (Cambridge: Cambridge University Press, 1994), ch. 5를 참고하라.

13) '내적'과 '외적'의 평행은 단순히 몸/영혼의 평행으로 읽혀서는 안 된다. 이에 대한 가장 훌륭하고 가장 분명한 최근의 설명을 위해서는 D. Turner, *The Darkness of God: Negativity in Christian Mysticism* (Cambridge: Cambridge University Press, 1995), 89-92. 통합이라는 주제에 관한 가장 기본적인 본문들 중 하나는 *trin.* XII-XIV이다. 이 책들에 관해서는 특히 R. Williams, "Sapientia and the Trinity: Reflections on the *De trinitate*," in B. Bruning et al., eds., *Collectanea Augustiniana*, vol. 1, 317-32; L. Ayres, "The Discipline of Self-knowledge in Augustine's De trinitate Book X," in *The Passionate Intellect: Essays on the Transformation of Classical Traditions Presented to Professor Ian Kidd*, ed. L. Ayres, Rutgers University Studies in the Classical Humanities, vol. VII (New Brunswick, N.J.: Transcation, 1995), 261-96; 그리고 가장 기본적으로 J. Milbank, "Divine Triads: Augustine and the Indo-European Soul," *Modern Theology* 14 (1997): 451-74를 보라.

14) 이 점이야말로 어거스틴이 현재의 희망과 하나님의 실제적 현실 사이의 관계에 관한 키케로의 회의주의를 곤혹스러워하는 핵심적 이유다. *trin.*

XIV.19.25-26을 보라. 유사한 이유로 어거스틴은 거짓말을 정당화하려는 그 어떤 시도에 대해서도 강력하게 반대한다. 그는 trin. VIII와 XV에서 정신 안에서 착상되는 내면의 말과 그것에 기초해 발설되는 외부의 말이라는 스토아학파의 주제를 성부에 대한 그리스도의 관계를 위한 은유로서 사용한다. 그 두 곳 모두에서 어거스틴은 성부와 성자 사이의 절대적 일치를 기만과 자기기만을 위한 우리 자신의 능력과 대조시킨다. 우리 안에 있는 이런 일치의 결핍을 극복하는 것이야말로 어거스틴이 그토록 자주 되돌아가는 하나님의 임재의 의미를 회복하는 일의 핵심이다.

15) *Ep.* Io. tr. 1.2.2.

16) Ibid.

17) 나의 논문 "The Christological Context of De trinitate XIII: Toward Relocating Books VIII-XV," *Augustinian Studies* 29 (1998): 111-39를 보라. 이 극적인 관점을 상세하게 설명하는 어거스틴의 기독론에 관한 유일한 작품은 E. Franz, "Totus Christus, Studien über Christus und die Kirche bei Augustin" (diss. Friedrich-Wilhelms-Universität, Bonn, 1956)이다. 그리스도의 몸과 온전한 그리스도라는 주제와 관련해서는 T. J. van Bavel, *Recherches sur la Christologie de Saint Augustine*, Paradosis 10 (Fribourg, 1954), 74ff.; I. Bochet, *Saint Augustine et le Désir de Dieu* (Paris: Etudes Augustininiennes, 1982), 382-96; 그리고 M. Reveillaud, "Le Christ-Homme, tête de l'Eglise. Etude d'ecclesiologie selon les Enarrationes in Psalmos d'Augustin," *Recherches Augustiniennes* 5 (1968) 67-94를 보라.

18) 이 주제에 관해서는 초기의 *div. qu.* 69; trin. I.13.30; 그리고 특히 분명하게 후기의 본문인(아마도 AD 420년 이후일 것이다) *Io. ev. tr.* 110-4-5를 보라.

19) *Io. ev. tr.* 26.15.

20) 그리스도의 일치가 하나님께로 되돌아가는 우리의 전진을 가능케 하는 방식에 관해서는 serm. 263, 2-3을 보라. "그분이 하늘로 올라가셨음에도, 당신이 알다시피, 여전히 우리를 떠나지 않으셨기에, 우리 역시 지금 그곳에 그분과 함께 있다.……만약 그분이 우리를 그분의 지체로서 그분 자신에게 소속시키신다면, 그것도 그분이 우리와 결합해 있으면서도 여전히 그분 자신이신 방식으로 그렇

게 하신다면,……우리 역시 우리 자신의 덕을 통해서가 아니라 우리와 그분의 하나 됨을 통해서 하늘로 올라가게 될 것이다." 또한 *trin*. IV.18.24을 보라.
21) 이보다 약간 이후에 있었던 펠라기우스 논쟁이라는 정황 속에서 이 주제에 대한 어거스틴의 사상의 발전 과정은 R. Dorado, "*Sacramentum Christi:* Augustine on the Christology of Pelagius," *Studia Patristica* 27 (1993): 274-305에 분명하게 제시되어 있다.
22) 이 주제는 특히 Williams, "*Sapientia and the Trinity*"에서 잘 전개된다.
23) *Ep. Io. tr.* 1.2.3.
24) 어거스틴이 요한의 본문을 토마가 그리스도의 몸을 실제로 만지지 않았다고 지적하는 것처럼 해석하는 것에 유의하라. 요한복음 20:25은 실제로 약간 모호하다.
25) 믿음, 소망 그리고 사랑의 구별에 관한 설명과 믿음을 위한 좋은 토대로서 무엇이 중요한지에 대한 암시를 위해서는 Augustin의 *Enchiridion*, 2.7-2.8을 보라.
26) 여기에서 어거스틴은 이 구절 전체에 관심을 갖는다. 그러나 지면의 문제로 나는 내가 관심을 갖고 주석하는 구절들만 인용했다.
27) *Doc*. I.36.40. 내가 인용한 본문은 R. P. H. Green, ed. and trans. *Augustine: De doctrina christiana*, Oxford Early Christian Text (Oxford: Clarendon Press, 1996)이다.
28) 나의 주장은 어거스틴이 자기기만의 가능성이나 의심하지 않는 신앙주의의 가능성을 의식하지 못했다는 것이 아니다. 오히려 나는 그를 현대주의자의 내관성(interiotity)의 원인제공자로 비난하고 신앙에 대한 그의 개념이 갖고 있는 고전적인 수사학적 기원-거기에서는 적절한 신앙을 세우는 것이 아주 중요하다.-을 온전하게 설명하는 방식으로 어거스틴을 읽는 방법을 지적하고 있는 것이다.
29) 나는 우리가 특별히 현대적 맥락에서 이 제제를 살필 경우 Greg Jones, *Embodying Forgiveness: A Theological Analysis* (Grand Rapids: Eerdmans, 1995)가 훌륭하다는 사실을 발견했다.
30) 요한복음 15:13에 대한 유사한 해석은 요한복음에 관한 그의 84번째 논고에서도 발견된다.

31) Unimpeded, it is important to note, by the significance of the article in the original Greek, which prevents the linguistic if not the theological move in that language.
32) 대부분의 주석가들은 어거스틴이 "하나님께 속해 있다."와 "하나님이시다."를 동일시하는 데 있어 요한일서와의 평행이 중요하다는 데 동의한다.
33) 또한 *trin*. XV.19.37을 보라. 거기에서는 성령을 "사랑"이라고 부르는 것이 또한 사랑으로서의 삼위일체 전체에 대한 말하는 것임이 분명하게 드러난다. *Trin*. XV로부터 또한 성부가 삼위일체 안에서 우선적 지위임이 분명해지는데, 이것은 우리가 삼위일체에 관한 그의 가장 이른 시기의 논의인 ep. 11에서 발견하는 원리다.
34) 하나님의 불변성에 대한 그들의 서로 다른 이해에도 불구하고, 이 신학은 어느 면에서 한스 우르스 폰 발타자르(Hans Urs von Balthasar)의 십자가 신학과 유사하다. 특히 *Mysterium Paschale: The Mystery of Easter*, trans. A. Nocholls (Edinburgh: T. & T. Clark, 1990)에서 드러난 그의 사상을 참고하라.
35) *trin*. XV.17.31; XV.19.37을 보라.
36) *tin*. XV.19.34을 보라.
37) 여기에서 이루어지는 이 주제에 관한 간략한 설명은 어거스틴의 작품의 다른 여러 곳에서 충실하게 묘사된다.
38) 어거스틴은 도나투스파(Donatists)가 정당하게 그리스도의 것인 성례에 대해 힘을 행사할 권리를 주장하고 있다는 이유로 그들을 분파주의자로 여기며 반대한다(이것은 어거스틴의 총서에 실려 있는 시몬 마구스[Simon Magus]에 관한 다른 글들과 평행을 이룬다).
39) 여기에서 내가 "유사성"이라는 단어를 사용하는 것은 고의적이다. 어거스틴은 피조물의 어느 한 부분과 하나님 사이의 관계에 대해 그가 유비를 뜻하기 위해 사용하는 가장 직접적인 두 가지 용어들(*analogia* 혹은 *proportio*) 중 어느 것도 결코 사용하지 않는다. 오히려 그는 *similitudo* 같은 덜 전문적인 용어를 선호한다. 이 중요한 문제에 대한 토론을 위해서는 나의 논문 "Remember that you are Catholic"을 보라.
40) 참으로 앤더스 니그렌이 이런 범주 안에서 어거스틴에 관한 그의 논의를 수행하면서 제기했던 꽤 많은 쟁점들은 이미 오래 전에 이제는 고전이 된 J. Burnaby

의 *Amor Dei: A Study of the Religion of St. Augustine* (Norwich: Canterbury Press, 1991 [초판 1938])을 통해 답을 얻었다.

제5장

1) Karl Barth, *Church Dogmatics* II/1 (Edinburgh: T. & T. Clark, 1957), 224.
2) 예컨대, Barth, *Church Dogmatics* I/1 (Edinburgh: T. & T. Clark, 1975), 320f.; II/1 (Edinburgh: T. & T. Clark, 1957), 234f.를 보라.
3) H. R. Mackintosh, *The Christian Apprehension of God* (London: S.C.M., 1929), 186.
4) George Newlands, *Theology of the Love of God* (Cambridge: Cambridge University Press, 1981), 132.
5) Sallie McFague, *Models of God* (Philadelphia: Fortress, 1987), 32.
6) McFague, *Models of God*, 35.
7) McFague, *Models of God*, 39.
8) McFague, *Models of God*, 126.
9) McFague, *Models of God*, 133.
10) C. S. Lewis, *The Four Loves* (London: Geoffrey Bles, 1960), 18.
11) Barth, *Church Dogmatics* I/2 (Edinburgh: T. & T. Clark, 1956), 750.
12) Karl Barth, *Göttingen Dogmatics*, vol. 1 (Edinburgh: T. & T. Clark, 1992), 136.
13) Barth, *Göttingen Dogmatics*, vol. 1, 136.
14) 나로서는 George Newlands가 사정이 그러함을 부정하는 것은 옳지 않아 보인다. 그의 *God in Christian Perspective* (Edinburgh: T. & T. Clark, 1994), 46을 보라.
15) Proclus, *The Elements of Theology* 18, trans. E. R. Dodds (Oxford: Clarendon, 1953), 21.
16) Aquinas, *Summa Theologica*, 1.12.12.
17) Battista Mondi, *The Principle of Analogy in Protestant and Catholic Theology* (The Hague: M. Nijhoff, 1963), 170을 보라.

18) 예컨대, *Church Dogmatics* II/1, 232에 나오는 유비에 관한 논의를 보라. "특별히 가톨릭교회 안에서 나타났고 지금도 나타나고 있는 바 자연신학 안에 들어 있는 온건한 유비교리는 하나님의 전능하심에 호소하면서 모든 유비들을 긍정하는 자유주의와 아주 밀접하고 역사적인 관계 안에 서 있으며……세상에서 새로운 유비들을 발견하기 위해 거의 모든 관계들 안에서 기본적인 열의를 보인다."

19) "만약 하나님이 그분의 계시 과정에서 그분의 전능하심을 아주 분명하고 제한적으로 사용하셨던 것이 아니라면, 다시 말해, 만약 창조와 그분의 계시에 의해 영향을 받은 피조물의 말의 유비가 무한하게 다양한 가능성들 사이에서 그분 자신에 의해 결정되고 수행되고 다른 것들로부터 분명하게 구별된 선택을 의미하지 않는다면, 온갖 것들이 하나님과 닮아 있을 수 있다." Barth, *Church Dogmatics* II/1, 232.

20) Barth, *Church Dogmatics* II/1, 275.

21) Barth, *Church Dogmatics* II/1, 333.

22) Barth, *Church Dogmatics* II/1, 336.

23) *Church Dogmatics*, II/1의 §2을 보라.

24) Barth, *Church Dogmatics* II/1 273-75를 보라.

25) "하나님의 사랑은 언제나 갈라진 틈 사이에 다리를 놓는다. 그것은 언제나 어둠으로부터 빛나는 빛이다. 그분의 계시 안에서 그것은 그 어떤 교제도 그리고 교제를 위한 능력도 없는 곳에서, 상황이 하나님과 전혀 다른 그리고 그로 인해 이질적이고 죄악으로 가득 차고 따라서 적대적인 피조물에 관여하는 곳에서 교제를 추구하고 만들어 낸다. 하나님이 사랑하시는 것은……바로 이 이질적이고 적대적인 타자다. 그것은 하나님의 강력한 사랑의 기적이다." Barth, *Church Dogmatics* II/1, 278.

26) Barth, *Church Dogmatics* II/1, 353f.

27) Barth, *Church Dogmatics* II/1, 284.

28) Barth, *Church Dogmatics* II/1, 276.

제6장

1) 골로새서 1:21의 논증은 우리가 "마음으로 원수가 되었다."(*echthroi te*

dianoia, 표준새번역은 이 구절을 "마음에서 하나님과 원수가 되어 있었다."로 번역한다 - 역주)는 것이다. 칼빈은 그리스어 성경의 벌게이트 역을 따라 "*alienati mente*"라는 표현을 사용한다.

2) 로마서 12:2를 참고하라. 거기에서 바울은 우리가 이 세상(saeculum)에 의해 "도식화되지"(*suschematizesthe*) 말고, 오히려 우리의 마음을 새롭게 함으로써 "변화를 받아야"(*metamorphousthe*) 한다고 주장한다.

3) 아래의 글은 나의 책 *Persons in Communion: Trinitarian Description and Human Participation* (Edinburgh: T. & T. Clark, 1996)의 3장에 실려 있는 글을 요약한 것이다.

4) Fredereck Ferré, "Analogy in Theology," in *The Encyclopedia of Philosophy*, vol. 1, ed. Paul Edwards (New York: Macmillan, 1967), 94.

5) Gerald B. Phelan, *Saint Thomas and Analogy* (Milwaukee: The Aquinas Lecture, 1941), 22. 볼드는 필자가 첨가한 것임.

6) Phelan, *Saint Thomas and Analogy*, 23.

7) Battista Mondin, *The Principle of Analogy in Protestant and Catholic* (The Hague: M. Nijhoff, 1963), 40. Mondin의 작품이 가장 먼저 Etienne Gilson에 의해 제공되고 George P. Klubertanz가 그의 책 St. *Thomas Aquinas on Analogy* (Chicago: University of Chicago Press, 1960)에서 계속했던 선례를 따르고 있음에 주목하라.

8) Mondin, *The Principle of Analogy in Protestant and Catholic Theology*, 50.

9) Catherine Mowry LaCugna는 하나님의 사랑이 하나님의 존재에 대해 갖는 존재론적 의미를 강조하는 최신의 작가다. 그녀는 Zizioulas의 입장을 "사랑이 하나님을 하나님 되게 한다."라고 주장하는 것으로 해석한다(*God for Us* [San Francisco: Harper, 1991], 261). 비록 우리가 Zizioulas가 "되게 한다."라는 말을 정확하게 이런 방식으로 사용하는지에 대해서는 알지 못할지라도 - 그 말은 하나님의 사랑이나 교제에 대해서가 아니라 그분의 위격과 관련해서 사용된다. - 그의 입장이 사랑이 하나님의 존재를 구성한다고 주장하고 있는 것은 분명하다.

10) Mondin, *The Principle of Analogy in Protestant and Catholic Theology*, 51-53.

11) Mondin, *The Principle of Analogy in Protestant and Catholic Theology*, 67.
12) "카제탄과 [펠란처럼] 카제탄에게 동조하는 이들은 내재적 귀속을 인정하지 않는다. 이것은 그들로 하여금 자연의 유비를 관계의 유비로 만들도록 강요한다. 예컨대, 만약 우리가 카제탄에 동조하는 이들을 따라서 지혜가 하나님과 인간에게 속한 것이라고 말한다면, 그때 지혜가 그 둘 모두와 관련해 말해지는 것은 그 둘의 본성 안에 지혜와 관련해 무언가 유사성이 존재하기 때문이 아니라, 지혜와 하나님(Wisdom-God) 그리고 지혜와 인간(wisdom-man)의 관계가 서로 유사하기 때문이다. 그러나 과연 그것이 우리가 지혜를 하나님과 인간 모두에게 돌릴 때 우리가 말하고자 하는 것인가?"(Mondin, *The Principle of Analogy in Protestant and Catholic Theology*, 60). "내재적 귀속은 우선적 유비 대상과 이차적 유비 대상 사이의 유사성을 분명하게 드러낸다. 이차적 유비 대상은 일차적 유비 대상이 이차적 유비 대상 안에 일으켜 놓은 특성과 관련해 일차적 유비 대상에 대한 불완전한 모방이다. 또한 내재적 귀속은 유비적 특성이 이차적 유비 대상에 대해 갖는 관계가 동일한 특성이 일차적 유비 대상에 대해 갖는 관계에 대한 불완전한 모방임을 분명하게 드러낸다"(70).
13) Hampus Lyttkens, *The Analogy between God and the Words: An Investigation of Its Background and Interpretation of Its Use by Thomas Aquino* (Uppsala: Almqvist & Wiksells, 1953), 480-81.
14) 여기에서 쟁점이 되는 문제는 칼 바르트의 『교회 교의학』 제3권의 제3장에서 분명하게 표현된다. "만약 '원인'(causa)이라는 용어가 적절하게 적용된다면, 그것은 분명히 하나님과 피조물 모두가 거기에 복속하는 어떤 최상의 개념으로서가 아니라 하나님과 피조물 모두가 그리로 환원될 수도 있는 어떤 공통분모로 이해되어야 한다. 원인은 하나님과 피조물의 원인이 그것의 종(種)으로 묘사될 수 있는 하나의 속(屬)이 아니다. 우리가 하나님의 존재와 피조물의 존재에 대해 말할 때, 우리는 하나의 속에 속한 두 개의 종들에 대해 말하는 것이 아니다"(*Church Dogmatics* III/3 [Edinburgh: T. & T. Clark, 1960], 102).
15) 아래의 논의와 관련해 나는 A. I. C. Heron의 "Homoousios with the Father," in *The Incarnation*, ed. T. F. Torrance (Edinburgh: Handsel, 1981) 그리고 T. F. Torrance가 *Theology in Reconstruction* (London: S.C.M., 1963)에서 전개했던 아타나시우스에 관한 논의에 빚을 지고 있다.

16) 이러한 용어상의 구별은 '의미'(Sinn)를 '언급'(Bedeutung)의 지정 방식으로 해석하는 Frege에게서 빌려온 것이다. 참고. "On Sense and Reference," in *Translations from the Philosophical Writings of Gottlob Frege*, ed. P. Geach & M. Black (Oxford: Blackwell, 1952).

17) 하나님은 마치 어머니가 자기 아이와 말하듯 자신의 계시를 우리의 이해의 수준에 맞추시면서 우리와 더불어 "더듬거리며 말씀하신다."

18) 참고. Eberhard Jüngel, *The Doctrine of the Trinity: God's Being Is in Becoming* (독일어 원서: Gottes Sein ist im Werden, 2nd edition), trans. by Horton Harris (Edinburgh: Scottish Academic Press, 1976).

19) 이러한 '받음'은 볼 눈과 들을 귀를 갖기 위해서는 우리의 존재가 '위로부터 거듭나야' 한다는, 즉 우리의 사고와 패러다임 – 다시 말해, 우리의 정향 전체 – 이 성령에 의해 새롭게 창조되어야 한다는 요한의 은유들의 맥락에서 설명되어야 한다.

20) Alvin Plantinga가 그의 책 *Warrant and Proper Function* (Oxford: Oxford University Press, 1993)에서 주장하듯이, 진리 주장은 만약 그것이 정당성을 확보하려면 적절한 '인식적 환경'을 필요로 한다(82). 그가 '설계'(design plan)라고 부르는 것은 단지 개인으로서의 우리 자신뿐만 아니라 또한 우리의 사회적 환경과도 관련되어 있다. 이것이 신학적 인식론을 위해 그리고 참으로 유비를 위해 제안하는 교회론의 함의는 분명하다. 사적인 언어가 존재하지 않듯이, 하나님에 대한 사적인 지식이나 언급도 존재하지 않는다는 것이다. 그런 지식은 그리스도의 몸인 화해를 이룬 공동체 안에서 발생한다.

21) 완전한 사랑은 모든 (자연적인) 두려움을 내쫓는다.

22) Martin Heideggar는 진리(a-letheia)에 해당하는 그리스어가 원래 "감추어지지 않은"(un-concealed) 혹은 "발견된"(dis-covered), 즉 문자적으로 "우리를 피하지 않은 것"을 의미한다는 사실을 지적한다(참고. *Being and Time*, trans. John Macquarrie and Edward Robinson [London: S.C.M., 1962], 57n.1.)

23) William George de Burgh, *Towards a Religious Philosophy* (London: Madonald & Evans, 1937), 125-26.

24) Allan Bloom, *Love and Friendship* (New York: Simon and Schuster, 1993). 특히 서론인 "The Fall of Eros"와 제3부 "The Ladder of Love," 429이하를 보라.

25) Allan Bloom, *The Closing of the American Mind* (New York: Simon and Schuster, 1987).
26) "나는 내가 되고자 하는 존재가 될 것이다."(I will be who I will be)라고 언명하는 이는 자신을 십자가에 못 박힌 그리스도 안에 있는 사랑(agape)와 동일시한다. 하나님이 역사를 통해 이스라엘을 향해 보이셨던 헤세드(hesed, 견고한 사랑)는 모든 백성을 위한 새 언약의 유일회적 사건 안에서 성취된다.
27) 참고. John Zizioulas, *Being as Communion: Studies in Personhood and the Church* (New York: St. Vladimir's Press, 1985). 또한 그의 보다 이른 에세이인 "On Human Capacity and Incapacity: A Theological Exploration of personhood," *Scottish Journal of Theology* 28(1975): 401-48을 보라.
28) 아래의 글과 관련해 나는 특별히 나의 아버지 James B. Torrance 교수와 그의 미발행 논문인 "Love and Justice in God and Man"에 빚을 지고 있다.
29) 참고. Emil Brunner, *The Divine Imperative*, trans. Olive Wyon (London: Luterworth, 1937), 343ff; *The Christian Doctrine of God*, vol. 1, trans. Olive Wyon (London: Lutterworth, 1949), 185ff; *Justice and the Social Order*, trans. Mary Hottinger (London: Lutterworth, 1945), 115; *Man in Revolt*, trans. Olive Wyon (London: Lutterworth, 1939), 219, 283. 또한 John McIntyre가 *On the Love of God* (London: Collins, 1962)에서 전개했던 니그렌의 구분에 관한 논의와 Reinhold Niebuhr, *An Interpretation of Christian Ethics* (London: S.C.M., 1936), 221을 참고하라.
30) C. S. Lewis, *The Four Loves* (London: Geoffrey Bles, 1960).
31) Anders Nygren, *Agape and Eros*, 2 vols, trans. A. G. Herbert et al. (London. S.P.C.K., 1932).
32) Nygren, *Agape and Eros*, vol. 1, 52ff.
33) 이런 주장이 갖는 중요한 함의는 우리가 "하나님은 죄인들은 사랑하시지만, 죄는 미워하신다."라고 말하는 것이 더 이상 필요하거나 적절하지 않다는 것이다. 이 너무나 유명한 주장은 하나님이 죄악된 것을 사랑하신다는 - 더 나아가, 그분이 그것을 인정하신다는 억측된 의미와 함께 - 주장을 배격하면서 하나님의 사랑을 확언하려는 과정에서 나온 것이다. 이런 주장과 관련된 문제는 그것이 우리의 죄와 우리의 소외를 우리의 존재와 헛되이 분리시킨다는 점이다. 그럴 경우

우리의 죄는 우리의 존재 외부에 있는 것이 된다. 그러나 이것은 우리가 죄의 본성을 이해하지 못하고 있음을 보여 준다. 죄는 존재론적으로 무의미하거나 우연한 것이 아니다. 그것은 우리가 누구인지를, 즉 행위 안에 있는 우리의 존재와 우리의 모든 정향 곧 우리의 마음을 드러낸다. 본질적으로 우리는 하나님의 사랑을 받을 만한 친구도 아니고, 또한 단지 외면적 행위와 관련해서만 혐오스러운 존재도 아니다. 우리는 적으로서 그리고 죄인으로서 – 우리가 아직 죄인 되었을 때에 – 사랑을 받는다.

34) 여기에서 우리는 참된 아담을 위한 성부의 아가페(the Father's agape)가 무가치한 것에게 가치를 부여한다기보다는 삼위일체 안에 있는 영원한 아가페(eternal agape)가 그것의 대상들에게 그것들이 다른 방식으로는 얻지 못했을 가치를 창조적으로 부여한다는 사실에 주목할 필요가 있다. 그럼에도, 우리가 두 가지 상황 모두에서 아가페에 대해 말하는 것은, 그리고 삼위일체 안에 있는 아가페를 그 동일한 아가페의 창조적인 흘러넘침을 위한 근거를 이루는 – 창조적인 가치 부여를 이루고, 그 자체로는 가치나 삼위일체적 삶에 대한 참여를 보증하지 못하는 것과의 관계를 주장하고, 그 관계 안으로 고양되고, 그 관계를 유지하면서 – 것으로 보는 것은 적절할 뿐 아니라 필요하기도 하다.

35) 그러나 이것은 하나님의 사랑에 대한 우리의 이해가, 칼빈의 말을 빌려 말하자면, "어떤 식으로는 존재하고"(quodammodo praesens) 또한 "어떤 식으로는 부재하는"(quodammodo absens) 식으로 남아 있음을 부정하는 것이 아니다. 바울이 주장하듯이(고전 13), 하나님의 사랑에 대한 우리의 이해는 거울을 보듯이 희미하다. 우리의 이해에는 종말론적인, 또한 그로 인해 유비적인 긴장이 있다.

36) Jüngel, *The Doctrine of the Trinity*, 12.

37) Martin Luther, *Luther's Works, Weimar Edition*, 39/2, 94, 17–18.

제7장

1) 나는 아직도 이 구절의 출처를 추적 중에 있다. 그러나 비슷한 생각이 Goethe의 *Maximen und Reflexion* no. 1304에서 나타난다. "자연은 항상 여호와다. 현재에도 그렇고, 과거에도 그랬으며, 미래에도 그럴 것이다"(M. Hecker [ed.] [Weimar: Goethe-Gesellschaft, 1907], 273).

2) R. P. C. Hanson, *God: Creator, Saviour, Spirit* (London: S.C.M., 1960), 37.

3) *The Select Works of Jonathan Edwards*, vol. 2 (London: Banner of Truth, 1959), 183-99에 실려 있는 일곱 번째 설교.

4) G. H. C. MacGregor, "The Concept of the Wrath of God in the New Testament," *New Testament Studies* 7 (1960-61): 101-2.

5) H. G. L. Peels, *The Vengeance of God* (Leiden: Brill, 1995), 271-74는 구약 성서 신학이 하나님의 복수라는 관련된 주제를 거의 외면해 왔음에 주목한다.

6) Lactantius, *A Teatise on the Anger of God* 1, in *The Ante-Nicene Father* (Grand Rapids: Eerdmans, 1969-73), vol. 7, 259.

7) Tertullian, *The Prescription against Heretics* 38.

8) Tertullian, *Against Marcion* 1.27, in *Tertullian Adversus Marchionem*, ed. E. Evans. vol. 1 (Oxford: Clarendon, 1972), 77.

9) Tertullian, *Against Marcion*, 1:25-26, 69-75. (이 구절에 등장하는 "불쾌"는 라틴어 ira를 번역한 것인데, 사실 그것은 "불쾌"보다는 "진노" 혹은 "화"로 번역되는 것이 더 적절하다.) R. P. C. Hanson은 유사한 주장을 한다. 그는 "누군가에게 진노하기에는 너무 신사적인, 그리고 누군가를 벌하기에는 너무 관대한" 그리고 그로 인해 "유엔만큼이나 효과적이지 않아 보이는" 무능한 하나님이라는 인기 있는 하나님 개념에 대해 묘사한다.

10) MacGregor, "The Concept of the Wrath of God," 103. R. V. G. Tasker, *The Biblical Doctrine of the Wrath of God* (London: Tyndale Press, 1951), 26; G. Stählin, "ὸργή," in *Theological Dictionary of the New Testament*(이후로 TDNT로 표기함), vol. 5 (Grand Rapids: Eerdmans, 1967), 422 역시 같은 주장을 한다.

11) C. H. Dodd, *The Epistle of Paul to the Romans*, 2nd ed. (London and Glasgow: Colins, 1959), 47-50.

12) A. T. Hanson, *The Wrath of the Lamb* (London: SPCK, 1957).

13) A. T. Hanson, *The Wrath of the Lamb*, 69, 110, 126, 186, 197 그리고 여기저기에서; R. P. C. Hanson, *God*, 45-46.

14) A. T. Hanson, *The Wrath of the Lamb*, 197; R. P. C. Hanson, God, 47.

15) J. S. Stewart, *A Man in Christ*, 2nd ed. (London: Hodder & Stoughton,

1972), 220.

16) A. T. Hanson, *The Wrath of the Lamb*, 104.

17) A. T. Hanson, *The Wrath of the Lamb*, 110.

18) R. P. C. Hanson, *God*, 48-52.

19) D. E. H. Whiteley, *The Theology of St. Paul* (Oxford: Basil Blackwell, 1964), 61-62.

20) 유비적 언어의 문제는 이 책의 다른 장들에서 충분하게 논의되고 있다.

21) G. Stählin, "ὀργή," in *TDNT*, 5:425.

22) Stott, *The Cross of Christ*, 173.

23) MacGregor, "The Concept of the Wrath of God," 103. 참고. 104-5.

24) E.g., A. E. McGrath, *Luther's Theology of the Cross* (Oxford: Blackwell, 1985), 154-56.

25) E. Brunner, *The Mediator* (Philadelphia: Westminster, 1947), 445, 520-21; *Man in Revolt* (London & Redhill: Lutterworth, 1939), 163.

26) K. Barth, *Church Dogmatics*, I/1 (Edinburgh: T. & T. Clark, 1936), 204-5.

27) W. Erichrodt, *Theology of the Old Testament*, vol. 1 (London: S.C.M., 1961), 262. 참고. Peels, *The Vengeance of God*, 289; "진노는 하나님의 영원한 '속성'이 아니다. 하지만 그것이 하나님의 '특성을 나타내지 않는' 것도 아니다."

28) 가령, 출 34:6-7; 민 14:18; 느 9:17-18; 시 30:5; 86:15; 103:8; 145:8-9; 사 54:7-10; 겔 18:23, 32, 33:11; 호 11:8-9; 욜 2:13ㅍ14; 욘 4:2; 미 7:18-20. 참고. Peels, *The Vengeance of God*, 294-95. 그는 하나님의 사랑과 그분의 복수/진노 사이의 관계와 관련해 다음과 같이 말한다. "복수와 사랑 사이에는 그 어떤 균형도 없다. 하나님의 신실하신 사랑의 우세함은 구약성경 전체에서 아주 분명하게 드러난다.······하나님의 마음은 복수에 있지 않다. 그러나 그분은 선택의 여지가 없을 때에는 복수를 하신다."

29) Dodd, *The Epistle of Paul to the Romans*, 49-50; A. T. Hanson, *The Wrath of the Lamb*, passim; MacGregor, "The Concept of the Wrath of God," 105-6; Stewart, A Man in Christ, 219-20.

30) Denny, MacGregor, "The Concept of the Wrath of God," 106에서 재인용.

31) Anselm, *Proslogion* 8, in *St. Anselm of Canterbury*, ed. J. Hopkins and H. Richardson, vol. 1 (London: S.C.M., 1974), 97-98.
32) 참고. nn 13과 16.
33) P. T. Forsyth, *The Work of Christ* (London: Hodder & Stoughton, 1910), 239-40.
34) A. T. Hanson, *The Wrath of the Lamb*, 187-88.
35) Dodd, *The Epistle of Paul to the Romans*, 50.
36) J. A. Baird, *The Justice of God in the Teaching of Jesus* (London: S.C.M., 1963), 46; L. Morris, *The Apostolic Preaching of the Cross*, 3rd ed. (London: Tyndale, 1965), 149-50.
37) J. Fichtner, "ὀργή," in *TDNT*, 5:407. 마찬가지로 Peels는 "복수는 하나님의 본성에 이질적인 것이기보다는 구약성경의 하나님 계시의 본질적 요소다."라고 주장한다(*The Vengeance of God*, 292; 참고. 284).
38) Baird, *The Justice of God*, 46.
39) Eichrodt, *Theology of the Old Testament*, 259.
40) Baird, *The Justice of God*, 49. Peels는 법적 측면에서 다음과 같이 말한다. "하나님의 진노의 도덕적 동기는 보다 오래된 본문들 중 몇 곳에서는 즉각 분명하게 드러나지 않는다. 그러나 확실히 핵심적인 사상은 이 진노가 인간의 잘못에 대한 반응이라는 것이다"(*The Vengeance of God*, 289).
41) Whiteley, *The Theology of St. Paul*, 64; Fichtner, "ὀργή," in *TDNT*, 5:397, 407. 그러나 A. T. Hanson은 구약의 자료들 중 어떤 곳에서, 가령 역대기 같은 곳에서, 비인격적이고 불가피한 과정으로서의 진노라는 개념이 나타난다고 주장한다(*The Wrath of the Lamb*, 21-26).
42) Peels, *The Vengeance of God*, 289-90.
43) Morris, *The Apostolic Preaching of the Cross*, 152.
44) Eichrodt, *Theology of the Old Testament*, 258.
45) Dodd, *The Epistle of Paul to the Romans*, 50.
46) Baird, *The Justice of God*, 59-60, 72.
47) J. Barr, *The Semantics of Biblical Language* (Oxford: Oxford Univerisity Press, 1961), 이 책(본서를 가리킴-역주)의 한 장에서 Geoffrey Grogan은 하

나님이 인간을 사랑하신다는 사실이 공관복음 어디에서도 분명하게 진술되지 않으나, 그것으로부터 공관복음의 저자들이 인간에 대한 하나님의 사랑을 믿지 않았다고 억측하는 것은 성급한 일이 될 것이라고 주장한다.

48) 요한복음 3:36은 하나님의 진노를 가리키지만, 요한이 그런 말들을 예수에게 돌리고 있는지는 분명하지 않다.
49) Morris, *The Apostolic Preaching of the Cross*, 181.
50) Baird, *The Justice of God*, 71-72.
51) Dodd, *The Epistle of Paul to the Romans*, 50; A. T. Hanson, The Wrath of the Lamb, 121.
52) Tasker, *The Biblical Doctrine of the Wrath of God*, 28-29; Baird, *The Justice of God*, 63-71. 이들은 공관복음의 비유들이 하나님의 진노를 분명하게 묘사한다고 주장한다.
53) C. E. B. Cranfield, *A Critical and Exegetical Commentary on the Epistle to the Romans*, vol. 1 (Edinburgh: T. & T. Clark, 1975), 120.
54) A. T. Hanson, *The Wrath of the Lamb*, 77-78.
55) Stählin, "ὀργή," in *TDNT*, 5:424-25. 바울 서신은 이런 판단에 분명하게 포함되어 있다.
56) A. T. Hanson, *The Wrath of the Lamb*, 132-33.
57) J. I. Packer, *Kowing God* (London: Hodder & Stoughton, 1973), 164.
58) Brunner, *The Mediator*, 152. 유사한 생각을 위해서는 K. Barth, *Church Dogmatics*, II/1 (Edinburgh: T. &. T. Clark, 1957), 393-94를 참고하라.
59) Stählin, "ὀργή," in *TDNT*, 5:425.
60) R. P. C. Hanson, *God*, 38.
61) Brunner, *The Mediator*, 467-68.
62) R. P. C. Hanson, *God*, 37-38; Stott, The Cross of Christ, 108-9. 물론 과거에 하나님의 진노에 대한 믿음이, 전쟁을 통해서든 형벌 체계를 통해서든, 종종 잔인하고 비인간적인 인간의 행위와 함께 전파되었다는 사실이 인정되어야 한다. 그러나 후자의 행위가 전자의 믿음 때문이라고 비난하고자 하는 이들은 12세기의 무신론적 사회체계가 갖고 있던 비인간적인 잔인성에 대해 생각해 보는 것이 좋을 것이다.

63) Brunner, *The Mediator*, 464.
64) 이런 "정의들"은 각각 Morris, *The Apostolic Preaching of the Cross*, 180; 같은 저자의 *The Cross in the New Testament* (Exeter: Paternoster, 1967), 191; Stählin, "ὀργή," in *TDNT*, 5:425; Stott, *The Cross of Christ*, 173; W. Temple, *Christus Veritas* (London: Macmillan, 1924), 259에서 빌려온 것이다.
65) Temple, *Christus Veritas*, 258.
66) Temple, *Christus Veritas*, 258-59.
67) 이것은 죄인들에 대한 하나님의 적의라는 문제와 관련되어 있다. 참고. Brunner, *The Mediator*, 515-22; Morris, *The Apostolic Preaching of the Cross*, 220-25.
68) Augustine, *Homilies on the Gospel of John* 110.6, in the Nicene and Post-*Nicene Fathers, First Series* (이후로 NPNF로 칭함)(reprint: Grand Rapids: Eerdmans, 1956), 7:411.
69) Thomas Aquinas, *Summa Theologiae*, 1a.20.2, ad 4, in vol. 5 (London: Eyre & Spottiswoode; New York: McGraw-Hill, 1964), 63.
70) *Summa Theologiae*, 1a.23.3, ad 1 (vol. 5, 117).
71) J. Sacks, *Faith in the Future* (London: Darton, Longman & Todd, 1995), 37-39.
72) S. T. Davis, "Universalism, Hell, and the Fate of the Ignorant," *Modern Theology* 6 (1989-90): 184-85.
73) 하나님에 대한 두려움에 대한 거부는 신마르시오니즘의 또 다른 징후다. 터툴리안은 마르시온주의자들이 자기들이 자신들의 하나님을 두려워하지 않는다고 자랑하는 것을 비난한다(*Against Marcion* 1.27).
74) Augustine, Letters 145.4, in NPNF, 1:496. *Patrologiae Cursus Completus*, Series Latina, ed. J. P. Migne (Paris, 1844-64), 46:635-36에 있는 어거스틴 관련 색인은 두려움의 적극적 역할을 확증하는 구절들을 포함해 여러 가지 유사한 구절들을 제시한다.
75) Baird, *The Justice of God*, 61-62는 오늘날 어떤 이들이 이것을 받아들이는 데 있어 겪는 어려움의 문제를 다룬다. "우리는 그리스도인으로서 하나님의 진노에 대해 그 어떤 두려움도 느껴서는 안 된다"(*Systematic Theology* [Leicester:

Inter-Varsity Press; Grand Rapids: Zondervan, 1994], 206)라는 Wayne Grudem의 말은 온전한 진리는 아니다.
76) Lactantius, *A Treatise on the Anger of God*, 6, 8, 11.
77) 한 가지 영향력 있는 예는 C. S. Lewis, *The Great Divorce* (1946; Glasgow: Collins, 1972)다. 이 문제에 관한 충분한 토론을 위해서는 J. I. Kvanvig, *The Problem of Hell* (New York and Oxford: Oxford University Press, 1993)을 참고하라.
78) A. T. Hanson, *The Wrath of the Lamb*, 198; Stewart, A Man in Christ, 219.
79) A. T. Hanson, *The Wrath of the Lamb*, 192-94. 그의 형제는 오늘날 사람들이 하나님의 진노의 교리에 관해 생각하기를 꺼리는 것은 "그리스도께서 하나님의 진노를 달래셨다는 왜곡되고 정당화될 수 없는 교리에 대한 반작용에 기인한다."라고 추측한다(R. P. C. Hanson, God, 47).
80) 가령, C. H. Dodd, *The Bible and the Greeks* (London: Hodder & Stoughton, 1935), 82-95. 아주 많은 반응들 중에서 특히 Morris, *The Apostolic Preaching of the Cross*, 144-213을 참고하라.
81) 가령, Barth, Church Dogmatics, II/1, 396-99; 같은 저자의 Credo (London: Hodder & Stoughton, 1936), 46-47; Forsyth, *The Work of Christ*, 243; Stählin, "ὀργή," in *TDNT*, 5:445-46; 연관된 문제는 십자가 사건 안에서 하나님의 진노의 계시다. 참고. Barth, *Church Dogmatics*, II/1, 398-99; Cranfield, *A Critical and Exegetical Commentary on the Epistle to the Romans*, 1:109-11; Stählin, "ὀργή," in *TDNT*, 5:425, 431-32. 나는 하나님의 진노가 십자가에서 최고로 계시된다고, 그러나 유일하게 계시되는 것은 아니라고 주장한다.
82) Whiteley, *The Theology of St. Paul*, 63. Whiteley는 자신이 이 말을 A. G. Herbert, *The Authority of the Old Testaments* (London: Faber & Faber, 1947), 251에서 인용한다고 주장하는데, 거기에서 우리는 이런 문구를 발견한다. "사랑의 반대는 증오[hate]가 아니다[sic]; 그것은 무관심이다."
83) Barth, *Church Dogmatics*, II/1, 394.
84) S. Erlandsson, "The Wrath of YHWH," *Tyndale Bulletins* 23 (1972): 116.

85) A. Nygren, *Agape and Eros* (London: SPCK; New York: Macmillan, 1932-39), II/1: 110f.
86) Nygren, *Agape and Eros*, I:75.
87) 락탄티우스는 생명을 사랑하는 것은 죽음을 미워하는 것을 의미하고, 선한 사람을 사랑하는 것은 악한 사람을 미워하는 것을 의미한다고 주장한다(A Treaties on the Anger of God 5). 그러나 우리는 사랑에 대한 락탄티우스의 개념이 사랑할 만한 가치 있는 것을 사랑한다는 개념을 넘어서는 것처럼 보이지는 않는다는 것에 주목할 필요가 있다.
88) Cranfield, *A Critical and Exegetical Commentary on the Epistle to the Romans*, 1:109. R. W. Dale이 한 말을 참고하라. "우리가 죄가 하나님의 진노를 불러일으킨다고 믿지 않는 부분적인 이유는 죄가 우리의 진노를 불러일으키지 않기 때문이다."(Stott, The Cross of Christ, 109에서 재인용).
89) D. C. K. Watson, *My God Is Real* (London: Falcon, 1970), 39.
90) Forsyth, *The Work of Christ*, 242.
91) Brunner, *The Mediator*, 519-21. 심판이 없는 사랑은 "일반적인 애타심으로 환원된다"는 니그렌의 말을 참고하라(*Agape and Eros*, II/1: 111).
92) Brunner, *The Mediator*, 281-82.
93) 가령, Forsyth, *The Work of Christ*, 78-80; 같은 저자의 *Positive Preaching and the Modern Mind* (London: Hodder & Stoughton, 1907), 316-19, 348-54; 같은 저자의 *The Justification of God* (London: Duckworth, 1916), 131-32, 194-95. 그리고 Temple, *Christus Veritas*, 257은 속죄에 관한 그 어떤 고찰도 하나님의 "거룩하신 사랑"으로 시작되어야 한다고 주장한다.
94) P. T. Forsyth, *The Cruciality of the Cross* (London: Hodder & Stoughton, 1909), 6.
95) Forsyth, *The Cruciality of the Cross*, 73.
96) Sermon 6:6-9, in Bernard, *Song of Songs* I (Kalamazoo, MI: Cistercian Publications, 1971), 35-37.
97) Barth, *Church Dogmatics*, II/1, 380f.
98) Forsyth, *The Work of Christ*, 117-18.
99) R. P. C. Hanson, *God*, 45-46.

100) A. T. Hanson, *The Wrath of the Lamb*, 18-20, 38 등.
101) Stott, *The Cross of Christ*, 129-32.
102) 참고. nn. 91 and 92 above.
103) Brunner, *The Mediator*, 450-470.
104) Brunner, *The Mediator*, 520
105) Brunner, *The Mediator*, 519; 참고. 467-68.
106) Kvanvig, *The Problem of Hell*, 117-19는 그 두 가지 모두가 하나님의 선하심의 측면들로 간주되어야 한다고 주장한다. 또한 그는 하나님의 사랑은 근본적인 것이고 그분의 공의와 거룩하심은 그것에 종속되어야 한다고 주장한다. E. TeSelle는 "어떤 의미에서는 공의가 사랑에 대한 심사원으로서 혹은 재판관으로서 사랑 위에 있다"는 어거스틴적 대안을 제시한다("Justice, Love, Peace," *in Augustine Today*, ed. R. J. Neuhaus [Grand Rapids: Eerdmans, 1993], 88-90). 그러나 여기에서 우리가 이 토론에 개입할 필요는 없다.
107) Thomas Aquinas, *Summa Theologiae*, 1a.21.4 (vol. 5, 81-85). 여기에서의 쟁점은 토마스의 의인 교리의 정확성이 아니라 공의와 자비가 하나님의 모든 역사 안에서 발견된다는 원리다.
108) Cranfield, *A Critical and Exegetical Commentary on the Epistle to the Romans*, 1:211-14.
109) R. P. C. Hanson, *God*, 47.
110) Stewart, *A Man in Christ*, 218.
111) Stott, *The Cross of Christ*, 106.
112) Tasker, *The Biblical Doctrine of the Wrath of God*, 23. 참고. n. 28 above.
113) 로마서 4:14-15에서 율법과 진노는 서로 연결되어 있다.
114) 참고. n. 107 above.
115) N. M. Cameron, ed. *Universalism and the Doctrine of Hell* (Carlisle: Paternoster; Grand Rapids: Baker, 1993), 그리고 1991년 기독교 교의학에 관한 에딘버러 컨퍼런스에 제출된 논문들을 참조하라. 만약 이런 견해가 수용된다면, 우리는 하나님의 진노가 영원하지 않으나(이것은 Lactantius, *A Treatise on the Anger of God* 21과 상반된다) 영원한 결과를 갖는다고 말할

수 있다. Stählin, "ὀργή," in *TDNT*, 5:455-34는 이 문제를 갖고 씨름한다. 영원한 고통을 주장하는 이들은 조나단 에드워즈가 요한계시록 18:20을 본문 삼아 했던 설교를 고려해 볼 필요가 있다. 거기에서 그는 의인들이 어떻게 망한 자들의 고통에 대한 연민 없이 영원토록 즐길 수 있는지를 설명한다(Select Works, 2:245-65). 에드워즈는 자기가 무엇에 대해 말하고 있는지를 분명하게 알고 있었다. 왜냐하면 그의 책의 편집자들이 이것을 "두 개의 사후[死後] 강화들의 실체"라고 묘사하고 있기 때문이다.

116) Baird, *The Justice of God*, 72: R. P. C. Hanson, God, 42, 47-48. Nygren, *Agape and Eros*, I:74-75; Stewart, *A Man in Christ*, 220-21: Stählin, "ὀργή," in *TDNT*, 5:425, 428; J. W. Wenham, *The Goodness of God* (Leicester: Inter-Varsity Press, 1974), 69. 이것은 이 모든 저자들이 이 말로써 동일한 것을 의미하고 있다는 뜻은 아니다.

117) Brunner, *Man in Rovolt*, 187.

118) Kvanvig, *The Problem of Hell*, 107에 의해 제기된 질문이다.

119) Forsyth, *The Work of Christ*, 105, 243; 참고. 118-19. 암 3:2: "내가 땅의 모든 족속 가운데 너희만을 알았나니 그러므로 내가 너희 모든 죄악을 너희에게 보응하리라 하셨나니."

120) A. T. Hanson, *The Wrath of the Lamb*, 39, 180. 그는 시 6:1과 고전 10:13을 예외로 여긴다.

121) Peels, *The Vengeance of God*, 293.

122) Lactantius, *A Treatise on the Anger of God*, 17-18, 21, 23.

123) 이 구절과 관련해서는 Stählin, "ὀργή," in *TDNT*, 5:440-4을 참고하라. 이것은 국가의 형사 활동을 위한 하나님의 위임을 의미한다(물론 이것은 이런 위임이 남용될 수 있음을 부정하지 않는다). 그러므로 체벌을 범죄자에 대한 폭력으로 그리고 사형을 살인과 다르지 않은 것으로 여기는 현대의 경향은 아주 잘못된 것이다. 만약 체벌이 "때리는 것"과 다름없고 사형이 "죽이는 것"이라면, 범죄자에게 추징하는 것은 "도둑질"이나 다름없고 그들을 투옥하는 것은 "유괴"나 다름없는 것이 된다. 이런 식의 주장은 대체로 무정부주의적이며 국가의 징벌권을 훼손한다. 체벌이나 사형에 맞서는 이런 주장을 거부하는 것은, 물론, 그와 관련해 고려해야 할 그 이상의 다른 주장이 존재하지 않는다는 것을

의미하지는 않는다.

124) Peels, *The Vengeance of God*, 294.

제8장

1) Augustine, *Confessions* VII.13.
2) Thomas Aquinas, *Summa Theologiae* I.48.2. 답 3.

제9장

1) 예를 들면, M. Douglas Meeks, *Origins of the Theology of Hope* (Philadelphia: Fortress, 1974).
2) Lesslie Newbigin이 동양과 서양을 비교하며 했던 말을 참고하라. "그 후 몇 년간 영국에서 사역하는 동안 나는 종종 다음과 같은 질문을 받았다. '당신이 인도에서 영국으로 사역지를 옮기면서 겪었던 가장 큰 어려움이 무엇입니까?' 나는 그 질문에 대해 늘 이렇게 답했다. '희망의 실종입니다.'"(*The Other Side of 1984* [Geneva: WCC, 1984], 1).
3) T. C. Smout, *A Century of the Scottish People* 1830-1950 (London: Collins, 1986), 195. 이런 평가는 H. R. Mackintosh가 1914년에 한 말을 통해 얼마간 확증된다. "만약 이 순간에 영어를 말하는 목사들을 상대로 솔직한 그리고 은밀한 방식의 투표를 실시한다면, 아마도 대다수의 사람들이 보편주의[Universalism]에 표를 던질 것이다. 의심할 바 없이 그들은 교리로서의 그것에 대해 몸을 움츠릴지 모른다. 그러나 그들은 적어도 그것을 하나의 소망으로서 은밀하게 가슴에 간직하고 있을 것이다."("Studies in Christian Eschatology, VII, Universal Restoration," *The Expositor* 8 [1914]: 130, Richard Bauckham, "Universalism: A Historical Survey," *Themelios* 4, no. 2 [1979]: 48)에서 재인용. 최근에 스코틀랜드에서 실시된 라이프스타일에 관한 여론조사는 다음과 같이 주장하고 있다. "스코틀랜드 교회의 표본 안에서 가장 보편적인 견해는 '우리는 죽음 이후에 무슨 일이 일어날지 모른다'이다. 그리고 이 점에서 그들의 견해는 결국 불신자들의 그것과 동일하다"(*Lifestyle Survey* [Edinburgh: Board of Social Responsibility, 1987], 28).

4) 지옥의 교리에 관한 현재의 불안감은 아마도 17세기까지 추적될 수 있을 것이다. 참고. D. P. Walker, *The Decline of Hell: Seventeenth Century Discussions of Eternal Torment* (London: Routledge and Kegan Paul, 1964).

5) "지금 우리는 과연 그 '고백'의 13장에 묘사된 것처럼 지옥에 이르는 길이 늘 그처럼 편안하게 포장이 되어 있는 것인지, 혹은 거듭난 사람의 삶의 늘 그렇게 싸움으로 점철되어 있는지에 대해 의심하도록 허락받고 있는 것일지도 모른다. 기묘하게도, 오늘날 대부분의 미국적 경건의 신화는 실제적으로 그런 설명을 뒤집고 있기 때문이다"(Edward Dowey, *A Contemporary on the Confession of 1967 and an Introduction to the "Book of Confessions"* [Philadelphia: Westminster Press, 1968], 182).

6) Augustine, *Enchiridion 36, in Library of Christian Classics*, vol. 2 (London: SCM, 1955), 399.

7) 그러나 우리는 중세 후기 사상에도 그런 요소가 존재했다는 사실을 간과해서는 안 된다. 참고. Heiko Oberman, *The Dawn of the Reformation* (Edinburgh: T. & T. Clark, 1986).

8) 예를 들어, *Concerning the Eternal Predestination of God*, ed. J. K. S. Reid (Cambridge: Clark & Co., 1961), 126.

9) John Calvin, *Institutes* 3.23.6.

10) Stephen Davis, "Universalism, Hell and the Fate of the Ignorant," *Modern Theology* 6, no. 2 (1990): 181.

11) Karl Barth, *Church Dogmatics* (Edinburgh: T. & T. Clark, 1956-75), II/2, 12-13.

12) Barth, *Church Dogmatics* II/1, 360.

13) Barth, *Church Dogmatics* II/1, 384. 이것은 W. Pannenberg, *Systematic Theology*, vol. 1 (Edinburgh: T. & T. Clark, 1933), 432 이하에서 논의된다. 참고. Gerhard von Rad, *Old Testament Theology*, vol. 1 (London: SCM, 1965), 370 이하.

14) Barth, *Church Dogmatics* II/2, 418.

15) G. C. Berkouwer, *The Triumph of Grace in the Theology of Karl Barth* (Grand Rapids: Eerdmans, 1956), 115. 바르트의 가르침에 대한 유사한 비판

을 위해서는, 비록 다른 방향으로 이끄는 것이기는 하나, Emil Brunner, *The Christian Doctrine of God*, vol. 1 (London: Lutterworth, 1949), 346 이하를 보라.

16) George Hunsinger는 '현실주의'를 다음과 같이 묘사한다. "바르트의 적극적인 관계의 신학은 그러므로 은혜의 주권, 피조물의 무능, 그리고 은혜가 그것을 통해 피조물이 결여하고 있는 사랑과 자유를 제공하는 기적적인 역사를 강조하는 신학이다. …… 교회, 성경의 영감, 신앙, 그리고 하나님과 관계하고 있는 다른 모든 피조된 실제들은 언제나 사건들로 이해된다. 그것들은 자기 스스로 시작하거나 자신을 스스로 지탱하지 않는다. 그것들은 은혜의 사건과 무관하게 중립적이고 몰역사적인 혹은 존재론적인 하나님과의 관계에 근거해 있지 않다"(*How to Read Karl Barth* [Oxford University Press, 1991], 31).

17) John Colwell, "The Contemporaneity of the Divine Decision," in *Universalism and the Doctrine of Hell*, ed. Nigel M. de S. Cameron (Edinburgh: Rutherford House, 1992), 158. 바르트를 비일관성이라는 비난으로부터 구해내기 위한 또 다른 인상적인 시도에 관해서는 J. D. Bettis, "Is Karl Barth a Universalist?" *Scottish Journal of Theology* 20 (1967): 423-36을 보라.

18) Colwell, "The Contemporaneity of the Divine Decision," 157.

19) Barth, *Church Dogmatics* II/1, 318.

20) IV/3의 70.3 "인간에 대한 유죄 판결"에서 바르트는 인간이 결국 그들의 선택을 거부할 수 있다는 주장에 가장 근접한다. "거짓말을 하는 것은 하나님에 의해 이루어진 인간의 선택을 인간을 향한 하나님의 뜻이 아닌, 그리고, 하나님의 말씀을 따르면, 그분의 행위에 의해 회피되는 거부로 대체하려고 하는 것이다. …… 그렇게 거짓말을 하는 사람은, 그의 상상력과 위선에 상응하는 상황에 처한 채, 그저 하나님에 의해 심판을 받고 정죄되는 그리고 그로 인해 망하는 사람이 될 수 있을 뿐이다"(464-65).

21) "그분의 원인[causare]은 그분이 그들의 활동을 그분의 은혜의 의지인 그분 자신의 의지의 시행에 종속시킨다는 사실로 이루어지며, 오직 그것만으로 이루어진다. 그분은 그들의 작용을 은혜의 언약의 역사를 이루는 특별한 작용에 종속시키신다"(Barth, *Church Dogmatics* III/3, 105).

22) "그 자신의 고백을 따라 자기편의 그 어떤 의지나 반응도 없이 자기를 향한 하나님의 행동을 경험하는 하나님의 마음에 합한 자보다 더 자유롭거나 자율적이거나 완벽한 사람이 존재하는가?"(Barth, Church Dogmatics III/3 147).

23) Nigel Biggar, *The Hastening That Waits: Karl Barth's Ethics* (Oxford: Clarendon Press, 1993), 5-6.

24) William Lane Craig는 세상의 문제를 해결하기 위해 "하나님의 중간 지식"(divine middle knowledge)이라는 개념에 의존했다. 그의 "'No Other Name': A Middle Knowledge Perspective on the Exclusivity of Salvation Through Christ," *Faith and Philosophy* 6, no 2 (1989): 172-88.

25) Davis, "Universalism, Hell and the Fate of the Ignorant," 178.

26) Craig, "'No Other Name,'" 186.

27) R. S. Thomas, "The Kingdom," *Later Poems* 1972-1982 (London: Papermac, 1984), 35.

28) Richard Bauckham, "Universalism: A Historical Survey," *Themelios* 4, no. 2 (1979): 48-54를 참고하라.

29) 이 나중 입장은 최근의 프로테스탄트 신학에서 지지를 얻어 가고 있다. 참고. George Lindbeck, "Fides ex auditu and the Salvation of Non-Christians," in *The Gospel and the Ambiguity of the Church*, ed. Vilmos Vatja (Philadelphia: Fortress, 1974), 92-123; Davis, "Universalism, Hell and the Fate of the Ignorant."

30) 이런 견해를 표명하는 강력한 진술과 관련해서는 I. H. Marshall, "Does the New Testament Teach Universal Salvation?" in *Christ in Our Place*, ed. T. A. Hart (Exeter: Paternoster, 1989), 313-28을 보라.

31) Grace Jantzen, "Do We Need immortality?" *Modern Theology* 1 (1984): 40. 나는 이 문헌에 대한 정보를 R. R. Cook, "Is Universalism an Implication of the Notion of Post-Mortem Evangelism?" *Tyndale Bulletin* 45, no. 2 (1994): 404에서 얻었다.

32) Zachary Hayes, *Vision of a Future: A Study of Christian Eschatology* (Wilmington: Michael Glazier, 1989), 187-88.

33) 나의 입장은 선행하는 은총에 의해 발생하는 인간의 책임에 대한 웨슬리

(Wesley)의 설명과 얼마간 유사하다. 그러나 나는 자유로운 행위로서의 신앙을 강조하고 싶지는 않다. 이것은 매우 의심스러운 신앙의 심리주의로 이어질 수 있는데, 그 경우에 신학과 설교의 초점은 쓸모없이 신자의 내면생활에 맞춰지며, 그로 인해 우리를 위해 신앙을 유지시켜 주시는 분인 그리스도로부터 멀어진다. 웨슬리의 설명에 대한 탁월한 해석을 위해서는 Thomas C. Oden, *John Wesley's Scriptural Christianity: A Plain Exposition of His Teaching on Christian Doctrine* (Grand Rapids: Zondervan, 1994)을 보라. 나는 웨슬리의 입장에 대한 이 문헌을 Tom Noble을 통해 알게 되었다.

34) 이것은 형식상 의지박약(akrasia)이라는 도덕적 현상과 유사하다. 어떤 철학자들은 우리가 잘못이고 해롭다고 알고 있는 것을 책임감을 갖고 택하는 일의 어리석음을 인식하면서 그 현상을 철저한 무지라는 견지에서 재해석해왔다. 나는 이것이 기독교 신학을 위한 하나의 선택이 되리라고 여기지 않는다. 왜냐하면 고백의 언어들은 대개 우리가 자신이 잘못이라고 알고 있는 것을 택하는 것을 암시하기 때문이다.

35) 이것은 Tony Walter, *The Revival of Death* (London: Routledge, 1994)에 의해 사회학적으로 분석된다.

36) 바르트에 대한 나의 앞선 언급들에도 불구하고, 나는 그의 저작에서 우리에게 주어진 시간의 중요성이 갖고 있는 압도적인 의미를 발견한다. "우리가 살고 있는 시간은 우리의 장소이다. 그것은 그렇게 대단하지 않은 장소일 수 있다. 그러나 그것은 우리의 것이다. 그런 것으로서 그것은 우주와 역사 안에 있는 우리의 장소이다. 그러나 또한 그것은 우리를 기다리고 있는 하나님의 본래적 과제(opus proprium)의 특수성과 하나님의 부르심과 연약과 구원과 우리를 위해 인간이 되신 예수 그리스도와 관계를 맺고 있다.······하나님의 명령은 그분을[즉, 우리를] 소환해 전적으로 그리고 배타적으로 그분이 이 장소에서 그리고 오직 이 장소에서만 될 수 있는 인간이 되게 하신다."(Barth, *Church Dogmatics* III/4, 579).